Dietz

Archiv für Sozialgeschichte
Beiheft 21

Herausgegeben von der Friedrich-Ebert-Stiftung
in Verbindung mit dem
Institut für Sozialgeschichte Braunschweig/Bonn

Joachim Lerchenmueller

Die Geschichtswissenschaft in den Planungen des Sicherheitsdienstes der SS

Der SD-Historiker Hermann Löffler und seine Denkschrift „Entwicklung und Aufgaben der Geschichtswissenschaft in Deutschland”

Verlag J.H.W. Dietz Nachf. Bonn

Die Deutsche Bibliothek – CIP-Einheitsaufnahme

Lerchenmueller, Joachim:
Die Geschichtswissenschaft in den Planungen des Sicherheitsdienstes der SS :
der SD-Historiker Hermann Löffler und seine Denkschrift
„Entwicklung und Aufgaben der Geschichtswissenschaft in Deutschland“ /
Joachim Lerchenmueller. – Bonn : Dietz, 2001
(Archiv für Sozialgeschichte : Beiheft 21)
ISBN 3-8012-4116-5

In der Raste 2, 53129 Bonn
Lektorat: Prof. Dr. Dieter Dowe
Abbildungen (soweit nichts anderes vermerkt): Bundesarchiv Berlin
Druck und Verarbeitung: Saarbrücker Druckerei und Verlag

Printed in Germany 2001

Inhalt

Vorwort

Die vorliegende Arbeit ist ein Ergebnis mehrjähriger Forschung zur deutschen Geschichtswissenschaft im Nationalsozialismus; sie musste aus beruflichen und privaten Gründen wiederholt unterbrochen werden und ist noch nicht endgültig abgeschlossen. Die öffentliche Diskussion um die NS-Vergangenheit deutscher Historiker hat mich veranlasst, jetzt schon ein wichtiges Dokument der Allgemeinheit zugänglich zu machen, das dieses Thema aus der zeitgenössischen Perspektive der Herrschaftselite des Dritten Reiches beleuchtet: die Denkschrift des Sicherheitsdienstes des Reichsführers-SS über „Entwicklung und Aufgaben der Geschichtswissenschaft in Deutschland".

Für Hilfe, Rat und kritische Anmerkungen habe ich zahlreichen Kolleginnen und Kollegen zu danken, vor allem dem Tübinger Wissenschaftshistoriker Gerd Simon, der mich auf die Existenz dieser und anderer Denkschriften des SD aufmerksam machte. Den wissenschaftlichen Hilfskräften der „Gesellschaft für interdisziplinäre Forschung Tübingen (GIFT)" sowie Bernd Wißkirchen danke ich für zahlreiche Detailrecherchen. Anregungen zur vorliegenden Arbeit erhielt ich von den Mitarbeiterinnen und Mitarbeitern des Instituts für Zeitgeschichte in München, denen ich dieses Teilprojekt im Rahmen eines Internkolloquiums im Juli 1999 vorstellen konnte.

Finanzielle Unterstützung für Forschungsreisen nach Deutschland erhielt ich von der University of Limerick Foundation und vom Department of Languages & Cultural Studies der Universität Limerick.

Herrn Dieter Dowe sowie Frau Hilde Holtkamp und Frau Susanna Weineck danke ich für die professionelle Zusammenarbeit bei der Publikation des Manuskriptes. Mein besonderer Dank gilt schließlich den Mitarbeiterinnen und Mitarbeitern des Bundesarchivs und der Staats-, Stadt- und Universitätsarchive, deren Dienste ich im Laufe der Jahre in Anspruch genommen habe, sowie Sabine Besenfelder, deren kritischem Rat und beständiger Anregung die vorliegende Publikation nicht zuletzt zu verdanken ist.

Limerick, im Frühjahr 2001 — Joachim Lerchenmueller

Einleitung

Die Rolle der deutschen Historiker im Dritten Reich ist seit den späten neunziger Jahren Gegenstand intensiver Diskussionen, nicht nur innerhalb der (sich selbst noch immer so bezeichnenden) ‚Zunft', sondern auch in den nicht fachspezifischen Medien. Überschriften wie „Schuld der Historiker"[1], „Ein historisches ‚Mea culpa'"[2], „Späte Reue der Zunft"[3], „Pionieren der Sozialgeschichte droht der Denkmalsturz"[4], oder „Generationenproblem – Historikertag: Die Zunft befasste sich mit ihrer NS-Vergangenheit"[5] vermittelten der Öffentlichkeit das Bild einer Wissenschaftsdisziplin, die sich in den fünfzig Jahren seit Kriegsende zwar intensiv mit der Geschichte des Dritten Reiches, nicht aber mit ihrer eigenen Vergangenheit in diesem Zeitraum beschäftigt habe:

> Jetzt hat die Vergangenheit auch die Historiker selbst eingeholt. [...] Selbst führende linksliberale Historiker, die den Nationalsozialismus zum Dreh- und Angelpunkt der deutschen Geschichte erklärten und mit Attacken gegen andere Berufsgruppen nie zimperlich waren, hüllen sich bis heute in Schweigen.[6]

Dieser Vorwurf ist insofern unzutreffend, als er unterstellt, die Geschichtswissenschaft habe sich der Auseinandersetzung mit ihrer eigenen Vergangenheit bis vor kurzem noch *pauschal* verweigert. Dem gegenüber wäre festzuhalten, dass es schon seit den sechziger Jahren „auch eine Traditionslinie einer kritischen Beleuchtung deutscher Geschichtswissenschaft im Nationalsozialismus" gibt[7], die unter anderem mit dem Namen Karl Ferdinand Werner verbunden ist. Werner stellte 1967 in seiner Studie über „Das NS-Geschichtsbild und die deutsche Geschichtswissenschaft" mit eindeutigen Worten fest:

> Auf weite Strecken sind deutsche Historiker Auffassungen des NS-Geschichtsbildes entgegengekommen oder sogar gefolgt, die *einen* mehr in völkischer oder gar rassistischer Richtung, die *andern* mehr in der Erhebung reiner Machtpolitik zum höchsten Beurteilungsmaßstab und im Traum vom ›Reich der Deutschen‹, das über andere

1 Von Peter Schöttler, in: Die Zeit vom 28. März 1997.

2 Von Ralph Bollmann, in: die tageszeitung vom 10. September 1998.

3 Von Volker Ullrich, in: Die Zeit vom 17. September 1998.

4 Von Sven Felix Kellerhoff, in: Die Welt vom 27. Juli 1998.

5 Von Stefan Sippell, in: Süddeutsche Zeitung vom 17. September 1998.

6 Ralph Bollmann, Anm. 2.

7 Karen Schönwälder, Historiker und Politik. Geschichtswissenschaft im Nationalsozialismus, Frankfurt/New York 1992, S. 13.

Völker zu herrschen berufen sei. Die zahlreichen Äußerungen [... wurden] nicht unter Zwang, sondern aus Überzeugung getan.[8]

Zu dieser Traditionslinie wären ferner eine Reihe von Studien zu rechnen, die sich in den vergangenen Jahrzehnten mit verschiedenen Aspekten der Geschichtswissenschaft im Dritten Reich beschäftigten. 1966 veröffentlichte Helmut Heiber seine umfangreiche Studie über „Walter Frank und sein Reichsinstitut für Geschichte des neuen Deutschland" (Stuttgart 1966) und leistete damit einen frühen Beitrag zur Institutionengeschichte der Geschichtswissenschaft zwischen 1933 und 1945. Studien, die sich kritisch mit Ideologemen, inhaltlichen Positionen und Methoden der Geschichtswissenschaft der dreißiger und vierziger Jahre auseinandersetzten, publizierten seit den siebziger Jahren u.a. Bernd Faulenbach[9], der schon erwähnte Karl Ferdinand Werner[10], Karen Schönwälder[11] und Willi Oberkrome[12].

Die Herkunft und Karriere deutscher Historiker untersuchte auf historisch-sozialwissenschaftlicher Grundlage Wolfgang Weber in seiner Studie aus dem Jahre 1987[13]. Die Entwicklung der Fachzeitschriften im Dritten Reich analysierten Michael Riekenberg am Beispiel des NSLB-Organs „Vergangenheit und Gegenwart"[14], und Ursula Wiggershaus-Müller am Beispiel der „Historischen Zeitschrift" und des „Historischen Jahrbuchs"[15].

---

8 Karl Ferdinand Werner, Das NS-Geschichtsbild und die deutsche Geschichtswissenschaft. Stuttgart 1967, S. 96. Diese Studie ging aus einem Vortrag über „Das Mittelalterbild des Nationalsozialismus und die deutsche Geschichtswissenschaft" hervor, den Werner auf Anregung von Hans Mommsen und, *notabene*, Werner Conze 1966 im Rahmen des Heidelberger Studium Generale gehalten hatte. (Vgl. das Vorwort, ebda., S. 7).

9 Bernd Faulenbach (Hrsg.), Geschichtswissenschaft in Deutschland. Traditionelle Positionen und gegenwärtige Aufgaben, München 1974; ders., Ideologie des deutschen Weges. Die deutsche Geschichte in der Historiographie zwischen Kaiserreich und Nationalsozialismus. München 1980.

10 In: Franz Knipping/Klaus-Jürgen Müller (Hrsg.), Machtbewusstsein in Deutschland am Vorabend des 2. Weltkrieges, Paderborn 1984, S. 327-361.

11 Vgl. Anm. 7.

12 Volksgeschichte. Methodische Innovation und völkische Ideologisierung in der deutschen Geschichtswissenschaft 1918-1945. Göttingen 1993.

13 Wolfgang Weber, Priester der Klio. Historisch-sozialwissenschaftliche Studien zur Herkunft und Karriere deutscher Historiker und zur Geschichte der Geschichtswissenschaft 1800-1970, Frankfurt u.a. ²1987.

14 Michael Riekenberg, Die Zeitschrift „Vergangenheit und Gegenwart" (1911-1944). Konservative Geschichtsdidaktik zwischen liberaler Reform und völkischem Aufbruch, Hannover 1986.

15 Ursula Wiggershaus-Müller, Nationalsozialismus und Geschichtswissenschaft. Die Geschichte der Historischen Zeitschrift und des Historischen Jahrbuchs von 1933-1945, Hamburg 1998. (Die Studie entstand schon Ende der achtziger Jahre und wurde im WS 1988/89 an der Philosophischen Fakultät der Universität Heidelberg eingereicht.)

Auch einzelne Teilgebiete, Hilfswissenschaften und thematische Forschungskomplexe der Geschichtswissenschaft zwischen 1933 und 1945 sind während der vergangenen Jahrzehnte in wissenschaftsgeschichtlichen Studien zumindest in Ansätzen untersucht worden. Als Beispiele könnte man hier unter anderem die Arbeiten Volker Losemanns (1977+1980), Karl Christs (1982) und Beat Näfs (1986) über die Alte Geschichte anführen[16], den Beitrag von Bettina Preiss (1990) ‚Eine Wissenschaft wird zur Dienstleistung', der sich mit der Kunstgeschichte im Dritten Reich beschäftigt[17], ebenso Herbert Hömigs Studie (1979) über die Zeitgeschichte[18], Peter Hinrichs' und Ingo Kolbooms Analyse (1977) der Westforschung[19], Bernd Faulenbachs Untersuchung (1984) der zeitgenössischen Reaktion der deutschen Historiker auf die Machtergreifung[20], oder schließlich die Beiträge in dem von Joachim Streisand (1965/1969) herausgegebenen Sammelband „Studien über die deutsche Geschichtswissenschaft von 1871 bis 1945"[21]. Diese Auflistung ist weder vollständig noch erhebt sie Anspruch auf Repräsentativität: sie soll nur dem Eindruck entgegentreten, die ‚Aufarbeitung' habe gerade erst begonnen.

Vor diesem Hintergrund überraschen die Worte, mit denen Peter Schöttler seinen Vortrag auf dem Historikertag 1998 eröffnete:

> Endlich, so scheint es, ist das Beschweigen und Beschwichtigen vorbei. Über das Verhalten der deutschen Historiker während des Dritten Reiches kann offen und unzensiert gesprochen werden – wie über jedes andere wissenschaftliche Thema auch.[22]

---

16 Volker Losemann, Nationalsozialismus und Antike. Studien zur Entwicklung des Faches Alte Geschichte 1933-1945, Hamburg 1977; ders., Programme deutscher Althistoriker in der ‚Machtergreifungsphase', in: Quaderni di storia 1980, 11, S. 35-105; Karl Christ, Römische Geschichte und deutsche Geschichtswissenschaft, München 1982; Beat Näf, Von Perikles zu Hitler? Die athenische Demokratie und die deutsche Althistorie bis 1945, Frankfurt u.a. 1986.

17 Bettina Preiss, Eine Wissenschaft wird zur Dienstleistung. Kunstgeschichte im Nationalsozialismus, in: Bezon Brock/Achim Preiss (Hrsg.), Kunst auf Befehl? Dreiunddreißig bis Fünfundvierzig, München 1990, S. 41-58.

18 Herbert Hömig, Zeitgeschichte als ‚kämpfende Wissenschaft'. Zur Problematik nationalsozialistischer Geschichtsschreibung, in: Historisches Jahrbuch 99, 1979, S. 355-374.

19 Peter Hinrichs/Ingo Kolboom, Frankreichforschung – eine deutsche Wissenschaft. Der Weg der Landes- und Frankreichkunde in den Faschismus (1914-1945), in: Michael Nerlich (Hrsg.), Kritik der Frankreichforschung, Berlin 1977, S. 168-187.

20 Bernd Faulenbach, Die ‚nationale Revolution' und die deutsche Geschichte. Zum zeitgenössischen Urteil der Historiker, in: Wolfgang Michalka (Hrsg.), Die nationalsozialistische Machtergreifung, Paderborn u.a.. 1984, S. 357-371.

21 2 Bände, Berlin 1965+1969.

22 Peter Schöttler, Von der rheinischen Landesgeschichte zur nazistischen Volksgeschichte oder Die ‚unhörbare Stimme des Blutes', in: Winfried Schulze/Otto G. Oexle (Hrsg.), Deutsche His-

Über eine solche Aussage kann man als Wissenschaftshistoriker nicht kommentarlos hinweglesen. Sie provoziert geradezu die Frage, welche Mechanismen und Strukturen innerhalb des Faches es bis in die neunziger Jahre des 20. Jahrhunderts unmöglich (oder zu gefährlich?) machten, diesen Diskurs ‚offen und unzensiert‘ zu führen? Was, wenn die Antwort darauf lautete, dass es dieselben fachinternen Mechanismen und Strukturen sind, die schon das Verhalten der Historiker in den zwanziger, dreißiger und vierziger Jahren mit bestimmten?

In einem Punkte ist dem Nicht-›Zünftler‹ Götz Aly jedenfalls zuzustimmen: Der Streit um die NS-Vergangenheit deutscher Historiker ist bisweilen „unfreiwillig komisch“[23]. So zum Beispiel, wenn Peter Schöttler die Archivrecherche als neu entdeckte Methode der Wissenschaftsgeschichtsforschung anpreist: „Wenn man die Partei- oder SS-Akte eines Historikers gelesen hat, womöglich mit Ganzphoto in schwarzer Uniform, bekommt man ein ganz anderes Bild.“[24] Und: „‚Seilschaften‘ und Netzwerke“ fördere der Blick in die Akten zutage, „ohne die kaum ein Historiker in den dreißiger Jahren Karriere machen konnte.“ Wie machen Historiker denn heute Karriere?

Wenn tatsächlich zutrifft, was Schöttler am Anfang seiner Rede behauptete, dann wäre eine selbstkritische Diskussion darüber notwendig, wer wann weshalb und mit welchen Mitteln ‚unterdrückt‘ und ‚zensiert‘ hat. Diese Diskussion findet nicht statt. Die individuelle Verantwortung der lebenden und aktiven Historiker für das „offenkundig[e] Forschungsdefizit“[25], ihre wissenschaftsfremden Beweggründe, sollten integraler Bestandteil der jetzt geführten wissenschaftsgeschichtlichen Debatte sein: Wer heute danach fragt, was die ältere Generation im Dritten Reich tat und weshalb sie nach 1945 darüber schwieg, müsste sich und der Öffentlichkeit Antwort darauf geben, weshalb er zu Lebzeiten dieser Historiker keine Antworten von ihnen einforderte.

Statt dessen konzentriert sich die Diskussion um Verantwortung, Integrität, politische Konzessionen, Seilschaften und Netzwerke ausschließlich auf die verstorbenen Historiker: Werner Conze, Karl Dietrich Erdmann, Theodor Schieder. Damit muss sich die ‚Zunft‘ den Vorwurf gefallen lassen, sich auf Symbolhandlungen zu beschränken, mit denen das Nachrich-

---

toriker im Nationalsozialismus, Frankfurt 1999, S. 89-113, 89.

23 Götz Aly, Theodor Schieder, Werner Conze oder Die Vorstufen der physischen Vernichtung, ebda., S. 163-182, 163.

24 Vgl. Schöttler, Anm. 22, S. 90.

25 Ebda.

tenbedürfnis der Öffentlichkeit und der Medien saturiert, nicht aber das wissenschaftliche Erkenntnisinteresse befriedigt wird. Durch das Versäumnis, die eigenen Fehlentwicklungen und Fehlhaltungen in Sachen fachinterner Vergangenheitspolitik offen und selbstkritisch zu thematisieren, festigen Teile der ‚Zunft' eine Traditionslinie in der deutschen Geschichtswissenschaft, welche durch die Weigerung, sich mit den eigentlichen Ursachen des Versagens der Disziplin im 20. Jahrhundert auseinanderzusetzen, charakterisiert ist.

Im Jahre 1981 hielt Günther Franz, emeritierter Professor für Geschichte und Agrargeschichte und früherer Rektor der Landwirtschaftlichen Hochschule Stuttgart-Hohenheim, vor der Ranke-Gesellschaft einen Vortrag über das ‚Geschichtsbild des Nationalsozialismus und die deutsche Geschichtswissenschaft'[26]. Er vertrat in diesem Vortrag die These,

> [...] dass der Einfluss des Nationalsozialismus auf die Geschichtswissenschaft verhältnismäßig gering war und die Geschichte als Wissenschaft sich unabhängig vom Nationalsozialismus auch in dieser Zeit entwickelt und behauptet hat.[27]

Dieser Einschätzung werden all jene widersprechen, für die „Geschichte als Wissenschaft" nicht ohne die Menschen existiert, die sie betreiben. Unabhängig davon, wie man zu wissenschaftsgeschichtlichen Fragen nach rhetorischer Gleichschaltung, semantischem Umbau, Paradigmenwechsel und methodischer Innovation in der deutschen Geschichtswissenschaft zwischen 1933 und 1945 steht, dürfte nur von wenigen heute bezweifelt werden, dass mit der Entlassung, Exilierung und Verfolgung zahlreicher Historiker und Historikerinnen im Dritten Reich auch diese Disziplin in ihrer weiteren Entwicklung nachhaltig beeinflusst worden ist.[28] Die zitierte Aussage des Günther Franz sagt demzufolge mehr über die reduzierte historische Wahrnehmung des Nicht-Verfolgten als über die Geschichtswissenschaft im Dritten Reich. Es kommt hinzu, dass dieser Historiker weniger

---

26 Günther Franz, Das Geschichtsbild des Nationalsozialismus und die deutsche Geschichtswissenschaft, in: Geschichte und Geschichtsbewusstsein. 19 Vorträge. Für die Ranke-Gesellschaft hrsg. von Oswald Hauser, Göttingen 1981, S. 91-111.

27 Ebda., S. 110.

28 Zur Erforschung der „Spuren eines Denkens [...], welches aus dem Bereich der deutschen Universitäten weitgehend verschwunden ist" (J. Wertheimer, Einleitung, S. 11) siehe u.a. Marianne Hassler/Jürgen Wertheimer (Hrsg.), Der Exodus aus Nazideutschland und die Folgen. Jüdische Wissenschaftler im Exil, Tübingen1997; Gottfried Niedhart, Deutsch-jüdische Neuhistoriker in der Weimarer Republik, in: Walter Grab (Hrsg.), Juden in der deutschen Wissenschaft. Internationales Symposium April 1985. Jahrbuch des Instituts für Deutsche Geschichte an der Universität Tel Aviv (Beiheft 10), Tel Aviv 1986, S. 147-177.

der Gruppe der Nicht-Verfolgten, als vielmehr jener der Verfolger zuzurechnen ist. Diese Kategorisierung stützt sich nicht auf die formale Zugehörigkeit zur NSDAP und ihren Gliederungen – Franz war seit 1933 Partei- und SA-Mitglied, sein Übertritt zur SS erfolgte im Herbst 1935 –, sondern auf seine aktive wissenschaftliche und wissenschaftspolitische Tätigkeit innerhalb des Machtapparats der SS: Im Herbst 1937 trat der Verfasser der bekannten Arbeit über den deutschen Bauernkrieg den Dienst als ehrenamtlicher Mitarbeiter im Rasse- und Siedlungshauptamt an und avancierte schnell zum ‚Obergutachter' der wissenschaftlich-ideologischen Gegnerforschung des Sicherheitsdienstes, mit dem er spätestens seit Anfang 1939 zusammenarbeitete.[29]

Interessanterweise deckt sich Franz' Einschätzung aus dem Jahre 1981 weitgehend mit der Beurteilung, die der Sicherheitsdienst Ende der dreißiger, Anfang der vierziger Jahre über die Lage der Geschichtswissenschaft im nationalsozialistischen Deutschland abgab.

Zu einem im wesentlichen ähnlichen Ergebnis kam auch Hans Rothfels, der nach dem Zweiten Weltkrieg aus den USA nach Deutschland zurückkehrte, um das Tübinger Ordinariat für Neuere Geschichte zu übernehmen. Zwar konstatierte der im Frühjahr 1939 nach England emigrierte Historiker in einem Vortrag Mitte der sechziger Jahre,

> [...] dass die deutsche Geschichtswissenschaft der frühen dreißiger Jahre trotz eines unzweifelhaft hohen Standes Penetrationsflächen bot, die um so bedenklicher sein mussten, je mehr vom Nationalsozialismus gerade der Historie die Rolle einer ideologischen Rechtfertigungslehre oder eines beliebig auszubeutenden Arsenals zugedacht war.[30]

Auch hatte die „recht weitgehende und zunächst freiwillige Gleichschaltung der Historiker an den Universitäten" für Rothfels – der bis 1934/35 Ordinarius in Königsberg war – im Rückblick „etwas Überraschendes", „etwas tief Beschämendes".[31] Er bezog sie jedoch zunächst und vor allem auf das (Alltags-) Verhalten seiner Kollegen: das Tragen einer Hakenkreuzbinde, den Hitlergruß, die stillschweigende Akzeptanz des Führerprinzips an der Hochschule. Erst am Ende dieser Aufzählung erwähnte Rothfels die Selbstgleichschaltung in Form „einer gewandelten Terminologie des Faches, ihrer Durchdringung mit soldatischen und biologischen

29 Zu den Mitgliedschaften siehe SS-Stammkarte Günther Franz – BAL – Franz, Günther SSO file; RuS-Fragebogen, datiert 16.12.38 – BAL – Franz, Günther RS file.

30 Hans Rothfels, Die Geschichtswissenschaft in den dreißiger Jahren, in: Andreas Flitner (Hrsg.), Deutsches Geistesleben und Nationalsozialismus. Eine Vortragsreihe der Universität Tübingen mit einem Nachwort von Hermann Diem, Tübingen 1965, S. 90-107, 97.

31 Vgl. ebda.

Ausdrücken."[32] Die Verantwortung für die publizistischen Entgleisungen zwischen 1933 und 1945 delegierte er allerdings ‚nach unten': „[...] es ist zu sagen, dass diese ganze sehr peinliche Literatur nicht Universitätslehrer zu Autoren hatte, sondern wildgewordene Studienräte oder Außenseiter."[33] Im bedeutendsten Organ der ‚Zunft', der „Historischen Zeitschrift", habe demgegenüber „jedenfalls die Mehrzahl der Beiträge eine traditionelle Linie der gelehrten Forschung" eingehalten, was „zum Teil Ausweichen, zum Teil aber auch eine freilich sehr stille Art der Absage an den Totalitätsanspruch des Regimes" gewesen sei.[34] Thematische und politisch-ideologische Affinitäten zwischen deutscher Geschichtswissenschaft und Nationalsozialismus machte Rothfels in drei Bereichen aus:

Die „scharf ablehnend[e] Haltung vieler Historiker" gegenüber der Weimarer Republik und dem republikanisch-demokratischen System, verbunden mit dem ‚Kampf gegen Versailles', in dem die Geschichtswissenschaft allerdings nicht „national-apologetisch missbraucht" worden sei. Vielmehr hätten in dieser Frage „wissenschaftliches und politisches Ethos" der Historiker „durchaus im Einklang miteinander und unter dem Gebot der Wahrheitssuche" gestanden.[35]

Mit dem „Rassegedanken", der „in seiner dogmatischen Form allem geschichtlichen Denken schroff zuwider" lief und in dem Rothfels selbst „eine Zeitlang mitbefangen" war, verbanden einige Historiker „im Hinblick auf die Vielvölkerzone Ostmitteleuropas und die geschichtliche Beschäftigung mit ihr eine positive Erwartung":

> [W]enn die Theorie ernstgenommen wurde, so widerlegte sie jede Politik der Denationalisierung, da man ja an der biologischen Substanz doch nichts ändern konnte, ebenso auch jede Einschmelzung von Minderheiten durch das Mehrheitsprinzip der Nationaldemokratie; sie hätte insofern das kulturelle Eigenleben mehrerer Volkstümer nebeneinander in einem Staat oder einem Staatenverbund möglich machen sollen.[36]

Hier fehlte es nicht wenigen Historikern an Phantasie oder Mut, „die Theorie" konsequent zu durchdenken: Verwirft man die auf humanistischen Prinzipien basierende Prämisse, dass „man ja an der biologischen Substanz doch nichts ändern" könne, ergeben sich ganz andere Zukunftsszenarien für die „Vielvölkerzone Ostmitteleuropas", die dann während des Krieges auch realisiert wurden.

---

32 Vgl. ebda., S. 97f.
33 Vgl. ebda., S. 99.
34 Vgl. ebda., S. 105.
35 Vgl. ebda., S. 94+96.
36 Vgl. ebda., S. 95.

Als weiteren Punkt der Affinität bezeichnete Rothfels schließlich die ‚großdeutsche Richtung' Ritter von Srbiks, die vom „Kriegserlebnis", vom „Mitteleuropagedanken", aber auch vom ‚Grenzlandkampf' und der Jugendbewegung in der Weimarer Republik „starken Auftrieb" erhalten habe.[37] Rothfels argumentierte am Beispiel des Ritters, dass mancher „binnendeutsch[e] Historiker" dem „tragische[n] Irrtum" erlegen sei zu glauben, er könne „die Reichsideologie mit der nationalsozialistischen Ideologie in Übereinstimmung" bringen.

In diese Richtung zielt auch die Kritik des Wissenschaftshistorikers Karl Friedrich Werner. Während Rothfels allerdings die Übereinstimmung von wissenschaftlichem und politischem Ethos der Historiker in bezug auf den ‚Kampf gegen Versailles' als entschuldigendes Moment anführte, sieht Werner darin das eigentliche „Desaster" der deutschen Geschichtswissenschaft: die Überhöhung imperialer Vergangenheit mit den Mitteln der Historiographie und ihre Transposition in die Gegenwart zum Zwecke der Legitimation machtpolitischer Zielsetzungen bei gleichzeitiger Verkennung der politischen Realität:

> [...] dieses Stück an Verblendung und Torheit geleistet zu haben, bleibt ein Desaster in der deutschen Historiographiegeschichte, über dessen methodische und geistige Ursachen die Fachgenossen noch nicht genug nachgedacht haben, schon allein darum, weil sie den bedrückenden Befund vielfach gar nicht erst wahrgenommen haben, der gerade auch manche bedeutenden Forscher dieser Jahre betrifft, und eben nicht allein die marginalen Kaum-Historiker, die sich offen zur Partei bekannten.[38]

Gerhard Ritter wartete schon 1950, in seinem Aufsatz über die „Deutsche Geschichtswissenschaft im 20. Jahrhundert"[39], mit einem ähnlichen Befund auf, ohne allerdings die konstatierte Amalgamierung von politischer Haltung und wissenschaftlicher Produktion des einzelnen Historikers zu problematisieren:

> Man wird nicht behaupten können, dass die deutschen Historiker sich gegenüber dem Hitlertum wesentlich anders verhalten hätten als die Angehörigen anderer Wissenschaftszweige. Es gab auch hier alle möglichen Abstufungen, von kritischer, ja erbitterter Ablehnung bis zum mehr oder weniger eifrigen Mitmachen. Das besondere Schwergewicht, das die außenpolitischen Fragen in der deutschen Historie von jeher besessen hatten, erklärt es wohl, dass mancher in der Hoffnung auf einen neuen Auf-

37 Vgl. ebda., S. 94.

38 Karl Friedrich Werner, Machtstaat und nationale Dynamik in den Konzeptionen der deutschen Historiographie 1933-1940, in: Franz Knipping/Klaus-Jürgen Müller (Hrsg.), Machtbewusstsein in Deutschland am Vorabend des Zweiten Weltkrieges, Paderborn 1984, S. 327-361, 356.

39 Gerhard Ritter, Deutsche Geschichtswissenschaft im 20. Jahrhundert, in: GWU 1, 1950, S. 81-96 und 129-137.

stieg deutscher Macht die Augen zudrückte vor den Gewaltsamkeiten des neuen Regimes und seiner Gefolgschaft.[40]

Insgesamt sprach Ritter seine ‚Zunft' und – nimmt man den zitierten Eingangssatz als Maßstab – mit ihr die gesamte deutsche Wissenschaft von tieferer ‚Verstrickung' in den Nationalsozialismus und seine Verbrechen frei: zwar habe es „[e]inzelne angesehene Gelehrte (deren Namen ich hier lieber verschweige)"[41] [!] gegeben, die sich mit Walter Franks Reichsinstitut eingelassen hätten, aber, so heißt es an anderer Stelle: „Die meisten wichen, ohne sich eines Verrats an ihrer Wissenschaft schuldig zu machen, in politisch-neutrale Gebiete aus."[42] Für Ritter schien nicht nur festzustehen, dass „heute im Ausland die Tiefe der Einwirkung nationalsozialistischer Gewaltpolitik und Propaganda auf die deutsche Geschichtswissenschaft überschätzt" werde, sondern dass im Gegenteil

[…] die Produktion so geringwertiger Pamphlete, wie wir sie nach dem Krieg aus der Feder einzelner ausländischer Historiker der jüngsten Generation kennen gelernt haben, die über die deutsche Geschichte schrieben, jedem deutschen Privatdozenten die Berufungsaussicht schon vor 1945 auf dem normalen Weg durch die Fakultäten (freilich nicht durch die NS-Regierung) versperrt hätte.[43]

Direkt anschließend an dieses Verdikt folgte die Aussage:

Mehr noch: man muss auch anerkennen, dass die politischen Thesen des Nationalsozialismus hier und da den Anstoß gaben zu neuen Forschungsrichtungen und Fragestellungen. Besonders auf dem Gebiet der Volks- und Bevölkerungsgeschichte, Siedlungsgeschichte und Sippenkunde blieb das nicht ohne Frucht.[44]

Ritter stellte damit (damals durchaus unwidersprochen, soweit ich feststellen konnte) als Tatsache hin, was erst vier Jahrzehnte später von der deutschen Geschichtswissenschaft wieder thematisiert und – durchaus kontrovers – diskutiert werden sollte: „Der braune Unterleib der Sozialgeschichte"[45], wie es die „Frankfurter Rundschau" 1998 in der Berichterstattung über den Frankfurter Historikertag bezeichnete. Die dort angestoßene, sehr

40 Vgl. ebda., S. 129.
41 Vgl. ebda., S. 130.
42 Vgl. ebda., S. 131.
43 Vgl. ebda., S. 133.
44 Vgl. ebda. Sperrung im Original. Ritter verweist hier in einer Fußnote „besonders auf die agrar- und bevölkerungsgeschichtlichen Studien von G. Franz sowie auf das historische Studium des Auslanddeutschtums (H. Haußherr, J. Pfitzner, u.a.m.)."
45 Von Nils Minkmar, in: Frankfurter Rundschau vom 15. September 1998.

„emotional geführte“[46] Debatte (und die Berichterstattung darüber) konzentrierte sich im wesentlichen auf drei Personen, deren Namen eng mit der Entwicklung der Sozialgeschichtsforschung nach 1945 verbunden sind: Karl Dietrich Erdmann, Theodor Schieder und Werner Conze. Deren ‚ökonomischer‘ Umgang in der Nachkriegszeit mit der eigenen Biographie, das „selbstgewisse Euphemisieren“[47] durch Schüler und Kollegen sowie die Frage der Bewertung des wissenschaftlichen Handelns im Vorfeld des Massenmordes und der Endlösung sind die zentralen Streitpunkte dieser Debatte: Argumentationsmuster und Diskussionskultur erinnern an den ‚Fall‘ Schwerte/Schneider, der die bundesdeutsche Germanistik Mitte der neunziger Jahre zwang, sich mit Kontinuitäten in ihrer Fachgeschichte auseinanderzusetzen, die bis dahin – trotz der im Vergleich zur Geschichtswissenschaft frühen und intensiven Beschäftigung mit der NS-Vergangenheit – für unmöglich gehalten worden waren.

Götz Aly wirft Theodor Schieder und Werner Conze „weit mehr als opportunistisches Mitläufertum“ vor: Durch ihre wissenschaftliche Tätigkeit und ihre Veröffentlichungen hätten beide „auf ihre Weise und professionell – als gut ausgebildete Historiker eben – am Menschheitsverbrechen Holocaust mitgewirkt“[48]:

> [Schieder] und Conze qualifizierten die Juden als Störfaktoren, Schmarotzer und gefährliche innere Feinde; beide machten klar, dass ihre Diskriminierung und Ghettoisierung beispielsweise von Teilen der weißrussischen Bevölkerung als positive Maßnahme angesehen werde; beide schlugen vor, staatlich gesteuerte Bevölkerungsverschiebungen oder Massenvertreibungen zu Lasten der Juden ins Werk zu setzen und die jüdischen Minderheiten deshalb aus den betreffenden Gebieten vollständig zu entfernen. Beide ließen die Frage nach dem Wohin offen.

Dem Befund ist auf Grund der angeführten Dokumente und Publikationen aus der Feder Schieders und Conzes kaum zu widersprechen.[49] Problematisch scheint jedoch die Schlussfolgerung Alys, Schieder und Conze damit zu „Vordenkern der Vernichtung“ zu machen.

---

46 Winfried Schulze/Gerd Helm/Thomas Ott, Deutsche Historiker im Nationalsozialismus. Beobachtungen und Überlegungen zu einer Debatte, in: Winfried Schulze/Otto G. Oexle (Hrsg.), Deutsche Historiker im Nationalsozialismus, Frankfurt 1999, S. 11-48, 12.

47 Vgl. Anm. 23, S. 174.

48 Vgl. ebda., 177.

49 Siehe dazu Angelika Ebbinghaus/Karl Heinz Roth, Vorläufer des ‚Generalplans Ost‘. Eine Dokumentation über Theodor Schieders Polendenkschrift vom 7. Oktober 1939, in: 1999, 7, 1, 1992, S. 62-94, sowie die in folgenden Arbeiten zitierten Veröffentlichungen Conzes und Schieders: Götz Aly/Susanne Heim, Vordenker der Vernichtung. Auschwitz und die deutschen Pläne für eine neue europäische Ordnung, Frankfurt 1993; Götz Aly (Anm. 23).

Die von Theodor Schieder, Hermann Aubin und Albert Brackmann zu verantwortende Denkschrift aus dem September/Oktober 1939[50] wurde damals, worauf Ingo Haar zu Recht nachdrücklich wert legt, nicht der SS angedient, sondern staatlichen Stellen[51]; dass sie ein „Vorläufer" des Generalplanes Ost gewesen sei, ist nicht bewiesen.[52] Es ist auch nicht wahrscheinlich – selbst wenn diese Denkschrift schließlich in die Hände jener Institutionen und Personen gelangt wäre, die für die Planungen des Generalplans Ost Verantwortung trugen[53]: Zu dem Zeitpunkt, als Schieder und seine Historiker-Kollegen „die Frage nach dem Wohin" noch offen ließen, war sie im Rassenpolitischen Amt der NSDAP – zumindest als reale Option – schon beantwortet. Anfang Dezember 1939 sandte dessen Leiter, Dr. Walter Groß, dem Reichsführer SS eine in seinem Amt entstandene Denkschrift

> [...] über die Neuordnung im ehemals polnischen Raum, die die Fragen der Rassenpolitik, der Eindeutschung bzw. der Vernichtung des nicht eindeutschbaren Bevölkerungsanteiles behandelt. Die Stellungnahme, die aus längerer gründlicher Beschäftigung entstanden ist, dürfte in den Grundgedanken Ihre Zustimmung finden. Falls in Einzelheiten die von Ihnen mit der Bearbeitung dieser Fragen betrauten Dienststellen zu abweichenden Auffassungen gekommen sind, wäre ich für eine kurze

50 Vgl. Ebbinghaus/Roth (Anm. 49).

51 Vgl. Ingo Haar, ‚Kämpfende Wissenschaft'. Entstehung und Niedergang der völkischen Geschichtswissenschaft im Wechsel der Systeme, in: Winfried Schulze/Otto G. Oexle (Hrsg.), Deutsche Historiker im Nationalsozialismus, S. 215-240, 219.

52 Dagegen spricht auch, dass Brackmann im Sicherheitsdienst just zum Zeitpunkt der Fertigstellung der „Polendenkschrift" als „bedenklich" und einige seiner Mitarbeiter „voll höchsten Missbehagens" angesehen wurden (Aktenvermerk Dr. Kaiser, für den „Ahnenerbe"-Stiftungsverlag, 13.10.1939 – BAL – Brackmann AE file Bl. 45f. Diese SD-Einschätzung ging auf Wilhelm Spengler zurück, der zur Begründung anführte, Mitarbeiter Brackmanns hätten sich in Danzig und Westpreußen „gegenüber dem SD feindselig und bösartig benommen"). Die Ende 1939 im „Ahnenerbe"-Stiftungsverlag erschienene Broschüre Brackmanns „Krisis und Aufbau und Osteuropa. Ein weltgeschichtliches Bild" wurde vom Hauptschulungsamt der NSDAP rundweg abgelehnt, da sie sich „ganz im Sinne eines historischen Zünf[t]lers bewegt, der über die engen Grenzen seines Fachgebietes nicht hinauszuschauen vermag." Das Schulungsamt konnte die Broschüre weder einem weiteren Leserkreis empfehlen, noch in der Schulung einsetzen. (Bury, Hauptschulungsamt, Reichsleitung NSDAP, an „Ahnenerbe"-Stiftungsverlag, 5.7.1940 – ebda., Bl. 49f.). Das in der Broschüre veröffentlichte „Vorwort des Verlages" war ursprünglich als Geleitwort des RFSS im „Ahnenerbe" verfasst und eine entsprechende Anfrage Sievers' an Himmler schon getippt worden; das Schreiben wurde jedoch nicht mehr abgesandt – auf dem Original ist von Sievers handschriftlich lediglich vermerkt: „Brief ist nicht abgesandt, da Vorwort RFSS entfallen wird." (Sievers, „Ahnenerbe", an Himmler, 27.10.1939 – ebda., Bl. 47f.).

53 Siehe hierzu Mechthild Rössler/Sabine Schleiermacher (Hrsg.), Der ‚Generalplan Ost'. Hauptlinien der nationalsozialistischen Planungs- und Vernichtungspolitik, Berlin 1993.

Unterrichtung dankbar, um die Einheitlichkeit in der Behandlung dieser wichtigen Fragen sicherzustellen.[54]

Die auf dem Historikertag ausgetragene Kontroverse hat die Aufmerksamkeit der Historiker auf die Frage gelenkt, ob „es vielleicht sogar sein [könnte], dass zumindest einige Historiker durch ihre Mitarbeit den Eroberungskrieg und die Politik der ‚Entjudung' ganz bewusst unterstützt haben?", wie es Peter Schöttler formulierte. Das stellt in einem Sinne die späte Anerkennung der langjährigen Forschungs- und Publikationsleistungen von Götz Aly, Susanne Heim und anderen dar, unabhängig davon, wie man ihre Schlussfolgerungen beurteilt. Tatsächlich scheint diese Fragestellung mehr wissenschaftlichen Erkenntniswert zu versprechen, wo es um den spezifischen Charakter der Geschichtswissenschaft im Dritten Reich geht. Zeitgenössischen Veröffentlichungen deutscher Historiker eine („partielle") „Identität", „Resistenz" oder „Opposition" im Verhältnis zur „nationalsozialistischen Weltanschauung" (wie immer man eine solche definieren mag) nachzuweisen, ist im Vergleich dazu von sehr beschränktem Aussagewert[55]: Allein schon der diachrone Vergleich mit der publizistisch-wissenschaftlichen Produktion der Geschichtswissenschaft im Kaiserreich und im Ersten Weltkrieg – Stichworte: ‚Kultur versus Zivilisation', ‚angelsächsisches Kulturmonopol', ‚das innere England' – belegt schließlich, dass die publizistisch-politische Unterstützung deutscher Aggressions- und Machtpolitik keine nur für die Zeit des Nationalsozialismus typische Verhaltensform war. Die Ausrichtung des wissenschaftlichen Diskurses an (vermeintlichen) Autoritäten liegt in der mangelnden Emanzipation der Wissenschaft(ler) von wissenschaftsfremden Einflüssen und Abhängigkeiten begründet. Für sich allein genommen ist sie kein besonderes Kennzeichen für die Rolle der Wissenschaft im Dritten Reich.

Das Besondere am Dritten Reich – und das trifft auch für den Bereich der Wissenschaft zu – ist der Übergang, in kürzester Zeit, von der politischen Unterdrückung der als ‚Gegner' identifizierten gesellschaftlichen und ethnischen Gruppen zu ihrer systematischen physischen Vernichtung.

Eine wissenschaftsgeschichtliche Forschung, der es zentral um den Begriff der historischen und gesellschaftlichen Verantwortung geht, wäre demzufolge gut beraten, das Verhalten deutscher Historiker darauf hin zu

54 Groß an RFSS, 2.12.1939 – BAZ – SS HO Orig. 1640–1750, Bl. 1706. Sperrung nicht im Original. An dieser Stelle ist kein Exemplar der Denkschrift überliefert, von denen es mindestens 12 gab, wie aus der Numerierung der in der Anlage erwähnten Exemplare hervorgeht.

55 Nach diesen Kategorien untersuchte Ursula Wiggershaus-Müller die Historische Zeitschrift.

untersuchen, in welchem Maße sie an Menschheitsverbrechen oder in deren Vorfeld handelnd beteiligt waren. Dabei wären vor allem jene Institutionen vorrangig zu untersuchen, die mit den deutschen Menschheitsverbrechen der dreißiger und vierziger Jahre aufs engste verbunden waren. Bezogen auf die Geschichtswissenschaft bedeutet das, dass wir vor allem Wissens- und Forschungsbedarf haben hinsichtlich der Rolle und Funktion von Historikern in der SS, im Reichssicherheitshauptamt, im Stabshauptamt/RKF, im Amt Rosenberg, im Auswärtigen Amt, im Reichsministerium für die besetzten Ostgebiete, in der Wehrmacht und in den Einsatzgruppen.

Die vorliegende Publikation soll einen Beitrag zu diesem Forschungsvorhaben leisten, indem sie sich mit einem Aspekt der Tätigkeit deutscher Historiker im Sicherheitsdienst des RFSS beschäftigt: der wissenschaftlichen Gegnerforschung im SD.

Zugleich soll die Edition der im SD entstandenen Denkschrift zur Lage der Geschichtswissenschaft die Aufmerksamkeit der heutigen Forschung darauf lenken, dass bei der historischen Beurteilung der Rolle der Wissenschaften im Nationalsozialismus die zeitgenössische Perspektive der Herrschaftsinstanzen des Dritten Reiches nicht vernachlässigt werden sollte: Die hinsichtlich einzelner Wissenschaftler und ganzer (Teil-)Disziplinen getroffenen Einschätzungen – ob zutreffend oder nicht – sollten bezüglich ihrer damaligen Handlungsrelevanz nicht unterschätzt werden, wie das in der Einleitung vorgestellte Projekt der Infiltration der universitären Geschichtswissenschaft mit ‚zuverlässigen‘ SD-Historikern und der Ausbildung eines „positiven Nachwuchses“ deutlich macht.

1 Die Denkschrift „Entwicklung und Aufgaben der Geschichtswissenschaft in Deutschland" – Quellenbeschreibung, Entstehungsgeschichte, Kritik

Das zentrale Dokument dieser Edition ist eine Denkschrift des Sicherheitsdienstes des Reichsführers-SS (RFSS) über „Entwicklung und Aufgaben der Geschichtswissenschaft in Deutschland". Sie ist in den Beständen des Bundesarchivs überliefert. Der Bestand hat die Signatur ZB 1–1223, Akte 5 und befand sich zum Zeitpunkt der Einsichtnahme im Zwischenarchiv Dahlwitz-Hoppegarten. Die Bestände dieses Zwischenarchivs gehörten zur Zeit der DDR dem im Februar 1950 gebildeten Ministerium für Staatssicherheit (MfS).[1]

Die Denkschrift ist maschinenschriftlich auf DIN-A4-Papier verfasst und in drei Teile gegliedert:

I Die Geschichtswissenschaft in Deutschland bis 1933.
II Die Lage in der Geschichtswissenschaft seit 1933.
III Die neuen Aufgaben der nationalsozialistischen Geschichtswissenschaft.

Der letzte Teil – das „knappe Schlusskapitel"[2] – ist am angegebenen Fundort nicht überliefert. Die Existenz weiterer, möglicherweise vollständiger Exemplare in deutschen oder ausländischen Archiven ist nicht auszuschließen, da Vervielfältigungen der Denkschrift für den SD-internen Dienstgebrauch in Aussicht genommen wurden. Das vorliegende Fragment umfasst im Original 84 Seiten (Paginierung in Akte 5: 137 bis 216f.). Es ist undatiert und nennt keinen Verfasser.

Die Entstehungsgeschichte der Denkschrift kann anhand überlieferter Dokumente allerdings genau rekonstruiert werden: Im Herbst 1938 wurde die Erstellung einer Denkschrift zur Geschichtswissenschaft von Franz

1 Die Bestände umfassen u.a. Dokumente aus dem Bereich des Sicherheitsdienstes, aber auch aus der Zeit nach 1945. Auffallend ist die personenbezogene Aufbereitung des überlieferten Materials, das durch umfangreiche Findkarteien erschlossen ist. Letztere verweisen auch auch auf Dokumente, die in anderen Archiven der DDR gelagert sind. Möglicherweise wurden die so aufbereiteten Informationen in der Zeit des Kalten Krieges vom MfS für gezielte Enthüllungen der NS-Vergangenheit bekannter Persönlichkeiten der BRD verwendet.

2 So der SD-Mitarbeiter Rudolf Levin, dem die vollständige Denkschrift zur internen Kontrolle vorgelegt wurde. Vgl. Levin, Stellungnahme zur Denkschrift, 1.4.1939 – BAD – ZB 1-1223 A.5.

Alfred Six, dem (faktischen) Leiter des SD-Inland, veranlasst. Ihr Verfasser ist der Historiker Hermann Löffler, der zu diesem Zwecke vom Persönlichen Stab RFSS zum Sicherheitsdienst abgeordnet wurde:

Auf Antrag von SS-Standartenführer Dr. Six werden Sie im Interesse auf dem Gebiet der Geschichte durchzuführender Sonderaufgaben mit Wirkung vom 7.11.1938 auf die Dauer von höchstens drei Monaten zum Sicherheitshauptamt kommandiert. Der Präsident erwartet, dass durch Ihren Einsatz dort die bereits zwischen dem Sicherheitshauptamt und dem ‚Ahnenerbe' bestehende fruchtbare Zusammenarbeit noch vertieft wird.[3]

Diese enge Kooperation zwischen „Ahnenerbe" und Sicherheitsdienst beschränkte sich nicht auf die Geschichtswissenschaft[4], sondern umfasste den gesamten inner- und außeruniversitären Wissenschaftsbereich, wobei der Schwerpunkt auf den ‚ideologieträchtigen' Geistes- und Sozialwissenschaften lag. Entsprechend wurden in den späten dreißiger Jahren vom Sicherheitsdienst neben der vorliegenden Denkschrift zur Geschichtswissenschaft auch solche über die „Lage und Aufgaben der Germanistik und deutschen Literaturwissenschaft"[5], über die Vorgeschichtsforschung, die Volkstumswissenschaft sowie über Japanologie und Sinologie produziert. Angesichts der verstreuten Überlieferung der Aktenbestände des Reichssicherheitshauptamts ist nicht ausgeschlossen, dass über die hier genannten Denkschriften hinaus noch weitere in den Archiven überliefert sind.

Aufgrund der Dauer der Kommandierung Löfflers zur Abteilung II 2 (Lebensgebietsmäßige Auswertung) kann der Entstehungszeitraum der Denkschrift auf die Monate November 1938 bis Februar 1939 eingegrenzt werden:

SS-Obersturmführer Löffler wurde mit Wirkung vom 7.11.1938 auf die Dauer von drei Monaten zur Erledigung eines Sonderauftrages in das SD-Hauptamt abkommandiert. Da dieser Termin am 7.2.1939 abläuft und Löffler zu dringenden Arbeiten hier benötigt wird, wird er mit Wirkung vom 12.2.1939 nach hier zurückversetzt.[6]

---

3 Sievers an Löffler, 12.11.1938 – BAZ – Löffler AE.

4 Siehe dazu Michael H. Kater, Das „Ahnenerbe" der SS 1935-1945. Ein Beitrag zur Kulturpolitik des Dritten Reiches, München [2]1997; Lutz Hachmeister, Der Gegnerforscher. Die Karriere des SS-Führers Franz Alfred Six, München 1998; Gerd Simon, Germanistik in den Planspielen des Sicherheitsdienstes der SS, Tübingen 1998.

5 Sie wurde von dem Bonner Germanisten Hans Rössner (geb. 5.7.1910) verfasst, der seit 1938 Referent in der Abteilung II 2 des SDHA war. Für den vollständigen Text dieser Denkschrift siehe Simon, Germanistik in den Planspielen des Sicherheitsdienstes der SS.

6 Sievers an Six, 30.1.1939 – BAZ – Löffler AE. Vgl. auch: „Mein Sonderauftrag im SD-Hauptamt wurde durch die tatkräftige Mitarbeit meiner Sekretärin so weit gefördert, dass ich alle heute noch im Dienst befindlichen Hochschullehrer schon katalogisiert und erfasst habe. Ich bin mit dem Auftrag vor Weihnachten fertig." Löffler an Sievers, 19.11.1938 – BA – NS 21/58.

In dem zitierten Schreiben teilte der „Ahnenerbe"-Geschäftsführer Wolfram Sievers dem Chef des SD-Inland außerdem mit, dass Löffler die „Denkschrift über Lage und Aufgabe der Geschichtswissenschaft" am 8.2.1939 vorlegen werde. Da Six die Denkschrift selbst in Auftrag gegeben und Löffler sie in dessen Zentralabteilung II erstellt hatte, ist dieser Informationsfluss von „Ahnenerbe"-Leitung zum SD als weiterer Beleg für die personelle und inhaltliche Kooperation der beiden Institutionen auf dem Gebiet der SS-Wissenschaftspolitik zu werten.[7]

Nachdem Löffler die Denkschrift abgeliefert hatte, wurde sie zunächst innerhalb des Sicherheitsdienstes kritisch gegengelesen. Diese Aufgabe wurde der Abteilung II 1 (Weltanschauliche Gegner) übertragen. Am 1. April 1939 legte Rudolf Levin – auch er Historiker – die „Stellungnahme" der Abteilung vor:

Die Denkschrift ist in allen Teilen, abgesehen von einigen kleineren kritischen Einwänden, restlos zu billigen. Besonders verdienstlich erscheint die Berücksichtigung der engen Verknüpfung zwischen der Rassenkunde, der Vorgeschichte und der eigentlichen Geschichte. Weiter ist es ein großer Vorteil dieser Denkschrift, wenn sie im Gegensatze zu manchen heutigen nationalsozialistischen Erörterungen über Geschichtsprobleme die Volksgeschichte scharf von der Staatsgeschichte absetzt. Besonders diese Abwendung von der rein etatistischen Geschichtsauffassung scheint im Hinblick auf eine engere Verbindung der politischen Geschichte, der Geistesgeschichte und der Wirtschaftsgeschichte mit rassischen Fragen unerlässlich, da erst hierdurch der Weg für eine deutsche Volksgeschichte freigemacht wird. Als der oberste Wert für die nationalsozialistische Geschichtsauffassung wird demzufolge: das Volk – erkannt.

Besonders wertvoll sind die Darlegungen über die Lage der deutschen Geschichtswissenschaft nach 1933. Zu verweisen ist hier besonders auf die vollkommen berechtigte scharfe Ablehnung der Konjunkturgeschichtsschreibung nach den von diesen Schreiberlingen vermuteten nationalsozialistischen Dogmen. Die Denkschrift weist auf die gefährlichen Folgen der Haltung der Parteipresse im Hinblick auf diese Konjunkturliteratur hin, die oft auch in die politische Schulungsarbeit der Partei eingespannt wurde. Durch diese Haltung wurde jede vom nationalsozialistischen Standpunkt ausgehende geschichtliche Darstellung in den Kreisen der Fachwissenschaft in Verruf gebracht, der deutlich bis heute noch nachwirkt.

Die Denkschrift macht weiter auf den katastrophalen Mangel an einer großen reichseinheitlichen Planung und Ausrichtung der historischen Forschungsaufgaben aufmerksam. Sie betont weiterhin die Notwendigkeit geschichtswissenschaftlicher Kleinarbeit, die unbedingt für die Schulung eines geeigneten wissenschaftlichen Nachwuchses geleistet werden muss.

---

7 Vgl. auch: „Die Arbeit im SD-Hauptamt geht schnell vorwärts und ich hoffe, sie bis zu dem vereinbarten Termin befriedigend *für beide Teile* abschließen zu können." – BA – NS 21/58. (Meine Lesart dieser – im Original nicht hervorgehobenen – Stelle ist, dass mit ‚beiden Teilen' das Ahnenerbe und der SD gemeint sind.)

Die Denkschrift erfasst weiterhin die in- und außerhalb der Hochschule tätigen Historiker, wobei die Gegner und die positiven Kräfte geschieden werden. Neben einem Überblick über die verschiedenen historischen Zeitschriften werden [in] einem knappen Schlusskapitel die neuen Aufgaben einer nationalsozialistischen Geschichtswissenschaft umrissen.

Ein kritischer Einwand muss allerdings vorgebracht werden, der aber dem Verfasser der Denkschrift nicht zur Last fällt, sondern einer falschen Einschätzung, die die Anschauung der deutschen Geschichtswissenschaft vor und nach dem Kriege beherrscht hat. Die Arbeiten des Leipziger Historikers Karl Lamprecht können nicht allein nach der von Comte übernommenen positivistischen Stufentheorie beurteilt werden. Lamprecht gehört vielmehr zu den Historikern[,] die sich ernstlich um die Geschichte des deutschen Volkes, insbesondere auch der niederen Stände bemühten. In seiner Deutschen Geschichte tritt dies deutlich zutage. Lamprecht hat weiter der wirtschaftsgeschichtlichen und siedlungsgeschichtlichen Forschung wichtige Anregungen gegeben. Auch seine Auffassung[en] von Kulturgeschichte sind nicht mit den Theorien einer über den politischen, sozialen und wirtschaftlichen Verhältnissen freischwebenden Geistesgeschichte zu verwechseln. Lamprecht hat sich vielmehr stets um die Verankerung aller Kulturströmungen im Leben des Volkes bemüht. Man hat heute meistens nur das äußere Gerippe der Lamprecht'schen Geschichtsauffassung im Auge, wenn man die Nachwirkungen seiner Geschichtslehre in [den] USA und England verfolgt. Die Bezeichnung der Lamprechtschüler als „verkrüppelte arische Intellektuelle" ist restlos unzutreffend, vor allem wenn man an den führenden Siedlungsgeschichtler Deutschlands, Prof. Kötzschke (Leipzig) und Prof. Arnim Tille (früher Weimar) denkt, die beide viel für die Erforschung der deutschen Landesgeschichte getan haben.

Außerdem versuchte Lamprecht, durch universalgeschichtliche Studien den Horizont seiner Studenten über die Geschichte Europas hinaus auf die Geschichte der anderen Erdteile und Kontinente zu erweitern. Wie wichtig diese universalgeschichtlichen Studien für die Ausbildung des wissenschaftlichen und pädagogischen Nachwuchses sind, liegt auf der Hand. Überdies ist es bezeichnend, dass der alte Ranke den jungen Lamprecht in Berlin empfing und sich sehr anerkennend über die auf neuen Wegen laufenden Arbeiten und Studien des jungen Lamprecht äußerte.

Abgesehen von diesem Einwand ist die Denkschrift in allen Teilen zu billigen.[8]

Damit hatte die von Hermann Löffler verfasste Denkschrift die SD-interne Prüfung bestanden. Wir haben somit ein zentrales Dokument vorliegen, dessen Einschätzungen von und Urteile über Personen, Inhalte und Entwicklungen auf dem Gebiet der Geschichtswissenschaft den zur Jahreswende 1938/39 aktuellen Stand der wissenschaftlichen und wissenschaftspolitischen Meinungsbildung innerhalb des Sicherheitsdienstes reflektiert. Am 8. Mai 1939 übersandte Six ein Exemplar der Denkschrift mit einem Begleitschreiben an Heydrich:

---

8 Vgl. Anm. 2.

Nachdem die Geschichtswissenschaft als eines der wesentlichsten Problemgebiete innerhalb des Sicherheitsdienstes von je aufgetreten ist und durch den Fall Walter Frank besondere Bedeutung erhielt, habe ich den Auftrag zu einer Denkschrift gegeben, die für die einheitliche Bearbeitung dieses Gebietes für alle Referenten im Hauptamt, bei den Ober- und Unterabschnitten wichtig ist.

Ich schlage vor, diese Denkschrift zu vervielfältigen und sie nach dem allgemeinen internen Verteilerschlüssel ausgehen zu lassen. Ich schlage jedoch vor, dass Sie bei der Wichtigkeit des Stoffes selbst Gelegenheit nehmen, die Arbeit durchzulesen, da sie auch persönlich sehr viel Wissenswertes enthält.[9]

In dem Hinweis von Six auf die Bedeutung der Denkschrift für die „einheitliche Bearbeitung" des Gebietes klingt der Praxisbezug an, den diese und die anderen Denkschriften hatten bzw. haben sollten.[10] Six gibt in dem zitierten Schreiben auch den Kontext an, in dem der Auftrag zur Erstellung der Denkschrift gegeben wurde: der „Fall Walter Frank", den Heydrich im Mai 1939 noch in lebhafter Erinnerung gehabt haben dürfte. Die Auseinandersetzungen zwischen Walter Frank und dem Sicherheitsdienst hatten ihren Ursprung in der Frage der Besetzung zweier geschichtswissenschaftlicher Führungspositionen. Dabei handelte es sich zum einen um die Nachfolge Paul Kehrs als Präsident der Monumenta Germaniae Historica – und damit faktisch um die Leitung des *Reichsinstituts für ältere deutsche Geschichtskunde*, das die noch aus Kaiserzeiten stammende „Zentraldirektion" der Monumenta Germaniae Historica abgelöst hatte. Das neugegründete Reichsinstitut fasste neben den MGH das Historische Institut in Rom, das Kaiser-Wilhelm-Institut für Deutsche Geschichte sowie die Dienstaufsicht über die historischen Landeskommissionen, den Verband deutscher Historiker und den Gesamtverein der deutschen Geschichts- und Altertumsvereine unter einem Dach zusammen. Die Präsidentschaft dieses Instituts war somit in wissenschaftspolitischer Sicht deutlich mehr als akademisches Dekorum. Bei der zweiten Personalfrage ging es um die Position des Generaldirektors der *Preußischen Archive* und, damit verbunden, des *Reichsarchivs*.

Das mehrjährige Ringen um diese beiden Positionen ist von Helmut Heiber in seinem Werk über „Walter Frank und sein Reichsinstitut für Geschichte des neuen Deutschlands" in extenso dargestellt worden und braucht hier nicht noch einmal referiert werden.[11] Es ist typisch für Kon-

9 Six an Heydrich, 8.5.1939 – BAD – ZB 1-1223 A.5.

10 Siehe dazu im Kapitel 2.2 und 2.3 sowie Gerd Simon, Germanistik in den Planspielen des Sicherheitsdienstes der SS, Tübingen 1998, S. XLIX ff.

11 Siehe Helmut Heiber, Walter Frank und sein Reichsinstitut für Geschichte des neuen Deutschlands, Stuttgart 1966, S. 851-937. Die folgende kurze Zusammenfassung stützt sich, soweit nicht anders angegeben, auf Heiber.

flikte um Stellenbesetzungen im Wissenschaftsbereich nach 1933 – so auch in den beiden vorliegenden Fällen –, dass die streitenden Interessengruppen dem Machtapparat des Dritten Reiches angehörten oder dem Nationalsozialismus auf andere Weise verpflichtet waren, was indes keineswegs ausschloss, dass man mit dem Vorwurf der ‚Gegnerschaft' zum Regime operierte.

Zum offenen Konflikt zwischen dem Sicherheitsdienst und Walter Frank kam es, als dieser den Kandidaten der SS für das Amt des Monumenta-Präsidenten, Karl-August Eckhardt, unter Verweis auf einen ‚freundlichen' Nachruf Eckhardts auf den jüdischen Rechtshistoriker Max Pappenheim ‚unmöglich' machte und dabei auch den damaligen Leiter der Zentralabteilung II 2 des SD-Hauptamtes angriff. Reinhard Höhn, so Frank, sei in der Zeit vor 1933 ein glühender Anhänger Artur Mahrauns gewesen, Mitglied des „Jungdeutschen Ordens" und entschiedener Gegner Hitlers und des Nationalsozialismus. Diese Vorwürfe untermauerte Frank mit Veröffentlichungen Höhns aus den Jahren 1930 bis 1932 und legte sie der Reichskanzlei vor. Hitler befasste sich mit dem ‚Fall' im Juni 1937 persönlich, und in der Folge sahen sich Himmler und Heydrich gezwungen, Höhn aus der Führungsebene des Sicherheitsdienstes zu entfernen. Dies war aus der Sicht der SS-Führung nicht nur in professioneller Hinsicht bedauerlich – Höhn galt als exzellenter SS-Führer und Wissenschaftsorganisator –, sondern wurde auch als ‚Schmach' empfunden, da es dem Nicht-Parteimitglied Frank gelungen war, auf die Personalpolitik der SS massiven Einfluss zu nehmen. Höhn wurde von der SS jedoch keineswegs fallengelassen. Eine SS-interne Untersuchung, die Höhn sehr wohlwollend gestimmt war, kam im Juni 1938 zu folgendem Ergebnis:

Anlässlich der Betrauung des SS-Obersturmbannführers Prof. Dr. Reinhard Höhn, Berlin, mit der wissenschaftlichen Vorbereitung des internationalen Verwaltungskongresses durch den Reichsminister des Innern habe ich die von persönlichen Gegnern Höhns erhobenen Vorwürfe wegen seiner früheren politischen Einstellung einer eingehenden Nachprüfung unterzogen. Auf Grund dieser Nachprüfung komme ich unter Heranziehung des gesamten Aktenmaterials zu folgendem Ergebnis:

1. Höhn trat als Student im Alter von 19 Jahren im Jahre 1923 dem Jungdeutschen Orden bei. Er betätigte sich in Wort und Schrift für die Ideen des jungdeutschen Ordens und hat unter anderem zwei Bücher „Der Bürgerliche Rechtsstaat und die neue Front, die geistesgeschichtliche Lage einer Volksbewegung" sowie „Artur Mahraun, der Wegweiser zur Nation" 1929 verfasst. Aus diesen Büchern ergibt sich folgende politische Grundhaltung Höhns in jener Zeit:
   Im jungdeutschen Orden und seinem Hochmeister Artur Mahraun sah er die Vorkämpfer für den Umbau des „Bürgerlichen Rechtsstaates" zum „Staat der Volksgemeinschaft". Bis zum Jahre 1929 stand Höhn dem Nationalsozialismus in Verfolg der

Linie des jungdeutschen Ordens ablehnend gegenüber, er war unter schärfster Ablehnung der liberalen Ideen und des liberalen bürgerlichen Rechtsstaates der Ansicht, dass Artur Mahraun den Weg zum Staat der Volksgemeinschaft führen könne.

2. Im Jahre 1930 brach Höhn, damals 25 Jahre alt, mit dieser Linie völlig. Aus Anlass der Gründung der Staatspartei durch Mahraun geriet Höhn mit Mahraun in schwere Auseinandersetzung. Am 21. Dezember 1930 wurde Höhn von Mahraun aller Ämter im jungdeutschen Orden enthoben, von da ab geriet Höhn in schwere Kämpfe mit dem jungdeutschen Orden, unter anderem auch in ein Ehrenverfahren mit Mahraun. Nach Abschluss dieser Verfahren trat Höhn am 20. Januar 1932 aus dem jungdeutschen Orden aus. Die Begründung des Austritts zeigt die Schwere des Zerwürfnisses:
   „Mit tiefem Bedauern sehe ich mich heute gezwungen, aus dem jungdeutschen Orden auszutreten. Ich gaube nicht mehr daran, dass bei der heutigen Führung Mahrauns aus dem Orden etwas werden kann. Ich habe menschlich alles Vertrauen verloren und auch politisch zu der Person des Hochmeisters nicht das geringste Zutrauen mehr. Die Gemeinschaftsidee halte ich nach wie vor für richtig, sie ist aber nicht an den jungdeutschen Orden gebunden und ich werde ihr da dienen, wo ich es für richtig halte."
   Der bei den Akten befindliche Briefwechsel aus dem Jahre 1931 ergibt die eindeutige Stellungnahme gegen Mahraun und den jungdeutschen Orden:
   „Mahraun ist ein Schädling und wird sich den Hals brechen." (15.7.31).
   „Ich bin der Ansicht, dass jede Schonung Mahraun und dem Ordensamt gegenüber völlig verkehrt ist." (3.9.31).
   Der Vorwurf, dass Höhn dem jungdeutschen Orden im Rahmen der Staatspartei bis 1933 gedient habe, ist daher unbegründet. Höhn war niemals in der Staatspartei, hat sich vielmehr aus Anlass der Staatspartei vom jungdeutschen Orden getrennt. Sein Verhältnis zum jungdeutschen Orden hat Höhn lange vor der Machtübernahme eindeutig revidiert und klarstens dargelegt, dass er sich in der Person Artur Mahrauns geirrt habe. Bei dieser Sachlage sind die gegen Herrn Höhn auf Grund seiner früheren Zugehörigkeit zum jungdeutschen Orden erhobenen Vorwürfe gegenstandslos.
3. Die positive Einstellung Höhns zum Nationalsozialismus spätestens vom Jahre 1931 ab ergibt sich aus den bei den Akten befindlichen Briefwechseln.
4. Fest steht nach einer schriftlichen Bestätigung des Chefs der Sicherheitspolizei, dass Höhn seit 1932 mit der SS im Rahmen des Nachrichtendienstes zusammengearbeitet hat.
5. Die gegen Höhn erhobenen Verdächtigungen, er habe mit homosexuellen Kreisen in Verbindung gestanden oder habe im Jahre 1932 mit der KPD bezw. Strasser-Leuten zusammengearbeitet, entbehren jeder Grundlage.[12]

Nicht nur die SS-interne Untersuchung blieb für Höhn folgenlos: Ein eingeleitetes Parteigerichtsverfahren zog sich bis Kriegsausbruch hin und verlief dann im Sande.[13] Seine Ernennung zum Ordinarius an der Universität

12 Stuckart, Untersuchungsergebnis Höhn, 20.6.1938, Abschrift – BAL – Höhn SSO.

13 Heiber, Walter Frank, S. 936.

Berlin im Jahre 1939 erfolgte problemlos. In der SS machte er weiter Karriere. Nur innerhalb des Sicherheitsdienstes konnte oder wollte man Höhn nicht mehr einsetzen. Seine Position dort wurde von Franz Alfred Six eingenommen, der damit gleich drei Zentralabteilungen im SD-Hauptamt leitete: ‚Presse und Museum', ‚Weltanschauliche Gegner' und ‚Lebensgebietsmäßige Auswertung'.

Löffler arbeitete spätestens ab November 1938 im Sicherheitsdienst mit einer Gruppe von Historikern zusammen, die in den Abteilungen II 1 (Weltanschauliche Gegner) und II 2 (Lebensgebietsmäßige Auswertung) mit der Geschichtswissenschaft befasst waren. Es ist anzunehmen, dass diese Gruppe Löffler bei der Erstellung der Denkschrift unterstützte; jedenfalls aber griff Löffler auf SD-Material zurück, das von diesen Männern zusammengetragen worden war. Sie seien deshalb an dieser Stelle kurz vorgestellt:

Wilhelm Spengler,
Leiter der Abteilung II 21 und später, nach Gründung des RSHA, Leiter der Gruppe III C (Deutsche Lebensgebiete, Kultur).

Spengler trat dem SD im November 1933 bei[14], ab März 1934 war er hauptamtlich unter Franz Alfred Six tätig. Seine Zuständigkeiten umfassten unter anderem die Auswertung und Begutachtung des deutschsprachigen Schrifttums. Das „Ahnenerbe" stand seit 1937 mit ihm und seiner SD-Abteilung in engem Kontakt. Löffler war während der Zeit seiner Abordnung zum SD in erster Linie Spengler berichtspflichtig. Geboren am 19. März 1907, lernte Spengler während seiner Schulzeit in einem Augsburger Internat nach eigener Aussage „den Katholizismus in seinen Einrichtungen,

14 Die folgenden Informationen zu Spengler basieren auf Simon, Germanistik in den Planspielen des SD, S. XXII-XXVII.

Vertretern, weltanschaulich-konfessionellen Hintergründen und Arbeitsmethoden kennen".[15] Spengler studierte in München und Leipzig Germanistik, Geschichte und Philosophie.[16] Seine Leipziger Dissertation über „Das Drama Schillers" wurde von Hermann August Korff und André Jolles betreut und erhielt das Prädikat „summa cum laude".

Hans Rössner,
ab 1938 Mitarbeiter in Spenglers Abteilung II 21

Rössner arbeitete in etwa zur selben Zeit wie Löffler an der Fertigstellung seiner Denkschrift zur „Lage und [den] Aufgaben der Germanistik und deutschen Literaturwissenschaft" in Deutschland.[17] Zwischen 1936 und 1938 arbeitete er als Assistent am Germanistischen Seminar der Universität Bonn, wo er 1937 bei Karl Justus Obenauer mit einer Studie über „Georgekreis und Literaturwissenschaft: zur Würdigung und Kritik der geistigen Bewegung Stefan Georges"[18] promovierte. Rössner, geboren am 5. Juli

15 Zit. nach Simon, Germanistik in den Planspielen des SD, S. XXII.

16 Siehe Bildungsgang in seiner Dissertation „Das Drama Schillers. Seine Genesis." Leipzig 1932.

17 Für den vollständigen Text sowie zur Entstehungs- und Wirkungsgeschichte dieser Denkschrift siehe Simon, Germanistik in den Planspielen des SD. Nach Angaben von Six und Spengler vom 24.1.1939 hatte sich Rössner „während der letzten Hochschulferien im SD-Hauptamt zur Verfügung gestellt und eine abschließende Gesamtdenkschrift über die Lage der Germanistik fertiggestellt, in der das gesamte SD-Material zu dieser Frage verarbeitet wird. R. ist außerdem im Ahnenerbe verankert, wo er ebenfalls die germanistischen Fragen bearbeitet." Rössner war zu diesem Zeitpunkt „ehrenamtlicher Mitarbeiter in der Wissenschaftsabteilung" des SD-Hauptamtes, bis 1.10.1937 war er hauptamtlicher Mitarbeiter gewesen. Personal-Bericht, gez. Six, Spengler, 24.1.1939 – BAZ – Rössner SSO.

18 Frankfurt/M. 1938.

1910, hatte ab 1930 in Leipzig, Graz und Marburg Deutsch, Geschichte und evangelische Theologie studiert.

Ernst Turowski,
stellvertretender Leiter der Abteilung II 211.

Für den Sicherheitsdienst war Ernst Turowski seit September 1937 hauptamtlich tätig. 1933 in die SA eingetreten, wechselte er im Januar 1935 zur SS. Parteianwärter war Turowski seit 1.5.1937, er erhielt später die Nr. 5.586.583. Geboren am 7. Oktober 1906, studierte er vor allem Geschichte, Staatswissenschaften und Germanistik an den Universitäten Bonn, Königsberg und Berlin, wo er am 15.12.1937 mit einer Arbeit über „Die innenpolitische Entwicklung Polnisch-Preußens und seine staatsrechtliche Stellung zu Polen vom 2. Thorner Frieden bis zum Reichstag von Lublin (1466-1569)" im zweiten Anlauf promovierte: Die erste mündliche Prüfung im Herbst/Winter 1936 war nach Einwänden von Fritz Hartung, Richard Hartmann und Alfred Baeumler mit „non sustinuit" beschieden worden.[19] Als Berichterstatter der Dissertation fungierten Hans Uebersberger und Fritz Rörig.[20] Unter der Regie von Franz Alfred Six bearbeitete Turowski den Bereich der außeruniversitären wissenschaftlichen Institute, Akademien, Gesellschaften und Organisationen. Er verfügte nicht nur "über beachtliche Kenntnisse auf dem Gebiet der Geschichte, der Kulturpolitik und der Auslandswissenschaften (Polen, Osten), sondern entwickelt[e] die not-

19 Protokoll der Fakultätssitzung vom 17.12.1936 – UA HUB – Phil. Fak. 41.

20 Siehe Ernst Turowski, Die innenpolitische Entwicklung Polnisch-Preußens und seine staatsrechtliche Stellung zu Polen vom 2. Thorner Frieden bis zum Reichstag von Lublin (1466-1569). Berlin 1937.

wendigen Führungsqualitäten in der Anleitung und Führung der übrigen Referenten. Er beherrscht[e] den schwierigen Sachgegenstand der Wissenschafts-Institute außerhalb der Hochschule und die Grundfragen nachrichtendienstlicher Bearbeitung der deutschen Kulturpolitik mit innerer Sicherheit und Beurteilungskraft."[21]

Rudolf Levin,
Leiter der Abteilung VII C3 und Dozent an der Auslandswissenschaftlichen Fakultät der Berliner Universität.

Levin wurde am 1. Juli 1909 geboren. Er studierte Philosophie, Geschichte und Germanistik in Heidelberg, Kiel, München und Leipzig, wo er am 21.10.1935 mit der Arbeit „Der Geschichtsbegriff des Positivismus unter besonderer Berücksichtung Mills und der rechtsphilosophischen Anschauungen John Austins" promovierte. In die SA trat Levin im Mai 1933 ein, ab August 1935 war er hauptamtlich für den Sicherheitsdienst tätig und war an der Durchführung verschiedener Sonderaufträge in Österreich (1938) und in Elsass-Lothringen und Luxemburg (1936) beteiligt. Levin war u.a. für die Beobachtung der hochschulpolitischen Lage auf dem Gebiet der Geschichtswissenschaft zuständig.[22] An der Auslandswissenschaftlichen Fakultät der Universität Berlin übernahm er seit Mai 1941 Lehraufträge[23], im RSHA war er als Leiter des Referats VII C3 für den Himmlerschen

21 Six, Spengler, Beurteilung im Personal-Bericht Turowski, 20.1.[1939] – BAL – Turowski SSO.

22 Vgl. [Levin], Auszug aus dem Referat über die hochschulpolitische Lage vom SD aus gesehen, o.D. – BAD – ZB 1 – 1225, Bl. 1029-1044; Levin, Die nationalsozialistische Geschichtsauffassung, o.D. – BAD – ZR 550/1, Bl. 15-19.

23 Korrbl. Levin – BAL – Levin REM.

Sonderauftrag „Hexenforschung“ zuständig. Mitte 1944 übernahm er die Leitung der Ausweichstelle Schlesiersee des Amtes VII.[24]

Der ‚Gegnerforscher‘ *Hans Schick,* 1934 von Heydrich persönlich für den Sicherheitsdienst angeworben.

Hans Schick, geboren am 22. April 1889[25], fiel nicht nur altersmäßig aus dem Rahmen dieser Historikergruppe: Er war Priester des Kamillianerordens gewesen und dort in Philosophie und Theologie ausgebildet worden. 1925 aus dem Orden ausgetreten – „weil sich mein ganzes Wesen gegen diesen Beruf auflehnte“[26] –, arbeitete er zunächst in der Seelsorge weiter, holte das Abitur nach, studierte Geschichte und promovierte nach nur sechs Semestern Ende 1931 in Bonn mit einer Arbeit über den „Reichstag zu Regensburg im Zeitalter des Baseler Friedens 1792-1795“. Danach war er Referendar an einem Bonner Gymnasium, trat aus der Kirche aus und gab die „mühsam errungene Studienratslaufbahn“ wieder auf. Nach kurzer Tätigkeit als Privatlehrer war er ab Mitte 1933 Lehrer an einer Mittelschule, bis er im April 1934 als hauptamtlicher Mitarbeiter ins SD-Hauptamt kam – „nachdem SS-Gruppenführer Heydrich mich als Referent eingestellt hatte“. Den Aufnahmeantrag in die NSDAP hatte Schick am 4.3.1933 gestellt, im November desselben Jahres wurde er Mitglied der SS. 1939 war Schick „außerplanmäßiger Abteilungsleiter II 1“ und verfügte – so sein Vorgesetzter Six – „über ausgezeichnete wissenschaftliche Spezialkenntnisse. Er hat laufend auch außerhalb der Dienststelle Sonderaufträge zur vollsten Zufrie-

24 Siehe Marschbefehl, 14.6.1944 – BAD – ZR 550/1, Bl. 11.

25 Der Geburtsname lautet offiziell Andreas Johann Schick.

26 Lebenslauf. Schick, 12.4.1938 – BAL – Schick SSO.

denheit gelöst."[27] Später leitete Schick das Referat VII B5 (Wissenschaftliche Einzeluntersuchungen zu Inlandsproblemen). 1942 habilitierte er sich bei Günther Franz in Straßburg mit einer Arbeit über „Das ältere Rosenkreuzertum: ein Beitrag zur Entstehungsgeschichte der Freimaurerei" – einem der zentralen Untersuchungsgegenstände der ‚Gegnerforscher' im Sicherheitsdienst.[28]

Der bekannteste unter den SD-Historikern: *Günther Franz,* die ‚Graue Eminenz' der wissenschaftlichen ‚Gegnerforschung' des Sicherheitsdienstes.

Günther Franz, geboren am 23. Mai 1902, ist unter den Genannten der prominenteste Historiker und wird hier genannt, obwohl er kein hauptamtlicher Mitarbeiter des Sicherheitsdienstes war. Obschon mit Löffler, Levin und Turowski in einer Altersgruppe und deutlich jünger als Schick, war Franz der akademische Mentor dieser Gruppe: Er betreute nicht nur Löfflers Dissertation und die Habilitationen von Löffler und Schick, sondern fungierte auch als Gutachter und Supervisor für Forschungsprojekte:[29]

Das Amt VII, Amt für weltanschauliche Forschung, im Reichssicherheitshauptamt, ist mir durch meine beratende ehrenamtliche Mitarbeit an den wissenschaftlichen Forschungsaufgaben des Amtes bekannt.[30]

---

27 Stellungnahme Six im Personalbericht Schick, o.D. [nach 30.1.1939, vor 20.4.1940] - BAL - Schick SSO.

28 Die Arbeit erschien in den 80er Jahren in einer Faksimile-Ausgabe beim Verlag für Ganzheitliche Forschung und Kultur: Struckum 1982.

29 Siehe Jürgen Matthäus: ‚Weltanschauliche Forschung und Auswertung'. Aus den Akten des Amtes VII im Reichssicherheitshauptamt, in: Jahrbuch für Antisemitismusforschung 5, 1996, S. 287-330, 319.

30 Eidesstattliche Erklärung Günther Franz, 17.11.1947 – StA Nürnberg – KV-Prozesse Fall 9, Six-Dokument Nr. 45.

Günther Franz studierte Geschichte in Marburg, München und Göttingen und promovierte dort im Februar 1925 bei A.O. Meyer mit einer Arbeit über „Bismarcks Nationalgefühl".[31] Sein eigentlicher Forschungsschwerpunkt war jedoch die deutsche Bauern- und Agrargeschichte. 1927-29 war er Assistent am Historischen Seminar in Göttingen, 1930 habilitierte er sich bei Wilhelm Mommsen in Marburg für mittlere und neuere Geschichte. Nach einer Lehrstuhlvertretung in Rostock wurde Franz 1935 nach Heidelberg berufen, im Jahr darauf nach Jena. Der NSDAP trat er am 1.5.1933 bei, der SA im November desselben Jahres. 1935 wechselte er zur SS, wo er zunächst als Schulungsmann der Stürme 1/32 Heidelberg und 7/47 Jena tätig war. 1937 wurde er ehrenamtlicher Mitarbeiter des Rasse- und Siedlungshauptamtes.[32] Nachdem seine in Aussicht genommene Verwendung im „Ahnenerbe" nicht zustande gekommen war, wurde im Juni 1940 seine Versetzung in die Abteilung II des RSHA in die Wege geleitet.[33] Im September 1941 folgte schließlich seine Berufung nach Straßburg, wo er bis Kriegsende als Professor tätig war, von Einsätzen für den Sicherheitsdienst abgesehen.[34]

Zwischen der Abordnung Löfflers zum Sicherheitsdienst und der Ablieferung der Denkschrift liegen genau drei Monate. Angesichts der Fülle an Informationen, die der Denkschrift zugrunde liegen, ist davon auszugehen, dass Löffler auf Historiker-Dossiers zurückgriff, die vom Sicherheitsdienst zusammengestellt worden waren. Für diese These spricht, dass entsprechende Dossiers der Denkschrift über „Lage und Aufgaben der Germanistik und deutschen Literaturwissenschaft" zugrunde lagen.[35] Die Historiker-Dossiers konnte ich bisher in deutschen Archiven, von wenigen Ausnahmen abgesehen, nicht finden. Dass ein umfangreicher Bestand vorhanden war, ist von Löffler selbst bezeugt: Ende November 1938 erstattete Löffler seinem Vorgesetzten im SD, Spengler, Bericht über die bisherige Arbeit:

> Was unsere gemeinsame Arbeit betrifft, teile ich Ihnen mit, dass [...] sämtliche noch heute im Amte befindlichen Hochschulprofessoren katalogisiert und auf Grund einer Kartei, die ich schon in dem vergangenen Jahre angelegt hatte, begutachtet sind.[36]

---

31 Leipzig / Berlin 1926.

32 RuS-Fragebogen Franz, 16.12.1938 - BAL - Franz RS.

33 Siehe Sievers an Pers. Stab, 18.6.1940 - BAL - Franz AE, Bl. 113.

34 Korrbl. Franz - BAL - Franz REM.

35 Siehe Simon, Germanistik in den Planspielen des SD, S. LIXf.

36 Löffler an Spengler, 27.11.1938, Anlage zum Schreiben Spenglers an Sievers, 29.11.1938 - BA - NS 21/58.

Für die Richtigkeit dieser Aussage spricht, dass Löffler den Bericht nur aus einem Grunde verfasst hatte: um Spengler darüber zu informieren,

> [...] wo ich in den letzten zehn Tagen war und um zu vermeiden, dass die herzlichen und kameradschaftlichen Beziehungen zwischen uns beiden in irgend einer Weise getrübt werden.

Offenbar war Spengler über die wiederholte Abwesenheit seines Untergebenen vom SD-Hauptamt ungehalten gewesen: Löffler hielt sich im November 1938 mehrmals tageweise in Suhl auf, wo er im Auftrag des SS-Schulungsamtes auf einem Lehrgang für Polizeioffiziere und SS-Führer über die Themen „Fragen der nationalsozialistischen Geschichtswissenschaft“ und „Der Soldat der Kirche“ sprach.[37] Die von Löffler erwähnte Kartei der amtierenden (Geschichts-)Hochschulprofessoren müsste er aufgrund des angegebenen Entstehungszeitraums in seiner Eigenschaft als Leiter der Abteilung Geschichte im Rasse- und Siedlungshauptamt erstellt haben.[38]

Signifikant ist darüber hinaus eine weitere Information, die das zitierte Schreiben Löfflers an Spengler enthält. Die „gemeinsame Arbeit“ betreffend, teilte Löffler mit, dass „von mir schon zwei Denkschriften (ähnlich wie auf dem Gebiet der Germanistik) vollendet [worden] sind“.[39] Eine dieser beiden Denkschriften dürfte die im vorliegenden Buch veröffentlichte Denkschrift zur Geschichtswissenschaft sein; andere bekannte bzw. überlieferte Denkschriften konnten bislang Löffler nicht zugeordnet werden:

- Für die Denkschriften zur Japanologie und Sinologie kam Löffler aus fachlichen Gründen nicht in Frage;
- Die Denkschrift zur Germanistik verfasste mit an Sicherheit grenzender Wahrscheinlichkeit Hans Rössner;[40]
- die Denkschrift zur Volksforschung liegt mir in Form eines Vortrags vor, der aufgrund darin enthaltener Angaben zwischen dem 27.1. und dem

---

37 Siehe Löffler an Sievers, 19.11.1938 – BA – NS 21/58. Spengler war offensichtlich irrtümlich der Meinung gewesen, dass Löffler für diese Vorträge das SDHA nur für einen Tag verlassen würde.

38 Löffler war ab dem 30.1.1937 Führer im RuSHA, ab 1.6.1937 Abteilungsleiter im Rassenamt IID. Dienstlaufbahnverzeichnis – BAZ – Löffler SSO. Im Januar 1938 beantragte das RuSHA die Beurlaubung Löfflers aus dem Schuldienst, „[d]a es sich bei der Arbeit des SS-U'Stuf. Löffler um eine wichtige Aufgabe innerhalb des gesamten RuSHA-SS handelt“. RuSHA an Reichskommissar für das Saarland, Abt. III, 21.1.1938 – BAZ – Löffler RS. Dieser Antrag wurde genehmigt und Löffler „zur weiteren Tätigkeit beim RuSHA aus dem höheren Schuldienst“ bis zum 31.3.1940 beurlaubt. Reichskommissar für das Saarland, Abt. III, an Löffler, 17.2.1938 – BAZ – Löffler RS.

39 Siehe Anm. 36.

40 Siehe dazu Simon, Germanistik in den Planspielen des SD, S. XX.

13.3.1938 verschriftlicht worden sein muss. Der Abriss über Löfflers bisherige Tätigkeit im Rasse- und Siedlungs-Hauptamt (RuSHA), den Löffler am 28.7.1938 verfasste, enthält aber keinen direkten Hinweis auf die Erstellung einer Denkschrift bzw. eines Vortrages.[41]

- Die Denkschrift zur Vorgeschichte. Löffler war zwar kein Vor- und Frühgeschichtler, doch traute man ihm offenbar auch auf diesem Gebiet wenigstens etwas Expertise zu: Sievers schlug Six im Februar 1939 vor, dass Löffler „den neuen Referenten für Vor- und Frühgeschichte" im SDHA „in die Geschäfte" einführen solle.[42] Für eine Autorenschaft Löfflers spräche auch die eher bescheidene inhaltliche Qualität dieser Denkschrift[43], was durchaus zum Stil der hier vorgelegten Denkschrift zur Geschichtswissenschaft passt.

Die von Löffler erstellten Gutachten über die Historiker sind, wie schon gesagt, bisher nicht aufzufinden gewesen. Zur Illustration der personenbezogenen Informationsgewinnung des Sicherheitsdienstes ist deshalb der „Fragebogen 2 zur Erörterung der katholischen und evangelischen Dozenten" über Clemens Bauer reproduziert.

Derselbe Fragebogen wurde auch Ende 1937 benutzt, um mit Hilfe von Vertrauensmännern „Beurteilungen der einzelnen Dozenten" an der Hochschule in Eichstätt einzuholen.[44] Der ‚Fragebogen 2' war auf eine zahlenmäßig relativ kleine Gruppe zugeschnitten, die der SD zudem prima facie als ‚Gegnergruppe' ansah. Im Falle ‚großer' Disziplinen wie der Geschichtswissenschaft oder der Germanistik ist denkbar, dass den V-Männern an den Universitäten bzw. den SD-Beobachterstellen weniger detaillierte Fragebogen zur Hand gegeben wurden.

Der Autor der Denkschrift über „Entwicklung und Aufgaben der Geschichtswissenschaft in Deutschland" gab vor, seine Studie erfasse

> [...] so ziemlich alle lebenden, sowohl im Amte befindlichen als auch emeritierten Hochschuldozenten (nicht die Assistenten), sowie die wichtigsten Vertreter der Geschichtswissenschaft an Instituten, Bibliotheken und Archiven, ferner die bekanntesten Vertreter dieser Disziplin, die als sogenannte freie Wissenschaftler bezeichnet werden.

---

41 Es sei denn, es handelte sich dabei um die von Löffler sehr allgemein formulierte „Gemeinschaftsarbeit in Verbindung mit den anderen Abteilungsleitern des Rassenamtes." Tätigkeitsbericht Löffler, 28.7.1938, Abschrift, Anlage zum Schreiben Panckes an Pers. Stab, 3.8.1938 – BAZ – Löffler SSO.

42 Sievers an Six, 30.1.1939 – BAZ – Löffler AE.

43 So die Einschätzung des Vor- und Frühgeschichtlers Dr. Wolfgang Pape von der Universität Freiburg/Br., dem der Text der Denkschrift zur Vorgeschichte zugänglich gemacht wurde.

44 Siehe – BAZ – Stigler, Johannes Wi.

72

F r a g e b o g e n 2

zur Erörterung der katholischen und evangelischen Dozenten.

12676

I.) Personalien:

Name: B a u e r　　　Vorname: Clemens
Geburtsdatum: 16.12.1899　　　Geburtsort: Ebingen an der Donau
Konfession: Katholisch
Abstammung: Arisch
Mädchenname der Frau: - ledig -

II.) Bildungsgang:

1.) Realgymnasium
2.) Studium von Geschichte, Philosophie, Deutsch, Philologie und Staatswissenschaften an den Universitäten Tübingen und München.
3.) ---------
4.) B. war Angehöriger der Verbindung Guestfalia/Tübingen.

III.) Stellung im Beruf:

1.) 1922 - 1928 Archiv-Referendar und ~~Profe~~Assessor. 1928-36 Hochschulassistent.
2.) b.a.o.Professor.
3.) ---------
4.) Historische Abteilung des Philosophischen Seminars.
5.) ---------
6.) ---------
7.) Europäische Wirtschaftsgeschichte und mittelalterliche Geschichte.
8.) ---------
9.) Siehe Anlage.
10.) Hochschullehrer.
11.) Geeignet.

IV.) Wirkungskreis ausserhalb der Universität:

1.) Keine.
2.) ---------
3.) ---------
4.) Vorträge beim NSLB und im Rundfunk.
5.) ---------
6.) Ledig.
7.) keine.

V.) Stellung zu Partei und Staat:

73

1.) a.) Vor der Machtübernahem hat B. vorübergehend dem Zentrum angehört, ist dort jedoch nicht besonders in Erscheinung getreten.
b.) 1933 wurde B. Mitglied der NSDAP.
2.) ---------
3.) 1918 - 1920 war B. Freikorpskämpfer.
4.) NSDAP und NSV.
5.) a.) Mitglied des Dozentenbundes.
b.) Nicht bekannt.
6.) ---------
7.) Ablehnend.
8.) Keine.
9.) B. hat Beziehungen zum baltischen Deutschtum in Lettland und Estland.

VI.) Sonstige Bemerkungen:

B. ist zur Mitarbeit in den nationalsozialistischen Organisationen stets bereit. Nach 1933 war er für mehrere Jahre als Lehrer an der Herder-Universität in Riga tätig. Der damalige Leiter der Dozentenschaft gibt im Einvernehmen mit dem Landesleiter der NSDAP und dem Landesschulungsleiter an, dass an Bauers Lehrtätigkeit in Riga nichts auszusetzen gewesen ist.

Dies ist nicht der Fall. 1938 hatten an den 23 Universitäten im Reichsgebiet insgesamt 72 Personen Professuren für Geschichtswissenschaft inne. Mit Ausnahme der Universitäten Greifswald, Halle und Leipzig werden alle Universitäten erfasst. Bei den Personen sind jedoch deutliche Lücken zu konstatieren: Von den 72 Professoren gehörten 20 dem Gebiet der Alten Geschichte an, das in der Denkschrift überhaupt nicht behandelt wird. Von den damit verbleibenden 52 Professoren werden in der Denkschrift lediglich 29 namentlich genannt. Diese Unvollständigkeit dürfte darauf zurückzuführen sein, dass die Hochschuldisziplin ‚Geschichtswissenschaft' (ohne den Bereich der Alten Geschichte) offenbar erst mit Löfflers Kommandierung zum SD im November 1938 ein Gegenstand systematischer Gegnerforschung wurde. Dass rund 44 % der – als Untersuchungsobjekt genannten – *amtierenden* Hochschulprofessoren noch nicht einmal mit ihrem bloßen Namen erwähnt werden, stützt diese These ebenso wie der Umstand, dass die Denkschrift keine systematische Übersicht über die Repräsentanz der Geschichtswissenschaft und ihrer Teilbereiche an den einzelnen Universitäten und Hochschulen enthält. Ein Vergleich mit der Denkschrift zur Germanistik, die zur selben Zeit im SD-Hauptamt entstand[45], belegt den informationellen Vorsprung, den die SD-Germanisten gegenüber den SD-Historikern hatten. In zeitlicher Hinsicht dürfte dieser Vorsprung mindestens ein halbes Jahr betragen haben, wenn man den Sommer 1938 als terminus a quo annimmt. Zu diesem Zeitpunkt hielt Wolfram Sievers in einem Aktenvermerk fest:

> Von SS-O'Stubaf. Six wird zusammen mit seinen Mitarbeitern ein Bericht über die Lage in der Wissenschaft erstellt. Darin sollen nicht nur die einzelnen Wissenschaftler selbst, sondern auch in ihren Verbindungen zu ihren Lehrern, Freunden, Zugehörigkeit zu gewissen Schulen, verwandtschaftliche Beziehungen usw. beurteilt werden.[46]

Strukturell lag den Denkschriften ein einheitliches Muster zugrunde. Nimmt man die Gliederung der Denkschrift zur Germanistik als Vergleichsbasis, ist festzustellen, dass in der Denkschrift zur Geschichte eine Reihe von Unterkapiteln ‚fehlen':

- Angaben zur Altersschichtung des Lehrkörpers und zur Nachwuchsfrage.
- Eine systematische Bestandsaufnahme der
  1. Hochschulinstitute und Seminare,
  2. wissenschaftlichen Akademien,
  3. wissenschaftlichen Gesellschaften und Vereine.

---

45 Siehe hierzu Simon, Germanistik in den Planspielen des Sicherheitsdienstes.

46 Aktenvermerk Sievers, 21.7.1938 – BA – NS 21/685.

Das Fehlen dieser Informationen in Löfflers Text dürfte durch die mangelnde Informationsbasis im SD-Hauptamt zu erklären sein. Löffler erstellte die Denkschrift in enger Zusammenarbeit mit Ernst Turowski und dessen Referat II 211 im SD-Hauptamt, das für die wissenschaftlichen Institute außerhalb der Hochschule zuständig war. Es überrascht daher nicht, dass die beiden Reichsinstitute ausführlicher behandelt werden als die Universitäten. Hinzu kommt, dass die Abteilung II 21 unter Wilhelm Spengler und ihre Referate um die Jahreswende 1938/39 intensiv mit den Planungen zur „Errichtung einer Auslandsuniversität" – der späteren AWI-Fakultät an der Universität Berlin – befasst waren.[47] Dass die Denkschrift nur das *erste* Ergebnis der systematischen Bearbeitung der Geschichtswissenschaft im Sicherheitsdienst war, ist aus den detaillierteren Angaben ersichtlich, die Löffler in seinem Vortrag „Die Lage in der deutschen Geschichtswissenschaft" 1941 auf der Tagung der Kulturreferenten des Amtes III C machte: Dort wird nicht nur das Gebiet der Alten Geschichte mitberücksichtigt, sondern auch auf die „Nachwuchsfrage" eingegangen.[48]

Die Historiker werden in der Denkschrift in sechs Gegner-Kategorien eingeteilt, die idealtypischen Charakter haben und die Gegnergruppen „Judentum", „Politische Kirche", „Marxismus" und „Liberalismus" beinhalten, die auch Gegenstand der soziologisch-historischen Gegnerforschung im Sicherheitsdienst waren.

1. Emigrierte Juden, jüdisch Versippte und Arier, die nicht mehr im Amt sind,
2. Konfessionell ausgerichtete Historiker, die noch im Amt sind,
3. Demokratisch-liberale Kräfte, die noch im Amt sind,
4. Staatsfeindliche demokratisch-liberale Kräfte, die mit Hilfe des Gesetzes über die Altersgrenze emeritiert wurden,
5. Staatsfeindliche demokratisch-liberale Kräfte, die vor Erreichen der Altersgrenze emeritiert wurden,
6. Die wegen widernatürlicher Vergehen („und damit auch staatsfeindlicher Haltung") aus dem Amt entfernten Historiker.

Die Kategorisierung der in der Denkschrift genannten Historiker ist ein Beleg für „die selbstreferentiellen Wirkungen der Gegnerforschung".[49] Es scheint, dass in Ermangelung detaillierter Informationen über einzelne

47 Siehe die zahlreichen und umfangreichen Dokumente, die Turowski als Referent II 211 verfasste, im Bestand BAD – ZB I 1240.

48 Die überlieferte Textfassung dieses Vortrages ist im Quellenteil dieses Editionsbandes vollständig wiedergegeben.

49 Hachmeister, Der Gegnerforscher, S. 152.

Personen die Zuordnung aufgrund formaler Kriterien erfolgte. So wurden zum Beispiel alle Historiker, die eine konkordatsgebundene Professur innehatten, pauschal zu „Gegnern“ erklärt: „Ultramontanismus“ und „politischer Katholizismus“ galten dem Sicherheitsdienst als gefährliche Gegner des Nationalsozialismus und seines Geschichtsbildes. So kategorisierte Löffler den Historiker Clemens Bauer als „Gegner“, weil dieser den konkordatsgebundenen Lehrstuhl für allgemeine deutsche Geschichte an der Staatlichen Akademie zu Braunsberg innehatte. Bauer sei „ultramontan“ eingestellt und gelte als „gefährlich, da kluger Kopf“. Dem Sicherheitsdienst war zu diesem Zeitpunkt noch nicht einmal bekannt, dass Bauer seit dem Sommersemester 1938 das (ebenfalls konkordatsgebundene) Ordinariat für mittelalterliche Geschichte an der Universität Freiburg vertrat.

Ebenfalls unbekannt dürften dem SD damals die Gutachten gewesen sein, die im Zusammenhang mit Bauers Wechsel nach Freiburg von Partei- und anderen Dienststellen eingeholt wurden. In diesen wird Bauer politisch positiv bewertet. So äusserte der NSD-Dozentenbund gegenüber dem REM:

> Obgleich guter Katholik, legte Bauer niemals einen Katholizismus an den Tag, der mit dem Nationalsozialismus in Widerspruch geriet. Er hat sich nach der Machtübernahme umgestellt und gehört der NSDAP seit dem 1.11.33 (Mitglieds-Nr. 3.391.292) an. Von dem Landesstellenleiter Esp und dem Landesschulungsleiter Mackensen in Lettland ist Bauer während seiner Lehrtätigkeit in Riga scharf zur Mitarbeit herangezogen worden und wird von diesen günstig beurteilt.[50]

Ebenfalls als „Gegner“, der „katholisch stark gebunden“ sei, wird Max Buchner in der Denkschrift bezeichnet. Er hatte den Münchner Lehrstuhl für Mittlere und Neuere Geschichte und Historische Hilfswissenschaft. Die politische Einschätzung seiner Person durch andere Dienststellen unterscheidet sich ebenfalls deutlich von Löfflers Urteil. Anlässlich des Berufungsverfahrens auf den Münchener Lehrstuhl 1935/36 stellte der Reichsamtsleiter des NSD-Dozentenbundes fest:

> Professor Dr. Buchner ist seit dem Jahre 1922 als scharfer Gegner der Weimarer Demokratie bekannt. Dass er kein Nationalsozialist ist, sondern als katholischer Deutschnationaler Anhänger der Monarchie, ist richtig, jedoch scheint mir dies unter heutigen Verhältnissen eine den üblichen klerikalen Kandidaten durchaus vorzuziehende Eigenschaft. Professor Buchner ist überzeugter Nationalist, scharfer Antisemit und absoluter Antidemokrat und Antiliberalist.[51]

---

50 Reichsamtsleiter NSDDB an Bachér, 12.10.1936 – BAZ – Bauer REM, Bl. 3167.

51 Reichsamtsleiter NSDDB an Bachér, 27.2.1936 – BAZ – Buchner REM, Bl. 314f. Buchner war auch Mitglied des Kampfbundes für deutsche Kultur gewesen. (Siehe Winfried Schulze, Deutsche Geschichtswissenschaft nach 1945, München 1989, S. 105).

Ähnlich lautete das Gutachten des Würzburger Gaudozentenführers, Professor Brandscheidt:

Buchner ist Monarchist, mehr in dem Sinne des ‚deutschen Kaisers' als Führer, denn als konstitutioneller Monarch im Sinne des ‚Gottesgnadentums'. Er hat daher auch bereits früh Verbindung mit der NSDAP gehabt und in einer Reihe von Unterredungen mit dem Führer Gelegenheit gefunden, seine Anschauungen darzulegen. Er war hier stets eines der stärksten Bollwerke im Kampf gegen die bayerische Volkspartei. Aus seiner tiefen und echten Religiosität heraus lehnt er den politischen Katholizismus entschieden ab, weshalb seinerzeit bei seiner Berufung nach hier vom Bischof die größten Schwierigkeiten gemacht wurden.[52]

Aus der Sicht seiner Kollegen Edmund Stengel, Friedrich Baethgen (Königsberg) und Walter Holtzmann (Halle) war Buchners wissenschaftliche Arbeit sehr umstritten. Stengel schrieb, Buchner sei „ebenso überraschend wie kühn" und „zumeist – man möchte fast sagen: mit einer negativen Treffsicherheit –" am Werke.[53] Mit der Schließung der Theologischen Fakultät in München 1941 versuchte das Bayerische Kultusministerium, eine Berufung Buchners außerhalb Bayerns herbeizuführen, nachdem er zu Beginn des Jahres mit sofortiger Wirkung beurlaubt worden war und von der Teilnahme an staatlichen und Universitätsprüfungen ausgeschlossen wurde. Eine Verwendung in Bayern schien dem Kultusministerium nicht tragbar, da Buchner als Inhaber einer „katholisch weltanschaulichen" Professur „vorbelastet" sei[54] – auch hier wurde offensichtlich pauschal geurteilt. Das REM stellte demgegenüber damals fest, dass mit der Schließung der Theologischen Fakultät nur die Ernennungsklausel Buchners überflüssig geworden sei, nicht jedoch seine Professur. Die Beurlaubung und der Ausschluss vom Prüfungsrecht wurden daher vom REM nicht bestätigt. Das Kultusministerium wurde gebeten, Buchner wieder in sein Amt und seine Rechte einzusetzen. Er verstarb, inmitten dieser Auseinandersetzungen, im April 1941.

Insgesamt befanden sich unter den 21 als „Gegner" bezeichneten Historikern, die 1938 noch an Hochschulen lehrten, neun Inhaber konkordatsgebunder Professuren. Sechs weitere Historiker – darunter die Freiburger Gerhard Ritter und Johannes Spörl – wurden als zur „Bekenntnisfront" gehörend oder als „katholisch stark gebunden" bezeichnet.

52 NSDDB, Gaudozentenbundführer, Prof. Dr. Branscheidt, Gutachten über Buchner, 3.12.1935 – BAZ – Buchner REM, Bl. 311f.

53 Stengel an Engel, REM, 1.8.1935 – BAZ – Buchner, Max REM file, Bl. 300.

54 Kultusministerium München an REM, 11.2.1941 – BAZ – Buchner, Max REM file, Bl. 325.

Ebenfalls sechs Historiker zählten zur Gruppe der ‚Demokratisch-Liberalen': der Heidelberger Willy Andreas, der Marburger Wilhelm Mommsen, Friedrich Schneider aus Jena, Percy Ernst Schramm aus Göttingen, Johannes Ziekursch aus Köln und Fritz Kern aus Bonn.

Dieser ‚Gegnergruppe' stand – aus der SD-Perspektive des Jahres 1938/39 – eine deutliche kleinere Gruppe „positiver Kräfte" gegenüber. Unter den 14 Historikern, die Löffler zu dieser Gruppe rechnete, befanden sich nur vier Ordinarien: der Jenaer ordentliche Professor für Neuere Geschichte Günther Franz, sein Jenaer Kollege, der Professor für Mittlere Geschichte Erich Maschke, der Rostocker Professor für Mittlere und Neuere Geschichte Heinz Maybaum und Harold Steinacker, Rektor der Universität Innsbruck. Er hatte dort den Lehrstuhl für Geschichte des Mittelalters und Historische Hilfswissenschaften inne. Mit anderen Worten: Weniger als 8 % der Ordinarien wurden vom Sicherheitsdienst als „im nationalsozialistischen Sinne positiv" bezeichnet. Die relativ größte Gruppe unter den ‚Positiven' bildeten die Privatdozenten. Die Mehrheit dieser Historiker hatte Bindungen zur SS und/oder zum Sicherheitsdienst. Im folgenden seien einige weitere der in der Denkschrift als „Gegner" aufgeführten Historiker, sowie alle „Positiven Kräfte", kurz vorgestellt:

Willy Andreas, Jahrgang 1884, seit 1923 als Nachfolger Hermann Onckens Inhaber des Lehrstuhls für Neuzeitliche Geschichte in Heidelberg. Dem SD galt er als „demokratisch-liberal" eingestellt. Im Herbst 1945 strich das Military Government Andreas von der Liste zur Rektorenwahl, da ein Gutachten des Gaupersonalamtsleiters ihn „in positive terms as absolutely reliable politically" bezeichnete.[55] Andreas beantragte daraufhin seine Emeritierung, die zunächst „conditionally rejected" wurde.[56] Im Spruchkammerverfahren 1946/47 wurde Andreas als „nicht belastet" eingestuft. Der öffentliche Kläger hatte ihm u.a. zum Vorwurf gemacht, 1936 der Aufnahme eines Beitrages über Horst Wessel in das Sammelwerk „Große Deutsche" zugestimmt zu haben; außerdem sei Andreas von Oktober 1934 bis 1938 förderndes Mitglied der SS gewesen.[57] Im November 1949 wurde Andreas schließlich emeritiert und übernahm ab dem WS 49/50 die Vertretung der Neueren Geschichte in Tübingen; 1952-53 hatte er noch eine Gastprofessur in Freiburg inne.

---

55 Mil. Govt. an Bauer, Acting Rector, 15.9.1945 – UA HD – PA 3123.

56 Siehe Dekan Regenbogen an Rektor, 20.2.1946 – UA HD – PA 3123.

57 Spruchkammer-Urteil, 28.3.1947 – UA HD – PA 3123.

Ernst Anrich, Jahrgang 1906, Sohn des Theologieprofessors Gustav A. Anrich, der nach dem Anschluss Elsass-Lothringens an das Reich 1871 an der damaligen Reichsuniversität lehrte.

Anrich studierte Geschichte, Theologie und Deutsch und promovierte 1930 mit einer Arbeit über „Die jugoslawische Frage und die Julikrise 1914" an der Universität Bonn, wo er sich zwei Jahre später mit einer Arbeit über „Die englische Politik im Juli 1914" habilitierte: zweimal Kriegsschuldfrage also. Der junge Privatdozent gehörte in Bonn laut Auskunft des Rektors „zweifellos zu den besten Kräften unseres jungen Bonner Hochschullehrernachwuchses, sowohl was seine wissenschaftliche Tätigkeit, wie auch seine politische und weltanschauliche Haltung betrifft."[58] 1938 wurde er zum nb.ao. Professor ernannt, im Jahr darauf zum ao. Professor, und 1940 erhielt er das Ordinariat für Neue Geschichte an der Universität Hamburg. Schnell aber wurde er zu Höherem berufen: Noch im selben Jahr übernahm Anrich die Verantwortung für den Wiederaufbau der Universität Straßburg, deren erster Dekan der Philosophischen Fakultät und Dozentenführer er wurde. Den Aufbau der Reichsuniversität unternahm Anrich in enger Zusammenarbeit mit der SS und dem Reichssicherheitshauptamt und „unter Umgehung der Ministerialbürokratie des Erziehungsministerium".[59] Seine Aufnahme in die SS – mit dem Dienstgrad eines Untersturmführers – konnte nur vorläufig erfolgen, da Anrich 1931 von Hitler aus der Partei ausgeschlossen worden war, nachdem er eine „Meuterei" gegen Baldur von Schirach im Studentenbund angezettelt hatte. In wissenschaftlicher Hinsicht

58 Stellungnahme des Rektors der Universität Bonn zum Förderungsgesuch: Dr. Ernst Anrich, Bonn; o.D. – BAZ – Anrich, Ernst PK file.

59 Heydrich an Himmler, 10.4.1942 – BAZ – Anrich, Ernst SSO Bl. 16927-16931.

wurde er vom Sicherheitsdienst „neben Botzenhar[t], Franz und wenigen anderen zu den positiven jüngeren Kräften der Geschichtswissenschaft" gezählt.[60] In Bonn galt er – so ein SD-Gutachten vom Dezember 1943 – als der „aktivste nationalsozialistische Dozent". Walther Wüst lobte Anrich für sein „hervorragendes fachliches Können" und seine „klare weltanschauliche Haltung, die mit scharfem Blick das Wesentliche erfasst [...] und geeignet ist, eine Scheidung der Geister herbeizuführen."[61] Für Baldur von Schirach jedoch blieb Anrich „ein Intellektueller im übelsten Sinn desWortes, [...] ein Mann, wie wir ihn auf den Lehrstühlen nicht zu sehen wünschen!"[62]

Gisbert Beyerhaus, Jahrgang 1882, lehrte seit 1932 und bis 1945 neuere Geschichte an der Universität Breslau. Nach dem Krieg hatte er noch eine Gastprofessur in Münster inne. Im ersten Nachkriegs-Heft der HZ kritisierte Beyerhaus die „Westmächte" mehrfach und wies ihnen Mitschuld an der ‚deutschen Katastrophe' zu.[63] Der SD rechnete ihn zu den „katholisch stark gebundenen" Kräften. Seine Professur war konkordatsgebunden. 1937 schrieb der damalige Rektor der Universität Breslau an das REM, dass die Neuere Geschichte mit Beyerhaus „nicht angemessen besetzt ist. Die kämpferischen Aufgaben unserer Südostuniversität verlangen gerade für diese Professur einen entsprechend eingestellten Mann. B. fehlen gerade diese Qualitäten." Der Rektor drängte im Verein mit der Studentenschaft beim REM auf eine Umbesetzung und schlug vor, Beyerhaus nach Königsberg zu berufen, wo Beyerhaus angeblich auf der Vorschlagsliste stünde. Als Nachfolger von Beyerhaus schlug der Rektor Walter Platzhoff oder Kleo Pleyer vor.[64] 1942 wurde Beyerhaus auf Vorschlag der Wehrmacht für Archiv- und Bibliotheksstudien nach Paris beurlaubt, um dort „militärischgeschichtliche Fragen der französischen Wehrmacht aus der Zeit 1914-1918" zu untersuchen.[65]

Arnold Brügmann, Jahrgang 1912, gehörte der Partei seit 1931 an; seit 1932 der SA, dem Sicherheitsdienst seit Beginn des Jahres 1935. Im Januar 1935 übernahm er die stellv. Leitung der SD-Schule Bernau. 1938/39 war er als hauptamtlicher Mitarbeiter im SD-Hauptamt tätig. Brügmann stu-

---

60 Anlage I zum Schreiben Heydrich an Himmler, 10.4.1942 – BAZ – Anrich, Ernst SSO Bl. 16943-16948.

61 [Wüst], Gutachten zu Professor Ernst Anrichs Schrift „Die Straßburger Eide vom 14. Februar 842 als Markstein der deutschen Geschichte", n.d. [21.12.1943]; [SD-Gutachten] Betr. Prof. Dr. Ernst Anrich, n.d. [ca. 19.12.1943] – BAZ – Anrich, Ernst SSO file.

62 Schirach an Himmler, 19.5.1942 – BAZ – Anrich, Ernst SSO file.

63 Gisbert Beyerhaus, Notwendigkeit und Freiheit in der deutschen Katastrophe. Gedanken zu Friedrich Meineckes jüngstem Buch. In: Historische Zeitschrift 169, 1949, S. 73-87.

64 Rektor an Mattiat, 13.2.1937 – BAZ – Beyerhaus REM file, Bl. 4638.

65 BAZ – Beyerhaus REM file, Bl. 4638 und ff.

dierte Geschichte und Staatsphilosophie in Freiburg, Dorpat und Heidelberg, wo er im Herbst 1934 mit einer Arbeit über „Staat und Nation im Denken Carls von Clausewitz" zum Dr. phil. promovierte.[66] Im Juni 1937 habilitierte er sich in Jena mit einer Arbeit über „die Grundlagen der katholischen Politik im ausgehenden 19. Jahrhundert"[67], im November desselben Jahres hielt er seine Probevorlesung über Calvin an der Universität München und bekam eine Dozentur. 1939 wechselte er nach Würzburg, wo er auch die Leitung des Instituts für deutsche Studentengeschichte an der Universität übernahm. In der Reichsstudentenführung war er Reichsfachgruppenleiter für die Kulturwissenschaft. Gustav Adolf Scheel hatte ihm schon 1936 bescheinigt, ein „glühender SS-Mann und von größtem Können" zu sein. 1941 veröffentlichte er eine Geschichte der deutschen Studenten vom Ende des 30jährigen Krieges bis zur Revolution 1848. 1943 erschien von ihm der Titel „Sozialer Katholizismus im 19. Jahrhundert" – die Arbeit war Teil des SD-Subprojekts „Politische Kirchen"[68], an dem Brügmann und Löffler maßgeblich beteiligt waren. Später wurde Brügmann Leiter des Hauptarchivs der NSDAP. Am 12.9.1944 betraute Hitler Brügmann mit den archivalischen Vorbereitungen, um den „entscheidende[n] Einsatz der NSDAP. im Großdeutschen Freiheitskampf [...] in geeigneter Form für die spätere Geschichtschreibung festzuhalten."[69]

Rudolf Buchner, Jahrgang 1908. Er gehörte der NSDAP seit 1931 an, der SA seit 1933. Buchner studierte Geschichte, geschichtliche Hilfswissenschaften und Germanistik und Romanistik in Tübingen, Frankfurt und Paris. Er promovierte 1931 mit einer Arbeit über „Die Provence in merowingischer Zeit" bei Fedor Schneider in Frankfurt. Danach war er als wissenschaftlicher Assistent an der Universität Frankfurt tätig, ab 1935 in Hamburg, wo er sich 1936 mit dem Werk „Textkritische Untersuchungen zur Lex Ribvaria" habilitierte. Seit 1939 war er als Dozent für Mittelalterliche Geschichte an der Erzieher-Akademie auf der Ordensburg in Sontho-

66 Referent war Paul Schmitthenner. Einen Zweitgutachter gab es nicht. In der Einleitung zur Dissertation schreibt Brügmann u.a.: „Unsere Zeit gemahnt uns in manchem an die Zeit der Freiheitskriege. Heute wie damals geht es um Sein oder Nichtsein eines großen Volkes. Wir fühlen uns den Männern der preußischen Reformzeit über ein Jahrhundert hinweg verbunden. Die nationale Erhebung unseres Volkes brachte eine Umwertung aller Werte. Die Deutung der deutschen Geschichte steht nicht außerhalb dieses Vorganges. Zu den großen Männern gewinnen wir in manchem ein anderes Verhältnis." Arnold Brügmann, Staat und Nation im Denken Carls von Clausewitz, Walldorf bei Heidelberg 1934, S. 5.

67 Arnold Brügmann, Roms Kampf um den Menschen. Grundlagen katholischer Politik im ausgehenden 19. Jahrhundert, München / Berlin 1938.

68 Arnold Brügmann, Sozialer Katholizismus im 19. Jahrhundert, Frankfurt/M. 1943.

69 Hitler, Verfügung 13/44, 12.9.1944 – BAZ Brügmann, Arnold Wi.

fen tätig. Zu diesem Zwecke erfolgte – 1941 beantragt, 1945 genehmigt – seine Umhabilitierung nach München.[70] In den Nachkriegsjahren versuchte Buchner vergeblich, in Hamburg, Münster, Heidelberg und Tübingen eine Umhabilitierung zu erreichen.[71] Buchner erhielt in den Folgejahren Forschungsaufträge der Notgemeinschaft und arbeitete weiter auf dem Gebiet der Mittelalterlichen Geschichte, vor allem der Quellenedition. In der Wissenschaftlichen Buchgesellschaft (WB), deren langjähriger Geschäftsführender Direktor Ernst Anrich war, begründete Buchner die drei Reihen „Ausgewählte Quellen zur deutschen Geschichte des Mittelalters", „Ausgewählte Quellen zur deutschen Geschichte der Neuzeit" und „Quellen zum politischen Denken der Deutschen im 19. und 20. Jahrhundert".[72] Daneben veröffentlichte er in der WB u.a. auch Bücher zum Thema „Die elsässische Frage und das deutsch-französische Verhältnis im 19. Jahrhundert" (2. Aufl. 1969) und eine „Deutsche Geschichte im europäischen Rahmen" (1975).

Ulrich Gmelin, Jahrgang 1912, der im Oktober 1936 in Berlin mit einer Arbeit über „Auctoritas. Römischer Princeps und päpstlicher Primat" promovierte[73] und zwischen 1937 und 1940 auf dem Gebiet der Alten Geschichte in der HZ einige Rezensionen veröffentlichte. Gmelin gehörte der Reichsstudentenführung als Amtsleiter an und war dort unter anderem für das „Langemarckstudium" zuständig, über das er 1939 eine kleine Schrift veröffentlichte.[74]

Hans Haimar Jacobs, Jahrgang 1902, war zunächst Studienreferendar, dann Assistent am Historischen Seminar in Heidelberg, wo er 1932 mit „Studien über Gerhoh von Reichersberg" promovierte. Im Juni 1936 habilitierte er sich mit einer Arbeit über „Friedrich der Große und die Idee des Vaterlandes", wobei es ihm vor allem auf „die weltanschaulich-geistesgeschichtlichen Grundfragen der deutschen Geschichte" ankam.[75] In Heidelberg lernte er Günther Franz kennen, der sich gegenüber dem Reichserziehungsministerium nachdrücklich für seine weitere Karriere einsetzte.[76] Zum Sommersemester 1937 wurde ihm die Dozentur für Mittlere und Neue Geschichte an der Universität Münster übertragen. 1941 wurde er

70 Lebenslauf Buchner, 11.1.1950; Questionnaire, 11.3.1950 – UAT – 126a/50.

71 Dekan Phil. Fak. an Akad. Rektoramt, 6.8.1951 – UAT – 126a/50.

72 Siehe Jahreskatalog 1998/99 für Mitglieder, Darmstadt 1998, S. 111, 119, 123.

73 Stuttgart 1936; auch als Heft von Forschungen zur Kirchen- und Geistesgeschichte. Band II, 1937.

74 Ulrich Gmelin, Das Langemarck-Studium der Reichsstudentenführung, [1939].

75 Lebenslauf Jacobs, 14.10.1936 – BAD – ZB II 1906 A.2, Bl. 44f.

76 Franz an Groh, REM, 20.3.1937 – BAD – ZB II 1906 A.2, Bl. 9-11.

mit der Lehrstuhlvertretung für Neue Geschichte in Giessen beauftragt, im Herbst 1942 erhielt er den Lehrstuhl für Mittlere und Neuere Geschichte in Jena.[77] Die Mitgliedschaft in der Partei beantragte Jacobs im November 1937, Mitglied der SA war er seit Juni 1934.

Fritz Kern, Jahrgang 1884, ordentlicher Professor für Neuere und Allgemeine Geschichte und Direktor des Historischen Seminars an der Universität Bonn. Auch er gehörte zur Gruppe der ‚Demokratisch-Liberalen'. Im Original der Denkschrift ist neben seinem Namen handschriftlich ein unterstrichenes „P" vermerkt, das für „positiv" stehen könnte. Dafür könnte sprechen, dass Ernst Anrich bei Kern promoviert hatte und sein Assistent war. Ausserdem hatte Anrich 1931 ein Gespräch zwischen Hitler und Kern vermittelt, der sich aber „in seinen Anschauungen [nur] vorübergehend der NSDAP" näherte:[78] Bei der Reichspräsidentenwahl 1932 rief Kern öffentlich zur Wahl Hindenburgs auf. Die Gestapo kam 1936 zu dem Ergebnis, dass Kern „allgemein einen guten Ruf" genieße und wohl „von jeher antimarxistisch" eingestellt sei. An der „Bekämpfung des Separatismus" habe er „aktiv und in einer seine Person gefährdenden Weise teilgenommen".[79] 1944/45 war Kern aktiv im Widerstand tätig und flüchtete im April 1945 in die Schweiz.[80]

Eberhard Otto, Jahrgang 1910, der bei Hermann Heimpel mittelalterliche Geschichte studierte. Seine 1935 verfasste Habilitationsschrift über „Adel und Freiheit im Deutschen Staat des frühen Mittelalters" enthielt – so sein Lehrer Heimpel in seinem Gutachten – „schon insofern mehr als ihr Titel verspricht, als die von ihr gewollte ständegeschichtliche Geschichtsrevision die germanisch-deutsche Geschichtskontinuität, den großen Strom unter den Umbrüchen aufsucht, statt, wie die herrschende, in den letzten Jahren freilich stark erschütterte Lehre die Verfassungsgeschichte in den Umbrüchen selbst zu sehen."[81] Im November 1936 hielt er in Leipzig die Lehrprobe über das Thema „Germanentum im Mittelalter" ab. 1939 wurde er mit der Vertretung des Lehrstuhls für Mittlere Geschichte in Freiburg beauftragt; seit Kriegsbeginn stand er im Heeresdienst. 1942 wurde er als Nachfolger Heimpels vorgeschlagen, obwohl es sich damit um eine Hausberufung gehandelt hätte. Otto galt seit dem 23. Januar 1943 als vermisst und wurde

77 Vorschlag zur Ernennung, 12.9.1942 – BAD – ZB II 1906 A.2, Bl. 65.

78 Aktenvermerk betr. Fritz Kern, o.V., o.D. – BAD – ZM 1582 A.4, Bl. 72-75, 73.

79 Gestapo Köln an Gestapa Berlin, 12.2.1936 – BAD – ZM 1582 A.4, Bl. 70.

80 Schulze, Deutsche Geschichtswissenschaft nach 1945, S. 322.

81 Heimpel, Erstes Gutachten über die Habilitationsschrift, 25.6.1935 – BAD – ZB II 1974 A.5, Bl. 10-13.

Ende Oktober mit Wirkung vom 1. Januar 1943 zum außerordentlichen Professor ernannt.[82] Der SS gehörte Otto seit 1933 an, der Partei seit 1937.

Gustav Paul, Jahrgang 1890, war Professor für Geschichte und Geopolitik an der Hochschule für Lehrerbildung in Darmstadt und publizierte in den dreißiger und vierziger Jahren mehrere Rassengeschichten: „Rassen- und Raumgeschichte des deutschen Volkes", „Rasse und Geschichte", „Die räumlichen und rassischen Gestaltungskräfte der großdeutschen Geschichte".[83]

Kurt v. Raumer, Jahrgang 1900, der in Kiel und München Geschichte studiert hatte und sich 1928 in Heidelberg für mittlere und neuere Geschichte habilitierte. Im Januar 1935 zum nichtbeamteten a.o. Professor ernannt, wurde er 1938 ordentlicher Professor in Riga, im Jahr darauf in Königsberg. Von Raumer, der im Januar 1918 als Kriegsfreiwilliger ins Felde zog, war von März bis Mai 1919 nach eigenen Angaben „im Verband der Gruppe Hierl bei [der] Bekämpfung der bayerischen Räte-Unruhen" aktiv. Der NSDAP trat von Raumer im April 1938 bei. Als besonderes Forschungsgebiet nannte er im Dritten Reich „Deutsche Geschichte des 19. Jahrhunderts, Westfragen und Grenzdeutschtum". 1936 veröffentlichte er Reden und Aufsätze zur Westfrage unter dem Titel „Der Rhein im deutschen Schicksal" und 1938 einen Vortrag über den „politischen Sinn der Landesgeschichte"[84]. Von Raumer gehörte nach dem Krieg zu jenen Historikern, die an der Neugründung des Historikerverbandes beteiligt waren und auch – so Winfried Schulze – eine „Wende der Absolutismusforschung" herbeiführten; Schulze verweist auf den „wichtige[n] Vortrag Kurt von Raumers zum Problem der Freiheit in der ständischen Gesellschaft auf dem Ulmer Historikertag 1956".[85] Von Raumer lehrte nach dem Krieg an der Universität Münster.

Dietrich Sandberger, geboren 1905 in Stuttgart, promovierte 1929 und habilitierte sich 1935 in Tübingen mit einer Arbeit über das Rittertum in England im 14. Jahrhundert.[86] Zu diesem Zeitpunkt unterrichtete er noch als Studienassessor an einem Tübinger Gymnasium. Er erhielt 1937 eine Dozentur für Mittlere und Neue Geschichte in Tübingen. 1938 erschien seine Studie über „Die englische Politik bei den Pariser Friedensverhandlungen 1919"[87]. 1941 wurde ihm eine Dozentur in Freiburg verliehen.[88] Der

---

82 REM an Mechthild Otto, 17.1.1944 – BAD – ZB II 1974 A.5, Bl. 36.

83 München 1935; Leipzig / Berlin 1936; München / Berlin 1938.

84 Berlin 1936; Neustadt a.d.W. 1938.

85 Schulze, Deutsche Geschichtswissenschaft nach 1945, S. 160.

86 Dietrich Sandberger, Studien über das Rittertum in England vornehmlich während des 14. Jahrhunderts, Berlin 1937.

87 Stuttgart 1938.

SA trat Sandberger im November 1933 bei, Parteimitglied war er seit Mai 1934.

Harold Steinacker, Jahrgang 1875 und damit bei weitem der älteste unter den genannten „positiven Kräften“. Der Rektor der Universität Innsbruck galt dem Sicherheitsdienst mit seiner „volksdeutschen Geschichtsauffassung“ als der wichtigste und erfolgversprechendste Gegenspieler des Ritters von Srbik und dessen „gesamtdeutscher“ Geschichtsauffassung. In die NSDAP trat er erstmals 1934 ein, erneut dann 1938. Zum Reichsparteitag 1938 wurde er als „Ehrengast des Führers“ eingeladen.

Walter Wache,
nationalsozialistischer Aktivist und habilitierter Historiker.

Walter Wache, Jahrgang 1908, war Mitglied der SS und der Partei seit dem September 1932. Im März 1939 wurde er – wohl als direkte Folge eines Vorschlages von Hermann Löffler – zum „Ahnenerbe“ versetzt, wo er am Aufbau der Forschungsstätte für Geschichte mitarbeiten sollte. Wache war 1934 in Prag unter Hochverrats- und Spionageverdacht verhaftet und bis 1936 in Untersuchungshaft gehalten worden. Danach war er nach Deutschland ausgereist. Seit dem Wintersemester 1936 war er als Assistent am Historischen Seminar in Köln tätig und mit der Lehrstuhlvertretung Gerhard Kallens beauftragt. Außerdem gehörte er seit Juni 1936 dem Schulungsamt des Rasse- und Siedlungshauptamtes an, wo er an den SS-Leitheften, an Filmvorträgen und Schulungskursen mitarbeitete. Im Februar 1938 habilitierte sich Wache in Köln für das Gebiet der Mittleren und Neueren Geschichte mit einer Arbeit über das „System der Pakte. Die poli-

88 Stammliste Sandberger, 24.2.1938 – UAT – 126/564; Kürschner's Gelehrtenkalender 1941.

tischen Verträge der Nachkriegszeit"[89]. Bei Kriegsbeginn in die Wehrmacht einberufen, wechselte Wache im Februar 1944 in die Waffen-SS. Trotz seines Kriegsdienstes bemühte sich Harmjanz – vergeblich –, dafür Sorge zu tragen, dass Wache auf Berufungslisten kam; Wache selbst strebte eine Professur in Innsbruck an und suchte über SS-Kontakte eine Berufung zu erwirken. Der SS galt Wache weltanschaulich, wissenschaftlich und charakterlich als hervorragender Nachwuchs.

Eine Untersuchung der Biographien der 14 in der Denkschrift identifizierten „Positiven Kräfte" ergibt, dass sie mehrere der folgenden Charakteristika teilen:

- Sie gehörten der „überflüssigen Generation" (Peukert) an, die die Jahrgänge zwischen 1900 und 1910 umfasst.
- Sie wurden politisch-weltanschaulich im „Grenzlandkampf" der Weimarer Jahre und durch ihr Engagement in entsprechenden Organisationen und Vereinen sozialisiert.
- Die Mitgliedschaft in der Partei, oft auch der SA/SS und anderen Gliederungen der NSDAP erfolgte zu einem frühen Zeitpunkt.
- Sie verfügten über Kontakte zum Sicherheitsdienst oder arbeiteten für diesen.
- Ihre Promotion und Habilitation erfolgte nach 1933 und oft mit weltanschaulich relevanten Themen: politischer Katholizismus (Arnold Brügmann) Kriegsschuldfrage (Ernst Anrich) oder Versailler Vertrag (Walter Wache), politische Landesgeschichte oder germanisches Mittelalter (Hans Haimar Jacobs, Rudolf Buchner).
- Sie waren auch in der NSDAP, ihren Gliederungen oder angeschlossenen Verbänden als Historiker tätig, bisweilen ausschließlich dort.

Der „Grenzlandkampf" stellte für den „positiven Nachwuchs" eine wesentliche Sozialisationsinstanz dar. In seinem Vortrag über „Die Lage in der deutschen Geschichtswissenschaft" aus dem Jahre 1941 vermerkte Löffler diese generationelle Erfahrung ausdrücklich. Unter den Historikern gebe es eine junge Generation, die „ihren entscheidenden Anstoß vom Erlebnis der deutschen, völkischen Not in den vom Reich durch Versailles abgetrennten Gebieten erhalten" habe und vom „Erlebnis des Volkes als des eigentlichen Gegenstandes der deutschen Geschichte" ausgehe. Es sagt einiges über die Bedeutung dieser Generationserfahrung aus, dass Löffler in diesem Zusammenhang von der Nachkriegszeit als „den schmerzhaftesten und doch

89 Berlin 1938.

wieder glücklichsten Stunden unserer Geschichte" spricht.[90] Für nicht wenige Angehörige dieser Historikergeneration, die das verpasste „Fronterlebnis" im Grenzlandkampf nachholte, wurde „das Volk" zum eigentlichen Gegenstand der Geschichtsschreibung, wurde „nationalsozialistische Geschichtsschreibung" als „Volksgeschichte" definiert:

Wir heute erkennen [...] den Zusammenhang und das einheitliche Gepräge aller Seiten im Leben des Volkes unbedingt an, aber wir suchen die formende Macht weniger im Geist, der stark in internationalen Zusammenhängen weht und wirkt, als in Gemüt und Seele, im eingeborenen und durch geschichtliche Schicksale weiter ausgeprägten Ethos der Rasse.[91]

Dieser „volksdeutschen Geschichtsauffassung" – Löffler verweist in der Denkschrift explizit auf Harold Steinacker[92] – lag eine rassenbiologische Definition des Begriffs „Volk" zugrunde. In methodischer Hinsicht verlangte sie die enge Verbindung von Geschichtswissenschaft, Rassenkunde, Vererbungslehre und Geopolitik. In diesem Zusammenhang ist interessant, dass Günther Franz noch 1981 in einem Vortrag über die Geschichtswissenschaft im Dritten Reich festhielt:

Es gehört zu den Seltsamkeiten der Zeit, dass von der NSDAP nicht so sehr die volksdeutsche Geschichtsauffassung Steinackers, der aus Überzeugung Nationalsozialist war, sondern die großdeutsche Geschichtsauffassung Heinrich von Srbiks herausgestellt wurde.[93]

Man meint hier fast den SD-Mann Franz zu vernehmen: Er spricht explizit davon, dass die *Partei* Srbik vorgezogen habe; im Sicherheitsdienst – auf den Günther Franz in seinem Vortrag übrigens nicht ein einziges Mal zu sprechen kommt – wurde klar Steinacker präferiert. Ritter von Srbik lehnte man im Sicherheitsdienst vor allem aus ‚ultramontanen' Gründen ab. Er sei ein

[...] *katholischer österreichischer Historiker*, der im ganzen *in universalistischen Ideen* des I. Reiches lebt, das heißt, er ist eng mit der *katholischen Reichsideologie*, der *habsburgischen Tradition* und schließlich der *Mitteleuropa-Idee katholischer Prägung* verwandt. Srbiks Geschichtsbild kommt nicht vom Volke, sondern wird von dieser Reichsidee her

90 Löffler, Die Lage in der deutschen Geschichtswissenschaft [1941].

91 Löffler, Entwicklung und Aufgaben der Geschichtswissenschaft.

92 Harold Steinacker, Die Volksdeutsche Geschichtsauffassung und das neue deutsche Geschichtsbild, Leipzig 1937.

93 Günther Franz, Das Geschichtsbild des Nationalsozialismus und die deutsche Geschichtswissenschaft, in: Geschichte und Geschichtsbewusstsein. 19 Vorträge. Für die Ranke-Gesellschaft hrsg. von Oswald Hauser, Göttingen 1981, S. 91-111, 110.

bestimmt, wie besonders anschaulich sein letztes großes Werk, „Deutsche Einheit",[94] bisher 2 Bände, zeigt.[95]

Eine „nationalsozialistische Geschichtswissenschaft" existiere 1938/39 noch nicht, so das Fazit des Sicherheitsdienstes in der Denkschrift. Mit den Entlassungen der Jahre 1933 und 1935 sowie mit Hilfe des Gesetzes über die Altersgrenze sei es zwar gelungen, einige „politisch völlig untragbare" Historiker sowie „selbstverständlich" die Juden ‚auszumerzen'. Doch sei mit diesen Maßnahmen die Chance verpasst worden, eine grundlegende Neuorientierung der deutschen Geschichtswissenschaft einzuleiten. Bis zum Zeitpunkt der Erstellung der Denkschrift, so der SD, sei „nicht festzustellen, ob die Berufungen nach einem einheitlichen Plan erfolgen oder nicht."[96] Diese Feststellung diente auch der Legitimierung der eigenen wissenschaftspolitischen Aktivitäten des Sicherheitsdienstes, zumal die Notwendigkeit einer radikalen Wende in der Geschichtswissenschaft gleich zu Beginn der Denkschrift kategorisch erklärt wird. Mit der Machtübernahme des Nationalsozialismus in Deutschland habe ein neues Zeitalter begonnen, dessen Bedeutung nur mit den Folgen der Reformation und der Französischen Revolution zu vergleichen sei. Die Konsequenzen, die sich daraus für die Geschichtswissenschaft ergaben, bildeten zugleich das Programm der SD-Historiker in den folgenden Jahren:

- die Aufbereitung des geschichtlichen Quellenmaterials für den weltanschaulichen Einsatz;
- die Entwicklung neuer Perspektiven auf historische Ereignisse;
- der Entwurf eines Gesamtbildes der germanisch-deutschen Vergangenheit, das zum geistigen Besitz aller Volksgenossen werden müsse;
- die entsprechende Ausbildung des akademischen Nachwuchses.[97]

---

94 Deutsche Einheit. Idee und Wirklichkeit vom Heiligen Reich bis Königgrätz, 4 Bände, München 1935 (Bde. 1 und 2), 1942 (Bde. 3 und 4).

95 Siehe Anm. 91.

96 Ebda.

97 Ebda.

2 Der Verfasser der Denkschrift: Hermann Löffler

2.1 Akademische und politische Ausbildung

Hermann Löffler wurde am 13. Februar 1908 in Ottweiler geboren, einer kleinen Industriestadt im Saarland. Er war das erste Kind der Eheleute Hermann und Julie Löffler, geb. Arend.[98] Die Familie ist dem bürgerlichen Mittelstand zuzurechnen: Hermann Löfflers Vater war Seminarlehrer, der Großvater Fabrikdirektor. Nach einer „glücklich verlebten Kindheit"[99] besuchte Löffler die Seminar-Übungsschule in Ottweiler; seine Volksschulzeit fiel exakt auf die Kriegsjahre. Ostern 1918 wechselte er auf das humanistische Gymnasium in St. Wendel über, wo er im April 1927 das Abitur machte.

Wenn Löffler auch viel zu jung war, um die Ereignisse und Entwicklungen im Zusammenhang des Weltkrieges zu verstehen, so wirkte sich dieser

98 Diese und die folgenden biographischen Informationen sind, soweit nicht anders angegeben, den folgenden Dokumenten entnommen: Fragebogen zum Verlobungs- und Heiratsgesuch, 18.2.1936 - BAZ - Löffler RS; Personal-Bericht, 30.11.1942; Lebenslauf 29.1.1937 - BAZ - Löffler SSO.

99 Lebenslauf 29.1.1937 - BAZ - Löffler SSO.

doch mittelbar und unmittelbar auf das Leben des Kindes aus: Der Vater wurde zum Kriegsdienst eingezogen, in dessen Verlauf er sich eine Herzkrankheit zuzog, an der er 1923 starb. Löffler wuchs also, rechnet man die Kriegsjahre hinzu, weitgehend ohne Vater auf. „Außerdem fiel meiner Mutter einziger Bruder, und meines Vaters einziger Bruder ist seit Dezember 1914 vermisst", hält Löffler in seinem Lebenslauf vom 29. Januar 1937 fest. Der Tod dreier eng verwandter männlicher Bezugspersonen hatte für die Familie auch materielle Auswirkungen: Nur durch „äußerste Sparsamkeit gelang es meiner Mutter, mich studieren zu lassen."

Löffler studierte ab 1927 zunächst Germanistik und Geschichte, später kamen vergleichende Religionswissenschaft und Kirchengeschichte hinzu sowie „daneben" germanische und romanische Sprachwissenschaft. Ausbildungsziel war das Lehramt, der Beruf seines Vaters. In den Semesterferien war Löffler gezwungen „praktisch" zu arbeiten: „So wurde mein Studium ermöglicht". Trotzdem brachte er es fertig, in fünf Jahren an acht Universitäten in vier verschiedenen Ländern zu studieren: Frankfurt, Bonn, Würzburg, München, Wien, Montpellier, Toulouse (1929-30) und Barcelona (1930). Darüber hinaus gab Löffler einen Aufenthalt als Student in Belgien für das Jahr 1929 an.[100]

Löffler schloss im November 1932 zunächst das Studium der Germanistik und Geschichte mit dem 1. Staatsexamen an der Universität Frankfurt ab. Im Anschluss daran konzentrierte er sich – „durch die religiösen Probleme der Gegenwart angeregt"[101] – auf das Studium der vergleichende Religionswissenschaft. Das Examen in diesem Fach bestand er im Februar 1934. Den pädagogischen Teil seiner Lehramtsausbildung absolvierte er an Gymnasien des heimischen Saarlandes; die Abschlussprüfung fand am 25.2.1935 statt.

Politisch engagierte sich Löffler schon früh: Noch im ersten Studienjahr trat er 1928 der NSDAP bei.[102] Was den gerade 20jährigen Studenten zum Eintritt in die völkische Splitterpartei veranlasst hatte, darüber kann in Abwesenheit eigener Aussagen nur spekuliert werden. Mit Blick auf die Familiengeschichte könnten der materielle Abstieg und damit verbunden eine sozialpsychologische Verunsicherung ins Feld geführt werden. Die Tatsache, dass Löffler die materiellen Einschränkungen der Studienzeit in seinen Lebensläufen immer wieder betonte, könnte diese These stützen. Vor diesem Hintergrund wäre dann auch der Zeitpunkt des Parteieintrittes

---

100 Personalbogen Löffler 7.9.1940 – BAZ – Löffler SSO.
101 Lebenslauf 29.1.1937 – BAZ – Löffler SSO.
102 Nr. 91.613. Vgl. Parteikanzlei an Gauleitung Saar, 6.6.1933 – BAZ – Löffler SSO.

kein zufälliger: Die Studierendenschaft war „durch die wirtschaftliche Not stärker betroffen als jeder andere Volksteil“[103], und die Erfahrung, dass die individuellen materiellen Schwierigkeiten Teil eines umfassenden gesellschaftlichen Problems waren, könnte Löffler dazu bewogen haben, sich politisch zu organisieren. Darüber hinaus wäre Löfflers geographische Herkunft als Grund zu nennen. Als Folge des Krieges hatte er Vater *und* ‚Vaterland‘ verloren: Das Saargebiet wurde per Versailler Vertrag unter Völkerbundskontrolle gestellt und von französischen Truppen besetzt. Nur sechs Monate nach seinem Eintritt wurde Löffler Ende 1928 aus der Mitgliederkartei der NSDAP wieder gestrichen. Als Zeichen der Distanzierung vom Nationalsozialismus kann das nicht gewertet werden: Die Streichung erfolgte „wegen unbekannten Aufenthalts“[104] und fiel zeitlich mit Löfflers Studienjahr in Frankreich zusammen. Zudem trat Löffler nach Abschluss des 1. Staatsexamens bei seiner vorübergehenden Rückkehr ins Saargebiet im November 1932 der SA in Ottweiler bei.[105] Sein zweiter Eintritt in die NSDAP ist auf den 1. Mai 1933 datiert; erneut wird als Ortsgruppe sein Studienort Frankfurt am Main genannt.[106] Spätestens ab Februar 1934 hielt sich Löffler indes wieder im Saargebiet auf, um seine pädagogische Ausbildung zu absolvieren:[107] Sein Eintritt in den nationalsozialistischen Lehrerbund erfolgte am 1. Februar, Löffler unterrichtete zu diesem Zeitpunkt an der Landesstudienanstalt St. Wendel, einer katholischen Frauenoberschule.[108] In diese Zeit fiel auch die im Versailler Vertrag festgelegte Volksabstimmung über den zukünftigen Status des Saargebiets. Die Kampagne wurde von der NSDAP als Referendum über die nationale Geschlossenheit des deutschen Volkes geführt, was es den sozialistischen Parteien wesentlich erschwerte, die Abstimmung als Entscheidung zwischen Freiheit oder Faschismus darzustellen. Alle Parteien, die sich für die Rückkehr zum Reich aussprachen – einschließlich der NSDAP –, hatten sich im Saarge-

---

103 Eugen Minzenmay, Der Werkstudent. Ein Berufsproblem, Stuttgart o.J., S. 41.

104 NSDAP, Kartei-Abt., an Gauleitung Saar, 6.6.1933 – BAZ – Löffler PK.

105 Eidesstattliche Erklärung Löffler, 6.7.1937 – BAZ – Löffler RS und Personalbogen Löffler 7.9.1940 – BAZ – Löffler SSO und Löffler an Sievers, 4.4.1940 – BA – NS 21/58.

106 Nr. 2.246.758. NSDAP, Kartei-Abt., an Gauleitung Pfalz-Saar, 16.10.1935 – BAZ – Löffler PK.

107 Seine pädagogische Ausbildung erfolgte „an verschiedenen Anstalten des Saargebietes, wo ich auch am 25.2.35 meine große Staatsprüfung bestand“ In der NSDAP-Ortsgruppe seiner Heimatstadt Ottweiler wird Löffler ab Mai 1935 als Mitglied geführt. Lebenslauf Löffler 29.1.1937 – BAZ – Löffler SSO und NSDAP, Kartei-Abt., an Gauleitung Pfalz-Saar, 16.10.1935 – BAZ – Löffler PK.

108 BAZ – NSLB Mitgliedskarte. Löffler war evangelisch, später „gottgläubig“, die übliche „Konfessions“-Angabe für Nationalsozialisten, die aus ideologisch-politischen Gründen aus der Kirche ausgetreten waren.

biet aufgelöst und zu einer überparteilichen Bewegung zusammengeschlossen. Die Kampagne dieser von der NSDAP dominierten Bewegung nahm bewusst auf die ‚Ideen des August 1914' Rekurs: „Ich kenne keine Parteien mehr, nur noch Deutsche". Auf symbolischer Ebene wurde der Krieg gegen Frankreich nochmals geführt – und gewonnen: Bei der Abstimmung am 13. Januar 1935 votierten über 90 % der Bevölkerung für die Rückkehr zum Deutschen Reich und damit für die Herrschaft des Nationalsozialismus.

Für den 26jährigen Hermann Löffler bot die Saarabstimmung 1934/35 die Möglichkeit, am ‚nationalen Kampf' aktiv teilzunehmen und sich zu bewähren. Wir haben es hier mit einem generationsspezifischen Erlebnis zu tun. Für nicht wenige Angehörige der Jahrgänge nach 1900 war der „Abwehrkampf im Westen", war die „Grenzlandarbeit" ein wichtiger Schritt in die aktive politische Arbeit – und zugleich Ersatz für die aus Altersgründen verpasste Fronterfahrung.[109] Als ein prominentes Beispiel sei hier nur auf Werner Best verwiesen, zeitweiliger Amtschef im Reichssicherheitshauptamt, der sich mit 18 Jahren am Ruhrkampf beteiligte, Sabotageaktionen durchführte und seine zweimalige Verurteilung durch französische Gerichte gleichsam als ‚Kriegsauszeichung' verstand.[110] Löffler tat sich bei der Saarabstimmung als Mitarbeiter des „Ordnungsdienstes" – einer Tarnorganisation der SS – und als Redner hervor[111], was dem Referendar offensichtlich Schwierigkeiten mit seinem saarländischen Dienstherrn einbrachte: In einem SS-Personalbericht über Löffler steht unter der Rubrik „Verletzungen, Verfolgungen und Strafen im Kampfe für die Bewegung" zu lesen: „*Verweis durch die saarländische Regierung*".[112] Seine nationalsozialistischen Parteigenossen quittierten Löfflers Einsatz hingegen mit Wohlwollen. Im ersten für Löffler überlieferten „politischen Führungszeugnis" vom 27. April 1935 steht zu lesen:

Der Pg. Studienassessor Hermann Löffler, Ottweiler – Saar, gehört zu den ältesten Kämpfern der nationalsozialistischen Bewegung in Ottweiler. Seine Unerschrocken-

109 Siehe Joachim Lerchenmueller, Keltischer Sprengstoff. Eine wissenschaftsgeschichtliche Studie über die deutsche Keltologie, 1900-1945, Tübingen 1997, S. 387.

110 Zu Best siehe Ulrich Herbert, Best. Biographische Studien über Radikalismus, Weltanschauung und Vernunft, 1903-1989, Bonn 1996.

111 Politisches Führungszeugnis, gez. Jerrentrup, 9.4.1936 – BAZ – Löffler RS und Personalbogen Löffler 7.9.1940 – BAZ – Löffler SSO. Vgl. auch Löfflers Aussage gegenüber Sievers: „Seit 5.11.1932 gehöre ich ununterbrochen einer Kampforganisation der Bewegung an, zuerst der SA. Nachdem diese durch die landfremde Regierung im Saarland aufgelöst wurde, ging ich zum Kampfbund ‚Westmark' und dem ‚Ordnungsdienst' der Vaterländischen Front im Saargebiet, die beide die aufgelöste SA ersetzen sollten." Löffler an Sievers, 4.4.1940 – BA – NS 21/58.

112 Personalbogen Löffler 7.9.1940 – BAZ – Löffler SSO.

heit und Einsatzbereitschaft waren immer und überall vorbildlich. Er hatte dadurch die besondere Aufmerksamkeit der Regierungs-Kommission auf sich gezogen und mancherlei Anzeigen und Schikanen im Schuldienst ertragen. Pg. Löffler hat bewiesen, dass er ganz und gar Nationalsozialist ist.[113]

Das Engagement in der Saar-Abstimmung führte in den Monaten danach zu einer Entscheidung, die das weitere Leben Löfflers wesentlich beeinflusste: Ende April trat er der im Saarland gerade wieder aufgestellten SS bei.[114] Ob dieser Schritt auf eigene Initiative erfolgte oder ob möglicherweise ein SS-Funktionär auf den engagierten Wahlkämpfer Löffler aufmerksam geworden war und ihn anwarb, ist unbekannt. Jedenfalls sollte sich mit dem SS-Eintritt auch eine Alternative zur Assessortätigkeit in St. Wendel eröffnen: Schon Mitte 1935 wurde Löffler als Schulungsleiter der 85. SS-Standarte (Saar) eingesetzt, ohne an einem entsprechenden Schulungslager teilgenommen zu haben.[115] Diese Schulungsleiter waren den Abschnitten, Standarten, Sturmbannen und Stürmen der SS zugeteilt; sie unterstanden dem RuSHA, das – unter anderem – für die „weltanschauliche Schulung der SS“ und die „Herbeiführung einer engen Bindung der SS mit dem Bauerntum“ zuständig war.[116] Löffler scheint mit dieser Schulungstätigkeit nicht wirklich zufrieden gewesen zu sein, denn schon im August 1935 nutzte er seine Teilnahme an einem Schulungskurs des Rasse- und Siedlungshauptamtes in Berlin, um mit dem dortigen Stabsführer Harm über die Möglichkeit zu sprechen, direkt im Rassenamt arbeiten zu können.[117] Daraus scheint zunächst nichts geworden zu sein, denn gegen Ende des Jahres steckte Löffler in einem weiteren Schulungskurs – diesmal für angehende Bauernschullehrer an der „Bauernhochschule“ des Reichsnährstandes in Goslar. Auf wessen Initiative er dorthin gekommen war, ist unklar; sein eigener Wunsch war es sicherlich nicht gewesen: Der Kurs lief noch, als sich Löffler schon aktiv nach anderen Betätigungsfeldern umsah. Er bat den ihm offenbar auch persönlich bekannten Leiter der „Bauernhochschule“, Professor Eichenauer, ihm bei der Suche nach einer anderen Verwen-

---

113 Politisches Führungszeugnis, gez. Jerrentrup, Ortsgruppenleiter, 27.4.1935, Abschrift – BAZ – Löffler RS.

114 Nr. 270.064. Dienstlaufbahnverzeichnis – BAZ – Löffler SSO. Der SA hatte Löffer vom 6.11.1932 bis zur deren Auflösung im Saarland 1934 angehört. Personalbogen Löffler 7.9.1940 – ebda.

115 Siehe Löffler an Harm, 13.1.1936 – BAZ – Löffler RS.

116 RFSS, I O Tagebuch Nr. 07291/34, Verteiler Va., 21.9.1934 – zit. nach The Holdings of the Berlin Document Center, S. 51.

117 Siehe Löffler an Harm, 13.1.1936 – BAZ – Löffler RS.

dung behilflich zu sein. Dieser wandte sich wenige Tage vor Weihnachten schriftlich an den Stabsleiter im Reichsnährstand, Wilhelm Kinkelin:

Ich wende mich heute an Sie in einer halb privaten, halb amtlichen Sache. Wie Sie vielleicht wissen, läuft gegenwärtig an der Bauernhochschule hier der erste Kurs, der Anwärter für Bauernschullehrer umfasst. Also Männer, recht verschiedener Berufe, deren Eignung hier festgestellt werden soll. Unter ihnen befindet sich ein Studienassessor Löffler, Sturmbannschulungsleiter der SS, seines Zeichens Germanist und Historiker. Der Mann gefällt mir recht gut, besonders als Wissenschaftler, nur leider zum Bauernlehrer halten wir ihn nicht für geeignet und er selbst sich auch nicht. Nun hat er mich gebeten, mich zu erkundigen, ob ich nicht irgend einen Arbeitsplatz für ihn wüsste, an dem er sich stärker weltanschaulich-kämpferisch betätigen könne, als das im allgemeinen im Schuldienst der Fall ist.[118]

Eichenauer glaubte zu wissen, dass im Stabsamt „tüchtige Historiker" benötigt würden und regte an, Löffler in Betracht zu ziehen. Die Antwort Kinkelins fiel, was seine eigene Dienststelle anging, negativ aus. Er sagte aber zu, Löffler „für unseren Interessentenkreis" im Auge zu behalten und auch das Rasse- und Siedlungshauptamt auf Löffler aufmerksam zu machen.[119] Löffler wandte sich daraufhin erneut und dieses Mal schriftlich an Harm mit der Bitte um eine „eventuelle Tätigkeit im Rasseamt des R.u.S." Als seine Arbeitsgebiete gab er „in der Hauptsache Geschichte, Deutsch und vergleichende Religionswissenschaft" an.[120] Wenige Tage später erhielt Löffler die erhoffte Antwort: Im RuSHA werde „ein hauptamtlicher Bearbeiter für Geschichte und Bauerngeschichte dringend benötigt", er solle sich deshalb bei Harm in Berlin melden.[121] Der junge Studienassessor wollte die sich damit eröffnende Möglichkeit, nebenberuflich für eine Parteigliederung zu arbeiten, nicht verstreichen lassen: Er beantragte, „auf eigenen Wunsch" an das humanistische Gymnasium in Berlin-Friedenau überwiesen zu werden.[122] Der Wechsel war unproblematisch, da nach der Rückgliederung des Saargebietes dessen Schulverwaltung dem preussischen Erziehungsminister unterstand und ein Beamten- und Angestelltenaustausch angestrebt war. Am 17. Februar 1936 wurde Hermann Löffler als Referent im Rassenamt II in das RuSHA einberufen.[123] Zuvor hatte es noch eine Intervention des Rassereferenten beim SS-Oberabschnitt Südwest

118 Eichenauer, Bauernhochschule Goslar, an Kinkelin, Stabsamt, 21.12.1935 – BAZ – Löffler RS.
119 Kinkelin an Eichenauer, 2.1.1936 – BAZ – Löffler RS.
120 Löffler, Goslar, an Harm, RuSHA, 13.1.1936 – BAZ – Löffler RS.
121 RuSHA an Löffler, 16.1.1936 – BAZ – Löffler RS.
122 Siehe Löffler an Regierungspräsidium Nordwürttemberg, 17.9.1955 – HSTA S – EA 3/1, H. Löffler, Bl. 45.
123 Fragebogen zum Verlobungs- und Verheiratungsgesuch 18.2.1936 – BAZ – Löffler RS.

gegeben, der dem Rasse- und Siedlungshauptamt eine interne ambivalente Einschätzung Löfflers zur Kenntnis brachte. Über Löfflers Tätigkeit als Schulungsleiter (SL) der 85. SS-Standarte Saarbrücken hatte der OA Südwest folgendes zu berichten:

Der Führer der 85. SS-Standarte lehnte eine dauernde Zusammenarbeit mit ihm ab und begründete dies mit dem völligen unsoldatischen Benehmen und Auftreten des SS-Mannes Löffler.

Der Abschnitts-SL konnte sich davon überzeugen, dass Löfflers Wissen auf geschichtlichem Gebiete sowie seine weltanschaulichen Kenntnisse außerordentlich groß waren. Ihre Auswertung in der Truppe stieß auf Schwierigkeiten, weil Löffler häufig Zusammenstöße und Misshelligkeiten mit seinen Vorgesetzten in der Truppe hatte. [...]

Eine Verwendung als SL in der Truppe würde auf die Dauer wenig Erfolg versprechend sein, da infolge mangelnder soldatischer Befähigung die oben bezeichneten Schwierigkeiten immer wieder auftreten würden. Ihm liegt vielmehr eine rein wissenschaftliche Beschäftigung oder ausgesprochene Lehrtätigkeit, worauf auch die stark lehrhafte Art seines Sprechens und seine Ausdrucksformen hinweisen.

Weltanschaulich und politisch ist Löffler durchaus einwandfrei und hat sich im Rückgliederungskampf des Saargebietes, laut Dienststellen der Bewegung, bewährt.[124]

Im Rassenamt wurde auf diese Kritik prompt reagiert. Stabsführer Dr. Babel verwies dem Organisations- und Verwaltungsamt gegenüber sehr ausführlich auf die vom Oberabschnitt Südwest genannten positiven Eigenschaften Löfflers. Was das „völlig unsoldatisch[e] Benehmen" betraf, so nahm die Leitung des Rassenamtes geschickt Rekurs auf Ideologie und Auftrag des Rasse- und Siedlungshauptamtes:

Der Stabsführer des Rassenamtes macht sich über Löffler nach eingehender Aussprache folgendes Bild:

Löffler zeigt gute Kenntnisse, die er auch von sich zu geben versteht. Er ist von einem gewissen Selbstbewusstsein; sein Auftreten ist aber trotzdem bescheiden und korrekt. Das soldatische Benehmen konnte nicht beurteilt werden, doch dürfte es bei Männern, die vorwiegend nordisch sowie weltanschaulich in Ordnung sind, nicht hoffnungslos sein, sie auch noch zu guten Soldaten zu erziehen. Eine Ablehnung Löfflers aus diesem Grunde möchte der Stabsführer des Rassenamtes nicht verantworten, weil zu berücksichtigen ist, dass nicht der x-beliebige SS-Mann, sondern der *Fachwissenschaftler* Löffler eingestellt werden soll.[125]

Die Führung des RuSHA beschloss Anfang Mai, Löffler eine feste Einstellung zunächst zu verweigern und seine Tätigkeit im Rassenamt auf ein halbes Jahr ‚zur Bewährung' zu befristen, trotz zweier Gutachten, die

124 Rassereferent beim SS-OA Südwest an RuSHA, 31.1.1936 – BAZ – Löffler RS. Die Einschätzung stammte vom Schulungsleiter des SS-Abschnittes Konstanz, Theo Henschel.

125 Babel, Rassenamt, Aktenvermerk für das O.u.V.-Amt, 8.2.1936 – BAZ – Löffler RS.

durchwegs positiv ausgefallen waren.[126] Die Umwandlung der Probebeschäftigung „in eine Anstellung als Abteilungsleiter im R.u.S.-Hauptamt", Mitte August beantragt, erwies sich als unproblematisch, nachdem der Chef des Rassenamtes, Hermann Reischle, persönlich versicherte, Löffler habe „alle an ihn ergangenen Anordnungen und Befehle immer gewissenhaft ausgeführt."[127] Damit war der Vorwurf des unsoldatischen Benehmens ‚praktisch' widerlegt worden. Die Funktion des Leiters der Abteilung II d – Geschichte – im Rassenamt übte Löffler schon seit 1. April aus.[128]

Somit war Hermann Löffler mit 28 Jahren nicht nur Mitglied der SS, er hatte auch seine ökonomische Basis und seine gesellschaftliche Zukunft mit Himmlers Schutzstaffel und ihren Suborganisationen verbunden.[129] Welche Zuständigkeiten hatte Löfflers Dienststelle, das RuSHA, und welches waren die konkreten Aufgaben des neueingestellten hauptamtlichen Mitarbeiters? Die institutionellen Anfänge des RuSHA gehen auf die ‚Kampfzeit' der nationalsozialistischen Bewegung zurück, die Zeit vor der Machtübernahme im Januar 1933. Das „Rassenamt der SS" wurde in unmittelbarem Zusammenhang mit dem von Himmler am 31. Dezember 1931 verfügten „Verlobungs- und Heiratsbefehl" gegründet, und seine Aufgabe bestand zunächst darin, die praktische Durchführung dieses Befehls zu gewährleisten. Zu den wesentlichen Bestimmungen des „Verlobungs- und Heiratsbefehls" gehörten unter anderem:

1. Die SS ist ein nach besonderen Gesichtspunkten ausgewählter Verband deutscher nordisch-bestimmter Männer.
2. Entsprechend der nationalsozialistischen Weltanschauung und in der Erkenntnis, dass die Zukunft unseres Volkes in der Auslese und Erhaltung des rassisch und erbgesundheitlich guten Blutes beruht, führe ich mit Wirkung vom 1. Januar 1932 für alle unverheirateten Angehörigen der SS die ‚Heiratsgenehmigung' ein.
3. Das erstrebte Ziel ist die erbgesundheitlich wertvolle Sippe deutscher nordisch-bestimmter Art.
4. Die Heiratsgenehmigung wird einzig und allein nach rassischen und erbgesundheitlichen Gesichtspunkten erteilt oder verweigert.
5. Jeder SS-Mann, der zu heiraten beabsichtigt, hat hierzu die Heiratsgenehmigung des Reichsführers-SS einzuholen.

---

126 Positive Gutachten kamen vom Ortsgruppenleiter der NSDAP in Ottweiler (9.4.1936) und vom Leiter der Bauernhochschule Goslar (13.5.1936) – BAZ – Löffler RS. Der Ablehnungsbescheid der Leitung des RuSHA wird erwähnt im Schreiben des Chefs des Rassenamtes an den Chef des RuSHA, 14.8.1936 – BAZ – Löffler SSO.

127 Chef des Rassenamtes an Chef des RuSHA, 14.8.1936 – BAZ – Löffler SSO.

128 Siehe Tätigkeitsbericht Löffler, 28.7.1938 – BAZ – Löffler SSO.

129 Löfflers Beurlaubung vom Schuldienst wurde bis zu seiner Einstellung als wissenschaftlicher Assistent an der Reichuniversität Straßburg wiederholt beantragt und genehmigt.

6. SS-Angehörige, die bei Verweigerung der Heiratsgenehmigung trotzdem heiraten, werden aus der SS gestrichen; der Austritt wird ihnen freigestellt.
7. Die sachgemäße Bearbeitung der Heiratsgesuche ist Aufgabe des ‚Rassenamtes' der SS.
8. Das Rassenamt der SS führt das ‚Sippenbuch der SS', in das die Familien der SS-Angehörigen nach Erteilung der Heiratsgenehmigung oder Bejahung des Eintragungsgesuches eingetragen werden [...].[130]

Der Befehl ist in mehr als nur einer Hinsicht ein wichtiges Dokument, und er sollte deshalb nicht nur in seiner Eigenschaft als ‚Geburtsurkunde' des Rassenamtes erwähnt werden. Erstens kommt in dem Befehl deutlich das Selbstverständnis der SS als *Orden* zum Ausdruck: Dieser „Verband von Männern" betrachtete sich als *wesentlich* mehr als ‚nur' eine paramilitärische Organisation. Darüber hinaus bezeugen die Bestimmungen dieses Befehls jedoch, wie *handlungsrelevant* die ideologischen Inhalte und Ziele des Nationalsozialismus für die Führung der SS waren: Der „Verlobungs- und Heiratsbefehl" ist ein früher Versuch, *Ideologeme* des nationalsozialistischen Rassismus *in die Praxis umzusetzen.* Mit dem „Verlobungs- und Heiratsbefehl" wurde Rassenideologie ‚organisiert' und ‚institutionalisiert'. Und drittens offenbaren die Bestimmungen den totalen Anspruch der SS auf den Menschen: Mit dem „Verlobungs- und Heiratsbefehl" griff die SS massiv in die Privat- und Intimsphäre ihrer Mitglieder ein. Der Befehl kann somit als prototypisch angesehen werden für die nach der Machtübernahme erlassenen Rasse- und Erbgesundheitsgesetze. Diese ‚Pionierarbeit' gehörte explizit zum Auftrag des Rassenamts bzw. Rasse- und Siedlungshauptamts:[131]

Das Rasse- und Siedlungshauptamt verschafft der Schutzstaffel als einer nach nordisch-rassischen Gesichtspunkten ausgelesenen Sippengemeinschaft das Rüstzeug, das sie befähigt, in artgemäßer Lebensführung den Gedanken von Blut und Boden bei sich als Vorbild für das ganze deutsche Volk zu verwirklichen.[132]

Mit diesem Auftrag ist zugleich auch das Arbeitsgebiet des „Fachwissenschaftlers" Hermann Löffler im Rassenamt in Grundzügen umrissen: die Produktion wissenschaftlicher Ergebnisse, die als ‚Anleitung zum artgemä-

---

130 SS-Befehl -A- Nr. 65, 31.12.1931, zit. nach: Berlin Document Center, The Holdings of the Berlin Document Center, Berlin 1994, S. 50.

131 Das am 1.1.1932 gegründete ‚Rassenamt der SS' wurde im Laufe der Zeit mehrmals umorganisiert und umbenannt: ab 1.7.1932 hiess es ‚SS-Rasse- und Siedlungsamt', ab Januar 1935 schließlich ‚Rasse- und Siedlungshauptamt' (RuSHA); in letzterem gab es eine Abteilung, die die Bezeichnung ‚Rassenamt' trug. Vgl. The Holdings of the Berlin Document Center, S. 50-52.

132 Organisationsbuch der NSDAP, 1936, S. 421. Zit. nach The Holdings of the Berlin Document Center, S. 52.

ßen Denken und Handeln' taugten. In Bezug auf Löfflers Hauptarbeitsgebiete, Germanistik und Geschichte, bedeutete das konkret die Ideologisierung und Mythologisierung literarischer und historischer Stoffe und Gestalten, die – zunächst der SS, dann dem ganzen deutschen Volk – als Anschauungsmaterial für ‚deutsche Art' und ‚deutsches Wesen' dienen sollten. Man könnte versucht sein, diese Form der Wissenschaft im Dritten Reich pauschal als Schwachsinn und Unfug abzutun. Wer das täte, begäbe sich in eine doppelte Gefahr: Einerseits beraubte man sich der Möglichkeit festzustellen, wie nahe Faktenpräsentation und Interpretation tatsächlich beieinanderliegen, anderseits würde man ignorieren, dass sich unter den SS-Wissenschaftlern eine Reihe hochbegabter Wissenschaftler befanden, deren *Humanität* einiges zu wünschen übrig ließ, nicht aber ihre wissenschaftliche Qualifikation. Dass Letztere bei den wissenschaftlichen Mitarbeitern der SS gegeben sein musste, ist auch aus einem Dokument ersichtlich, das sich im Frühjahr 1937 mit dem „weiteren Ausbau der Arbeit der Hauptabteilung II" des Rassenamtes beschäftigt, zwei Wochen nachdem Löffler dort zum Leiter der Abteilung II d ernannt wurde:

Die Tätigkeit der Hauptabteilung II gliedert sich in
a) Sammlung und Durcharbeitung von Tatsachen und Wissensstoffen,
b) Verwertung der Arbeitsergebnisse für die Schulung der SS.
Für die erste Aufgabe muss absolute wissenschaftliche Gründlichkeit und Zuverlässigkeit gesichert sein; für die zweite die Verarbeitung in einer Form, die dem Verständnis einfacher Männer gerecht wird, die im wesentlichen und zunächst von kämpferischer Haltung bestimmt sind. [...] Der SS-Mann soll auf diese Weise Träger und Verbreiter des deutschen Lebensgefühls werden, das alle fremdvölkische Suggestion auf die Dauer von selbst ausscheidet.[133]

Zu den ersten Aufträgen, die Löffler im Rassenamt auszuführen hatte, gehörten zwei Studien zur skandinavischen Geschichte. Die zeitlich frühere beschäftigte sich mit den norwegischen Königen Olaf Tryggvason und Olaf dem Heiligen[134], die andere mit dem Begründer der schwedischen Wasa-Dynastie, Gustav I. Wasa. Letztere erfolgte in Form einer Stellungnahme Löfflers zu einem Aufsatz über Gustav I., der im Februar 1936 in den NS-Monatsheften erschienen war.[135] Löfflers fünfseitige Ausführungen zeigen

---

133 Der Führer der Geschäfte RA II [Plassmann?] an Stabsführer, 16.4.1937 – BAZ – Plassmann RS.

134 Diese Studie ist in den Löffler-Akten des BAZ nicht überliefert, sondern nur erwähnt: Chef des Rassenamtes an Chef des RuSHA, 14.8.1936 – Löffler SSO und Chef des Rassenamtes an Chef des RuSHA, 14.8.1936 – Löffler RS.

135 In: NS-Monatshefte 71, Februar 1936, S. 122-131. Der Germanist und Schriftsteller von Trotha war Geschäftsführer der „Nordischen Gesellschaft" und enger Mitarbeiter Rosenbergs. Er starb

eindringlich, wie die Behandlung eines wissenschaftlichen Stoffes „in einer Form, die dem Verständnis einfacher Männer gerecht wird“, konkret aussehen konnte. Dabei kam natürlich auch schon der Auswahl des Stoffes selbst Bedeutung bei. Im vorliegenden Falle handelt es sich um den *Begründer* der Dynastie, der in seinem Land die *Reformation* einführte.

Gustav Wasa kann in vielem mit dem deutschen König Heinrich I. verglichen werden, denn er war wie Heinrich I. ein nordischer Bauer, der bedachtsam und nüchtern seine Pläne schmiedete, um sie dann tatkräftig zu verwirklichen. So sind auch die großen Leistungen des Wasa aus seiner rein bäuerlichen Abstammung zu erklären.

Als ‚Reformator‘ und ‚König‘ zeigt sich uns Gastav Wasa als der ‚herrenhafte‘ Mensch. Herrenhaft ist, nach Möglichkeit auf sich selbst zu stehen und alle Schwierigkeiten zu überwinden. Und so führt auch Gustav Wasa die Reformation, die er als richtig für Schweden erkannt hat, durch, ohne vor dem Widerstand der Geistlichkeit zurückzuschrecken, aber auch ohne sie zu verkünden.

Für den König und die Schweden bedeutete die stillschweigende Einführung der Reformation eine teilweise Befreiung vom artfremden Glauben. Dass sich Schweden nicht vollständig von der Christenlehre lösen konnte, ist durch die Zeitumstände bedingt. Zu stark waren die Widerstände und zu wenig vorbereitet die Menschen, als dass schon damals eine Bresche in die alles beherrschende Lehre von der Erlösung des Menschen durch Christus geschlagen werden konnte.

Gustav Wasa zeigt sich als ein Meister der Staatskunst. Heldenmütig, sorglos, feurig und rasch, dabei kühl, berechnend und zielbewusst geht er bei seinen Vorhaben ans Werk, das ihm auch in kürzester Zeit fast ganz gelingt.

So kann Gustav Wasa in die Reihe der großen Staatengründer eingereiht werden. Denn er war es, der die Grundlagen für späteren Aufstieg schuf und den Boden für seinen großen Enkel Gustav II. Adolf vorbereitete. (Ähnlich ist auch das Verhältnis zwischen Heinrich I. und Otto I. gewesen, und ebenso liegt der Fall bei Friedrich Wilhelm I. und Friedrich II. Die Väter schufen die Grundlage, damit die Söhne und Enkel darauf weiter bauen konnten). […]

Bei Gustav Wasa vertrug sich noch gut bäuerliches Trachten und Tagewerk mit den Aufgaben des Königs und Kriegsmannes. Für ihn gehörte zum wahrhaften Krieger, dass er seinen Eigenbesitz hatte. Krieger und Bauer waren für ihn dasselbe. Es lebte in den Wasas noch etwas vom nordischen Wiking, der in der Hauptsache Bauer war. […]

Für seine bäuerliche Grundhaltung spricht auch die Heimatliebe, die bei Gustav Wasa stark ausgeprägt war. Sie war es vor allem, die ihn dazu trieb, die verhassten Dänen, die einst das Christentum gebracht und Schweden unterjocht hatten, aus seinem Heimatlande zu vertreiben. Diese nordische Heimatliebe gilt der eigenen Scholle, dem Gehöft, der vertrauten Landschaft, den Nachbarn und Freunden, dem einfachen Manne ebensogut wie dem Begüterten, denn sie waren ja alle Volksgenossen, freie Menschen auf freier Scholle, wie der König selbst. Diese Heimatliebe sitzt im Gemüt und hat mit angelerntem Staatsbürgertum nichts zu tun.

1938. Für einen Nachruf siehe Fritz Martini, Thilo von Trotha zum Gedächtnis, in: Kieler Blätter, 3, 3, 1938, S. 200f.

Den wahren Erhalter seines Volkes sah Gustav Wasa in einem freien Bauerntum, trotzdem sich die Bauern mehrere Male gegen ihn empörten, aufgehetzt durch die römisch-katholische Geistlichkeit. Und hier zeigt sich wiederum seine Größe: was er einmal für richtig erkannt hat, setzt er zum Nutzen des Bauern durch. [...]

Mut, Tüchtigkeit, Ausdauer, Festhalten am einmal Geplanten, Treue und Ehre waren Eigenschaften, die Gustav Wasa selbst besaß und sie auch von seinen Leuten forderte.

Trotz der Einführung der Reformation und seines öffentlichen Bekenntnisses zur lutherischen Lehre war der König im Tiefsten unkirchlich, ja vielleicht unchristlich zu nennen. Offen und freudig bekennt er sich zum Stolz und zum Machttrieb. Wer das Zeug dazu hat, soll der Erste in seiner Sippe und in seinem Gau sein wollen.[136]

Der Text ist eher eine ‚Geschichte' als eine geschichtliche Darstellung. Er zeigt aber, dass Löffler es schnell verstanden hatte, seine an der Universität erworbene geschichtswissenschaftliche Kompetenz den ideologischen Erfordernissen anzupassen und – unterzuordnen: Wer diese Arbeit über Gustav I. Wasa liest, lernt mehr über die SS als über schwedische Geschichte des frühen 16. Jahrhunderts. Gleich zweimal zog Löffler den Vergleich zwischen Gustav I. und Heinrich I., dem persönlichen „Spleen"[137] des Reichsführers-SS, der am 2. Juli 1936 die erste „Heinrichsfeier" in Quedlinburg veranstaltet hatte.[138] Heinrich I. wurde von Himmler und der SS als „wahrhaft großer Führer" verehrt, der „aus den in Raum, Rasse und Recht gegebenen Kräften" in kurzer Zeit „die innere Einheit des Reiches" hergestellt und die Grundlagen „zu neuer Größe" geschaffen habe.[139] Vor allem die Erfolge Heinrichs I. bei der Unterwerfung der Slawen östlich der Elbe dürften nicht unwesentlich zu seiner ‚Popularität' innerhalb der SS beigetragen haben. Die nachdrückliche Betonung des Bäuerlichen war im RuSHA eine Selbstverständlichkeit: sein oberster Chef, der Reichsbauernführer Richard Walther Darré, sah im Bauerntum den „Lebensquell der nordischen Rasse".[140] Wenn Löffler schreibt, für Gustav I. seien „Krieger und Bauer [...] dasselbe" gewesen, dann formuliert er damit das von Himmler vertretene Konzept der „Wehrbauern", die im Rahmen einer neuen „Ostkolonisation" die (neu zu ziehende) Grenze zwischen ‚germani-

136 Bericht des SS-Uschaf. Löffler über den Aufsatz von Thilo von Trotha in den NS-Monatsheften, o.D., Anlage zum Schreiben Reischle an Chef des RuSHA, 14.8.1936 – BAZ – Löffler RS.

137 Kater, Ahnenerbe, S. 94.

138 Zur Präokkupation Himmlers – und damit immer wieder auch der SS-Dienststellen – mit Heinrich I. siehe Kater, Ahnenerbe, S. 44, 93f und öfter.

139 Siehe Arbeitsgemeinschaft für SS-Führeranwärter: Grundriss Nr. 8, Heinrich I. – BAK – R 58/844, Bl. 59-70, 65v.

140 So auch der Titel des ersten seiner rassetheoretischen Darstellungen: „Das Bauerntum als Lebensquell der nordischen Rasse" (1929).

schem‘ und ‚slawischem‘ Lebensraum bevölkern und sichern sollten. Löfflers epische Charakterisierung Gustavs I. liefert eine Art Psychogramm des idealen SS-Mannes, als seriöse Skizzierung der Persönlichkeit des Schwedenkönigs ist sie untauglich. Das gezeichnete Bild Gustavs I. und die verwendeten Eigenschaftswörter – „heldenmütig“, „sorglos“, „feurig und rasch, dabei kühl, berechnend und zielbewusst“ – korrespondieren mit dem „seelischen Erscheinungsbild der nordischen Rasse“, wie es in Schulungsschriften der SS gezeichnet wird:

> Urteilsfähigkeit, Wahrhaftigkeit, Tatkraft und heldischer Sinn. Einsatz für Ehre und Geistesfreiheit. Ritterliches Verhalten. Neigung zur Wissenschaft und Philosophie. Großes Verantwortungs- und Pflichtbewusstsein. Die vier Grundeigenschaften der nordischen Rasse machen ihn [!] zum geborenen Führer.[141]

Löfflers Tätigkeit als Leiter der Abteilung II D umfasste historische Forschung und Lehre. Zu Letzterer gehörte die Ausarbeitung von Schulungsvorträgen ebenso wie der Einsatz als Schulungsleiter. Zwischen 1936 und Juli 1938 hielt Löffler nach eigenen Angaben über 70 Vorträge, unter anderem auf Kursen der Polizei, auf Führerkursen der HJ und in der SS-Junkerschule Braunschweig. Des Weiteren war Löffler auch für die Ausbildung von SS-Führern zuständig, die zum Rassenamt kommandiert waren, arbeitete bei den SS-Leitheften mit und erstellte Gutachten, die vom Persönlichen Stab RFSS angefordert wurden.[142] Über seine Forschungsarbeit während dieser Zeit berichtet Löffler folgendes:

1. Vornehmlich Beschäftigung mit der *Entwicklung des politischen Katholizismus von 1871 an.* (Der politische Katholizismus in der inneren und äußeren Politik, seine Arbeit, in Wirtschaft, Kultur, Gesellschaft usw.)
   Daraus soll eine Arbeit veröffentlicht werden, die vom RFSS genehmigt wurde: ‚Der politische Katholizismus (d.h. das Zentrum) während des Weltkrieges in seinen wichtigsten Entscheidungen und seine Bedeutung für die Auflösung der nationalen Einheitsfront.‘ (Bisher durchgearbeitet: 322 Bücher, 16 verschiedene Zeitungsjahrgänge 1914-1919 sowie zahlreiche Zeitschriften, Akten des Reichstags, der verschiedenen Ausschüsse usw.)
2. *Eingehende Beschäftigung* mit der germanischen und mittelalterlichen Religions- und Glaubensgeschichte und der Kaisergeschichte des Mittelalters.
3. Erarbeitung neuester wissenschaftlicher Literatur auf meinem Fachgebiet. (Bücher, Zeitschriften, Zeitungsaufsätze.)

---

141 SS-Geschichte in stichwortartiger Darstellung [Schulungsmaterial], o.V., o.D. – NRW HStA – RW 37/20, Bl. 181-186, 185v.

142 Tätigkeitsbericht Löffler, 28.7.1938 – BAZ – Löffler SSO. Ende Oktober erhielt Löffler den Auftrag, den „Neuen deutschen Geschichts- und Kulturatlas“ zu begutachten, den Himmler innerhalb der SS vertreiben wollte. Sievers an Löffler, 25.10.1938 – BAK – NS 21/604.

4. Gemeinschaftsarbeit in Verbindung mit den anderen Abteilungsleitern des Rassenamtes.
5. Anfertigung wissenschaftlicher Aufsätze, z.B.
   a) Kastration und Kirche.
   b) Der Index der römischen Kirche.
   c) Zölibat und Sittlichkeit in der römischen Kirche.
   d) Das I. Christentum der Germanen.
   e) Walter v.d. Vogelweide u. sein Kampf gegen Rom.
   f) Heinrich I., der Gründer des I. Reiches der Deutschen.
   g) Aufgaben einer nat.-soz. Geschichtsschreibung.
   h) Die saporagischen Kosaken, ein germanischer Männerbund?
   und viele kleinere Aufsätze.
6. Zusammenfassung der Historiker, die der Staffel angehören. (Günther Franz, [Helmut] Tiedemann, [Walter] Wache, [Johann] v. Leers, [Leopold] v. Caprivi, [Moritz] Edelmann, [Alfred] Thoß, [?] Sommerlat und andere.) Mit diesen[143] Aufstellung eines Planes für ein SS-Richtbuch.[144]

Löffler verfasste diesen Tätigkeitsbericht Ende Juli 1938. Er war dazu von der Stabskanzlei des RuSHA schriftlich aufgefordert worden. Zur Begründung hieß es: „Der Reichsführer-SS interessiert sich hierfür, um über Deine weitere Verwendung entscheiden zu können.“[145] Aus Löfflers Begleitschreiben zum Tätigkeitsbericht geht hervor, dass er selbst zu diesem Zeitpunkt nicht wusste, welche Pläne seine Vorgesetzten mit ihm verfolgten: „Da mir nicht im geringsten bekannt ist, was aus […] mir werden soll, wäre ich sehr dankbar, wenn ich darüber etwas erfahren könnte.“[146] Wenige Tage darauf hatte Löffler die Antwort auf seine Frage: Am 3. August erging Befehl, ihn mit Wirkung vom 1. August in die SS-Forschungsgemeinschaft „Das Ahnenerbe“ zu versetzen.[147] Löfflers Wechsel vom RuSHA ins „Ahnenerbe“ war nichts Ungewöhnliches. Zahlreiche wissenschaftliche Kollegen Löfflers sind 1937/38 diesen Weg gegangen, so zum Beispiel:

– Joseph Otto Plassmann, Abteilungsleiter im Rassenamt. Er wechselte Ende 1937 hauptamtlich ins „Ahnenerbe“, um die Abteilung ‚Germanische Kulturwissenschaft‘ zu leiten;[148]

143 Im Orginal „dieser“.
144 Tätigkeitsbericht Löffler, 28.7.1938 – BAZ – Löffler SSO.
145 Stabskanzlei an Löffler, 27.7.1938 – BAZ – Löffler SSO.
146 Löffler an Stabsamt, 28.7.1938, Abschrift – BAZ – Löffler SSO.
147 Siehe Chef RuSHA an Pers. Stab RFSS, 11.8.1938 – BAZ – Löffler SSO.
148 Zu Plassmann siehe Gisela Lixfeld, Das ‚Ahnenerbe‘ Heinrich Himmlers und die ideologisch-politische Funktion seiner Volkskunde, in: Wolfgang Jacobeit/Hannjost Lixfeld/Olaf Bockhorn (Hrsg.), Völkische Wissenschaft. Gestalten und Tendenzen der deutschen und österreichischen Volkskunde in der ersten Hälfte des 20. Jahrhunderts, Wien/Köln/Weimar 1994, S. 217-255; Kater, Ahnenerbe; Joachim Lerchenmueller/Gerd Simon, Maskenwechsel. Wie der SS-

– Hans Ernst Schneider, Referent im Rassenamt. Er wurde zwei Monate nach Löffler, im Oktober 1938, ins „Ahnenerbe" versetzt, um sich wissenschaftlich mit „germanischer Feiergestaltung" zu befassen. Später, im Kriege, leitet er den „Germanischen Wissenschaftseinsatz".[149]

Hans Ernst Schneider, der 1945 seinen Namen wechselte und unter dem Namen *Hans Schwerte* (bis zu seiner ‚Enttarnung' im April 1995) als kritischer Geist der bundesdeutschen Literaturwissenschaft geschätzt wurde.

Beide Institutionen hatten – letzten Endes – durchaus vergleichbare Aufgaben. Während das RuSHA den Schutzstaffeln das „Rüstzeug für artgemäße Lebensführung" zu verschaffen hatte, erforschte das „Ahnenerbe" offiziell „Raum, Geist und Tat des nordischen Indogermanentums".[150] Faktisch bedeutete das, dass die Wissenschaftler, hier wie dort, die vorgegebene These von der rassischen Überlegenheit der germanischen Völker zu belegen hatten. In den ersten Jahren seines Bestehens war das „Ahnenerbe" „institutionell an das Rasse- und Siedlungshauptamt-SS (RuSHA) ange-

---

Hauptsturmführer Schneider zum BRD-Hochschulrektor Schwerte wurde und andere Geschichten über die Wendigkeit deutscher Wissenschaft im 20. Jahrhundert, Tübingen 1999.

149 Siehe Lebenslauf Schneider 10.9.1941 (zum R.u.S.-Fragebogen) – BAZ – Schneider RS. Zu Schneider (alias Hans Schwerte) siehe auch Sprache und Literatur, 77, 1996 (mit Beiträgen von Theo Buck, Ludwig Jäger und Gerd Simon); Erlanger Universitätsreden Nr. 53/96, 3. Folge (mit Beiträgen von Gotthard Jasper, Jürgen Lehmann, Bernd-A. Rusinek, Joachim Lerchenmueller, Marita Keilson-Lauritz, Ulrich Wyss, Karl-Siegbert Rehberg); AutorInnenkollektiv für Nestbeschmutzung, Schweigepflicht. Eine Reportage. Der Fall Schneider und andere Versuche, nationalsozialistische Kontinuitäten in der Wissenschaftsgeschichte aufzudecken, Münster 1996; Helmut König/Wolfgang Kuhlmann/Klaus Schwabe (Hrsg.), Vertuschte Vergangenheit. Der Fall Schwerte und die NS-Vergangenheit der deutschen Hochschulen, München 1997; Lerchenmueller/Simon, Maskenwechsel.

150 Das AE [1937] – BAK – NS 21/729.

lehnt" gewesen[151], was sich damals auch in der Zusammensetzung der Führungsebene des nominell eigenständigen Vereins niedergeschlagen hatte.[152] Zunehmende Spannungen zwischen Darré und Himmler führten im Februar 1938 zum Austritt Darrés aus dem RuSHA, was die vom RFSS betriebene Ausgliederung wissenschaftlicher Abteilungen aus dem Rasse- und Siedlungshauptamt wesentlich erleichterte. Gezielt wurden in den folgenden Monaten wissenschaftliche Fachkräfte in das „Ahnenerbe" herübergezogen.[153] In ideologischer Hinsicht war Löffler dem Reichsführer-SS näher gestanden als seinem bisherigen Dienstherrn Darré. Löfflers Aussagen über Gustav I. Wasa –

> Krieger und Bauer waren für ihn dasselbe. Es lebte in den Wasas noch etwas vom nordischen Wiking, der in der Hauptsache Bauer war.[154]

– widersprachen der offiziellen Linie der Darré-Fraktion gleich in zweifacher Hinsicht: Erstens zeige der Bauer nur in der Not sein anderes, soldatisches Gesicht, und zweitens seien die Wikinger nicht eigentlich Bauern gewesen.[155] Da zu Löfflers Tätigkeiten im RuSHA auch die „Begutachtung von Arbeiten, Büchern und Aufsätzen" für den ‚Persönlichen Stab RFSS' gehört hatte[156], war Löfflers ideologische Position dort bekannt, was die Entscheidung, ihn ins „Ahnenerbe" zu holen, erleichtert haben dürfte. Die von Michael Kater vertretene These, Löffler sei nur „provisorisch zum ‚Ahnenerbe' versetzt [worden], bis Himmler ihm dort im Frühjahr 1939 die Geschichtsabteilung übertrug"[157], wird durch die Akten so nicht bestätigt.[158] Plausibler scheint mir auf der Grundlage der überlieferten Quellen die Annahme, dass Löfflers Übernahme in den Persönlichen Stab in direktem Zusammenhang mit hochschulpolitischen Planungen der SS stand.

---

151 Kater, Ahnenerbe, S. 38.

152 Zu den Gründungsmitgliedern gehörten neben Himmler und Herman Wirth fünf Funktionäre des RuSHA. Vgl. The Holdings of the Berlin Document Center, S. 60ff.

153 Zur Übernahme der wissenschaftlichen Abteilungen des RuSHA durch das Ahnenerbe siehe Kater, Ahnenerbe, S. 65-67; Lerchenmueller/Simon, Maskenwechsel, S. 71-78.

154 Vgl. Anm. 139.

155 So die Kritik des Stabsführers im Reichsnährstand und stellv. Vorsitzenden der Kommission für Schrifttum, Kinkelin, an Hainar Schilling. Die Kommission wurde im Mai 1936 gegründet und prüfte Manuskripte für den Reichsnährstand, das RuSHA und das Ahnenerbe. Siehe Kater, Ahnenerbe, S. 39f.

156 Tätigkeitsbericht Löffler, 28.7.1938 – BAZ – Löffler SSO.

157 Kater, Ahnenerbe, S. 96.

158 Irreführend ist in diesem Zusammenhang die Darstellung bei Fuhrmann, der Kater falsch referiert. Fuhrmann, ‚Sind eben alles Menschen gewesen'. Gelehrtenleben im 19. und 20. Jahrhundert. Dargestellt am Beispiel der Monumenta Germaniae Historica und iher Mitarbeiter, München 1996, S. 194 Anm. 231.

Zwei Wissenschaftsmanager der SS: *Wolfram Sievers* und *Franz Alfred Six*. Ersterer wurde in Nürnberg zum Tode verurteilt und hingerichtet, Letzterer zu 20 Jahren Haft verurteilt und 1952 freigelassen.

Um die Jahresmitte 1938 eröffnete sich für das „Ahnenerbe" die Möglichkeit zur Vertiefung der wissenschafts- und hochschulpolitischen Zusammenarbeit mit dem Sicherheitsdienst. Am 15. Juli trafen sich der Präsident und der Reichsgeschäftsführer des „Ahnenerbes", Walter Wüst und Wolfram Sievers, im SD-Hauptamt mit dem Leiter der Zentralabteilungen II 1 (Weltanschauliche Gegner) und II 2 (Lebensgebietliche Auswertung), Franz Alfred Six, zu einer geheimen Besprechung.[159] Gegenstand waren Fragen der SS-Hochschulpolitik, die Erfassung sämtlicher SS-Dozenten an den Universitäten, deren Einbau in das „Ahnenerbe"[160] sowie der Einstieg Six' in das „Ahnenerbe" als Leiter einer zu gründenden Abteilung „Politische Geistesgeschichte". Letzteres kam zwar nicht zustande, doch dafür entwickelt sich zwischen Six' „lebensgebietlichen Auswertern" und dem „Ahnenerbe" im Gefolge dieser Besprechung eine intensivere Zusammenarbeit, an der ab November auch Hermann Löffler wesentlich beteiligt war. In einer Besprechung mit Wüst am 23. Oktober wurde Löfflers Ernennung zum kommissarischen Abteilungsleiter der „Forschungsstätte für mittlere und neuere Geschichte" im „Ahnenerbe" vereinbart; Löffler erhielt den

159 Sievers, Geheimer Aktenvermerk über eine Besprechung im SD-Hauptamt, 15.7.1938. Siehe Kater, Ahnenerbe, S. 69 und S. 377 Anm. 84; Hachmeister, Der Gegnerforscher, S. 115f, 177.

160 Siehe Anm. 159 und Kater, Ahnenerbe, S. 133.

Auftrag, einen Arbeitsplan zu entwickeln.[161] Priorität genoss aber ein anderes Projekt: Kaum zum „Ahnenerbe"-Abteilungsleiter gemacht, wurde Löffler vorübergehend zum Sicherheitsdienst kommandiert:

Der Präsident erwartet, dass durch Ihren Einsatz dort die bereits zwischen dem Sicherheitshauptamt und dem ‚Ahnenerbe' bestehende fruchtbare Zusammenarbeit noch vertieft wird. [...]

Sowohl die Durchführung der Sonderaufgabe im SD-Hauptamt wie später der Aufbau der Abteilung im ‚Ahnenerbe' verlangen, dass sich Ihre Arbeitskraft darauf möglichst konzentriert. Ich habe deshalb mit dem Leiter des Schulungsamtes, SS-Standartenführer Caesar, gesprochen, dass Ihr Einsatz bei Vorträgen künftig eingeschränkt wird.[162]

Bevor sich Löffler im Winter 1938/39 schwerpunktmäßig mit der Denkschrift beschäftigte, legte er Mitte November einen ‚kurzgefassten Arbeitsplan' über den Aufbau seiner „Ahnenerbe"-Abteilung für mittlere und neuere Geschichte vor. Schon die einführenden Sätze zu diesem Plan machen Löfflers Einstellung zur deutschen Geschichtswissenschaft deutlich: verachtende Ablehnung. Waren seine persönlichen Studienerfahrungen für dieses emotionale Urteil massgeblich? Interessanterweise bemühte sich Löffler, sein Arbeitsprogramm sowohl gegenüber der universitären Geschichtswissenschaft als auch gegenüber Walter Frank und dessen Reichsinstitut positiv abzugrenzen:

Die berufenen Männer der Geschichtswissenschaft an unseren Hochschulen haben, von wenigen Ausnahmen abgesehen, im politischen Daseinskampf unseres Volkes versagt, sowohl im Weltkrieg als auch in den 15 Jahren der Erniedrigung. Wer nun geglaubt hatte, dass sich dies nach der Machtergreifung durch den Nationalsozialismus wesentlich ändern würde, sah sich restlos getäuscht. Die verantwortlichen Männer der Geschichtswissenschaft besannen sich auch jetzt ebensowenig auf ihre wahre Aufgabe wie sie es früher getan hatten.

---

161 Siehe Sievers an Löffler, 12.11.1938 – BAZ – Löffler AE. Die Besprechung am 23.10.1938 war auf Initiative Löfflers zustande gekommen, der Mitte Oktober Sievers schriftlich um ein Treffen gebeten hatte, „um etwas über meine zukünftigen Aufgaben und meine Stellung im Ahnenerbe [... und] über meine Zukunft überhaupt zu erfahren, da mir beides als verantwortlichem SS-Führer sehr am Herzen liegt. Bisher hatte ich noch niemals Gelegenheit, von dem Herrn Präsidenten des Ahnenerbes noch von Ihnen als dem verantwortlichen Reichsgeschäftsführer etwas Amtliches zu hören." (Handschriftlicher Randvermerk: „Besprechung am 23.10.38 [...] stattgefunden"). Löffler an Sievers, 15.10.1938 – BA – NS 21/58.

162 Sievers an Löffler, 12.11.1938 – BAZ – Löffler AE. Löffler hatte sich Anfang November in einer Besprechung über seine exzessive Beanspruchung durch Caesar beklagt, die ihm für andere Arbeiten praktisch kaum mehr Zeit lasse. Aktenvermerk 2.11.1938 – BAZ – Löffler AE. Dennoch musste in den folgenden Monaten Löffler seine Arbeit beim SD wiederholt für mehrere Tage unterbrechen, um an verschiedenen Orten im Reich Schulungsvorträge vor SS- und Polizeipersonal zu halten. Vgl. etwa Löffler an Sievers, 6.12.1938 – BA – NS 21/58.

Selbst das mit vielem Aufwand errichtete ‚Institut für die Geschichte des neuen Deutschland' unter der Präsidentschaft Walther [!] Franks hat bis heute, abgesehen von kleineren Reden und Vorträgen, nichts Nennenswertes hervorgebracht, trotz der großen programmatischen Reden seines Leiters.[163]

Frank war wiederholt Zielscheibe polemischer Äußerungen und heftiger Kritik in Löfflers SD- und „Ahnenerbe"-internen Berichten. Im Dezember 1938 informierte dieser Wüst schriftlich über die wenige Tage zuvor stattgefundene 4. Jahrestagung des Reichsinstituts, an der er als Vertreter des „Ahnenerbe" teilgenommen hatte. In dem Bericht ist von der „unschönen und wichtigtuerischen Art" Franks die Rede; sein Eröffnungsvortrag über „Bismarcks Aufstieg zur Macht 1815-1862" habe weder „etwas Besonderes" noch gar „wissenschaftlich neue Ergebnisse" gebracht und habe damit „bitter und restlos enttäuscht". Im übrigen verwies Löffler in seinem Bericht auf die auffallend starke Präsenz hoher Militärs (unter ihnen Wilhelm Keitel, Walther von Brauchitsch, Erich Raeder, Otto v. Stülpnagel) und mutmaßte zutreffend, dass Frank bei diesen „Rückendeckung [...] für verloren gegangenes Terrain bei verschiedenen Ämtern der Partei und einzelner Formationen" suche.[164] Möglicherweise entsprangen Löfflers wiederholte Seitenhiebe gegen Frank nicht nur dem Wunsche, seinen Vorgesetzten zu gefallen, sondern sind auch damit zu erklären, dass der nur drei Jahre ältere Frank längst promoviert war und dank seines politischen Einflusses den Professorentitel und die Leitung des Reichsinstitutes erhalten hatte, während Löffler noch bis vor kurzem um eine feste Anstellung innerhalb der SS hatte bangen müssen. Nur auf einem konkreten Forschungsgebiet zollte Löffler Walter Frank Anerkennung: der Judenfrage. Auf der Jahrestagung der Abteilung Judenfrage des Reichsinstituts vom 4.-6. Juli 1939 in München, an der Löffler (dieses Mal im Auftrag von Six) als Beobacher teilnahm, hielt Frank den berühmt-berüchtigten Vortrag „Höre Israel! Walther Rathenau und die blonde Rasse". Löffler konstatierte: „Der Vortrag war inhaltlich, rhetorisch und weltanschaulich eine Meisterleistung ersten Ranges, was von allen Anwesenden anerkannt wurde".[165]

---

163 Kurzgefasster Arbeitsplan über den Aufbau der Abteilung für mittlere und neuere Geschichte in der Deutschen Forschungsgemeinschaft ‚Das Ahnenerbe', Löffler, 18.11.1938 – BAZ – Löffler AE.

164 Löffler, Bericht über die 4. Jahrestagung des Reichsinstituts für die [!] Geschichte des neuen Deutschlands [am 2.12.1938 an der Berliner Universität], 6.12.1938 – BA – NS 21/58.

165 Löffler, Bericht über die 4. Jahrestagung des Reichsinstituts für Geschichte des neuen Deutschlands, Abteilung Judenfrage ..., 13.7.1939 – BA – NS 21/58. Der vorliegende Bericht ging als Kopie an Wüst, das Original war an Six gerichtet gewesen.

Die „Judenfrage“ sollte – neben Löfflers eigentlichem Arbeitsschwerpunkt, dem politischen Katholizismus – das „übergeordnete“ Forschungsthema der „Ahnenerbe“-Abteilung für mittlere und neuere Geschichte sein, was die Vermutung nahelegt, dass Löffler ‚seine‘ Forschungsstätte als ein Gegen-Institut zu Walter Franks Reichsinstitut aufbauen wollte:[166]

Die ‚Abteilung für mittlere und neuere Geschichte‘ in der Forschungsgemeinschaft ‚Das Ahnenerbe‘ will nun weniger mit Reden und Proklamationen an die Öffentlichkeit treten, sondern hat sich die Aufgabe gestellt, für jeden Zeitraum ihres Arbeitsgebietes die Probleme von dem politischen Erleben unserer Tage her neu zu durchdenken und in einzelnen Untersuchungen vordringliche Fragen, hauptsächlich der deutschen Geschichte, zu behandeln.

Als Endziel schwebt vor, in zusammenfassender Darstellung ein Gesamtbild der deutschen Geschichte vom nationalsozialistischen Standpunkt aus zu geben. [...]

Die ‚Forschungsstätte für mittlere und neuere Geschichte‘ im ‚Ahnenerbe‘ wird am besten arbeitsmäßig in einzelne Referate aufgegliedert.

Referat I	Bauerngeschichte
Referat II	Geschichte der Judenfrage
Referat III	Verhältnis von Staat und Kirche
Referat IV	Krieg und Staat in der Weltgeschichte
Referat V	Rechtsgeschichte
Referat VI	Rasse und Geschichte
Referat VII	Fragen des Weltkriegs und der Nachkriegszeit
Referat VIII	Geschichte der Partei

Bewusst ist Unterzeichneter von einer chronologischen Aufgliederung abgewichen, da diese unserer heutigen Anschauungsweise nicht mehr entspricht. [...]
Als *vordringlichste Aufgaben* der Abteilung sehe ich die Bearbeitung folgender Fragen an:

I. Übergeordnetes Thema:
Das Verhältnis von Staat und Kirche in Deutschland seit dem Wiener Kongress (1815) bis zur Unterzeichnung des Friedensvertrages von Versailles (1919).
Einzelthemen: (können beliebig vermehrt oder abgeändert werden)

1. Das Erwachen nationalkirchlicher Bestrebungen in der 1. Hälfte des 19. Jahrhunderts.
2. Katholische Kirche und ihr Verhältnis zu Preußen.
3. Die katholische Kirche und die Reichsgründung Bismarcks.
4. Der Kulturkampf. (Augenblicklich sollen die Akten gesperrt und Ausarbeitungen unerwünscht sein). Über diese für unser Volk lebenswichtige Frage exisitiert nur das Werk des überzeugten Katholiken Kießling, das außerdem überholt und veraltet ist. (Dieses Thema wird von SS-Obersturmführer Löffler bearbeitet).
7. Der politische Katholizismus in seinem Verhältnis zum Deutschen Reich vom Waffenstillstand (11.11.1918) bis zur Unterzeichnung des Friedensdiktates (27.6.1919).

---

166 Für die folgenden Zitate vgl. Anm. 163.

Über das Verhältnis von Staat und Kirche im 19. und 20. Jahrhundert bestehen so gut wie keine Arbeiten, geschweige denn eine Darstellung vom nationalsozialistischen Standpunkt aus.

II. Übergeordnetes Thema:
Judentum in der deutschen Geschichte seit dem ausgehenden Mittelalter.
Einzelthemen:
1. Judentum und Handel im Zeitalter der Fugger und Welser.
2. Der Hofjude.
3. Führende Juden im Kampf um die Emanzipation.
4. Die Verbindung des Judentums mit den führenden Männern des II. Reiches.
5. Der Jude in den Kriegsgesellschaften.
6. Judentum und Revolution.
7. Judentum und Bauerntum.

Auch über diese Gebiete besteht keine nur einigermaßen befriedigende Abhandlung. [...]
Die Bearbeitung dieser Fragen erstreckt sich über einen Zeitraum von 5 Jahren.

Die von Löffler in diesem Arbeitsplan aufgelisteten Forschungsthemen und -projekte belegen zweierlei: dass der gerade 30jährige, noch nicht promovierte Historiker sich innerhalb des „Ahnenerbe“ sein eigenes geschichtswissenschaftliches Forschungsinstitut schaffen wollte – wenn Frank der ‚Chefhistoriker des Dritten Reiches‘ war, wollte Löffler zumindest der ‚Chefhistoriker des „Ahnenerbe“ der SS‘ werden. Zum anderen konterkarierte Löffler mit diesem Plan die Forderung, die er zum selben Zeitpunkt in der „Denkschrift zur Lage und den Aufgaben der Geschichtswissenschaft“ formulierte:

Weit schlimmer ist aber noch, dass es bis auf den heutigen Tag an einer großen reichseinheitlichen Planung und Ausrichtung der historischen Forschungsaufgaben fehlt, obwohl dazu die sachlichen und organisatorischen Möglichkeiten gegeben sind und zweifellos auch eine ganze Anzahl von wissenschaftlich fähigem Nachwuchs zusammenzubringen wäre. So herrscht heute in der Geschichtswissenschaft ein versteckter Kampf aller gegen alle, was besonders auf das ‚alles-allein-machen-wollen‘ Franks entscheidend mit zurückzuführen ist.[167]

Mit der Erhebung der ‚Judenfrage‘ zu einem von zwei Forschungsschwerpunkten seiner „Ahnenerbe“-Abteilung nahm Löffler aber selbst am unproduktiven ‚Kampf aller gegen alle‘ teil; anstatt die Abteilung für mittlere und neuere Geschichte so zu positionieren, dass sie ‚volksgeschichtliche‘ (Gegner-)Forschungsdesiderate identifizierte und deren Bearbeitung zum Programm erhob, lief dieser Forschungsplan darauf hinaus, lediglich die Zahl der mit der ‚Judenfrage‘ präokkupierten historischen Institute weiter

167 Löffler, Denkschrift, Kap. 7b.

zu vermehren. Die umfangreiche Liste der vorgesehenen Mitarbeiter, die Löffler im Arbeitsplan aufstellte und Wüst zur Entscheidung vorlegte, machte nochmals den impliziten Anspruch des „Ahnenerbe"-Abteilungsleiters deutlich, ein eigenes Institut zu bekommen:

Da die gestellten Aufgaben die Arbeitskraft eines Einzelnen weit überspannen, wäre zu erwägen, einen Mitarbeiterstab zu diesen Arbeiten heranzuziehen.
Ich schlage folgende Männer als Mitarbeiter vor:

1. Prof. Günther Franz, Jena, SS-Unterscharführer
2. Prof. Rudolf Stadelmann, Tübingen
3. Dozent Dr. Walter Wache, Köln, SS-Untersturmführer
4. Prof. Harold Steinacker, Innsbruck, Rektor der Universität
5. Oberassistent Werner Reese, Universität Berlin
6. Dozent Ernst Anrich, dessen Wiederaufnahme in die Partei vom SD-Hauptamt befürwortet wird.
7. Dozent Arnold[168] Brügmann, SS-Obersturmführer, Leiter der Kulturabteilung in der Reichsstudentenführung, Verfasser der guten Habilitation: ‚Der Kampf Roms um den Menschen'.
8. Dr. Alfred Thoß, Goslar, SS-Hauptsturmführer
9. Oberstudiendirektor Moritz Edelmann, Berlin, SS-Obersturmführer
10. Prof. Kurt von Raumer, Riga, Spezialist für Westfragen
11. Privatdozent [Hans Haimar] Jacobs, Münster
12. Wandruschka von Wanstetten, Wien, Universitätsassistent, SA-Sturmführer, tüchtige, jüngere Kraft.
13. Assessor Lasch, Haus Wewelsburg, SS-Hauptsturmführer
14. Dr. [Hans] Lüdemann, SS-Obersturmführer, Teubner-Verlag
15. Prof. Dr. Kurt Rheindorf, früher Universität Frankfurt, jetzt Berlin, Zusammenarbeit mit dem SD, arbeitet an einem größeren Werk: ‚Katholizismus und Separatismus'.
16. Prof. Dr. [Johannes] von Leers, Jena, SS-Hauptsturmführer
17. Dozent Dr. Hellmuth Tiedemann, Berlin, SS-Hauptscharführer
18. Dr. [Kurt] Wirth, Reichsinstitut für neuere Geschichte, Berlin, (Sohn von Albrecht Wirth!)
19. Prof. [Gustav] Paul, Hochschule für Lehrerbildung, Darmstadt. Gutes Werk vor einem Monat geschrieben: ‚Die räumlichen und rassischen Kräfte der deutschen Geschichte'.
20. Dr. Heinrich Braun, Berlin, Schulungsamt der Arbeitsfront.

(Die unterstrichenen Mitarbeiter waren bereits dem Rassenamt im R.u.S.-Hauptamt ehrenamtlich zugeteilt.).

Und noch bevor sein ‚Institut' überhaupt auch nur in Anfängen bestand, dachte Löffler schon an eine eigene Schriftenreihe für seine Abteilung – und an die Übernahme und Einverleibung anderer, real existierender Institute:

---

168 Im Original steht als Vorname fälschlich Wilhelm.

Ferner wird vorgeschlagen, in der Schriftenreihe des Ahnenerbes eine Reihe für mittlere und neuere Geschichte zu eröffnen, aber erst dann, wenn verschiedene, wissenschaftlich einwandfreie, über dem Durchschnitt stehende Arbeiten vorliegen.

Außerdem wäre zu überlegen, ob das Ahnenerbe sich nicht bemühen sollte, auf das Elsass-Lothringische Institut in Frankfurt/Main (Leiter Prof. Paul Wentzke) Einfluss zu gewinnen und dieses Institut als Westeuropa-Institut im ‚Ahnenerbe' auszubauen.

Wüst ging den Arbeitsplan am 20. November persönlich durch;[169] seine kritischen Anmerkungen wurden Löffler Anfang Dezember schriftlich durch Sievers mitgeteilt.[170] Im wesentlichen handelte es sich um drei Dinge: Gegen die Heranziehung von Rudolf Stadelmann, Werner Reese und Helmut Tiedemann als Mitarbeiter hatte der „Ahnenerbe"-Präsident „teilweise erhebliche Bedenken". Einzelheiten wurden Löffler nicht mitgeteilt: „Infolge Ihrer Arbeit im SD werden Sie sicher die Gründe dieser Bedenken selbst feststellen." Anstelle der von Löffler vorgeschlagenen ausschließlichen Beschäftigung des Referats I mit „Bauerngeschichte" empfahl Wüst die Hinzunahme der „Geschichte des Bürgertums" und der „Geschichte des vornationalsozialistischen Arbeitertums". Überhaupt vermisste Wüst „noch eine entscheidende Bezugnahme auf die Grundgedanken des ‚Ahnenerbe'."[171] Ein weiteres Gespräch zwischen Wüst und Löffler „wegen der endgültigen Gestaltung Ihres Arbeitsplanes" wurde jedoch auf die Zeit nach Löfflers „Sonderauftrag" verschoben: Auch für Wüst war die Denkschrift die „jetzt als vordringlich durchzuführend[e] Tätigkeit". Am 20. Februar 1939 legte Löffler Wüst eine überarbeitete Fassung seines Arbeitsplanes zur Genehmigung vor.[172] Es blieb bei den schon in der Erstfassung genannten beiden „vordringlichen Aufgaben": der Untersuchung der Rolle des Judentums in der deutschen Geschichte seit dem ausgehenden Mittelalter sowie des Verhältnisses zwischen Kirche und Staat im 19. und frühen 20. Jahrhundert. Die wissenschaftliche Beschäftigung mit „Kirche und Staat" stellte man zurück, da die Arbeit über das Judentum Priorität genoss; ein weiterer Grund hierfür war Löfflers erneuter Vorschlag, zusätzliche Mitarbeiter in die Arbeit der Forschungsstätte einzubeziehen. Er habe zwar „selbst schon zahlreiches Material zu der Arbeit *‚Das Zentrum während des Weltkrieges in seinen wichtigsten Entscheidungen'* (Unterarbeit zu der oben erwähnten Gesamtarbeit) durchgearbeitet", falls darüber hinaus jedoch weitere Themen bearbeitet werden sollten, müsste mit anderen Wissen-

169 Der in Anm. 163 genannte Arbeitsplan enthält handschriftliche Anmerkungen Wüsts.
170 Sievers an Löffler, 8.12.1938 – BAZ – Löffler AE.
171 Siehe Anm. 163 und 169.
172 Für den Arbeitsplan siehe Löffler an Wüst über Sievers, 20.2.1939 – BAZ – Löffler AE.

schaftlern Kontakt aufgenommen werden, „damit zu einer *einheitlichen Planung* geschritten werden“ könne. Löffler bat „um Befehl“, mit einer kleinen Gruppe von Historikern in Verbindung treten zu dürfen, die offensichtlich den harten Kern der „Ahnenerbe“-Historiker bilden sollte:[173] Ulrich Gmelin[174], Arnold Brügmann (der eine Art Multifunktionshistoriker der Schutzstaffel gewesen zu sein scheint), Walter Wache, Ernst Anrich und Günther Franz. Es scheint, dass Wüst beschloss, Löfflers Plan zu verwirklichen. Zwei der hier genannten SS-Führer wurden kurz darauf zum „Ahnenerbe“ versetzt: Walter Wache gehörte ab dem 15. März 1939 zum Persönlichen Stab RFSS, Günther Franz zwei Tage später.[175] In den Akten finden sich jedoch keine Spuren einer aktiven Mitarbeit der beiden Historiker im „Ahnenerbe“.[176] Eine dauerhafte Zusammenarbeit zwischen Löffler, Franz und Anrich kam erst im Sicherheitsdienst und, damit verbunden, an der Universität Straßburg zustande. Nach Einschätzung von Michael Kater war das „Ahnenerbe“ „bei der Errichtung einer Geschichtsabteilung glücklos“.[177] Richtig ist, dass es Sievers und Wüst nicht gelang, „anspruchsvollere Fachleute“ auf dem Gebiet der Geschichtswissenschaft an ihre Institution zu binden. Meines Erachtens spricht aber einiges für die Hypothese, dass dieses ‚Scheitern‘ nicht auf mangelndes Glück, sondern auf schlechte Personalführung durch Sievers im Frühjahr 1939 zurückzuführen ist. Bis zu diesem Zeitpunkt nämlich hatte sich die Forschungsstätte[178] –

---

173 Über die hier Genannten hinaus schlug Löffler „eventuell noch“ Alfred Thoß (Bauernhochschule Goslar), Leopold von Caprivi (Deutsches Institut für außenpolitische Forschung, Berlin), Hans Lüdemann (Teubner Verlag) und Rudolf Levin (hauptamtlicher Mitarbeiter im Sicherheitsdienst) vor. Wissenschaftlicher Arbeitsplan der Forschungsstätte für mittlere und neuere Geschichte, Löffler an Wüst über Sievers, 20.2.1939 – BAZ – Löffler AE.

174 Anfang Dezember 1938 hatte Löffler in einem Schreiben an Sievers erstmals Gmelin als zusätzlichen Mitarbeiter „in meiner Abteilung“ vorgeschlagen, daneben auch Franz Petri: „Ersterer ist einer der tüchtigsten Nachwuchshistoriker für mittlere Geschichte (wird vom SD-Hauptamt gut beurteilt), während letzterer sich hauptsächlich Problemen der deutschen Westgrenze zugewandt hat. Auch gegen ihn ist politisch nichts einzuwenden.“ Löffler an Sievers, 6.12.1938 – BA – NS 21/58.

175 Wache war vom 10.4.1937 bis 15.3.1939 als SS-Untersturmführer im Schulungsamt des RuSHA, ab diesem Zeitpunkt und bis Kriegsende beim Persönlichen Stab RFSS, ‚Ahnenerbe‘. Er wurde am 2.2.1944 zum Obersturm-, am 30.1.1945 zum Hauptsturmführer befördert. Stammkarte – BAZ – Wache SSO. Zu Franz vgl. Anm. 182 und 184.

176 Ich habe bei meinen Recherchen im Bundesarchiv in Berlin (ehem. BDC) keine Hinweise auf eine wissenschaftliche oder andere aktive Mitarbeit Waches im Ahnenerbe finden können. Auch Michael Kater erwähnt Wache in seiner Studie über das Ahnenerbe nicht.

177 Kater, Ahnerbe, S. 96.

178 Kater kannte damals offensichtlich die hier genannten Quellen nicht. Laut seiner Darstellung wurde Löfflers Forschungsstätte „im Frühjahr 1939 gegründet“, ein „genaues Datum der Er-

wie hier gezeigt – unter Löfflers Leitung durchaus vielversprechend entwickelt. Es war die versuchte Einbindung von Günther Franz in das „Ahnenerbe“, die zu einer rapiden Verschlechterung der Dinge führte.

Franz gehörte der SS seit 1935 an[179] und lehrte zunächst in Marburg, dann in Heidelberg und ab 1936 in Jena.[180] Seit Ende 1937 war er als ehrenamtlicher Mitarbeiter im Rassenamt tätig. Spätestens dann und dort dürfte Löffler ihn kennengelernt haben. Anfang 1939 kam es zu einer Zusammenkunft zwischen Franz und Gegnerforscher Six. Wer Franz dazu angeregt hatte, den persönlichen Kontakt mit Six zu suchen, ist unklar. Jedenfalls empfing Six „auf schriftliche Anfrage hin“ Franz am 2.2.1939 im SD-Hauptamt zu einer einstündigen Aussprache. Über deren Verlauf war Löffler informiert[181] und konnte Sievers folgendes berichten:

> Anschließend an diese Unterhaltung gab SS-Standartenführer Six dem SS-Obersturmführer Dr. Turowski den schriftlichen Befehl, sofort bei SS-Sturmbannführer Bruns Sorge dafür zu tragen, dass Franz zum SS-Untersturmführer befördert und ins SD-Hauptamt versetzt wird. Six setzte kurzfristigen Termin für die Erledigung dieser Angelegenheit fest. Außerdem sollte Franz auf Befehl von Six zu wichtigen Besprechungen herangezogen und ihm verschiedenes Material zur Verfügung gestellt werden. Der Aktenvermerk von Six über diese Unterhaltung, in der der Befehl an Turowski enthalten war, war durchaus positiv für Franz.[182]

Franz wurde übrigens nicht nur von Six, sondern auch von dessen Untergebenen positiv eingeschätzt, und zwar in seiner Eigenschaft „als Mitarbeiter“: Franz war offenbar schon länger für den SD in Jena tätig.[183] Kurze Zeit nach diesem Gespräch stimmte Six jedoch einer Änderung seines Befehles zu:

---

richtung“ sei „nicht bekannt. Das erste Schriftstück über die Abteilung stammt vom März 1939.“ – Kater, Ahnenerbe, S. 96.

179 Nr. 274.121. Der SA war er im November 1933 beigetreten, das genaue Datum seines Übertrittes zur SS ist nicht bekannt. Sein Eintritt in die NSDAP ist auf den 1.5.1933 datiert, Nr. 3.217.827. Stammkarte – BAZ – Franz SSO. Zu Franz siehe auch Heiber, Walter Frank, S. 180-187; Schulze, Deutsche Geschichtswissenschaft, S. 26; Hachmeister, Der Gegnerforscher, S. 226f.

180 Um Franz in Heidelberg zu halten, wandte sich der dortige Rektor erfolglos Mitte Juni 1935 an seinen Jenaer Amtskollegen: „Nachdem es mir gelungen ist, nach zweijähriger Vakanz endlich den Lehrstuhl für mittelalterliche Geschichte mit einer so tüchtigen und einsatzfähigen wie einsatzbereiten Kraft zu besetzen, bitte ich im Einvernehmen mit meinem Senat dringend, von einer Berufung des Prof. Franz nach Jena Abstand nehmen zu wollen.“ Rektor der Universität Heidelberg an Rektor der Universität Jena, 19.6.1935 – BAZ – Franz REM Bl. 6690.

181 Möglicherweise erhielt Löffler diese Informationen durch Turowski, mit dem er immer Donnerstags im SDHA zusammenkam. Vgl. Anm. 186.

182 Löffler an Sievers, 9.5.1939 – BAZ – Franz AE.

183 „[…] wurde mitgeteilt, dass das SD-Hauptamt die Arbeit von Franz anerkenne und ihn als Mitarbeiter schätze.“ Siehe Anm. 182.

Zwischen dem Kurator des Ahnenerbes, SS-Obersturmbannführer Prof. Dr. Wüst und SS-Standartenführer Prof. Six wurde dann später vereinbart, dass Franz zum Ahnenerbe kommen sollte. Die Überweisung von Franz vom R.u.S. zum Persönlichen Stab RFSS wurde von SS-Sturmbannführer Möller am 17.3.39 beim SS-Hauptamt beantragt, sodass Franz seit diesem Tage – nach Auskunft Möllers vom 6.5.39 – zum Persönlichen Stab, Ahnenerbe, gehört.[184]

Wie ist dieser Meinungswechsel von Six zu erklären? Auf der Grundlage der hier ausgebreiteten Quellen scheint mir folgende Erklärung die wahrscheinlichste zu sein: Wüst überzeugte Six im Gespräch davon, die „SS-mäßige" Bearbeitung der Geschichtswissenschaft institutionell im „Ahnenerbe" zu verankern.[185] Mit Löffler stand im „Ahnenerbe" ein hauptamtlicher Mitarbeiter zur Verfügung, der sich ausschließlich auf Geschichte konzentrierte, konkrete Pläne zum Auf- und Ausbau einer Forschungsstätte vorgelegt und sich auch als Verbindungsmann zu Six' Abteilungen im Sicherheitsdienst hervorragend bewährt hatte – die Anfang Februar vorgelegte Denkschrift war schließlich das Produkt eines gemeinsamen Unternehmens von SD und „Ahnenerbe". Und schon Ende Januar hatten sich Sievers und Six darauf verständigt, dass Löffler auch nach Erledigung seines „Sonderauftrages" einen Tag in der Woche im SD-Hauptamt arbeiten solle, um „die Zusammenarbeit zwischen SD-Hauptamt und „Ahnenerbe" noch enger zu gestalten und den neuen Referenten für Vor- und Frühgeschichte in die Geschäfte einzuführen".[186] Vor diesem Hintergrund schien es sinnvoll, auch Günther Franz institutionell im „Ahnenerbe" zu verankern, einer Zusammenarbeit auch mit dem Sicherheitsdienst hätte das nicht im Wege gestanden. Diese zwischen Six und Wüst verabredete Planung, so scheint es, konterkarierte der „Ahnenerbe"-Reichsgeschäftsführer höchstpersönlich, indem er sich über eine Marginalie künstlich echauffierte: das Reichssportabzeichen. An diesem „Ausweis körperlicher Tüchtigkeit" ließ Sievers jedenfalls die Beförderung von Franz zum SS-Untersturmführer scheitern,

184 Siehe Anm. 182. Eine Versetzung ist in den von mir eingesehenen SSO Akten nicht verzeichnet. Allerdings ist die Stammkarte Franz erst im Krieg angelegt worden (als Arbeitgeber wird die Universität Straßburg genannt). BAZ – Franz SSO.

185 Um Missverständnisse auszuschließen: Diese Argumentation ist eine Spekulation, die auf meiner Interpretation der verfügbaren Quellen beruht. Belegt ist nur, dass ein solches Gespräch zwischen Wüst und Six stattfand und Letzterer der Versetzung von Franz zum Ahnenerbe zustimmte.

186 Sievers an Chef des SDHA, z.H. Six, 30.1.1939 – BAZ – Löffler AE. Vgl. hierzu Aktenvermerk Löffler für Sievers, 13.2.1939: „Bezugnehmend auf den Brief des Ahnenerbes vom 30.1.1939 an SS-Standartenführer Six wird gemeldet, dass Löffler nach Vereinbarung mit SS-Untersturmführer Dr. Turowski bis auf Widerruf von hier aus Donnerstags im SD-Hauptamt arbeitet. Sollten Einwendungen bestehen, wird auch hier um Befehl gebeten." BAZ – Löffler AE.

und das in einer Weise, die dem Historiker die Lust an der weiteren Zusammenarbeit mit dem „Ahnenerbe“ genommen haben dürfte. Die Beförderung, die – notabene – „SS-Standartenführer Six vorgeschlagen und wärmstens befürwortet“ hatte[187], wurde auch von Löffler gegenüber Sievers nachdrücklich unterstützt. Der Tenor des erwähnten Schreibens vom 9. Mai, in dem Löffler dem Reichsgeschäftsführer die Hintergründe der Versetzung von Franz zum „Ahnenerbe“ detailliert mitteilte, lässt vermuten, dass Löffler eventuell mündlich geäußerte Vorbehalte gegen Franz abbauen wollte.[188] Sollte das die Intention des Schreibens gewesen sein, dann war Löffler nicht erfolgreich. Am 20. Juni teilte Sievers dem SS-Unterscharführer Franz schriftlich mit:

Ihre Beförderung zum SS-Untersturmführer ist nicht möglich, da das vorgelegte Attest völlig unzureichend ist, zumal Ihnen darin bescheinigt wird, dass Sie körperlich gesund sind.

Im Persönlichen Stab Reichsführer-SS ist die Arbeitszeit von sogar mehr als 14 Stunden ein normaler Zustand und trotzdem wird gerade von den Angehörigen des Persönlichen Stabes besonders verlangt, dass die Sportabzeichen erworben werden. Da die Sommermonate im allgemeinen für den Erwerb der Sportabzeichen günstig sind, können Sie sich mit einem Sportreferenten der SS dort in Jena in Verbindung setzen, bezw. werden Einrichtungen in der Universität vorhanden sein, die sich Ihrer gerne annehmen. Sie hätten einige Monate Zeit, um das Training aufzunehmen und anschliessend die Sportabzeichen zu erlangen.

Ihrer Beförderung zum Reichsparteitag bezw. zum 9. November 1939 steht alsdann nach dem Erwerb der Sportabzeichen nichts mehr im Wege.[189]

Franz hat die Sportabzeichen nie erworben.[190] Zum Untersturmführer wurde er erst 1941 befördert, als er schließlich offiziell vom Persönlichen Stab ins RSHA versetzt wurde.[191] Falls Sievers eine aktive Mitarbeit von Franz im „Ahnenerbe“ verhindern wollte, dann hatte der Reichsgeschäftsführer

187 Siehe Anm. 182.

188 Löffler gibt als „Bezug“ des Schreibens vom 9.5.1939 an: „Mündliche Rücksprache mit SS-Sturmbannführer Sievers.“

189 Sievers an Franz, 20.6.1939 – BAZ – Franz AE. Löffler hatte Franz am 23.5.1939 im Auftrag des Reichsgeschäftsführers unter anderem mitgeteilt: „Außerdem benötige ich eine Meldung darüber, ob und wann Sie das Reichssportabzeichen und das SA-Wehrabzeichen erworben haben. Sollten Sie die Sportabzeichen nicht besitzen, so bitte ich um ausführliche Angabe der Gründe und Vorlage eines ärztlichen Attestes.“ BAZ – Franz AE. Offensichtlich hatte Franz ein Attest vorgelegt, das auch auf die zeitliche Beanspruchung des Geschichtsprofessors Bezug genommen hatte.

190 In der Stammkarte sind in den dafür vorgesehenen Rubriken keine entsprechenden Einträge gemacht. BAZ – Franz SSO.

191 Mit Wirkung vom 1.10.1941. Beförderung zum O'Stuf. 30.1.1943, zum H'Stuf. 9.11.1943. Siehe Anm. 190.

mit diesem geharnischten Brief einen Erfolg errungen, der sich innerhalb weniger Monate als Pyrrhus-Sieg erwies: denn mit Franz wechselte auch Löffler zum SD-Hauptamt.

Es soll hier nicht bestritten werden, dass innerhalb der SS auf die körperliche Ertüchtigung der Mitglieder gesteigerten Wert gelegt wurde; trotzdem scheint es mir zweifelhaft, dass es Sievers mit den Sportabzeichen wirklich so ernst gewesen sein sollte, dass er bereit gewesen wäre, daran die Mitarbeit eines ordentlichen Professors im „Ahnenerbe" scheitern zu lassen: Um so mehr, als schon die bloße Erscheinung des 1,95 Meter großen und schlanken Günther Franz die Einschätzung nahelegte, dass seine physische Fitness allemal an die des „Ahnenerbe"-Abteilungsleiters Joseph Otto Plassmann heranreichte (der allerdings kriegsbeschädigt war). Im übrigen hatte auch der Kurator seine Sportabzeichen nie erworben: Ein ärztliches Attest bestätigte ihm einen Meniskusschaden.[192] Bliebe die Frage, was Sievers dazu bewogen haben könnte, einen Wissenschaftler zu ‚vergraulen', um den sich offenkundig gleich zwei hochrangige SS-Funktionäre bemühten: der (faktische) Chef des Inlands-SD und der (faktische) Chef der SS-Forschungseinrichtung „Das Ahnenerbe". Sah der „verhinderte Akademiker"[193] Sievers in dem nur drei Jahre älteren, von Six und Wüst umworbenen Karrierewissenschaftler Franz einen Konkurrenten? Doch davon gab es zahlreiche im Arbeitsumfeld des Reichsgeschäftsführers. Was auch immer Motiv, Grund und Anlass für diesen Ausbruch waren, er hatte jedenfalls zur Folge, dass die ursprüngliche Personalplanung von Six doch noch zum Tragen kam: Er gewann einen angesehenen Nachwuchshistoriker für die Gegnerforschung des Sicherheitsdienstes.

Löfflers Mitarbeiter und hauptsächliche Ansprechpartner im Sicherheitsdienst waren Wilhelm Spengler, Leiter der Abteilung II 21, sowie dessen unmittelbare Untergebene: Justus Beyer, Leiter der Abteilung II 211, und Ernst Turowski, dessen Stellvertreter. Die Abteilung II 211 beschäftigte sich schwerpunktmäßig mit der Beobachtung außeruniversitärer Forschungseinrichtungen.[194] Konkret bedeutete die Zusammenarbeit zwischen Löffler und II 211, dass Ersterer seine fachwissenschaftliche Kompetenz einbrachte, während Letztere die ideologisch-politische Einschätzung beisteuerte. Beides zusammen lieferte beiden Dienststellen, Sicherheitsdienst und „Ahnenerbe", auf dem Gebiet der Geschichtswissenschaft die notwen-

192 Siehe BDC – Wüst SSO. Für den Hinweis danke ich Gerd Simon, Tübingen.

193 Kater, Ahnenerbe, S. 28. Zur Biographie Sievers' siehe ebda., v.a. S. 28-36.

194 Hierzu und zu Turowski siehe Simon, Germanistik in den Planspielen des SD, S. XXIX.

dige informationelle Grundlage für Entscheidungen. Wie das praktisch aussah, geht aus einem Aktenvermerk Löfflers hervor, den dieser Mitte Februar für Sievers anfertigte:

Am 7.2.1939 besuchten SS-Untersturmführer Dr. Turowsky [!] und SS-Obersturmführer Löffler den Präsidenten des Reichsinstituts für ältere deutsche Geschichtskunde, Prof. Stengel, und hatten mit ihm eine längere Aussprache über die Arbeitsmöglichkeiten dieses Instituts. Stengel sucht Verbindung zur Schutzstaffel und will versuchen, seinen Arbeitsplan dem Reichsführer-SS vorzutragen.

Eine Zusammenarbeit zwischen Ahnenerbe und obigem Institut kommt vorerst nicht in Frage, da die Mitarbeiter Stengels wissenschaftlich wohl einwandfrei, aber weltanschaulich kaum ausgerichtet sind.[195]

Vom Sicherheitsdienst wurde Löffler zu den regelmäßig stattfindenden Besprechungen zwischen Vertretern des NSD-Dozentenbunds und dem SD herangezogen:

Am Donnerstag, dem 23.3.1939, fragte der Abteilungsleiter von II/211 im SD, Hauptsturmführer Beyer, bei mir an, ob ich die Möglichkeit hätte, in der Woche nach Ostern nach München zu fahren, um dort mit den zuständigen Stellen im NS-Dozentenbund über die Besetzung geschichtlicher Lehrstühle zu verhandeln.[196]

Bei der Beobachtung geschichtswissenschaftlicher Veranstaltungen wurde offensichtlich zwischen SD und „Ahnenerbe" eine Arbeitsteilung etabliert: Man stimmte sich darüber ab, welche Dienststelle einen Vertreter zur Berichterstattung entsandte. Ende März fand in Eger die 3. Reichstagung des Nationalsozialistischen Lehrerbundes für Geschichte statt, an der teilzunehmen Löffler das „Ahnenerbe" um Genehmigung bat:

Am 1. Tag sprechen
1. Steinacker, Innsbruck, über Gesamtdeutsche Geschichtsauffassung,
2. Kuhn über den Juden in der Politik,
3. Ganzer über Staat und Kirche !!!,
4. Kleo Pleyer über die Arbeiterfrage in der deutschen Geschichte.

Der 2. Tag bringt Vorträge stark methodischer Art. Am 3. Tag findet eine Besichtigung Egers statt; anschließend spricht Reichsleiter Rosenberg zu den deutschen Geschichtsforschern und -lehrern. Der 4. Tag ist für eine Grenzlandfahrt vorgesehen.

Wegen der Wichtigkeit der gesamten Tagung und vor allem der Vorträge (Steinacker, Kuhn, Ganzer) bitte ich [...] die Genehmigung zur Teilnahme an dieser Tagung erteilen zu wollen.[197]

---

195 Aktenvermerk Löffler für Sievers, 13.2.1939 – BAZ – Löffler AE.

196 Aktenvermerk Löffler für Sievers, 25.3.1939 – BAZ – Löffler AE. Am 24.4.1939 trafen sich Sievers, Franz Altheim und Löffler zu einer Besprechung über Historiker für mittlere Geschichte. Tagebuch Sievers – BAK – NS 21/12 Bl. 146.

197 Aktenvermerk Löffler für Sievers, 14.2.1939 – BAZ – Löffler AE.

Wüst genehmigte Löfflers Teilnahme, falls das SD-Hauptamt nicht gleichzeitig einen Mitarbeiter entsende. Löffler solle das mit den Kollegen im SD abklären. Wüst hielt es zudem „für wichtig, dass Sie sich auf der Tagung zwar alles anhören, im übrigen sich aber völlig zurückhalten."[198] Löffler nahm an der Tagung in Eger teil – und legte seinen Bericht sowohl Wüst als auch Six vor.[199] In anderen Fällen ging die Initiative vom SD-Hauptamt aus. So nahm Löffler „als Vertrauensmann und Berichterstatter des SD an allen Tagungen des Reichsinstituts" für Geschichte des neuen Deutschland teil.[200] Zur Tagung Anfang Juli 1939 in München reiste Löffler „auf besonderen Wunsch von SS-Standartenführer Prof. Dr. Six"[201]. An der Vorbereitung der Kieler Jahrestagung des „Ahnenerbes" vom 30. Mai bis 4. Juni 1939 scheint Löffler nicht intensiv mitgearbeitet zu haben; überliefert ist jedoch eine Liste mit „Ehrengäste[n] aus dem Gebiet der Geschichtswissenschaft", die Löffler für Sievers zusammenstellte. Unter den Genannten befinden sich zum einen jene Kollegen vom Sicherheitsdienst, mit denen Löffler zusammenarbeitete – Franz Alfred Six, Wilhelm Spengler und Rudolf Levin –, zum anderen eine Reihe von SS-Mitgliedern, die historische Dozenturen innehatten: Arnold Brügmann (Würzburg), Walter Wache (Köln), Alfred Thoß (Berlin), Moritz Edelmann (Dortmund), Hans Lüdemann (Berlin), Leopold von Caprivi (Berlin) und Günther Franz (Jena). Mit einigen von ihnen hatte Löffler schon im Rasse- und Siedlungshauptamt zusammengearbeitet.[202] Einen fünf Seiten umfassenden Bericht über diese „großangelegte Arbeitstagung, die mehr als 400 Wissenschaftler und Freunde germanischer Vor- und Frühgeschichte aus allen Teilen unseres Großdeutschen Vaterlandes in der Kriegsmarinestadt Kiel vereinigte"[203], veröffentlichte Löffler in „Vergangenheit und Gegenwart".

Die Monate zwischen Abgabe der Denkschrift im Februar 1939 und dem deutschen Angriff auf Polen verbrachte Löffler, neben der erwähnten

---

198 Sievers an Löffler, 13.3.1939 – BAZ – Löffler AE.

199 Siehe Löffler an Wüst über Sievers, 5.4.1939 – BAZ – Löffler AE. Der Bericht ist hier nicht überliefert. Zur Tagung siehe auch Moritz Edelmann, Die dritte Reichstagung des NSLB für Geschichte in Eger, in: Vergangenheit und Gegenwart 29, 1939, S. 188f, 365–370.

200 Siehe Kaiser an Wüst, 1.7.39 – BAZ – Löffler AE.

201 Siehe Anm. 200. Löffler war im Auftrag des RFSS auch schon auf dem 8. Int. Historikerkongress vom 28.8.–4.9.1938 in Zürich zugegen gewesen. Vgl. Heiber, Walter Frank, S. 742.

202 Weitere einzuladende „Ehrengäste" waren der Rektor der Universität Innsbruck, Harold Steinacker, sein Berliner Kollege Willy Hoppe, der Chef des Schulungsamtes, SS-Oberf. Joachim Caesar, der Leiter des Heeresarchivs, Rabenau, der Leiter der PPK, Friedrich W. Krüger, sowie Ulrich Gmelin von der Reichsstudentenführung und Ernst Anrich.

203 Löffler, Die Jahrestagung der Forschungs- und Lehrgemeinschaft „Das Ahnenerbe" vom 30. Mai bis 4. Juni 1939 in Kiel, in: Vergangenheit und Gegenwart 29, 1939, S. 458-463, 458.

Berichterstatter-Tätigkeit, vor allem mit weiterer Forschungsarbeit für seine Dissertation. Letztere wurde durch eine beständige Vortragstätigkeit unterbrochen: Allein für das Schulungsamt der SS hielt Löffler bis 1942 über hundert Vorträge[204], obwohl Sievers Ende 1938 mit Joachim Caesar, dem Leiter des Schulungsamtes, abgesprochen hatte, dass Löfflers „Einsatz bei Vorträgen künftig eingeschränkt“ werden solle.[205] Schon wenige Monate später, im Februar 1939, sah sich der Reichsgeschäftsführer erneut gezwungen, gegen die ‚Fremdbeanspruchung‘ seines Abteilungsleiters vorzugehen: Dem Führer des SS-Abschnittes Weimar teilte er mit, dass Löffler zwar die für März in Eisenach, Meiningen, Erfurt und Gera geplanten vier Vorträge vor SS-Standarten halten werde, fügte indes hinzu:

> Diese Terminfestsetzung muss als endgültig betrachtet werden, da infolge dringender Arbeiten die Mitarbeiter des Ahnenerbes restlos beansprucht werden.[206]

‚Beansprucht‘ wurde Löffler im Frühjahr auch durch einen der Himmler'schen Gedankenblitze, die sich in Form unvorhersehbarer Arbeitsaufträge auf den Schreibtischen der „Ahnenerbe“-Wissenschaftler entluden:

> Der Reichsführer-SS bittet, die Verfassung und die Geschichte der Dogen-Republik in Venedig eingehend zu studieren und ihm zu gegebener Zeit eine Arbeit darüber vorzulegen.[207]

Auf Geheiss von Wüst musste Löffler diesen „Befehl“ ausführen, was dieser – erfolglos – mit dem Argument zu vermeiden suchte, dass für einen „Nicht-Spezialisten“ die „Beschaffung von Unterlagen“ sehr schwierig sei. In direkter Fühlungnahme mit Himmlers Chefadjutanten, Rudolf Brandt, konnte Löffler wenigstens bewirken, dass ein „Zwischenbericht“ bis „vor Weihnachten“ Zeit habe.[208] Zwei Wochen vor seinem Rigorosum legte Löffler am 20. Februar 1940 schließlich magere viereinhalb Seiten über „Die Verfassung der Dogenrepublik Venedig“ vor, deren Fazit vom Engagement des Autors sprechendes Zeugnis ablegt:

> So ist die venezianische Verfassung geworden, selten durch Zufall wie im Heiligen Römischen Reich, meistens durch Berechnung, niemals wohl nach Grundsätzen, es wäre denn nach dem einen, jeden persönlichen Anspruch um des Staatswohles willen zum Schweigen zu bringen. Was der Erhaltung des Staates dient, verkündet der Senat,

---

204 „Vom Schulungsamt der SS 110 Vorträge gehalten.“ Personalbericht, 30.11.1942 – BAZ – Löffler SSO.

205 Vgl. Sievers an Löffler, 12.11.1938 – BAZ – Löffler AE.

206 Sievers an SS-Gruf. Hennicke, 20.2.1939 – BAZ – Löffler AE.

207 Brandt, Pers. Stab, an Ahnenerbe, 5.5.1939 – BAZ – Löffler AE.

208 Siehe Löffler an Sievers, 29.6.1939 – BAZ – Löffler AE.

ist jeglichem Gesetz vorzuziehen! Und mit diesem Grundsatz hat sich Venedig bis zum Ende des 18. Jahrhunderts als Staatswesen erhalten.[209]

Die Sommermonate Juli und August 1939 wollte Löffler in der Weltkriegsbücherei in Stuttgart zubringen, um die Forschungsarbeit für seine Dissertation abzuschließen. Es ist unklar, ob es dazu kam: Einerseits liegt ein greifbares Ergebnis einer zweimonatigen abschließenden Forschungsarbeit – Löfflers Dissertation – nicht vor, zum anderen herrschte in diesen Monate innerhalb des „Ahnenerbe" Hochbetrieb, galt es doch, die „Salzburger Wissenschaftswochen" vorzubereiten, die „vor der Öffentlichkeit des In- und Auslandes in würdiger Form die Leistungen deutscher Wissenschaft im nationalsozialistischen Reich darbieten" sollten.[210] Hatte bei der Kieler Tagung die Vorgeschichtsforschung im Vordergrund gestanden, so sollte in Salzburg die Volkskunde im Mittelpunkt stehen, was durchaus auch Löfflers Arbeits- und Zuständigkeitsbereich im „Ahnenerbe" tangierte. Seine aktive Mitarbeit an der Vorbereitung ist in seinen „Ahnenerbe"-Akten nicht belegt, was darauf hindeutet, dass er sich auf die Arbeit an seiner Dissertation konzentrierte.

Der deutsche Überfall auf Polen hatte direkt und indirekt erhebliche Auswirkungen auf Organisation und Aufgaben jener Institutionen, für die Hermann Löffler tätig war: „Ahnenerbe" und Sicherheitsdienst.[211] Mit der Gründung des Reichssicherheitshauptamtes (RSHA) Ende September 1939 „begann ein monatelanges Gezerre der Amtschefs um Stellen, Personal und Geschäftsverteilungen".[212] Löfflers Versetzung ins SD-Hauptamt dürfte damit im Zusammenhang stehen. Die Initiative dazu scheint nicht vom „Ahnenerbe" ausgegangen zu sein, allerdings war man dort bereit, den Abteilungsleiter ziehen zu lassen:

---

209 Löffler, Die Verfassung der Dogenrepublik Venedig. (Kurzgefasster Überblick). Anlage zum Schreiben Sievers an Wüst, 27.2.1940 – BAZ – Löffler AE. Am 20.2.1940 hatte Löffler an Sievers gemeldet: „Bei diesem für den deutschen Historiker sehr abseits liegenden Stoff war es ausgeschlossen, eigenes Quellenstudium zu treiben. Deshalb wurde die Bearbeitung verschiedener Verfasser herangezogen, wie dies schon in einer Meldung an den Kurator zum Ausdruck gebracht wurde. Es wird um Befehl gebeten, ob die Politik Venedigs auch noch im Überblick zu entwickeln ist." Himmler wünschte nach Lektüre des Löffler'schen Berichts, „dass noch jemand intensiver auf das Studium der Dogenrepublik angesetzt wird". Brandt an Sievers, 21.3.1940 – BAZ – Löffler AE.

210 Salzburger Wissenschaftswochen, in: Germanien, 1939, 8, S. 374. Zitiert nach Kater, Ahnenerbe, S. 116 (dort auch ausführlicher zur Salzburger Konferenz).

211 Detaillierte Angaben hierzu bei Kater, Ahnenerbe, besonders Kapitel 6 und 7, S. 145-226; für die Veränderungen im SD siehe Hachmeister, Der Gegnerforscher, Kapitel 5 und 6, S. 144-238; Simon, Germanistik in den Planspielen des SD, S. XIII-XIX.

212 Hachmeister, Der Gegnerforscher, S. 214.

Auf Grund Ihrer Meldung, dass Sie hauptamtlich beim SD tätig sein können, hat der Präsident die Stillegung der Forschungsstätte für mittlere und neuere Geschichte verfügt. Entsprechend unserer mündlichen Vereinbarung und auch meiner inzwischen mit SS-Sturmbannführer Dr. Spengler erfolgten Rücksprache ersuche ich Sie, sich mit dem SD dahingehend zu verständigen, dass spätestens bis zum 1.1.1940 Ihre hauptamtliche Übernahme in das SD-Hauptamt erfolgt.[213]

Michael Kater vermutet demgegenüber, dass Wüst und Sievers mit den „fachlichen Leistungen" Löfflers unzufrieden gewesen sein könnten und ihren Abteilungsleiter „[w]ohl nicht zuletzt wegen des Verdachtes übler Nachrede außerhalb des ‚Ahnenerbes' [...] im November 1940 zum SD abgeschoben" hätten.[214] Der Verdacht der üblen Nachrede wurde im Juli 1939 erhoben und bezog sich auf Kleo Pleyer, der zu diesem Zeitpunkt gerade von Königsberg nach Innsbruck wechselte. Löffler bestritt emphatisch, „vor Pleyer gewarnt" zu haben: „Das ist ein solch notorischer Unsinn, dass es sich erübrigt, näher darauf einzugehen", schrieb er an Pleyer und erklärte weiter, dass er zwar „in manchem wissenschaftlich anderer Meinung" sei als er, dass das jedoch „nicht im geringsten etwa eine politische Angelegenheit und erst recht kein persönlicher Angriff" sei.[215] In den mir bekannten schriftlichen Stellungnahmen Löfflers findet sich kein Hinweis darauf, dass *Löffler* vor Pleyers politisch-weltanschaulicher Einstellung ‚gewarnt' habe. In seinem Bericht über die 4. Jahrestagung des Reichsinstituts für Geschichte des neuen Deutschlands – die im Dezember 1938 stattfand und damit etliche Monate bevor Löffler der Vorwurf der üblen Nachrede bekannt wurde – ging Löffler auf Pleyers Vortrag zum Thema „Großdeutsche Geschichtskunde" ein[216], den er ausführlich referierte und insgesamt sehr positiv beurteilte:

Pleyers Vortrag war neben dem Kuhn'schen der beste, inhaltlich und rednerisch. Man kann über einzelne Dinge anderer Meinung sein, aber in diesem Zusammenhang dürfen diese ‚Fehler' nicht erstrangig gewerten werden, sondern treten hinter dieser Apotheose Deutschlands und seiner Menschen in den Hintergrund.[217]

In der SD-Denkschrift, die ebenfalls vor dem Bekanntwerden des Vorwurfs abgeschlossen wurde, erwähnte Löffler Pleyer nur in seiner Eigenschaft als Mitglied des Reichsinsituts, ohne dass eine wissenschaftliche oder politisch-weltanschauliche Wertung erfolgte – und dies, obwohl die „Pleyer-

213 Sievers an Löffler, 27.10.1939 – BAZ – Löffler AE.

214 Kater, Ahnenerbe, S. 96.

215 Löffler an Pleyer, 21.7.1939, Abschrift für Dr. Kaiser [AE] – BA – NS 21/58.

216 Pleyer war seit 1935 Mitglied des Reichsinstituts. NSDAP-Personal-Fragebogen Pleyer, 21.6.1939 – BAZ – Pleyer PK.

217 Vgl. Anm. 164.

Ideologie“ im Sicherheitsdienst Anfang 1938 Gegenstand von Ermittlungen war: Pleyer gehörte der „Bündischen Reichsschaft“ an, deren Leiter er zur Zeit der Machtübernahme gewesen war; beim Propagandaministerium stand er 1936 im Verdacht, noch immer Beziehungen zum Otto-Strasser-Kreis zu unterhalten, „dem er früher nahegestanden hat“.[218] Sein 1935 bei Kohlhammer in Stuttgart verlegtes Buch „Die Landschaft im neuen Frankreich, Stammes- und Volksgruppenbewegung im Frankreich des 19. und 20. Jahrhunderts“ wurde im Juli 1936 „für den Verkauf im Buchhandel nicht freigegeben“, da das Buch „nicht Ergebnisse kritischer wissenschaftlicher Arbeit herausstellt, sondern ein politisches Wunschbild unter Heranziehung ausgedehnten historischen Materials darstellt.“[219] Selbst wenn Löffler tatsächlich sich der üblen Nachrede schuldig gemacht hätte, dürfte dieses ‚Vergehen‘ angesichts der weniger als einwandfreien Haltung Pleyers kaum ausreichend gewesen sein, die Leitung des „Ahnenerbe“ zu veranlassen, ihre Pläne für eine Forschungsstätte für mittlere und neuere Geschichte aufzugeben und Löffler zum SD „abzuschieben“, zumal Pleyer zu diesem Zeitpunkt noch nicht einmal Parteimitglied war und keiner SS-Gliederung angehörte.[220] Der formale Vollzug des Wechsels vom Persönlichen Stab zum SD-Hauptamt verzögerte sich, was auch bei Löffler Verunsicherung auslöste; dass er seine „Besorgnisse“ Ende Dezember 1939 schriftlich Sievers‘ Stellvertreter anvertraute, spricht nicht unbedingt für Katers These, dass es Löffler schwer gefallen sei, im „Ahnenerbe“ heimisch zu werden. An Kaiser schrieb er:

Kurz vor meiner Abreise von Berlin benutzte ich nochmals die Gelegenheit, mit SS-Stubaf. Spengler vom SD-Hauptamt über meine Übernahme in den SD zu sprechen. Spengler erklärte mir, dass mein Aufnahmegesuch laufe, aber SS-Gruf. Heydrich Unterschrift dazu geben müsse. Es bliebe nichts übrig als zu warten, da Heydrich nicht gedrängt werden dürfe. ‚Ahnenerbe‘ und auch ich selbst bekämen sofort Bescheid, wenn Heydrich unterschrieben hätte. Da mir auch SS-Stubaf. und Reichsge-

---

218 Hövel, Propagandaministerium, Abt. VIII, Aufzeichnung: Dr. Kleo Pleyer „Die Landschaft im neuen Frankreich“, Juni 1936 – BAZ – Meynen, Emil, RKK.

219 Hövel, Propagandaministerium, Abt. VIII, Aufzeichnung über die dritte Besprechung über Buchverbote am 2.7.1936, 4.7.1936 – BAZ – Meynen, Emil, RKK. An dieser Sitzung nahm neben den vier Vertretern des Propagandaministeriums je ein Vertreter des Auswärtigen Amtes (das aus außenpolitischen Gründen für ein Verbot des Buches eintrat), des Erziehungsministeriums, der Parteiamtlichen Prüfungskommission, der Reichsschrifttumskammer sowie Wilhelm Spengler als Vertreter des Sicherheitshauptamtes teil. Es entbehrt nicht einer gewissen Ironie, dass die Entscheidung, das Buch zu verbieten, offenbar vom Vertreter der PPK mitgetragen wurde – Pleyer war selbst als Lektor für die PPK tätig.

220 Seinen NSDAP-Mitgliedsantrag reichte Pleyer am 21. Juni 1939 in Innsbruck ein, er wurde am 2. August 1939 als Anwärter befürwortet. NSDAP-Personal-Fragebogen Pleyer, 21.6.1939 – BAZ – Pleyer PK.

schäftsführer Sievers in der Zeit zwischen meinen beiden Dienstreisen sagte, dass ich erst dann aus dem ‚Ahnenerbe' ausschiede, wenn eine Übernahme durch den SD erfolgt sei, glaube ich auch jetzt noch dem Ahnenerbe anzugehören.

Ich hatte mich befehlsgemäß sofort mit Stubaf. Spengler in Verbindung gesetzt und auch alle notwendigen Schritte in die Wege geleitet, nur hat Gruf. Heydrich meine Einstellung noch nicht schriftlich verfügt, woran vorerst weder Spengler, noch Staf. Ohlendorf was ändern können. Sie werden, lieber Kamerad Kaiser, meine Besorgnisse verstehen.[221]

Löfflers formale Übernahme in das RSHA verzögerte sich bis in die zweite Jahreshälfte 1940. Ein auf den 23. Juli 1940 datierter Beförderungsvorschlag deutet darauf hin, dass Löffler spätestens seit diesem Zeitpunkt, möglicherweise schon seit dem 1. Juli, im RSHA arbeitete: Unterzeichnet ist der Vorschlag von Wilhelm Spengler, dem Leiter der Abteilung III C, Kultur, und als Löfflers Dienststelle wird „z.Zt. Reichssicherheitshauptamt" angegeben.[222] In einem späteren Beförderungsvorschlag heißt es:

Vom 16.2.36 bis 30.6.40 war Dr. L. hauptberuflich im Rasse- und Siedlungs-Hauptamt-SS, dem Persönlichen Stab-RFSS (Ahnenerbe) und dem SD-RFSS tätig.[223]

Daraus könnte geschlossen werden, dass seine hauptamtliche Mitarbeit Mitte 1940 endete. Löfflers SS-Stammkarte und das Dienstlaufbahnverzeichnis weisen ihn dahingegen übereinstimmend ab dem 1.11.1940 als hauptamtlichen Mitarbeiter im SD-Hauptamt aus.[224] Am zuverlässigsten dürfte vor diesem Hintergrund Löfflers eigene Aussage gegenüber Sievers gelten. Danach war er

[...] vom 1.9.1938 bis 1.3.1940 hauptamtlich und vom 1.3.1940 bis 31.10.1940 ehrenamtlich (als komm. Abteilungsleiter) im ‚Ahnenerbe' tätig. Auf Grund des Schreibens vom 29.11.1938 wurde ich zum komm. Abteilungsleiter der Forschungsstätte für mittlere und neuere Geschichte ernannt, die ich bis 1.1.1940 leitete.[225]

---

221 Löffler an Kaiser, 31.12.1939 – BA – NS 21/58.

222 Beförderungsvorschlag Löffler, gez. i.A. Spengler, 23.7.1940 – BAZ – Löffler SSO.

223 RSHA, Betr. Beförderung, Durchschlag für das SS-Personalhauptamt, [4.2.]1944 [Tag und Monat schwer entzifferbar] – BAZ – Löffler SSO.

224 Der Hinweis auf hauptamtliche Mitarbeit ist nur in der Stammkarte zu finden. Zum 1.11.1940 erfolgte auch seine Beförderung zum Hauptsturmführer. Siehe BAZ – Löffler SSO. Im Personal-Bericht vom 30.11.1942 wird der 20.2.1940 als Eintrittsdatum in die Dienststelle RSHA angegeben (BAZ – Löffler SSO). Die Kommandierung vom Persönlichen Stab zum Sicherheitsdienst wurde am 16.9.1940 beantragt (Chef des Sicherheitshauptamtes an SS-Personalhauptamt – BAZ – Löffler SSO). Der Persönliche Stab war einverstanden, schlug jedoch statt der Kommandierung die Versetzung Löfflers vor (Pers. Stab an Ahnenerbe, 10.10.1940 – BAZ – Löffler AE; Pers. Stab an Personalhauptamt, 28.10.1940 – BAZ – Löffler SSO).

225 Löffler an Sievers, 2.11.1940 – BAZ – Löffler AE. Löffler machte diese detaillierten Angaben für ein Dienstleistungszeugnis, das er von Sievers am 2. November erbat: Er benötigte es „dringend für meine vorgesetzte Schulbehörde wegen weiterer Beurlaubung aus dem Schuldienst".

In Erwartung von Löfflers Wechsel zum SD verfügte Himmler Ende Oktober 1939 die Stillegung der Forschungsstätte für mittlere und neuere Geschichte.[226] Auch andere Abteilungen und Projekte wurden im „Ahnenerbe“ in diesen ersten Kriegsmonaten aus finanziellen und personellen Gründen – Einberufung zur Wehrmacht – „stillgelegt“. Anderseits gelang es dem „Ahnenerbe“ in kürzester Zeit, neue, „kriegswichtige“ Aufgaben zu übernehmen, zu denen auch und gerade die Geisteswissenschaftler unter den „Ahnenerbe“-Mitarbeitern herangezogen werden konnten. Zunächst handelte es sich dabei um die „Sicherstellung“ (konkreter: den Raub) kulturhistorischer und vorgeschichtlicher Zeugnisse in Polen.[227] Auf die Einzelheiten und die Vorgeschichte dieses vom „Ahnenerbe“ unter Heinrich Harmjanz geleiteten Einsatzes werde ich hier nicht näher eingehen.[228] In unserem Zusammenhang interessant ist ein Dokument in Löfflers *Ahnenerbe file,* das seinen Osteinsatz im Rahmen der Kulturraub-Aktionen des Winters 1939/40 vorsah. Schon am 17. September 1939 hatte Sievers den RFSS persönlich über eine Vereinbarung zwischen „Ahnenerbe“ und SD informiert, derzufolge der SD auf Fachleiter des „Ahnenerbe“ zurückgreifen könne. Unter der Führung von Ernst Petersen und Peter Paulsen könne das „Ahnenerbe“ „fünf geeignete Männer“ abstellen.[229] Dazu gehörte auch Löffler.

Betreuer für Posen und Gnesen SS-Obersturmführer Löffler.
Prof. f. Vorgeschichte an der Universität Posen ist Kostrzewski. Ihm untersteht das Museum für Vor- und Frühgeschichte und ebenfalls die Grabungen von Biskupin und Gnesen. In Posen ist ferner auf das ‚Westslawische Institut‘ und in der Universität auf das Seminar für Vorgeschichte zu achten.
In Gnesen sind die bronzenen Türflügel des Domes wichtig.
Es ist ferner zu achten auf:
a) die Antiquariate,
b) die Altertumshandlungen.
Manche geraubten Gegenstände aus Museen und Sammlungen könnten dort sein. Fast sämtliche Antiquariate und Altertumshandlungen sind nämlich in Händen der Juden. In den Altertumshandlungen wie auch in offiziellen Gebäuden, die wichtige Funde beherbergen können, ist zu achten auf: Wandteppiche (Gobelins), Bodenteppiche, antike Möbel, Hausrat aus Gold, Silber, Kupfer, Bronze und Zinn, auf Fayencen, kostbares Glas, Gemä[l]de (auf Leinen und Holz), Holzschnitzereien und Schmuck aus Edelmetallen.

---

226 Siehe Anm. 213.
227 Siehe hierzu Kater, Ahnenerbe, S. 146ff.
228 Vgl. Anm. 227.
229 Sievers an Himmler, 17.9.1939 – BAL – Paulsen AE.

In den Museen sind die Archive, Kataloge, Bild- und Kartensammlungen sicherzustellen. Die Schlüssel zu den Tresors, die wohl die bedeutendsten Wertgegenstände enthalten, sofern sie nicht in Banken deponiert sind, sind herauszufordern.

Kellerräume und sonstige bombensichere Verstecke sind nach etwa verborgenen Gegenstände zu durchsuchen. Gemälde werden meistens aus dem Rahmen herausgelöst und zusammengerollt verborgen sein.[230]

Ob Löffler tatsächlich in Polen war, geht aus den von mir eingesehenen Akten nicht hervor. Gleiches gilt für einen „weitere[n] Einsatz"[231] Löfflers Anfang 1940 im Baltikum, an dem auch der Posener Historiker Reinhard Wittram beteiligt war. Erneut ging es um die „Sicherung" von Kulturgegenständen, wenn auch in diesem Fall zumindest auf formaljuristisch diskutabler Grundlage. Am 17. Januar – Heydrich hatte offensichtlich noch immer nicht unterschrieben – teilte Sievers seinem Noch-Untergebenen schriftlich mit:

Durch die Beauftragung des ‚Ahnenerbes' mit der Aufnahme und Bearbeitung der gesamten geistigen und dinglichen Kulturgüter der umzusiedelnden Baltendeutschen habe ich die Möglichkeit, Sie in diesem Dienstbereich einzusetzen. Ihr ursprünglich zwischen uns zum 1.1.1940 vereinbartes Ausscheiden hebe ich deshalb hiermit auf. Sie verbleiben im Bereich des ‚Ahnenerbes' und werden bei der oben gekennzeichneten neuen Aufgabe eingesetzt.[232]

Sievers veranlasste, dass Löffler seine Bezüge in Form einer Forschungsbeihilfe ausbezahlt bekam, sie sollten „zu gegebener Zeit" mit dem RKF verrechnet und von dort erstattet werden.[233] Ob Löffler an diesen Osteinsätzen im Rahmen des RKF/„Ahnenerbe" tatsächlich mitgewirkt hat, ist nicht eindeutig belegt: Anhand der mir vorliegenden Quellen können die Aufenthaltsorte Löfflers während der ersten Jahreshälfte 1940 nur punktuell rekonstruiert werden.[234]

---

230 „Posen und Gnesen", o.V., o.D. [Umgebung: Ende September 1939] – BAZ – Löffler AE.

231 Vgl. „Betr.: Ihr weiterer Einsatz". Sievers an Löffler, 17.1.1940 – BAZ – Löffler AE.

232 Siehe Anm. 231.

233 Ebda.

234 Im Februar verfasste Löffler den schon erwähnten Bericht über die Dogen-Republik für Himmler; am 8. März 1940 war er in Jena zur mündlichen Doktorprüfung, Ende März richtete Sievers sein Glückwunschschreiben zur Promotion an Löfflers Berliner Privatadresse, was darauf hindeuten könnte, dass er sich (noch) nicht im dienstlichen Einsatz im Osten befand. Sievers an Löffler, 27.3.1940 – BAZ – Löffler AE.

2.2 Promotion und Habilitation im „dualen System" des SD

Der gescheiterte Versuch, Günther Franz in die Arbeit der Forschungsstätte für mittlere und neuere Geschichte einzubinden, dürfte Hermann Löffler in eine unbequeme Lage zwischen seinem Vorgesetzten Sievers und dem Historiker Franz gebracht haben: Der Jenaer Professor betreute Löfflers Dissertation – und den Abschluss dieser Promotion hatte Walter Wüst zur vordringlichen Angelegenheit seines Abteilungsleiters erklärt. Schon bei der ersten Besprechung zwischen Wüst und Löffler Ende Oktober 1938, in deren Verlauf Löfflers Ernennung zum kommissarischen Abteilungsleiter vereinbart worden war, hatte die Promotion eine wichtige Rolle gespielt. Sievers und Wüst hatten es zur Politik des „Ahnenerbe" gemacht, dass wissenschaftliche Mitarbeiter alle Stationen der akademischen Ausbildung zu durchlaufen hatten: „Wer von den ‚Ahnenerbe'-Mitgliedern nicht promoviert war, musste promovieren, wer keine Venia legendi besaß, sollte eine erwerben."[235] Entsprechend äußerte Löffler schon Anfang November 1938 den Wunsch, „in nächster Zeit einmal einen halben Tag nach Jena [zu] fahren, um Prof. Franz, bei dem er sich habilitieren will, zu besuchen"[236] – zu einem Zeitpunkt also, da er noch nicht einmal promoviert war. Wo, bei wem und bis wann Löffler seine Dissertation schreiben sollte, wurde möglicherweise von Wüst festgelegt:

> Beschleunigt wird die Arbeit ‚*Führende Judenblätter vor dem Zusammenbruch 1918*', die in der Besprechung vom 23.10.1938 die *vollständige Billigung des Kurators*[237] fand, zu Ende geführt mit dem Bemühen, diese Arbeit bis Ende des Sommersemester 1939 bei der Philosophischen Fakultät der Universität Jena als Promotionsarbeit einzureichen. (Mündliche Prüfung zu Beginn des W.S. 1939/40).[238]

Fortgang und Zeitplan der Dissertation wurden zwischen Wüst und Löffler wiederholt besprochen.[239] Welchen Stellenwert akademische Grade – oder genauer gesagt: die damit verbundenen Einsatz- und Aufstiegsmöglichkei-

---

235 Kater, Ahnenerbe, S. 134.

236 Aktenvermerk 2.11.1938 – BAZ – Löffler AE.

237 Wüst war zu diesem Zeitpunkt noch „Präsident" des Ahnenerbe-Vereins, nicht „Kurator", was Himmlers Amtsbezeichnung war. Mit Inkrafttreten der 3. Satzung des Vereins am 1. Januar 1939 tauschten Wüst und Himmler ihre Titel, nicht aber ihre Funktionen im Verein. Aus dem Kontext der zitierten Stelle und den anderen Quellen über diese Besprechung geht eindeutig hervor, dass mit „Kurator" Walter Wüst gemeint ist.

238 Löffler an Wüst über Sievers, 20.2.1939 – BAZ – Löffler AE.

239 Belegt sind Gespräche am 23.10.1938 und 18.3.1939. Siehe Löffler an Wüst über Sievers, 27.6.1939 – BAZ – Löffler AE.

ten der SS-Wissenschaftler an der Universität – für das „Ahnenerbe“ Ende der dreißiger Jahre gewonnen hatten, macht die Tatsache deutlich, dass Wüst Löffler schließlich den „schriftlichen Befehl“ zur Fertigstellung der Dissertation gab.[240] Ende Juni 1939 war die Arbeit „weitgehendst [!] fortgeschritten“.[241] Um die termingerechte Fertigstellung zu gewährleisten, beantragte Löffler einige Wochen Urlaub, um zwischen Mitte Juli und Ende August in der Weltkriegsbücherei in Stuttgart forschen zu können. Der Kriegsausbruch brachte den Zeitplan durcheinander. Erst am 27. März 1940 konnte Sievers seinem Abteilungsleiter zur „Promotion mit ‚Sehr gut‘“ gratulieren.[242] Die Promotionsurkunde der Philosophischen Fakultät der Universität Jena ist auf den 22. Januar 1942 datiert.[243] Die Dissertation ist an der Universität Jena nicht überliefert[244], und auch in den üblichen bibliographischen Hilfsmitteln sucht man vergeblich nach Hinweisen. Lediglich im Promotionsregister der Philosophischen Fakultät finden sich einige wenige zusätzliche Informationen: Demzufolge stellte Löffler das Promotionsgesuch im ersten Trimester 1940, die mündliche Prüfung erfolgte am 8. März 1940. Als Gutachter der Arbeit sind die beiden Historiker Günther Franz und Erich Maschke eingetragen.[245] Letzterer war zum Zeitpunkt der Ausstellung der Promotionsurkunde 1942 Dekan. Im Promotionsregister ist auch festgehalten, dass Löffler die Urkunde „vor Ablieferung der Pflichtexemplare als Kriegsteilnehmer“ ausgehändigt erhielt.[246] Löffler war 1942 aber keineswegs „Kriegsteilnehmer“ sondern „unabkömmlich“ gestellt.[247] Wäre er damals eingezogen gewesen, wäre diese Information in seine dienstliche Beurteilung eingeflossen. Sein Vorgesetzter im Sicherheitsdienst Wilhelm Spengler erwähnt in seiner Ende 1942 verfassten Beurteilung jedoch nichts dergleichen:

SS-Hauptsturmführer Löffler, der seit einem Jahr beim Befehlshaber der Sicherheitspolizei und des SD in Straßburg die kulturellen Gebiete insbesondere die Wissenschaft bearbeitet, hat sich in Straßburg sehr positiv bewährt. Sowohl in seiner örtlichen Tätigkeit wie in seinen Berichten an das Reichssicherheitshauptamt hat sich Löffler

240 Siehe Löffler an Wüst über Sievers, 27.6.1939 – BAZ – Löffler AE.

241 Siehe Anm. 240.

242 Sievers an Löffler, 27.3.1940– BAZ – Löffler AE.

243 Promotionsurkunde, 22.1.1942 – BAZ – Löffler REM.

244 Laut Auskunft des Universitätsarchivs vom 9.7.1998 verfügen weder das Archiv noch die Bibliothek über ein Exemplar.

245 Email Universitätsarchiv Jena an den Verf., 9.7.1998. Ich danke der Mitarbeiterin des Archivs Margit Hartleb sowie Cornelia Loebner für ihre freundliche und engagierte Hilfeleistung.

246 Siehe Eintrag im Promotionsregister. Zit. nach: Email Universitätsarchiv Jena an den Verf., 9.7.1998.

247 „Wehrverhältnis: uk-Stellung“. Beförderungsvorschlag 30.11.1942 – BAZ – Löffler SSO.

als ein kenntnisreicher, zuverlässiger SD-Mann erwiesen, dessen Beziehungen zu einem größeren wissenschaftlichen Personenkreis für das Reichssicherheitshauptamt allein rein nachrichtendienstlich von besonderem Wert sind. Trotz seiner starken beruflichen Inanspruchnahme seitens der Universität hat sich Löffler in aufopfernder Weise der SD-Arbeit zur Verfügung gestellt und fühlt sich auch ganz und gar als SD-Mann. In charakterlicher und haltungsmäßiger Hinsicht ist Löffler in Straßburg ebenfalls angenehm in Erscheinung getreten, so dass auch vom Befehlshaber in Straßburg der Wunsch nach einer Beförderung Löffler's zum SS-Sturmbannführer ausgesprochen wurde.[248]

Der offizielle Titel der unveröffentlichten Arbeit lautet: *„Der Anteil der jüdischen Presse am Zusammenbruch Deutschlands.“*

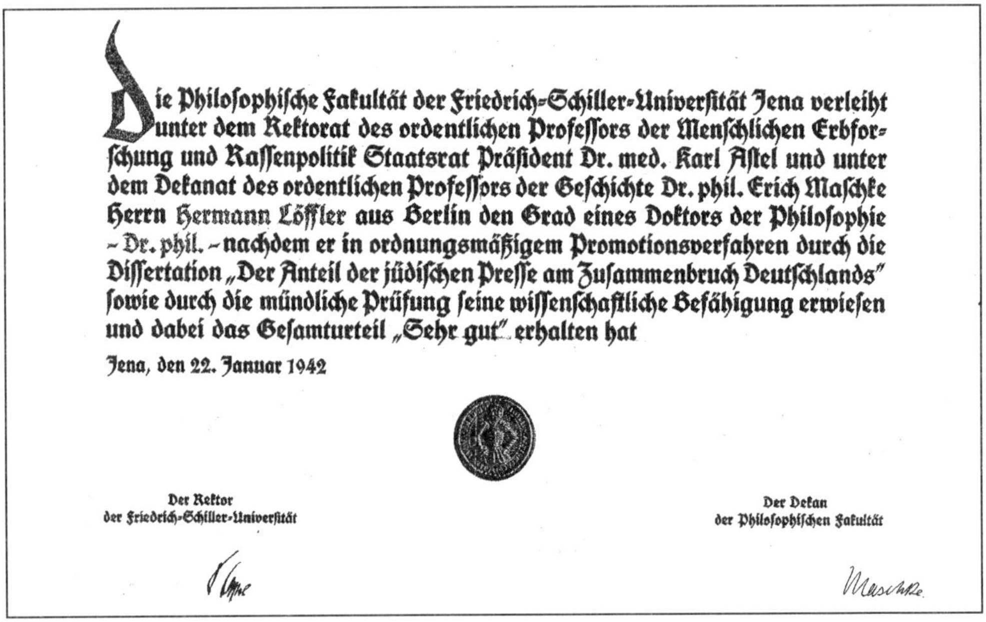
Die Philosophische Fakultät der Friedrich-Schiller-Universität Jena verleiht unter dem Rektorat des ordentlichen Professors der Menschlichen Erbforschung und Rassenpolitik Staatsrat Präsident Dr. med. Karl Astel und unter dem Dekanat des ordentlichen Professors der Geschichte Dr. phil. Erich Maschke Herrn Hermann Löffler aus Berlin den Grad eines Doktors der Philosophie - Dr. phil. - nachdem er in ordnungsmäßigem Promotionsverfahren durch die Dissertation „Der Anteil der jüdischen Presse am Zusammenbruch Deutschlands" sowie durch die mündliche Prüfung seine wissenschaftliche Befähigung erwiesen und dabei das Gesamturteil „Sehr gut" erhalten hat

Jena, den 22. Januar 1942

Der Rektor
der Friedrich-Schiller-Universität

Der Dekan
der Philosophischen Fakultät

Löfflers Antisemitismus mit „Sehr gut“ bewertet:
Gutachter der Dissertation waren die beiden Historiker *Günther Franz* und *Erich Maschke,* die ihre Ausbildung noch in der Weimarer Republik erhalten hatten.

In einem Entwurf zu einer Veröffentlichung an der PH Heidelberg, wo Löffler seit den sechziger Jahren lehrte, wird von der Dissertation als „einer anspruchsvollen Untersuchung über die deutsche Presse am Ende des 1. Weltkrieges“ gesprochen.[249] Diese Information dürfte sich auf Dokumente

248 Spengler, Beurteilung zum Beförderungsvorschlag vom 30.11.1942 – BAZ – Löffler SSO.

249 K.K.: Prof. Dr. Hermann Löffler 70 Jahre, n.d. [ca. Februar 1978], Entwurf – PH Heidelberg – PA Löffler. Ich danke Herrn Swarat von der Personalabteilung der PH Heidelberg für die Überlassung einer Kopie dieses Dokumentes.

stützen, die in Löfflers Nachkriegs-Personalakte überliefert sind. Ein aus dem Jahre 1960 stammender Lebenslauf Löfflers gibt an, er habe mit „einer umfangreichen Arbeit über ‚Die Haltung der deutschen Presse am Ende des I. Weltkrieges' promoviert.[250] Diese ‚Entideologisierung' des tatsächlichen Dissertationsthemas in der Nachkriegszeit wurde auch vom Doktorvater gedeckt, der inzwischen den Lehrstuhl für Geschichte und Agrargeschichte an der Landwirtschaftlichen Hochschule Hohenheim innehatte. In seinem Gutachten über Löffler, anlässlich von dessen Bewerbung an der PH Heidelberg verfasst, betitelte Günther Franz die von ihm betreute ‚Gegnerarbeit' mit „Deutschlands Zusammenbruch im Herbst 1918 und die Presse."[251]

Falls die Arbeit hergab, was der – tatsächliche – Titel versprach, fiel sie in doppelter Hinsicht in das Interessengebiet von Franz Alfred Six: Einerseits handelte es sich um eine zeitungswissenschaftliche Untersuchung, anderseits wurde auf diesem Wege Gegnerforschung betrieben.[252] Ein 1940 veröffentlichter Aufsatz Löfflers über „Ludendorffs Entlassung" könnte sich zumindest in Teilen auf seine Forschung für die Dissertation beziehen; aus ihm soll hier ausführlich zitiert werden, um Löfflers wissenschaftliche Arbeitsweise zu demonstrieren. Der Aufsatz erschien „zur Erinnerung an Deutschlands größten Feldherrn im Weltkrieg zu seinem 75. Geburtstag"[253] in ‚Vergangenheit und Gegenwart' und beschäftigt sich mit den Umständen der Entlassung Ludendorffs als Generalquartiermeister im Oktober 1918. Löffler unterstreicht – ganz im Sinne des Titels seiner Dissertation – die angebliche Verantwortung, die „der Jude" Walter Rathenau als „Drahtzieher" im Hintergrund trug. Löffler rechnet zugleich mit jenen Politikern ab, die die Reichsregierung unter Prinz Max stützten:

---

250 Löffler, Lebenslauf, n.d. [1960] – HSTA Stuttgart – EA 3/1, Löffler.

251 Franz, Gutachten Löffler, 7.10.1960 – HSTA Stuttgart – EA 3/1, Löffler.

252 Im November 1938 forderte Sievers für Löffler eine auf Veranlassung des Reichspropagandaministeriums nicht veröffentlichte Promotionsarbeit an, deren Titel nahelegt, dass sie ebenfalls ‚multifunktional' angelegt war. Es handelt sich hierbei um die 1935 am Institut für Zeitungswissenschaft in Leipzig verfasste Dissertation von Joachim Bake: Die Juden in der deutschen Tagespresse 1918–1933. (Vgl. Sievers an Prof. Münster, 4.11.1938 – BAK – NS 21/604). Auch von dieser Gegnerarbeit liegt – wie im Falle von Löfflers Promotion – der zuständigen Universität kein Pflichtexemplar vor (vgl. Email Universitätsbibliothek Leipzig an Verf., 4.11.1998; Fax Universitätsarchiv Leipzig an Verf., 10.11.1998).

253 So der Untertitel des Beitrages. (Ludendorff war Ende 1937 gestorben). In: Vergangenheit und Gegenwart 30, 1940, S. 71-84. Vgl. auch den gleichnamigen Beitrag Löfflers in der vom Reichsinstitut für Geschichte des neuen Deutschlands herausgegebenen Reihe „Reich und Reichsfeinde", Bd. 3 (1943/44).

Ferner wusste der Prinz [Max von Baden], dass er in der Frage der Beseitigung Ludendorffs alle Regierungsmitglieder auf seiner Seite hatte. Das kam ganz deutlich in der Nachtsitzung des Kabinetts vom 24. auf 25. Oktober zum Ausdruck, wo die Mehrzahl der Staatssekretäre die Auffassung vertrat, dass das Gutachten des Generals Ludendorff zur Beurteilung der Kriegslage allein nicht mehr genüge, da er ‚Zeichen innerer Unsicherheit gegeben hätte'. [Prinz Max, Erinnerungen und Dokumente. 1928, S. 499f.] Alle Anwesenden waren sich darin einig – wie diese Herren meistens nur im Negativen einig waren – ‚alsbald andere Heerführer zu hören'. [Ebda.] Ferner wurde von den Staatssekretären darüber ‚diskutiert' – einen besseren Ausdruck konnte der Prinz in seinen Erinnerungen (selbstverständlich gegen seinen Willen) nicht über das nutzlose Geschwätz dieser Herren gebrauchen –, ob Ludendorff in seiner Stellung verbleiben könnte; es fiel das Wort, dass der geschlagene Feldherr zurücktreten solle. [Ebda.] Hier zeigt sich sofort der Einfluss, den Walther Rathenau durch seinen zwiespältigen Artikel ‚Ein dunkler Tag', der am 7. Oktober in der ‚Vossischen Zeitung' erschienen war, ausgeübt hatte. In diesem Artikel wurde zum ersten Male ganz unverblümt die Forderung erhoben, ‚wer die Nerven verloren hat, muss ersetzt werden'. Geschickt hatte der Jude das Stichwort gegeben, nach dem sich alle Gegner des Generals von nun an richteten. Wie ein roter Faden beherrschte die Auffassung vom ‚Zusammenbruch' Ludendorffs und seiner dadurch notwendigen Ersetzung das Denken des Kanzlers und seiner Freunde. Dem Juden, der in den ersten Jahren des Weltkrieges ein Bewunderer des blonden Herrenmenschen Ludendorff war, war es gelungen, nun als Hasser des Generals den badischen Thronfolger und seinen liberalpazifistischen, demokratisch-jüdischen Anhang zu Handlangern seiner Wünsche und seines noch den meisten verborgenen Zieles: der Versklavung der blonden Rasse – zu machen. [Vgl. hierzu den Vortrag Walter Franks: ‚Höre Israel! Walter Rathenau und die blonde Rasse', gehalten am 4. Juli 1939 in München anlässlich der 4. Arbeitstagung des Reichsinstituts für Geschichte des neuen Deutschlands, Abteilung Judenfrage.] [...].

Walter Rathenau, der durch seinen schon obenerwähnten Aufsatz in der ‚Vossischen Zeitung': ‚Ein dunkler Tag', das Signal zum Angriff auf Ludendorff gegeben hat und dabei klug in Rechnung stellte, den Beifall des Kanzlers zu finden, hat sich dabei nicht getäuscht. Prompt ist der Prinz diesem ‚Meister der Worte' [Hans Frentz, Hindenburg und Ludendorff, Berlin 1937, S. 24.] ins Garn gegangen. Seit diesem Tage ist die Beseitigung Ludendorffs für den Prinzen beschlossene Sache, ohne vielleicht zu ahnen, dass er dadurch Handlanger und Werkzeug des Kabinetts und seines Gemischs von bekannten und unbekannten Hintermännern und Drahtziehern wird, an deren Spitze das am Zusammenbruch interessierte Judentum vom Schlage Walter Rathenaus steht. Seit diesem Tage hat man Ludendorff von allen Seiten geschickt ‚eingekreist', um ihn endlich zu Fall zu bringen: Prinz Max, das Kriegskabinett und alle die anderen erbärmlichen und defaitistischen Friedensfreunde und Wilsonverehrer standen gegen den Giganten, Unterstützung erhaltend durch die Parteien der landesverräterischen Friedensresolution, die die Hetze gegen den Feldherrn als Säulen des Weimarer Staates bis 1933 fortsetzten und alles Heldische in den Kot zogen.

Auch hier gab wieder der Jude Rathenau sehr früh die Parole, wenn er nach Kriegsende seinem Rassegenossen Kurt Eisner zynisch erklärte: ‚Es ist uns noch im letzten Augenblick gelungen, alle Schuld auf Ludendorff zu werfen.' [Ludendorff, Vor

15 Jahren und Heute, in: ‚Am Heiligen Quell Deutscher Kraft', 19. Okt. 1933, S. 217.] [...].

Schicksal war es für Deutschland, dass ihm im Weltkrieg ein starker Monarch und der starke Kanzler fehlte. Der letzte war noch der Schwächste. Eine andere Persönlichkeit als Prinz Max hätte dazu gehört, in dieser schicksalsschweren Zeit Volk und Heer zusammenzuschweißen und durch einen starken Willen bis zum letzten für den Sieg mitzureißen. Den Feldherrn zum Siegen hätte es gehabt – wäre er nur rechtzeitig berufen worden!

Alle Feinde eines wehrhaften Deutschlands konnten triumphieren, denn Ludendorffs Weggang hatte die Schranke weggeräumt, die bisher noch den Weg zum Sturze der Monarchie und zum Zusammenbruch Deutschlands versperrte. Mit Ludendorffs Abgang war der letzte heroische Widerstandswille beseitigt, und der Krieg eigentlich schon beendet. Was jetzt kam, war nur das kümmerliche und unheroische Nachspiel einer großen Heldentragödie, bei der der Held schon tot, das heißt besser: schon gemeuchelt war.[254]

Löffler bewegte sich mit solchen Angriffen und Urteilen im Mainstream völkischer Gegenwarts- und Geschichtsinterpretation, deren Tradition im übrigen deutlich in die Zeit vor 1933 zurückreicht: Für manchen völkischen Oppositionellen der Kaiserzeit hatte schon zu Beginn des zwanzig-

254 Siehe Anm. 253, S. 83f. Löffler rezensierte 1959 im HPB die Rathenau-Biographie von Helmuth M. Böttcher, Walther Rathenau. Persönlichkeit und Werk, Bonn 1958, in der er auf die Rathenau-Forschung des Amtes VII anspielte: „Diese Zeugnisse [i.e., Berichte von Zeitgenossen], oft nicht genügend verarbeitet, werden ergänzt durch zahlreiche Zitate aus Rathenaus Schriften und veröffentlichtem Briefwechsel (der umfangreiche Nachlass, der sich im März 1945 in der Nähe Leipzigs befand, ist nicht berücksichtigt, konnte es wohl auch nicht)." Franz, Anrich und Löffler hielten sich im März in der SD-Außenstelle Markkleeberg bei Leipzig auf, um unter der Leitung Spenglers die wissenschaftliche Arbeit des SD zu koordinieren. Vgl. auch das Protokoll der Arbeitstagung mit Günther Franz bei VII C im April 1942: „Anschließend besichtigte Prof. Franz das Rathenau-Archiv und machte an Hand des Aktenverzeichnisses einige Stichproben in den Akten, wobei er zu der Überzeugung gelangte, daß der Rathenau-Nachlass Quellenmaterial von größter Wichtigkeit enthalte." – USHRI RG15.007 M reel 23: 362/298, fol. 1, 5. Zitiert nach Matthäus, Weltanschauliche Forschung und Auswertung, S. 311. An anderer Stelle heißt es in Löfflers Rezension: „Sehr viel wäre – um nur ein Beispiel herauszugreifen – über Rathenaus mutigen Versuch, die deutsche Außenpolitik nicht nur an die gegebenen Machtverhältnisse, sondern auch an den durch den großen Krieg bewirkten Strukturwandel der hochkapitalistischen Wirtschaft anzupassen' zu sagen gewesen (L. Zimmermann). B. stützt sich in diesem Abschnitt über den Staatsmann (Rapallovertrag) fast ausschließlich auf W. v. Blüchers Arbeit, ohne Schieders hervorragende Studie über diesen wichtigen Abschnitt deutscher Geschichte zu berücksichtigen. Neues Material konnte B. in keinem Abschnitt des Buches vorlegen. Das Grübelnde, das Zwiespältige in Rathenaus Natur ist nicht genügend durchleuchtet, auch das menschliche Problem, mit dem sich Rathenau selbst eingehend auseinandersetzte (Judentum-Deutschtum) ist von einer überholten, abseitigen Fragestellung aus behandelt. Das tragische Ende wird ausgiebig nach E. v. Salomons ‚Die Geächteten' berichtet. Zum Schluss gibt B. noch die historisch falsche, etwas rührselige Geschichte von der Bekehrung des Rathenau-Mörders Ernst Werner Techow wieder. Die meisten Fragen lässt das Buch offen." – HPB VII, 1959, S. 150.

sten Jahrhunderts festgestanden, dass „das Judentum [...] seine Herrschaft vorschiebt bis in jene höchsten Kreise, welche den Machtwillen des Deutschen Reiches vertreten"[255]. Welche anderen ‚jüdischen' Publizisten Löffler in seiner Dissertation für Kriegsniederlage und Revolution verantwortlich machte, darüber kann ohne Vorlage des Manuskriptes natürlich nur spekuliert werden. Man wird jedoch mit der Annahme kaum fehl gehen, dass auch der Herausgeber der „Zukunft", Maximilian Harden, von Löffler entsprechend dargestellt wurde.[256] Der zitierte Beitrag illustriert, was Löffler und seine Kollegen im SD unter nationalsozialistischer Geschichtsauffassung verstanden, zu deren zentralen Paradigmen der Typus „Jude" als negativ wirkendes Agens der Geschichte ebenso gehörte wie der Typus „Rasse" und „Volk". Das Verhältnis dieser Typen zueinander (oder anders: die Form ihrer Auseinandersetzung) war nach ihrem Verständnis der Schlüssel zur Erklärung der Geschichte – und zwar unabhängig davon, ob es sich um menschheitsgeschichtliche, völkergeschichtliche, kultur-, sozial-, wirtschafts- oder politikgeschichtliche Fragestellungen handelte. Für jene Historiker, die diesen Paradigmenwechsel vollzogen hatten, lag auf der Hand, welche Konsequenzen damit für die Gegenwart verbunden waren:

> Es mochte manchem als ein Wagnis oder als töricht erscheinen, in den ehrwürdigen Räumen deutscher Wissenschaft eine Anzahl von öffentlichen Vorträgen über jene schwerwiegende Frage zu veranstalten, deren Entscheidung im politischen Raum der weissen Völker *mit anderen Mitteln als denen der Wissenschaft* vor sich gehen wird und sich bereits zu vollziehen beginnt.[257]

So Hans Lüdemann in seinem Bericht in ‚Vergangenheit und Gegenwart' über die Vortragsreihe „Judentum und Judenfrage", die das Reichsinstitut für Geschichte des neuen Deutschlands Ende 1938 in Berlin veranstaltete. Welche *anderen* Mittel in Frage kämen, damit beschäftigten sich zu selben Zeit die wissenschaftlichen und anderen Mitarbeiter des Rassenpolitischen

---

255 Siehe zum Beispiel Friedrich Lange, Reines Deutschtum. Grundzüge einer nationalen Weltanschauung, Berlin [4]1904, S. 100f. Lange war bis 1895 Herausgeber der „Täglichen Rundschau". Sein umfangreiches Buch liest sich in manchem wie eine Vorwegnahme nationalsozialistischer rassepolitischer Maßnahmen: So forderte er unter anderem die ‚gesetzliche Zwangseinführung von Ahnentafeln und Geschlechterverzeichnissen' sowie die Ächtung von ‚Mischehen' durch öffentliche Bekanntmachung derselben (S. 246).

256 Zu Rathenau und Harden siehe die biographische Studie von Hans Dieter Hellige, Walter Rathenau – Maximilian Harden. Briefwechsel 1897–1920. Walter Rathenau Gesamtausgabe Bd. 6, München 1983.

257 Hans Lüdemann, Politische Geschichtswissenschaft und das jüdische Weltproblem, in: Vergangenheit und Gegenwart 29, 1939, S. 165–174, 165. Hervorhebung nicht im Original.

Amtes der NSDAP, mit denen der SD (II 112) spätestens seit Januar 1938 in der „Judenfrage" zusammenarbeitete.[258]

Löffler legte am 3. Februar 1939 eine kleine Ausarbeitung zum Thema „Einbruch des Judentums in die Geschichtswissenschaft" vor, die auf einen entsprechenden Befehl Sievers' vom 27. Januar 1939 zurückgeht.[259] Löffler erklärte darin die „Hauptvertreter der drei maßgeblichen Richtungen in der Geschichtswissenschaft von der Jahrhundertwende bis 1933" zu „typische[n] Vertreter[n] einer liberalen Weltanschauung", deren Schüler „vielfach Juden" gewesen seien: Hans Rothfels, Hans Baron, Dietrich Gerhard, Gerhard Masur, Alfred Jakob Doren, Georg Caro, Robert Davidsohn. Löffler wies Sievers in diesem Zusammenhang auf seine „ausführliche historische Denkschrift" hin, die er dem Reichsgeschäftsführer wenige Tage später vorlegte, und die am 3. Februar gelieferten Angaben finden sich denn auch in identischer Form in der Denkschrift. Ende April 1939 fragte Löffler bei Sievers an,

> [...] ob gegen eine Veröffentlichung der von mir in mühevoller Arbeit zusammengestellten Juden und jüdisch-Versippten in der Geschichtswissenschaft in den letzten 70 Jahren mit einem kurzen, verbindenden Text etwas einzuwenden ist.[260]

Zu einer Publikation scheint es nicht gekommen zu sein; vielleicht waren auch die Kollegen vom Sicherheitsdienst nicht geneigt, Methoden und Ergebnisse ihrer Gegnerforschung in die Öffentlichkeit zu tragen.[261]

Unklar ist, wann Löffler die Arbeit an der Dissertation abschloss bzw. ob dies jemals der Fall war. Gegen eine Fertigstellung spricht der Umstand, dass selbst anlässlich der Ausstellung der Promotionsurkunde im Januar 1942 kein Exemplar eingereicht wurde. Löffler benötigte diese Urkunde, um in Straßburg die Habilitation zu beantragen, die im Frühjahr 1942 abgeschlossen wurde. Das Thema der Habilitationsarbeit war „Franz Josef von Buss: Ein Beitrag zur Geschichte der katholischen Bewegung im 19.

---

258 Vgl. Hachmeister, Der Gegnerforscher, S. 190. Vgl. auch Einleitung, Anmm. 54.

259 Bezüge auf das Dokument finden sich bei Heiber, Walter Frank, S. 697, der keine eindeutige Fundstelle angibt („Personalakten verschiedener Provenienz, DC Berlin". Ebda., 1238) und bei Fuhrmann, ‚Sind eben alles Menschen gewesen', S. 162f, der das Dokument in Auszügen abdruckt, ebenfalls ohne klare Quellenangabe („1939, Berlin Document Center"). Das Dokument ist in Löfflers Akten nicht überliefert. Ich zitiere im folgenden den bei Fuhrmann wiedergegebenen Text des Dokuments.

260 Löffler an Sievers, 24.4.1939 – BAZ – Löffler AE.

261 Eine Antwort Sievers' ist in Löfflers BDC-Akten nicht überliefert. Eine kursorische Durchsicht geschichtswissenschaftlicher Zeitschriften blieb erfolglos. Auch Kater, Heiber und Fuhrmann, die auf Löfflers ‚Judenliste' Bezug nehmen, verweisen nicht auf eine entsprechende Publikation Löfflers.

Jahrhundert."[262] Franz Joseph Ritter von Buss war Vertreter eines katholischen Sozialismus gewesen, Präsident des 1. Deutschen Katholikentages, Mitglied der Frankfurter Nationalversammlung und Anhänger der großdeutschen Lösung. Ab 1874 war er für das Zentrum im Reichstag. Die Habilitation entstammte ebenfalls der Gegnerforschung des Amtes VII. Sie deckt sich mit einem Subprojekt dieses Amtes, das Löffler als Mitarbeiter und Günther Franz als Gutachter nennt: „Politische Kirchen".[263] Bei der Wissenschaftstagung des Amtes VII im Oktober 1942 stellte Löffler „Ritter von Buss" auch in einem Vortrag als „Typ des führenden katholischen Politikers" vor.[264] Unwahrscheinlich ist, dass Franz die Habilitation bei dieser Gelegenheit mit denselben Worten charakterisierte wie in einem Gutachten aus dem Jahre 1960:

> Zugleich gab die Arbeit erstmals eine Frühgeschichte des politischen Katholizismus in Baden. Dass dies in einer sachlich abwägenden Weise ohne politische Voreingenommenheit geschah, war der Arbeit damals besonders anzurechnen.[265]

Die Arbeit wurde „infolge des Krieges"[266] nie publiziert. Sie stützte sich vor allem auf die umfangreichen Veröffentlichungen von Buss sowie auf Akten des Karlsruher Staatsarchivs. Löfflers Forschungen wurden damals nicht nur von der SS gefördert, sondern auch vom Reichsinstitut für Geschichte des neuen Deutschlands. Im SS-Personalbogen vom 7.9.1940 gibt Löffler das Reichsinstitut als Arbeitgeber an, und tatsächlich wird er in den Akten des Instituts auch als „Forschungsbeauftragter" geführt. Laut Heiber „vermag niemand mehr zu sagen, woran er eigentlich gearbeitet hat".[267] Inhaltlich würde die Dissertation zu einem Forschungsstipendium des Reichsinstituts passen. Löffler selbst schreibt in dem schon erwähnten Lebenslauf aus der Nachkriegszeit allerdings, im Spätherbst 1938 ein Stipendium erhalten zu haben,

> [...] um eine Arbeit über katholische Sozialpolitik im XIX. Jahrhundert durchzuführen. Die Erforschung und Bearbeitung des umfangreichen Materials sollte sich über mehrere Jahre erstrecken.[268]

---

262 Verleihungsurkunde, Reichsuniversität Straßburg, 10.3.1942, Abschrift der Abschrift – HSTA Stuttgart – EA 3/1 Löffler. Siehe auch Holtzmann/Ritter 1951, S. 398.

263 Dittel, Niederschrift über die Arbeitstagung mit Prof. Franz bei VII C am 10. und 11.4.1942 – BAD – ZR 540 A.21, Bl. 161–169.

264 Ebda.

265 Siehe Anm. 251.

266 Ebda.

267 So Heiber, Walter Frank, S. 547.

268 Siehe Anm. 250.

Dies würde bedeuten, dass Löffler seit Ende 1938 zeitgleich an den Themen für Dissertation und Habilitation arbeitete. Dafür könnte sprechen, dass er schon im November 1938 gegenüber dem „Ahnenerbe" äußerte, mit Franz in Jena über seine „Habilitation" sprechen zu wollen.[269] Anderseits wäre möglich, dass Löffler das Stipendium in der Nachkriegszeit nur deshalb mit dem Thema der Habilitation in Verbindung brachte, um von der antisemitischen Dissertation abzulenken; dafür spräche auch, dass er Franks Reichsinstitut in diesem Zusammenhang unerwähnt ließ.

Die enge Verbindung von Gegnerforschung und wissenschaftlichen Abschlussarbeiten, wie sie bei Hermann Löffler gegeben ist, war weder zufällig noch selten. Der Förderung und Ausbildung des wissenschaftlichen Nachwuchses im SD lag ein System zugrunde, das ich, in Anlehnung an das in der Bundesrepublik so erfolgreich praktizierte System der Berufsausbildung, das Theorie und Praxis verbindet, als „duales System" bezeichnen möchte. Auf den SD angewandt heißt das, dass praktische Gegnerforschung und wissenschaftliche Ausbildung unter der Ägide des Sicherheitsdienstes verschmolzen. Die SD-Nachwuchswissenschaftler stützten sich auf Material, das der SD im Zuge seiner nachrichtendienstlichen Arbeit, bei der Verfolgung politischer Gegner und bei Kulturraub-Aktionen angesammelt hatte, werteten es für die weltanschauliche Forschung aus – und promovierten bzw. habilitierten mit den Ergebnissen an deutschen Universitäten. Letzteres war die Voraussetzung dafür, im Laufe der Zeit die historischen Abteilungen mit SS-Personal zu infiltrieren und damit die weltanschauliche Ausrichtung der Geschichtswissenschaft weiter voranzutreiben. Diese Stragie entsprach im wesentlichen der Forderung, die schon im Juli 1937 in den Arbeitsplänen des „Ahnenerbe" erhoben worden war: die Heranbildung eines

> […] streng erzogenen wissenschaftlichen Nachwuchses […, der] nach seiner theoretischen Ausrichtung völlig für die kulturpolitischen Ziele des ‚Ahnenerbes' und eine SS-mäßige Hochschulpolitik eingesetzt werden soll.[270]

Vor dem Hintergrund der aus SD-Sicht im großen und ganzen ‚erfolglosen' Gleichschaltung der Universitäten in den Jahren 1933-36 stellte das duale System den zweiten Versuch dar, die Geschichtswissenschaft personell und inhaltlich-methodisch zu erneuern. Programmatisch war das duale System auf die Erforschung der ‚ideologischen Gegnergruppen' des Nationalsozialismus verpflichtet:

---

269 Siehe Anm. 236.

270 Arbeitspläne für das Ahnenerbe, 15.7.1937. Zitiert nach Kater, Ahnenerbe, S. 134.

Die durch die liberalistische Bindungslosigkeit hervorgerufene politisch-weltanschauliche Auflösung rief als Gegenbewegung die Erneuerung der völkischen Idee wach, die der Führer im Dritten Reich zur politischen Macht erhob. Die geistige Auseinandersetzung hatte damit in der Gegenüberstellung von Demokratien und autoritären Staaten die Scheidung der politischen Fronten erfahren. Auf geistes-politischem Gebiet vereinigten sich auf der Grundlage des gemeinsamen Universalismus sämtliche weltanschaulichen Gegner der völkischen Idee. In dieser Gegnerfront steht neben Politischer Kirche, Marxismus und Judentum – die Freimaurerei.[271]

Über diese vier Gegnergruppen wurde im Amt VII in jeweils eigenen Subprojekten geforscht. Mitarbeiter des SD-Hauptamtes sowie „außenstehende wissenschaftliche Mitarbeiter" bearbeiteten die einzelnen Themen. Gleichzeitig konnten nicht wenige SD-Männer auf diesem Wege promovieren und habilitieren.

Das Amt VII war in 3 Gruppen gegliedert:
A „Materialerfassung",
B „Auswertung" und
C „Archiv, Museum und wissenschaftliche Sonderaufträge".
Diese Gruppen waren wiederum in verschiedene Referate unterteilt. Die historische Forschung des Amtes war in Arbeitsgemeinschaften organisiert, deren Aufgabenstellung identisch mit den vier Gegnergruppen waren:

- Freimaurerei (Leitung: der Historiker Paul Dittel),
- Judentum (Leitung: der Historiker und „Judenreferent" Heinz Ballensiefen),
- Marxismus (Leitung: der Zeitungswissenschaftler Horst Mahnke) und
- Emigration (Leitung: SS-Stubaf. Mehringer).

Die Verantwortung für die „Planung, Leitung und Führung aller Forschungen des Amtes VII" lag beim Referat VII C3 und damit in der Hand eines Historikers: Rudolf Levins, der das Referat leitete. In einer Mitteilung an Franz Alfred Six machte Levin Anfang 1942 den unmittelbaren Zusammenhang zwischen soziologisch-historischer Gegner*forschung* und sicherheitspolizeilicher Gegner*bekämpfung* deutlich:

Die Fragestellung bei den einzelnen Forschungen hat von den Erfordernissen der Sicherheitspolizei und des Sicherheitsdienstes auszugehen. Auch die notwendigen historischen Forschungen sind unter dem Gesichtspunkt der politischen Forderungen der Gegenwart durchzuführen.[272]

---

271 Heinz Gürtler, Deutsche Freimaurer im Dienste napoleonischer Politik. Die Freimaurerei im Königreich Westfalen 1807-1813. Quellen und Darstellungen zur Freimaurerfrage, Band 3, Berlin 1942, S. 267.

272 Levin an Amtschef VII, 14.1.1942 – USHRI RG15.007 M reel 33: 362/400 fol. 159f. Zitiert nach Matthäus, Weltanschauliche Forschung und Auswertung, S. 307.

Den Arbeitsgemeinschaften gehörten neben den hauptamtlichen SDHA-Mitarbeitern sog. „außenstehende wissenschaftliche Mitarbeiter" an. Der bedeutendste dieser Außenstehenden war Günther Franz, der die Funktion eines Obergutachters einnahm, was aus den Protokollen der Arbeitstagungen des Amtes VII ebenso hervorgeht wie aus seiner Betreuung zahlreicher im „dualen System" entstandener Dissertationen und Habilitationen. Die anderen außenstehenden Historiker waren Walter Wache, Ernst Birke, Hermann Löffler, Ernst Anrich, Arnold Brügmann, Falk W. Zipperer[273], Rudolf Buchner, Walther Peter Fuchs, Wilhelm Ziegler, Emil Augsburg, Adolf Rossberg und Hans Joachim Beyer.[274] Die hauptamtlich im Amt VII tätigen Historiker Paul Dittel, Paul Mylius, Justus Beyer, Heinz Ballensiefen, Rudolf Levin, Hans Schick, Ernst Turowski, Hans-Wilhelm Rudolph, Martin Nitzsche und Gerhard Schmidt hinzugerechnet, arbeiteten also mindestens 22 akademisch ausgebildete Historiker in der Gegnerforschung des Amtes VII. Die Gesamtzahl der hauptamtlichen Mitarbeiter des Amtes VII ist nicht bekannt, eine von mir auf der Grundlage von Personal- und Sachakten erstellte Liste verzeichnet zur Zeit 40 SS-Führer, die dem Amt VII zu irgendeinem Zeitpunkt angehörten. Auf dem Gebiet der Freimaurer-Forschung lassen sich eine Reihe von Dissertationen und Habilitationen identifizieren, die von Günther Franz im „dualen System" betreut wurden. Einige dieser Arbeiten wurden als Bände 1 bis 4 der Reihe „Quellen und Darstellungen zur Freimaurerfrage" im Nordland-Verlag veröffentlicht.[275] Sie waren Teil des von Franz maßgeblich betreuten Subprojektes

---

273 Falk W. Zipperer, geb. 24.12.1899, studierte Rechtswissenschaft und promovierte 1938 bei Eugen Wohlhaupter und K. A. Eckhardt in Kiel mit einer Arbeit über „Das Haberfeldtreiben. Seine Geschichte und seine Deutung". Zipperer arbeitete seit September 1933 „wissenschaftlich im Rahmen der SS", seit 1936 war er Assistent in Eckhardts Deutschrechtlichem Institut, wo Zipperer vorwiegend rechtshistorisch arbeitete. Die Dissertation trägt die Widmung: „Dem Reichsführer SS und Chef der Deutschen Polizei Heinrich Himmler, dem Jugendfreund und Mannesgefährten, in Dankbarkeit und treuer Gefolgschaft." (Weimar 1938).

274 Niederschrift über die Arbeitstagung mit Prof. Franz bei VII C am 25. und 26. Juni 1942 – USHRI RG15.007 M reel 23: 362/298, fol. 12, 15, 18-19. Zitiert nach Matthäus, Weltanschauliche Forschung und Auswertung, S. 319.

275 „Von diesen vier Bänden sind die beiden ersten von mir als Habilitationsarbeiten beurteilt, die beiden anderen als Dissertationen betraut worden. […] Weitere Bände der Reihe sind in Vorbereitung. Sie sollen dem Titel der Sammlung entsprechend auch Quellenveröffentlichungen bringen. – In dem gleichen Verlag [Nordland Verlag, Berlin] und der gleichen Ausstattung erscheinen auch Quellen und Darstellungen zur Geschichte des Judentums und Quellen und Darstellungen zur Geschichte der politischen Kirchen. Die ersten Bände dieser Sammlungen, die im gleichen Mitarbeiterkreis entstanden sind, sind soeben heraus gekommen." Günther Franz, Zur Geschichte der Freimaurerei. Ein Forschungsbericht. – StA Nürnberg – KV-Prozesse Fall 9, Nr. Y-3, Six-Dokument Nr. 46, Bl. 45. (Erschienen in: Die Welt als Geschichte, 1943).

des Amtes VII zur Geschichte der *Freimaurerei*. In zeitlicher Reihenfolge waren dies:

- Die Habilitationsschrift „Freimaurerei und Politik im Zeitalter der französischen Revolution“ von Adolf Rossberg, eingereicht an der Philosophischen Fakultät der Universität Jena am 6.7.1939. Sie erschien als Band 2 der „Quellen und Darstellungen zur Freimaurerfrage“.
  Rossberg war „außenstehender Mitarbeiter“ des Amtes VII und Dozent an der Hochschule für Lehrerbildung in Dortmund.[276] Er hatte 1933 bei Erich Brandenburg und Rudolf Kötzschke mit einer Arbeit über „Sachsens Kampf ums Reichsvikariat“ in Leipzig promoviert. Im Februar 1943 kam er im Osten ums Leben, wo als Oberleutnant und Bataillonsführer eingesetzt war.[277]
- Die Dissertation von Hans Riegelmann „Die europäischen Dynastien in ihrem Verhältnis zur Freimaurerei. Historisch-politische Untersuchungen auf genealogischer Grundlage.“ Die Promotion erfolgte 1941 an der Universität Jena, die Arbeit erschien als Band 4.
  Riegelmann arbeitete seit 1.4.1938 „in einer Dienststelle des Reichsführers SS als wissenschaftlicher Mitarbeiter“[278], vermutlich im Referat VII C1, Archiv, unter dem Historiker Paul Dittel.
- Die Straßburger Habilitationsschrift „Das ältere Rosenkreuzertum. Ein Beitrag zur Entstehungsgeschichte der Freimaurerei“ von Hans Schick, eingereicht am 11.3.1942 und als Band 1 der Reihe erschienen.
  Schick war Leiter des Referats VII B5, Wissenschaftliche Einzeluntersuchungen zu Inlandsproblemen.
- Die Dissertation von Heinz Gürtler „Deutsche Freimaurer im Dienste napoleonischer Politik. Die Freimaurerei im Königreich Westfalen 1807-1813.“ Die Promotion erfolgte am 16.10.1942 in Jena, die Arbeit erschien als Band 3 der Freimaurer-Reihe.

---

276 Nekrolog Rossberg, verfasst vom Herausgeber von „Vergangenheit und Gegenwart“, Moritz Edelmann. Dort heißt es u.a.: „Er ist den Lesern unserer Zeitschrift bekannt durch seine Berichte über die Geschichte der Freimaurer, und wir waren glücklich, noch im 8. Heft des vergangenen Jahres einen Aufsatz von ihm über ‚Die Niederlande und das Reich von den Anfängen bis 1648‘ bringen zu können. Mit Rossberg ist wieder einer der jungen Historiker dahingegangen, der berufen schien, an der Gestaltung unseres neuen Geschichtsbildes erfolgreich mitzuarbeiten. Wer ihn gekannt hat, wird seine gerade und lebensfrohe Persönlichkeit nicht vergessen.“ In: Vergangenheit und Gegenwart 33, 1943, S. 112.

277 Siehe Löffler, Die Freimaurerei, S. 299.

278 Siehe Hans Riegelmann, Die europäischen Dynastien und ihr Verhältnis zur Freimaurerei. Historisch-politische Untersuchungen auf genealogischer Grundlage. Quellen und Darstellungen zur Freimaurerfrage, Band 4, Berlin 1943 (auch: Hintergrundanalysen, Band 6, Struckum 1982), S. 493.

Gürtler war Mitarbeiter des Amtes VII.[279] Er fiel 1943 im Osten.[280] Nicht von Franz betreut wurde die Freimaurer-Arbeit des Leiters des Referats VII B3, Marxismus, Horst Mahnke, der mit seinem Freund und Förderer Franz Alfred Six dem „Vorauskommando Moskau“ der Einsatzgruppe B angehörte, an der AWI-Fakultät lehrte und auch in der Kulturpolitischen Abteilung des AA arbeitete.[281] Mahnke promovierte über „Die freimaurerische Presse in Deutschland. Struktur und Geschichte“ am 12.9.1941 in Königsberg.

Auch in den Subprojekten „Politische Kirchen“, „Judenfrage“ und „Marxismus“ entstanden eine Reihe akademischer Arbeiten im „dualen System“, die zum Teil von Günther Franz, zum Teil von anderen Hochschullehrern betreut wurden. Ob alle Betreuer sich des direkten Zusammenhangs zwischen SD-Gegnerforschung und der vom jeweiligen Kandidaten gewählten Themenstellung bewusst waren (wie das bei Franz, Maschke, Höhn, Bilfinger und Schmitthenner der Fall war), ist unklar. Es spricht einiges dafür, dass im Rahmen der Promotions- bzw. Habilitationsverfahren versucht wurde, die enge Verbindung der Kandidaten – und der Themen – mit der SS möglichst zu verbergen. So holte sich Rudolf Levin im Juli 1942 bei Günther Franz wegen seines anstehenden Kolloquiums an der Universität München Rat:

> So viel ich weiß, müssen drei allgemeinere Themen für einen halbstündigen Vortrag benannt werden. Ist dies richtig? Zu welchen Themen würden Sie mir raten, da ich der Gesamtfakultät gegenüber nicht zu scharf als SS-Mann hervortreten will (um der Tarnung der Arbeit willen).[282]

Es konnten folgende wissenschaftliche Arbeiten von SD-Mitarbeitern ermittelt werden, die im „dualen System“ entstanden und andere Gegnerforschungs-Themen bearbeiteten:[283]

---

279 Siehe Hachmeister, Der Gegnerforscher, S. 233. Während des Krieges galt er als „außenstehender Mitarbeiter“ des Amtes.

280 Siehe Anm. 277.

281 Zu Mahnke siehe ausführlich Hachmeister, Der Gegnerforscher.

282 Levin an [Franz], 27.7.1942 – USHRI RG15.007 M reel 15: 362/219, fol. 21f. Zitiert nach Matthäus, Weltanschauliche Forschung und Auswertung, S. 320f.
Die Habilitationsarbeit von Rudolf Levin wurde von Günther Franz nicht betreut, doch stand dieser Levin als Ansprechpartner und Ratgeber zur Verfügung. Das Thema seiner Habilitationsarbeit entstammte Levins unmittelbarem Arbeitsgebiet im Sicherheitsdienst: der Hexen-Forschung. Auf Anraten von Franz und Six wurde Levins Arbeit über die „Hexenprozesse in volksgeschichtlicher Sicht“ 1942 in München als Habilitationsarbeit eingereicht. (Zum SD-internen Titel der Arbeit siehe Dittel, Niederschrift über die Arbeitstagung mit Prof. Franz bei VII C am 10. und 11.4.1942 – BAD – ZR 540 A.21, Bl. 161–169, 165).

283 Siehe hierzu auch die in Straßburg entstandenen Arbeiten, die im Kapitel „Die Reichsuniversität Straßburg und der SD“ aufgeführt sind.

Judenfrage

- Heinz Bender: „Der Kampf um die Judenemanzipation in Deutschland im Spiegel der Flugschriften 1815-1820." Promotion am 7.8.1939 in Jena: Gutachter waren Günther Franz und Erich Maschke. Arbeit und Prüfung wurden mit dem Gesamturteil „sehr gut" bewertet.[284]
  Benders Dissertation und die von Six 1938 veröffentlichte Arbeit „Freimaurerei und Judenemanzipation" bildeten die Grundlage für das Subprojekt „Judentum und Aufklärung" des Gegner-Arbeitskreises Judentum im Amt VII.[285]
- Siegfried Erasmus über „Die Juden in der ersten deutschen Nationalversammlung 1848-1849." Promotion am 31.5.1941 in Jena. Diese Arbeit wurde von Günther Franz begutachtet und mit „gut" bewertet.[286]
  Das Thema der Dissertation gehörte zum Subprojekt ‚Das Judentum in den deutschen Parteien und Parlamenten' des vorgenannten Arbeitskreises. Eine Mitarbeit des Verfassers im Amt VII konnte ich bislang nicht verifizieren.[287]
- Hans Pieper: „Die Judenschaft in Münster (Westfalen) im Ablauf des 19. Jahrhunderts (unter besonderer Berücksichtigung freimaurerischer Einflüsse)." Dissertation aus dem Jahre 1940 in Münster. Berichterstatter waren Anton Eitel und Friedrich von Klocke.
  Pieper, seit seiner Studentenzeit Nationalsozialist, arbeitete für die Gauleitung Westfalen-Nord und am Stadtarchiv Münster. In der Einleitung zur Dissertation bedankte sich Pieper bei „den Partei- und Staatsstellen", die ihm die „Benutzung wichtigster Akten gestatteten."[288] Auf der Arbeitstagung des Amtes VII im Juni 1942 sah man ihn für die Bearbeitung des Themas „Das Judentum im altdeutschen Raum am Vorabend der Französischen Revolution" vor.[289]

---

284 UAJ – Promotionsregister Phil. Fak. 1925-50, p. 40, zit. nach UAJ an Verf., 21.10.1999.

285 Siehe Matthäus, Weltanschauliche Forschung und Auswertung, S. 313.

286 UAJ – Promotionsregister Phil. Fak. 1925-50, p. 44, zit. nach UAJ an Verf., 21.10.1999.

287 „Das Judentum in den deutschen Parteien und Parlamenten (hier wäre von einer Bestandsaufnahme auszugehen). Für diese Arbeit soll Dr. Gengler ins Auge gefasst werden." Niederschrift über die Arbeitstagung mit Prof. Franz bei VII C am 10. und 11.4.1942, zit. nach Matthäus, Weltanschauliche Forschung und Auswertung, S. 310.

288 Pieper, Die Judenschaft, S. 14.

289 Siehe Matthäus, Weltanschauliche Forschung und Auswertung, S. 318. Dort als „Dr. Piper" vermerkt.

Politischer Katholizismus

- Arnold Brügmann: „Der Kampf um den Menschen. Die Grundlagen der katholischen Politik im ausgehenden 19. Jahrundert.“[290] Habilitation am 15.5.1937 in Jena. Erstgutachter der Studie war Günther Franz, Zweitgutachter Erich Maschke.

Ständeideologie

- Justus Beyer „Die Ständeideologien der Systemzeit und ihre Überwindung.“ Promotion am 25.2.1942 in Berlin. Die mündliche Prüfung erfolgte am 20.5.1939, als Referenten wirkten Reinhard Höhn und Carl Schmitt.

> **Lebenslauf.**
>
> Geboren am 16. 4. 1910 als Sohn des Pfarrers Justus Beyer und seiner Ehefrau Martha geborene Wegeli erhielt ich zunächst Privatunterricht, besuchte sodann die Volksschule in Möhrenbach und das humanistische Gymnasium in Sondershausen, wo ich 1928 das Abitur bestand. Anschließend studierte ich Rechtswissenschaft an den Universitäten Marburg, München und Jena und bestand am 21. 1. 1933 die Referendarprüfung am Oberlandesgericht in Jena. Nach vorübergehender Tätigkeit in Jena als wissenschaftlicher Angestellter wurde ich zum 1. 5. 1934 als hauptamtlicher Sachbearbeiter in einen Stab der Reichsführung SS berufen und 1938 als Abteilungsleiter bestätigt. 1939 nahm ich am Polenfeldzug in einem aktiven Infanterieregiment teil. Zum 30. 1. 1941 wurde ich zum SS Sturmbannführer befördert. Zur Zeit bin ich zur Reichsleitung der NSDAP. nach München kommandiert.
>
> gez. Justus Beyer.

Der Lebenslauf Beyers aus seiner Dissertation, in dem die hauptamtliche Tätigkeit für den Sicherheitsdienst unerwähnt bleibt.

Justus Beyer war schon 1933 wissenschaftlicher Hilfsarbeiter bei Reinhard Höhn gewesen.[291] Im RSHA arbeitete er als stellvertretender Leiter der Ämtergruppe III A, Fragen der Rechtsordnung und des Reichsaufbaus, sowie als Leiter des Referats VII A1, Bibliothek. 1942 wurde er zur Parteikanzlei nach München abgeordnet.[292]

---

290 So der Titel der Arbeit. Auf der Urkunde vom 6.9.1938 heißt es „Roms Kampf um den Menschen. Grundlagen der katholischen Politik im ausgehenden 19. Jahrhundert.“ – UA Jena – M Nr. 655.

291 Siehe Hachmeister, Der Gegnerforscher, S. 313.

292 Siehe Liste der SS-Führer vom SD-Hauptamt. o.V., o.D. – BAD – ZR 920 A.145, Bl. 185-271. – In der Einleitung zur 1941 erschienenen Arbeit bedankte sich Beyer für das „großzügig[e] Ent-

- Karl Gengenbach: „Ständegedanke und Verwaltungseinheit. Reform der Staats- und Verwaltungsgrundlagen in den Plänen des Freiherrn vom Stein." Promotion aus dem Jahre 1940 in Heidelberg; Berichterstatter waren Reinhard Höhn und Carl Bilfinger.[293]

  Gengenbach war der Vorgesetzte Beyers, er leitete die Ämtergruppe III A.
- Max Nitzsche: „Bund und Staat. Wesen und Formen der bündischen Ideologie." Promotion am 2.11.1942 in München. Die Arbeit wurde von Hans Alfred Grunsky betreut.

  Nitzsche gehörte dem SD-Hauptamt an, allerdings ist unklar, in welchem Referat er tätig war.[294]

Liberalismus/Weltkrieg/Systemzeit
- Wolff Heinrichsdorff: „Die liberale Opposition in Deutschland seit dem 30. Juni 1933, dargestellt an der Entwicklung der Frankfurter Zeitung." Promotion im Mai 1936 in Hamburg.

  Heinrichsdorff gehörte der NSDAP seit 1930 an, gehörte zu den „radikalen NS-Studentenführern an der Universität Hamburg" und arbeitete anschließend in der Dortmunder „Akademie für Landesforschung und Raumplanung". Ab April 1939 leitete er das Zieglersche Institut zur Erforschung der Judenfrage, im Juni 1939 trat er der SS bei.[295]
- Ulrich Wegener „Der Grundsatz der Gleichheit im Weimarer Staat und seine Wandlung im national-sozialistischen Reich." Promotion aus dem Jahre 1940 in München. Berichterstatter waren Otto Koellreutter und J. Heckel.

  Wegener war seit seiner Studienzeit im NSDStB tätig, zuletzt als Hauptamtsleiter für Wissenschaft in der Gaustudentenführung München-Oberbayern. Seit 1937 gehörte er nebenamtlich „einem Stabe des Reichsführers SS an"[296], später war er als SS-Führer im Rang eines Sturmbannführers im Amt III tätig.[297]

---

gegenkommen meiner vorgesetzten Behörde", die ihm 1938 einen „längeren Urlaub zur Fertigstellung meiner Arbeit im Institut für Staatsforschung der Universität Berlin" gewährt hatte. (Beyer, Die Ständeideologien, S. 21).

293 „Die Anregung zu dieser Arbeit gab Herr Prof. Dr. Höhn, in dessen Institut für Staatsforschung sie dann auch von mir fertiggestellt werden konnte. Ich bin ihm für seine Unterstützung zu Dank verpflichtet, vor allem aber für die stete Anteilnahme, mit der er das Werden der Arbeit selbst verfolgt und gefördert hat." (Gengenbach, Ständegedanke, S. 4). Bilfinger war SS-Sturmbannführer und stellv. Leiter der Ämtergruppe II A, Organisation und Recht, im RSHA.

294 Siehe Anm. 292. SS Nr. 290.260, NSDAP Nr. 3.709.642.

295 Siehe Hachmeister, Der Gegnerforscher, S. 362.

296 Wegener, Der Grundsatz, S. 87.

297 Siehe Anm. 292.

- Karl Rau: „Der Wehrgedanke in Deutschland nach dem Weltkriege von 1918-1921. Untersucht an der Weimarer Verfassung, den politischen Parteiprogrammen und der großen Parteienpresse." Promotion am 8.4.1936 in Heidelberg. Gutachter der Arbeit waren Paul Schmitthenner und Hans Hermann Adler.

  Rau, Jahrgang 1913, war 1937-39 Hauptschriftleiter des amtlichen Pressedienstes des Reichsstudentenführers[298] und hauptamtlicher Mitarbeiter des SD-Hauptamtes im Rang eines Obersturmführers.[299]
- Gerhard Schmidt: „Die Stellung der deutschen Öffentlichkeit zum deutschen Ostkriegsziel in den Jahren 1914-1918." Promotion am 11.8.1939 in Jena. Die mündliche Prüfung fand am 28. April 1938 statt. Gutachter der Arbeit waren Erich Maschke und Günther Franz.[300]

  Schmidt, Jahrgang 1911, arbeitete unter Rudolf Levin in der Abteilung VII C3, Wissenschaftliche Sonderaufträge.

Marxismus

- Hermann Greife: „Die Klassenkampfpolitik der Sowjetregierung." Habilitation am 8.8.1938 an der Universität Königsberg.

  Greife gehörte der SS seit November 1937 an, er war Dozent an der Hochschule für Politik und stellvertretender wissenschaftlicher Leiter des SD-eigenen Wannsee-Instituts.[301]
- Emil Augsburg: „Die staats- und parteipolitische Bedeutung der sowjetischen Presse in ihrer geschichtlichen Entwicklung." Promotion am 5.12.1941 an der von Six geleiteten AWI-Fakultät in Berlin.

  Augsburg war Angestellter am SD-eigenen Wannsee-Institut und außenstehender Mitarbeiter des Amtes VII.[302]

Ostforschung

- Hans-Otto von Borcke „Die Entwicklung der wirtschaftlichen und sozialen Verhältnisse in Westoberschlesien nach der Teilung." Promotion am 14.11.1936 in Breslau.

  Von Borcke arbeitete im Amt III und gehörte später dem BdS Ostland an.[303] Mitglied der NSDAP war er seit dem 1.5.1930. Im Jahre 1934 hatte

---

298 Studenten-Pressedienst. Amtlicher Pressedienst des Reichsstudentenführers. Hauptschriftleitung: Karl Rau. München 1937-1939.

299 Siehe Anm. 292, 62. Geboren am 20.2.1913, SS-Nr. 156.500.

300 Ein Exemplar in Maschinenschrift ist in der Bibliothek der Universität Jena überliefert.

301 Personalbogen Greife – BAL – Greife REM file.

302 Mitarbeiterliste, Wannsee-Institut – BAD – ZB I 1335, Bl. 6-8.

303 Siehe Anm. 292.

von Borcke schon bei Carl Bilfinger, damals noch in Halle, zum Dr. jur. promoviert.[304]

- Hans Joachim Beyer: „Umvolkungsvorgänge, vor allem in Ostmitteleuropa." Habilitation Ende Februar 1939 in München auf Grund einer Absprache zwischen Franz Alfred Six und Walther Wüst.
  Beyer wurde bald nach seiner Habilitation an die AWI-Fakultät berufen. Er vertrat seit April 1940 das Fach „Volksforschung mit besonderer Berücksichtigung Osteuropas". Zur selben Zeit wurde Beyer hauptamtlicher Mitarbeiter im SD-Hauptamt.[305]

Westforschung

- Heinz Ballensiefen „Die französische Revolution im Spiegel der französischen Geschichtsschreibung." Promotion am 17.9.1943 in Berlin.
  Ballensiefens Studie über „Juden in Frankreich: die französische Judenfrage in Geschichte und Gegenwart" war 1941 im Nordland-Verlag erschienen. Für die amtsinterne Reihe „Quellen und Darstellungen zur Judenfrage" musste der Verfasser seine Arbeit jedoch ausbauen: Günther Franz hatte befunden, dass die Arbeit inhaltlich wie formal auf „eine größere und wissenschaftlich einwandfreiere Quellengrundlage" gestellt werden müsse. Ballensiefen, der in Berlin Geschichte und Volkskunde studiert hatte, kam 1940 zum SD, wo er im Referat VII B 1b (Judentum) arbeitete. Zuvor war er an Wilhelm Zieglers Institut zur Erforschung der Judenfrage im Propagandaministerium tätig.
- Ernst Wilhelm Eschmann: „Die Führungsschichten Frankreichs". Habilitation im Mai 1944 an der AWI-Fakultät.
  Ende 1939 war Eschmanns Berufung zum Dozenten an dieser Fakultät am Widerspruch des Gaudozentenführers gescheitert.[306] Die Studie erschien zugleich als Band 4.1 der DAWI-Reihe „Reich und Europa".

Dass diese Dissertationen und Habilitationen SD-Gegnerforschungsarbeiten im „dualen System" waren, wollte man offensichtlich zumindest so lange geheim halten, bis der Großteil der Kandidaten die akademischen Weihen empfangen hatte. Bis dahin wurden (Teil-)Ergebnisse nur intern publiziert. Im Amt VII gab es für den Forschungsbereich „Politische Kirchen" die interne Reihe „Quellen und Darstellungen zum Christen-

304 Siehe von Borcke, Die Entwicklung, S. 161.

305 Zu Beyer siehe Karl Heinz Roth, Heydrichs Professor. Historiographie des „Volkstums" und der Massenvernichtungen: Der Fall Hans Joachim Beyer, in: Peter Schöttler (Hrsg.): Geschichtsschreibung als Legitimationswissenschaft 1918-1945, Frankfurt 1997, S. 262-342.

306 Siehe Hachmeister, Der Gegnerforscher, S. 128f.

tum".[307] Dieser entsprach die im Nordland-Verlag publizierte Reihe „Quellen und Darstellungen zu den politischen Kirchen". In beiden Reihen erschien 1942 die Arbeit von SS-Obersturmführer Dr. Wilhelm-August Patin: „Beiträge zur Geschichte der deutsch-vatikanischen Beziehungen in den letzten Jahrzehnten", die intern unter dem Arbeitstitel „Vatikanpolitik 1918" firmiert hatte.[308]

In der internen Reihe „Quellen und Darstellungen zur Judenfrage" des Amtes VII waren vorgesehen: Arbeiten von Peter Aldag alias Dr. Peter Krüger über „Das Judentum in England" und das „Judentum in Amerika". Zu diesem Zeitpunkt waren von Aldag im Nordland-Verlag schon die Titel „Juden beherrschen England" und „Juden in England" erschienen – zwei Bücher übrigens, die Günther Franz „sehr gut" fand, weil sie „vor allem quellenmäßig exakt belegt" seien.[309]

Auf einer Arbeitsbesprechung des Amtes VII mit Günther Franz wurden im April 1942 eine Reihe weiterer Gegnerforschungs-Themenstellungen genannt, die gleichzeitig der akademischen Qualifizierung von SD-Mitarbeitern dienen sollten. Dazu gehörten die folgenden Themen:

- „Die Stellung der deutschen Sozialdemokratie zur Außenpolitik 1918-1933." Damit sollte Hans-Wilhelm Rudolph promovieren, der zur Abteilung VII B3 (Marxismus) gehörte.
- „Judengesetzgebung seit der Aufklärung." Dieses Thema sollte Sixens Stellvertreter im Amt VII, Paul Mylius, als juristische Dissertation an der Universität Heidelberg übernehmen.
- „Die politischen Thesen der zionistischen Kongresse." Dieses Rahmenthema sollte ggf. in Einzelthemen zerlegt und von Levin und Mahnke als Dissertationen unter Studenten der AWI-Fakultät vergeben werden.
- Gleiches galt für den Komplex „Katholische Missionspolitik." Auch hier sollte auf Studenten – also auf Nachwuchs – zurückgegriffen werden, weil es Six für „sehr schwierig" hielt, „unter den derzeitigen Kolonialhistorikern und -politikern bzw. Missionswissenschaftlern geeignete Kräfte zu finden".
- Mit dem Thema „Das Deutschlandbild der Emigration" – Teil einer geplanten umfassenden Reihe über die Emigration aus Deutschland – sollte Martin Nitzsche (Jg. 1911) aus der Abteilung VII C (Archiv, Museum, wiss. Sonderaufträge) promovieren.

---

307 Dittel, Niederschrift über die Arbeitstagung mit Prof. Franz bei VII C am 10. und 11.4.1942 – BAD – ZR 540 A.21, Bl. 161–169, 168.

308 Quellen und Darstellungen zur politischen Kirche. Sonderband. Berlin 1942.

309 Siehe Anm. 307.

- Schließlich sollte ein SS-Obersturmführer Dr. Hilpert das vom SD beschlagnahmte Rathenau-Archiv zu Habiliationszwecken benutzen dürfen, und ein gewisser Rosenkranz für seine Dissertation.

An der von Six geleiteten Auslandswissenschaftlichen Fakultät der Universität Berlin sollte zudem Gegnerforschung von Studierenden geleistet werden, die nicht unbedingt wissen mussten, dass sie mit ihren Abschlussarbeiten dem Geheimdienst Zuträgerdienste leisteten: Die beiden hauptamtlichen SD-Mitarbeiter Rudolf Levin und Horst Mahnke, die zugleich an der AWI-Fakultät Dozenten waren, sollten „unter den Studenten des Seminars“ Dissertationen vergeben, die sich mit jüdischen Wissenschaftlern und Künstlern beschäftigten.[310]

Das „duale System“ wurde erst 1943 ‚öffentlich‘ gemacht – in einem von Franz in „Welt als Geschichte“ publizierten Forschungsbericht. Zu diesem Zeitpunkt hatten fast alle hier genannten Gegnerforscher ihre akademischen Weihen erhalten. Franz schrieb:

> Nunmehr liegen in vier stattlichen Bänden „Quellen und Darstellungen zur Freimaurerfrage“ vor, die einige wichtige Einzelfragen abschließend zu klären bestimmt sind. [...] Sie sind aus einem Kreisen der Wissenschaft und SS-Führern erteilten Auftrag des Reichsführers-SS hervorgegangen, wie in der Einführung zum ersten Band gesagt wird. Sie sind bestimmt, die wissenschaftliche Erforschung der Freimaurerfrage einzuleiten. Deswegen wurden den einzelnen Bearbeitern auch die sichergestellten Dogenarchive in vollem Umfang für ihre Forschung freigegeben. Die Schriften stellen in freier wissenschaftlicher Arbeit gewonnene Einsichten aus Ergebnissen dar, die – das bezeugt ihre Verwendung als Habilitations- und Doktorarbeiten – sich strengster wissenschaftlicher Nachprüfung zu stellen gewillt sind. Unter Weglassung aller Vermutungen und Spekulationen wollen sich die Arbeiten auf die Ergebnisse beschränken, die auf Grund des vorliegenden Materials mit aller wünschenswerten Sicherheit zu gewinnen sind.[311]

Franz äußerte sich auch zu den methodischen Überlegungen, die der Gegnerforschung zugrunde lagen:

> Es ist eigenartig und heute kaum mehr verständlich, dass in dem Bereich der politischen Geistesgeschichte die einzelnen politischen Richtungen fast stets nur von ihren Anhängern dargestellt wurden und dass eben dies anscheinend als Zeichen besonderer Objektivität hingenommen wurde. So wie über die Geschichte der Juden vor 1933 fast nur Juden schrieben, wurde die Geschichte des politischen Katholizismus nur von Katholiken, des Marxismus nur von Marxisten und die Freimaurerei von Freimaurern dargestellt.[312] Ihnen stand allein das gegnerische Kampfschrifttum gegenüber, das der

---

310 Dokument 7, Matthäus, Weltanschauliche Forschung und Auswertung, S. 312-314, 314.

311 Siehe Anm. 275, Bl. 31-33.

312 Fußnote 2 im zitierten Original: „Das gleiche gilt im übrigen auch von Liberalismus und Konservativismus.“

Tagespublizistik, nicht der Forschung diente und daher auf wissenschaftliche Haltung von vornherein keinen Anspruch machte.[313]

2.3 Die Reichsuniversität Straßburg und der SD

Löfflers Dissertation „Der Anteil der jüdischen Presse am Zusammenbruch Deutschlands" war, wie schon gezeigt, 1938–1940 von Günther Franz in Jena betreut worden. Franz wechselte 1941 nach Straßburg und gehörte der Philosophischen Fakultät, an der Löffler die Venia legendi erwarb, als Ordinarius an. Als Dekan wirkte zu diesem Zeitpunkt der Historiker Ernst Anrich.[314] Beide, Franz und Anrich, waren von Löffler wiederholt als Mitarbeiter in seiner „Ahnenerbe"-Abteilung vorgeschlagen worden. Darüber hinaus verband sie die enge Verbindung zur Schutzstaffel und zum Sicherheitsdienst. Anrich, der bei seinen Bemühungen um Wiedereintritt in die NSDAP auf die Fürsprache der höchsten Führungsebene der SS rechnen konnte[315], wirkte an der Universität Straßburg als engagierter Verfechter der wissenschaftspolitischen Agenda der SS. Wilhelm Spenglers Abteilung III C, für die auch Löffler arbeitete, stellte im April 1942 für Reinhard Heydrich einen Bericht über Anrich zusammen, aus dem die Kooperation mit dem SD beim Aufbau der Reichsuniversität klar hervorgeht:

> Der Dekan der philosophischen Fakultät und Dozentenführer an der Universität Straßburg, Prof. Anrich, hat seit Beginn des Wiederaufbaus der Universität Straßburg eng mit der SS und mit dem Reichssicherheitshauptamt zusammengearbeitet. Er wurde seinerzeit mit dem Dienstgrad eines Untersturmführers zunächst vorläufig in die SS aufgenommen. [...]
>
> Das Reichsministerium für Wissenschaft, Erziehung und Volksbildung ist ohnehin nicht sonderlich für Anrich eingenommen, da Anrich den Aufbau der Universität in engster Zusammenarbeit mit der Partei und der SS und unter Umgehung der Ministerialbürokratie des Erziehungsministeriums durchzusetzen versuchte. [...]

---

313 In einer Fußnote hielt Franz an dieser Stelle fest: „Hermann Onckens Lasalle-Biographie ist nicht einmal die Ausnahme, die die Regel bestätigt. Lasalles Werk war mit seinem Tode abgeschlossen und daher auch objektiver Betrachtung des Nichtparteigenossen zugänglich."

314 Anrichs Vater war der Kirchengeschichtler Gustav Anrich.

315 Anrich war 1931 wegen Insubordination und Aufwiegelung gegen den Reichsstudentenbundführer Baldur von Schirach aus der Partei ausgeschlossen worden. Um Schirachs Zustimmung zu einem Wiedereintritt Anrichs zu erwirken, schaltete sich Himmler 1942 persönlich in die Angelegenheit ein. Vgl. Himmler an Schirach, 24.4.1942, Abschrift – BAZ – Anrich SSO, sowie weitere Dokumente in dieser Akte.

Für den Wiederaufbau der Universität Straßburg hat Anrich als erster konkrete Pläne für die Gestaltung der Universität entwickelt, die dem Standpunkt der SS so sehr entsprachen, dass sie mit als Grundlage für den vom Reichsführer-SS gehegten Plan, diese Universität mit SS-Kräften zu besetzen und sie auf das Ziel der Festigung deutschen Volkstums auszurichten, dienen sollten. Anrichs Vorschläge gingen dahin, die Universität Straßburg unter Zugrundelegung eines streng nationalsozialistischen Maßstabes und einer straffen Auswahl der Lehrkräfte zu einer im Raum verankerten Kampfuniversität zu machen, die den westlerischen Geist zu überwinden und den Reichsgedanken zu stärken hatte.[316]

Es war also keineswegs das Ergebnis zufälliger Entwicklungen gewesen, wenn die ‚Frankfurter Zeitung' in einem Beitrag über die Reichsuniversität Straßburg am 6. Juni 1942 feststellen konnte:

Inmitten des Vielen, das am äußeren und inneren Bilde der Straßburger Universität noch unfertig anmutet, lässt sich doch eines schon deutlich erkennen: der Geist, der diese neue Hochschule beseelen soll. [...]

Die nationalsozialistische Weltanschauung als Basis versteht sich von selbst. Weitere Folge ist die Zusammenstellung eines Lehrkörpers, der eine besondere Homogenität und Geschlossenheit besitzt. Das Personalverzeichnis für das laufende Semester verrät, dass [...] fast sämtliche Dozenten der verschiedenen Grade in den Jahren nach der Machtergreifung des Nationalsozialismus, ja zumeist erst in den letzten zwei, drei Jahren zu ihrer jetzigen Würde aufgerückt sind.[317]

Straßburg sollte das Zentrum der deutschen Westforschung werden, die dort geleistete Arbeit sollte wissenschaftlich und ideologisch-politisch nach Westeuropa ausstrahlen und so mithelfen, die westlichen Nachbarn „an die neue europäische Ordnung zu binden und für die unter deutscher Führung entstehende Völkergemeinschaft zu gewinnen", wie es Werner Best 1942 formulierte.[318] Anrich fasste diese hochschulpolitische Forderung in der Parole „Die Entthronung der Sorbonne"[319] zusammen.

---

316 Heydrich an Himmler, 10.4.1942, III C 1 Az. 1609/42, Abschrift – BAZ – Anrich SSO.

317 „Im Dienste des deutschen Geistes. Von der Arbeit und den Aufgaben der neuen Reichsuniversität Strassburg.", in: Frankfurter Zeitung, Reichsausgabe, vom 6.6.1942, S. 4.

318 Best an DFG, 8.5.1942 – BAK – R 73/15142. Best unterstützte mit diesem Schreiben einen Antrag auf Forschungsförderung der Deutschen Gesellschaft für keltische Studien, der mit der geplanten Errichtung eines keltistischen Lehrstuhls an der Reichsuniversität Straßburg im Zusammenhang stand. Den nie errichteten Lehrstuhl hielt Best für „dringend erforderlich", um sicherzustellen, „dass neben dem notwendigen politischen Vormarsch nach Osten der westeuropäische Bereich keineswegs vernachlässigt wird. Dieser Bereich bedarf aber – anders als im Osten – in erster Linie einer geistigen Bewältigung und Durchdringung." Best an Mentzel, REM, 27.5.1942 – BAK – NS 21/343.
Am Beispiel des keltologischen Lehrstuhls zeigt sich auch besonders eindringlich die direkte Einflussnahme der SS auf die Reichsuniversität Straßburg sowie die enge Verbindung zwischen wissenschaftlicher und nachrichtendienstlicher Arbeit: „Wie Ihnen bekannt sein dürfte, bringt auch SS-Brigadeführer Dr. Best diesen Fragen besonderes Interesse entgegen. Ich habe ihn

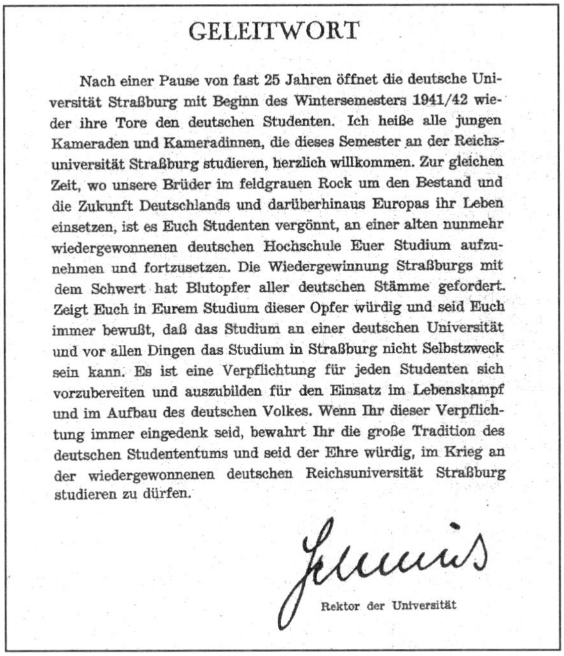
GELEITWORT

Nach einer Pause von fast 25 Jahren öffnet die deutsche Universität Straßburg mit Beginn des Wintersemesters 1941/42 wieder ihre Tore den deutschen Studenten. Ich heiße alle jungen Kameraden und Kameradinnen, die dieses Semester an der Reichsuniversität Straßburg studieren, herzlich willkommen. Zur gleichen Zeit, wo unsere Brüder im feldgrauen Rock um den Bestand und die Zukunft Deutschlands und darüberhinaus Europas ihr Leben einsetzen, ist es Euch Studenten vergönnt, an einer alten nunmehr wiedergewonnenen deutschen Hochschule Euer Studium aufzunehmen und fortzusetzen. Die Wiedergewinnung Straßburgs mit dem Schwert hat Blutopfer aller deutschen Stämme gefordert. Zeigt Euch in Eurem Studium dieser Opfer würdig und seid Euch immer bewußt, daß das Studium an einer deutschen Universität und vor allen Dingen das Studium in Straßburg nicht Selbstzweck sein kann. Es ist eine Verpflichtung für jeden Studenten sich vorzubereiten und auszubilden für den Einsatz im Lebenskampf und im Aufbau des deutschen Volkes. Wenn Ihr dieser Verpflichtung immer eingedenk seid, bewahrt Ihr die große Tradition des deutschen Studententums und seid der Ehre würdig, im Krieg an der wiedergewonnenen deutschen Reichsuniversität Straßburg studieren zu dürfen.

Schmidt

Rektor der Universität

Das Geleitwort des Rektors der Reichsuniversität, Prof. Dr. Karl Schmidt, zum ersten Personal- und Vorlesungsverzeichnis im Winter-Semester 1941/42.

Die vom SD 1942 gelobten „konkreten Pläne" des Gründungsdekans der Philosophischen Fakultät sahen „die Schaffung eines unbedingt körperschaftlichen Lehrkörpers" vor sowie die „Sicherung der ständigen Nachwuchsschaffung". Dieser Nachwuchs sollte nicht nur der Reichsuniversität Straßburg dienen, sondern „der gesamten deutschen Wissenschaft" als „dauernder Zustrom zugeleitet" werden. Dass das „duale System" des SD sich in diese Planung nahtlos einfügte, ist evident. Als Beauftragter des Reichsdozentenführers Walther Schultze und des Generalreferats für das Elsass beim Chef der Zivilverwaltung hatte Anrich einen umfassenden Plan für den Neuaufbau der Universität Straßburg entwickelt. Die Reichsuniversität sollte „aus der Weltanschauung des Nationalsozialismus und nicht aus der Weltanschauung des Idealismus und Humanismus von 1800" gestaltet

---

deshalb gebeten, auch seinerseits die Errichtung eines Lehrstuhls für keltische Volksforschung in Straßburg zu befürworten. Da ich annehme, dass auch seitens des Amtes VI daran Interesse besteht, unterrichte ich Sie hiermit davon. Wenn der Lehrstuhl in Straßburg zustande kommt, wäre vielleicht zu bedenken, in Verbindung mit ihm eine Informationsstelle als Gegeneinrichtung zum früheren Office d'Information zu schaffen." Sievers an Bernhard, RSHA Amt VI, 20.10.1942 - BA - NS 21/343. Siehe dazu auch Joachim Lerchenmueller, Der ‚Krieg als Krönung der Wissenschaft'. Die deutsche Keltologie im Dritten Reich, in: Frank-Rutger Hausmann (Hrsg.): Die Rolle der Geisteswissenschaften im Dritten Reich 1933-1945, München 2001.

319 Anrich an Ernst, Generalreferent für das Elsass beim CdZ, 23.5.1941 – BAL – R 43II/940a, Bl. 40-59, 41.

werden.[320] In „engster Zusammenarbeit" mit dem Stab Hess und dem SD-Hauptamt wurden bis zum Frühjahr 1941 Berufungsverhandlungen geführt und insgesamt 129 Ordinariate und Extraordinariate geschaffen. Die absichtliche Umgehung des Reichserziehungsministeriums rief im Frühjahr 1941 jedoch den Widerstand der Ministerialbürokratie hervor. Am 5. März 1941 hielt Ministerialdirektor Kritzinger von der Reichskanzlei in einem Aktenvermerk fest:

Zwischen dem Reichserziehungsminister und dem Chef der Zivilverwaltung im Elsass sind Meinungsverschiedenheiten über die haushaltsmäßige Behandlung der Universität Straßburg und über die Ernennung der Professoren für Straßburg entstanden.[321]

Im REM war man empört darüber, dass von Straßburg und Karlsruhe aus Berufungsverhandlungen mit Professoren und Dozenten anderer Universitäten geführt worden waren, ohne das Ministerium auch nur zu informieren. Um das Vorschlags- und Verhandlungsrecht in Personalangelegenheiten in ministerieller Hand zu behalten, forderte das Ministerium, dass die Mittel für die Reichsuniversität im Haushalt des REM auszuweisen seien. Zur Begründung wurde angeführt, dass die „Schaffung deutscher Beamtenstellen für die Universität Straßburg eine *endgültige* Entscheidung" darstelle.[322] Deshalb sei keine Zuständigkeit des Chefs der Zivilverwaltung (CdZ) gegeben, da die Führererlasse vom 2.8.1940 und vom 18.10.1940 nur die „vorläufige Verwaltung im Elsass" regelten.

Das Ministerium schlug dem Chef der Zivilverwaltung und der Reichskanzlei zwei Haushaltsmodelle vor:

- eine „offene Lösung", bei der die persönlichen und sächlichen Mittel für Straßburg in der gleichen Weise wie bei den Reichsuniversitäten Posen und Prag über den Haushalt des REM im Reichshaushalt ausgewiesen würden, oder
- eine „verdeckte Lösung", bei der die Mittel im Reichshaushalt ohne Hinweis auf Straßburg enthalten seien.

Die persönlichen Mittel würden dann als „Reichsprofessuren" tituliert.[323] Gauleiter Wagner verwarf beide Lösungen und beharrte auf seiner Forderung, „dass alle im Bereiche des Chefs der Zivilverwaltung im Elsass anfallenden Einnahmen und Ausgaben ausnahmslos" in seinen Haushalt aufgenommen werden müssten und „dass dieser Haushaltsplan als Ganzes im

320 Siehe Anm. 319.

321 AV Kr[itzinger], 5.3.1941 – BAL – R 43II/940a, Bl. 2.

322 Zschintzsch an Reichskanzlei, 5.3.1941 – BAL – R 43II/940a, Bl. 3f. Hervorhebung nicht im Original.

323 Siehe Anm. 322.

Reichshaushalt erscheinen" müsse.[324] Beide Seiten forderten eine Entscheidung des Führers; diese wurde vom Ministerium durch wiederholte Rücksprachen mit der Reichskanzlei, durch erneute Eingaben und durch das Einholen von Stellungnahmen des Reichsfinanz- und des Innenministeriums in seinem Sinne vorbereitet.[325] Am 9. April entschied Hitler im Interesse der „Gesamtbelange aller deutschen Hochschulen", dass der Haushalt der Straßburger Universität in den Haushaltsplan des REM aufzunehmen sei. Für die Vorschläge zur Ernennung von Beamten und die Ernennungen selbst seien „die jeweils geltenden Grundsätze maßgebend".[326] Wagner, der von der Entscheidung offenbar überrascht wurde, lehnte unter diesen Umständen „eine Verantwortung oder Mitverantwortung für den Aufbau der Universität Straßburg" ab: „Nach meinen bisherigen Erfahrungen ist eine Zusammenarbeit mit dem Reichserziehungsministerium unmöglich."[327] Der Gauleiter warf den Beamten des REM vor, seine Arbeit am Aufbau der Reichsuniversität „nachweislich nur sabotiert" zu haben – ein Vorwurf, der von Rust in einem 12 Seiten umfassenden Schreiben ausführlich zurückgewiesen wurde.[328] Mit dem Sieg der Ministerialbürokratie über die Alleinzuständigkeitsansprüche Wagners, der die Interessen Anrichs und des SD vertreteten hatte, waren auch Anrichs Personal- und Stellenplanungen ernsthaft gefährdet.

In Anrichs ursprünglicher Planung bildete die Philosophische Fakultät den Kern der nationalsozialistischen Modelluniversität. Die Disziplinen Geschichte und Germanistik standen als Ideologieproduzenten im Vordergrund; die Romanistik sollte aus geopolitischen Gründen stark vertreten sein. Allein für den (aus nationalsozialistischer Sicht) „üblichen Bereich" der Geschichtswissenschaft waren fünf Ordinariate vorgesehen:

1.	[Franz] Petri	mit dem Auftrag der Erforschung des germanischen Volkserbes in Süd-Ost-Frankreich und der Schweiz.
2.	[Hermann] Heimpel	für die große mittelalterliche Geschichte.
3.	[Walter] Stach	für Historische Hilfswissenschaften und Mittelalterliches Latein.

324 Wagner an Rust, 5.3.1941 – BAL – R 43II/940a, Bl. 17.

325 Siehe die umfangreiche Korrespondenz im Bestand R 43II/940a.

326 Lammers an CdZ im Elsass, 9.4.1941 – BAL – R 43II/940a, Bl. 23.

327 Wagner an Lammers, 23.4.1941 – BAL – R 43II/940a, Bl. 24f.

328 Rust an Lammers, 16.5.1941 – BAL – R 43II/940a, Bl. 29-34. Wagner hatte in seinem Schreiben vom 23.4.1941 Beispiele für ‚Sabotageaktionen' des REM genannt.

4. [Günther] Franz — für Geschichte der Reformationszeit und des 30jährigen Krieges und insbesondere zur Erforschung der Geschichte des deutschen Volkskörpers.

5. [Ernst] Anrich — für neuere und neueste Geschichte, insbesondere auch Geistesgeschichte.[329]

Die Geschichte des griechisch-römischen Altertums wurde in Straßburg auch institutionell aus dem Bereich der Geschichtswissenschaft ausgeschieden, die nationalsozialistische Geschichtswissenschaft hatte nur die germanisch-deutsche Geschichte zum Gegenstand: Dem „Historisch-Germanistischen Großseminar" der Philosophischen Fakultät gehörten die Seminare für Mittlere und Neuere Geschichte, für Lateinische Sprache und Literatur des Mittelalters, das Kunstgeschichtliche Seminar, das Musikwissenschaftliche Seminar sowie das Germanistische Seminar mit seinen zwei Abteilungen für Deutsche Sprache und Literatur sowie für Deutsche Volkskunde an – nicht jedoch das Seminar für Alte Geschichte, das zum „Großseminar für Früh- und Altertumskunde" gehörte.[330] Zu den erwähnten fünf geschichtswissenschaftlichen Ordinariaten sollten sich zwei weitere gesellen: für „Wehrgeschichte" und für die „Geschichte der Bewegung". Als mit der Geschichtswissenschaft eng verbundene Disziplin wollten Anrich und der SD auch die Germanistik reichlich ausstatten. Sie sollte zum eigentlichen „Kernfach der neuen Universität" werden. Für die diesbezüglichen Planungen im Sicherheitsdienst trug Hans Rössner die Verantwortung, Leiter der Abteilung III C 3 im Reichssicherheitshauptamt. Mit ihm arbeiteten Anrich, Franz und Löffler bis Kriegsende eng zusammen. Anrichs Vorschlagsliste für die Straßburger Germanistik-Lehrstühle geht auf Rössner zurück, der gegenüber seinem Vorgesetzten Wilhelm Spengler wert auf die Festellung legte, dass sein Name ohne eigenes Zutun dort aufgetaucht sei.[331] Die Ordinariate sollten bekommen:

1. [Klemens] Lugowski — vorwiegend älteres deutsches Fach.
2. [Gerhard] Fricke — vorwiegend neueres deutsches Fach.
3. [Hans] Rössner — vorwiegend neueres deutsches Fach.
4. Ein Extraordinarius zur besonderen Unterstützung des rein Sprachlichen.

Wenn auch hier die Zahl der Ordinariate größer ist als in den allermeisten Universitäten, so liegt wieder der Grund in der Gründungszeit der Universität und also in der Weltanschauung, aus der die Konstruktion der Universität stammt. [...]

---

329 Siehe Anm. 319, 45.

330 Siehe Reichsuniversität Straßburg: Personal- und Vorlesungsverzeichnis, Wintersemester 1941/42 und ff.

331 Hierzu und zu Rössners Lebenslauf vgl. Simon, Germanistik in den Planspielen des Sicherheitsdienstes der SS, S. XX-XXIII.

Außerdem tritt in dieser Konstruktion einer Universität des Nationalsozialismus *als neues Fach hinzu die Alte Germanenkunde* und Skandinavistik. Sie sollte vertreten werden durch ein Ordinariat (Höfler) und ein Extraordinariat (Gutenbrunner). Es geht weiterhin nicht an, dass die griechisch, römisch und die orientalische Welt in Sprache und Mythos dem Deutschen bekannt ist, die eigene Vergangenheit und ihr Denk- und Sagengut aber nur gelegentlich gestreift wird und gerade das Elsass und Westeuropa sollte[n] die ganze Umfassung des Germanischen in zeitlicher und räumlicher Tiefe vor Augen geführt bekommen. [...]

Die Gruppe Höfler – Lugowski – Fricke – Gutenbrunner – Rössner hätte außerdem die Garantie geboten, dass von hier eine *neue Schule der Germanistik und vor allem endlich des germanistischen Nachwuchses ausgegangen wäre, den wir für die Aufgaben des Reiches unbedingt nötig haben und der nicht da ist und in der Verzettelung der gegenwärtigen Germanistik nicht geschaffen werden wird.*[332]

Hitlers Entscheidung vom 9. April 1941, die dem Reichserziehungsministerium formal und inhaltlich die (üblichen) Entscheidungskompetenzen über die Reichsuniversität Straßburg zusprach, bereitete den Alleingestaltungsphantasien des Sicherheitsdienstes ein schnelles Ende. Schon wenige Wochen später legte das Reichsfinanzministerium der Universitätsleitung einen Stellenplan vor, der gegenüber den SD-Planungen drastische Stellenkürzungen vorsah. Von den fünf geschichtlichen Ordinariaten wurden die für Franz Petri und Walter Stach vorgesehenen gestrichen. Die „Wehrgeschichte" sollte kein zusätzliches Ordinariat, sondern nur ein Extraordinariat bekommen. Das Ordinariat für die „Geschichte der Bewegung" wurde ganz gestrichen, der Bereich Anrichs Lehrstuhl zugeschlagen. In der Germanistik war der Kahlschlag noch gravierender: Von den vorgesehenen vier Ordinariaten und 2 Extraordinariaten wurden gestrichen die Lehrstühle für Lugowski und Höfler, der Lehrstuhl für Rössner wurde zum Extraordinariat heruntergestuft, das Extraordinariat „zur Unterstützung des rein Sprachlichen" ersatzlos gestrichen. In den anderen Disziplinen und Fakultäten setzten die Ministerialbeamten in Berlin den Rotstift ebenfalls an. Angesichts dieser neuen Lage hielt Anrich das gesamte Unternehmen für gefährdet:

Der uns bis jetzt vom Reichsfinanzministerium gegebene Stellenplan streicht 29 Ordinariate und Extraordinariate, setzt die Zahl der Stellen also auf 100, streicht zum Teil bis 60 und 70 % der Zahl der Hilfskräfte und Assistenten. Der laufende Etat wird ebenfalls kleiner werden. Über den Anschaffungsetat ist noch keine Entscheidung gefallen.

Gewiss, man kann mit 100 Stellen eine recht große Universität aufbauen, aber man kann damit nicht eine neue Universität organisieren, sondern nur eine alte kopieren. Man kann vor allen Dingen den vom C.d.Z. durchaus gebilligten Plan nicht einfach

332 Siehe Anm. 319, 47f.

um 29 Stellen kürzen, man zerstört dann die ganze Struktur. Die Kürzung bedeutet nicht eine konzentrische Verkleinerung, sondern sie bedeutet, dass Kreise, die gerade hier zum ersten Mal geschlossen werden sollten, nicht geschlossen werden können.[333]

Anrich sprach drohend davon, dass eine Nichtübernahme des ursprünglichen Planes „das Vertrauen in den C.d.Z., die Partei und den Staatsapparat weithin erschüttern würde". Obwohl der ursprüngliche Plan endgültig vom Tisch war und die Universität mit Stellenkürzungen leben musste, gelang es der SS im Laufe der Zeit dennoch, eine Reihe ihrer Wunschkandidaten in Straßburg zu plazieren und die Geschichtswissenschaft im Laufe der Semester auszubauen. Als der Vorlesungsbetrieb mit dem Wintersemester 1941/42 aufgenommen wurde, gab es zunächst nur drei Ordinarien für „Mittlere und Neuere Geschichte" (Ernst Anrich, Günther Franz, Hermann Heimpel) und einen ordentlichen Honorar-Professor für „Lateinische Literatur- und Sprachwissenschaft des Mittelalters" (Walter Stach).[334] Im darauf folgenden Semester, dem Sommersemester 1942, kamen drei wissenschaftliche Assistenten hinzu (Hansgeorg Fernis, Hermann Löffler, Hermann Mau). Den höchsten Stellenbestand erreichte der Bereich Geschichtswissenschaft im Sommersemester 1944, wenige Monate vor der Evakuierung der Universität nach Tübingen. Die Anzahl der Ordinarien hatte sich gegenüber dem Zeitpunkt der Aufnahme des Vorlesungsbetriebs verdoppelt: Zu den drei ordentlichen Professuren für Mittlere und Neuere Geschichte waren hinzugekommen: Ernst Rieger als o. Prof. für „Mittlere Geschichte, einschl. Hilfswissenschaften" (Tag der Ernennung: 1. November 1943) und Alexander Schenk Graf von Stauffenberg als Professor für „Alte Geschichte" (seit dem Sommersemester 1943), und Walter Stach war – wie in Anrichs ursprünglicher Planung vorgesehen – doch noch zum ordentlichen Professor aufgestiegen (Tag der Ernennung: 1. Januar 1943). Hansgeorg Fernis und Hermann Löffler wurden zu Dozenten, Letzterer im WS 1944/45 sogar noch zum apl. Professor ernannt. Martin Göhrings Ernennung zum ao. Professor für „Politische Auslandskunde" an der Reichsuniversität erfolgte zum 1. Januar 1943.

333 Siehe Anm. 319, 43.

334 Die folgenden Angaben beziehen sich, soweit nicht anders angegeben, auf die Auswertung der Personal- und Vorlesungsverzeichnisse der Universität Straßburg (WS 1941/42-SS 1944).

Übersicht über die Stellenentwicklung auf dem Gebiete der Geschichtswissenschaft an der Reichsuniversität Strassburg

WS 1941/42	SS 1942	WS 1942/43	SS 1943	WS 1943/44	SS 1944
Ordentliche Professoren (z.Z. im Feld)					
Anrich	Anrich	Anrich	Anrich	(Anrich)	(Anrich)
Franz	Franz	Franz	Franz	Franz	Franz
Heimpel	Heimpel	Heimpel	Heimpel	Heimpel	Heimpel
(† Strack)			Stach	Stach	Stach
			(Stauffenberg)	(Stauffenberg)	(Stauffenberg)
					(Rieger)
			Ausserordentliche Professoren		
			Göhring	Göhring	Göhring
Ordentliche Honorarprofessoren					
Stach	Stach	Stach			
			Dozenten (z.Z. im Feld)		
			Löffler	(Löffler)	(Löffler)
			(Fernis, H.)	(Fernis, H.)	(Fernis, H.)
					(Hauck)
	Wissenschaftliche Assistenten (z.Z. im Feld)				
	Fernis, H.	(Fernis, H.)			
	Löffler	Löffler			
	Mau	Mau	Mau	Mau	Mau
		(La Baume)	(La Baume)	(La Baume)	(La Baume)
			Hauck	(Hauck)	
			Lehrbeauftragte (z.Z. im Feld)		
				Hütter	(Hütter)
		Verwaltungsbeauftragte			
		Fernis, L.	Fernis, L.	Fernis, L.	Fernis, L.

Alte Geschichte

Das Seminar für Alte Geschichte hatte eine beklagenswert dürftige personelle Ausstattung und gehörte auch nicht dem Historisch-Germanistischen, sondern dem Großseminar für Früh- und Altertumskunde an – beides deutliche Anzeichen dafür, dass diese Teildisziplin der Geschichtswissenschaft bei den nationalsozialistischen Wissenschaftsmanagern, die hinter dem Auf- und Ausbau Straßburgs standen, keine hohe Priorität genoss. Der zuerst als Seminardirektor und Ordinarius vorgesehene Kieler

Althistoriker *Paul Strack*[335] starb kurze Zeit nach der Berufung „im Osten", ohne je in Straßburg Quartier bezogen zu haben. Das Seminar hatte überhaupt erst seit dem Sommersemester 1943 einen Direktor, *Alexander Schenk Graf von Stauffenberg*, der noch dazu nur in diesem einen Semester Lehrveranstaltungen anbieten konnte, da er permanent zum Wehrdienst eingezogen war.[336] Anrich schätzte von Stauffenberg als „weitblickenden, anregenden und charaktervollen" Historiker, der „Offenheit für neue Fragestellungen" zeige. Politisch sei er zwar kein ausgesprochener Aktivist, doch hielt ihn Anrich „in dieser Hinsicht für entwicklungsfähig".[337] Auch der einzige Wissenschaftliche Assistent des Seminars für Alte Geschichte (der diese Stelle überdies nur „in Vertretung" innehatte), *Peter La Baume*, war in Straßburg nie verfügbar, da fortwährend eingezogen. In drei Jahren Vorlesungsbetrieb wurden auf dem Gebiet der Alten Geschichte (im Unterschied zu altphilologischen Veranstaltungen) lediglich zweimal eine Vorlesung zur griechischen Geschichte („Klassische Zeit") sowie zwei Seminare angeboten: eines mit vorlesungsbegleitenden Übungen, das andere zur römischen Geschichte: „Der Ausbruch des Bürgerkrieges zwischen Caesar und Pompeius".[338]

Mittlere und Neuere Geschichte

Franz, Heimpel und Stach waren die einzigen Historiker, die während der gesamten Zeit, in der die Reichsuniversität ihren Vorlesungsbetrieb in Straßburg durchführte, vor Ort waren. Das Seminar für Mittlere und Neuere Geschichte, dem Anrich, Franz und Heimpel (im Sommersemester 1944 auch Rieger) als Direktoren vorstanden, verfügte in den 3 Jahren seines

335 Strack promovierte 1928 in Halle, habilitierte sich 1931 in Bonn für Alte Geschichte, wurde 1935 ao. Prof. in Kiel und erhielt 1941 den Ruf nach Straßburg. Er starb am 15.08.1941. Vorschlag zur Ernennung – GStA – Rep. 90 (B) 1769, Bl. 171-173.

336 Es ist unklar, ob Stauffenberg die im Vorlesungsverzeichnis angekündigten Veranstaltungen tatsächlich abhielt; im Personalverzeichnis wird er mit dem Zusatz „z.Z. im Feld" geführt. Auch der Umstand, dass eine gleichlautende Vorlesung im folgenden Semester von Bogner angeboten wurde, könnte darauf hindeuten, dass Stauffenberg im SS 1943 nicht las. Zu Stauffenberg siehe auch Anm. 509.

337 Anrich an REM, 20.5.1942 (2 Schreiben) – BAL – Stauffenberg REM file, Bl. 6672-74.

338 Schenk Graf Stauffenberg: SS 1943, Vorlesung: „Griechische Geschichte, Klassische Zeit". Seminar: „Übungen zur Vorlesung". Im darauf folgenden Wintersemester 1943/44 bot der Altphilologe Hans Bogner die Vorlesung unter demselben Titel für Althistoriker an, sein Kollege Hans Oppermann das Seminar zum Thema „Der Ausbruch des Bürgerkrieges zwischen Caesar und Pompeius".
Der klassische Philologe Prof. Hans Bogner, den Walter Frank in sein Reichsinstitut berufen hatte, wurde „von seinen nationalsozialistischen Kollegen [...] geschätzt und als zuverlässig bezeichnet". Autorenfragebogen, NSLB, Begutachtungsstelle für das pädagogische Schrifttum, 22.4.1938 – BAZ – Bogner RKK.

faktischen Bestehens lediglich mit dem Wissenschaftlichen Assistenten Dr. *Hermann Mau* über eine kontinuierliche personelle Unterstützung: Sein Kollege *Hansgeorg Fernis*, der 1934 in Bonn mit einer Arbeit über „Die Flottennovellen im Reichstag 1906-1912" bei Fritz Kern und Hans Hallmann promoviert hatte, war nur im Sommersemester 1942 in Straßburg und danach als Leutnant „im Feld";[339] und auch *Hermann Löffler* stand nur während der ersten beiden Semester als Assistent zur Verfügung und rückte nach nur einem Semester Tätigkeit als Dozent im Sommer 1943 zum sicherheitspolizeilichen Einsatz ein. Der Wissenschaftliche Assistent Dr. *Karl Hauck*, der zu dem von Stach geleiteten Seminar für „Lateinische Sprache und Literatur des Mittelalters" gehörte, stand faktisch nur im Sommersemester 1943 zur Verfügung; die folgenden Semester war auch er „zur Zeit im Feld".

Günther Franz hatte eine Professur für Mittlere und Neuere Geschichte inne. Ursprünglich sollte daraus ein Lehrstuhl „für Geschichte der Reformation und des Dreißigjährigen Krieges und insbesondere zur Erforschung des deutschen Volkskörpers" werden, wozu es formal nie gekommen ist. Die von ihm angebotenen Veranstaltungen – insgesamt 15 Vorlesungen, Übungen, Pro- und Hauptseminare – behandelten in chronologischer Reihenfolge die deutsche Geschichte, beginnend mit einer Überblicksvorlesung im Wintersemester 1941/42 und zugehöriger Übung zur Reformationsgeschichte; die Reformationszeit und die „Entwicklung des deutschen Nationalgefühls" (dabei speziell die „Bedeutung die Elsasses") standen im Mittelpunkt des Sommersemesters 1942; das Wintersemester 1942/43 befasste sich mit dem Zeitalter der Gegenreformation und des Dreißigjährigen Krieges (Hauptseminar: „Reich und Reichsgedanke im Dreißigjährigen Krieg"), gefolgt von Veranstaltungen zum Westfälischen Frieden und dem Zeitalter des Absolutismus im Sommersemester 1943. Im letzten akademischen Jahr der Straßburger Universität stellte Franz die deutsche bzw. deutsch-französische Geschichte des 19. und 20. Jahrhunderts in den Mittelpunkt seiner Veranstaltungen. Als er gegen Ende des Semesters den Studierenden über die militärische Niederlage Deutschlands 1918 Vorlesung hielt, hatten die Alliierten schon den Großteil der Bretagne befreit.

---

339 Seine Ernennung zum Dozenten erfolgte zum 27.5.1943. Im März 1945 hielt er sich in einem Lazarett in Freiberg/Sachsen auf. Anlage zum Schreiben Rössner an Mentzel, 15.3.1945 (Eingangsstempel) – BA – R 21/794. Nach seiner Einberufung zur Wehrmacht übernahm seine Frau Liselotte Fernis in Vertretung die Assistentenstelle, sie wird im Vorlesungsverzeichnis als „mit der Verwaltung beauftragt" geführt.

Der Leipziger Professor für Mittlere und Neuere Geschichte *Hermann Heimpel*[340], 1919/20 als Mitglied des Freikorps Epp an der Niederschlagung der Münchner Räterepublik beteiligt[341], hatte schon auf Anrichs ursprünglicher ‚Wunschliste' gestanden. Trotzdem versuchte die Parteikanzlei noch im Oktober 1941, die Berufung zu verhindern, da Heimpel „politisch nicht hervorgetreten" sei und „es auch an einem Einsatz für die Bewegung fehlen" lasse. Seine „weltanschauliche Haltung" sei undurchsichtig.[342] Heimpel war jedoch schon zum 1. September nach Straßburg berufen worden. In den ‚Straßburger Monatsheften' legte er im November 1941 seine Sicht der Mittelalter-Forschung dar:

> Zu einer neuen und bereicherten Auffassung des Mittelalters sind besonders in jüngster Zeit wesentliche Beiträge geliefert worden. Es sei nur an die volkskundlichen Forschungen Otto Höflers über die germanischen und besonders germanisch-sakralen Wurzeln des deutschen Königtums erinnert oder an die neuen Erkenntnisse, mit denen Otto Brunner die aus den Voraussetzungen des 19. Jahrhunderts gestellte Frage nach dem mittelalterlichen Staat durch das Aufspüren jener Vorstellungen erweitert, die in den alten Zeiten selbst den Staat als Ordnung des Volkes ausmachten, nach dem ‚Land', nach der ‚Herrschaft', wobei in neuartiger Weise das besondere mittelalterliche Verhältnis von Politik und Recht, von Friede und Fehde auf uralte germanische Grundlagen zurückweist.[343]

Heimpel hielt in Straßburg insgesamt 18 Veranstaltungen ab, die sich mit der Geschichte der deutschen Kaiserzeit, dem Reichsgedanken, der deutschen Wirtschafts- und der mittelalterlichen Verfassungsgeschichte, der burgundischen und habsburgischen Geschichte sowie (im Rahmen einer Vorlesung im WS 1942/43) mit der „Geschichte der germanischen Völker und Reiche bis zum Tode Karls des Großen" befassten.

---

340 Zu Heimpel siehe Leo Stern, Zur geistigen Situation der bürgerlichen Geschichtswissenschaft der Gegenwart, in: Zeitschrift für Geschichtswissenschaft 1, 1953, S. 837-849; Sabine Krüger (Hrsg.), Hermann Heimpel: Aspekte. Alte und neue Texte, Göttingen 1995; Michael Matthiesen, Verlorene Identität. Der Historiker Arnold Berney und seine Freiburger Kollegen 1923-1938, Göttingen 1998; Ernst Schulin, Hermann Heimpel und die deutsche Nationalgeschichtsschreibung, Heidelberg 1998; Pierre Racine, Hermann Heimpel à Strasbourg, in: Winfried Schulze/Otto Gerhard Oexle (Hrsg.), Deutsche Historiker im Nationalsozialismus, Frankfurt 1999, S. 142-158 [einschl. einer deutschsprachigen Zusammenfassung dieses Beitrages von O.G. Oexle]; Arnold Esch, Über Hermann Heimpel, ebda., S. 159f.

341 Personalbogen Heimpel – BAL – Heimpel REM file, Bl. 1880f. Heimpel machte 1920 in München das Abitur und studierte ab dem WS 1920/21 an der Münchner Universität, vom SS 1922 bis zum SS 1924 in Freiburg.

342 PK an Chef der Zivilverwaltung im Elsass, 4.10.1941 – BAL – Heimpel, Hermann REM file, Bl. 1890f.

343 Hermann Heimpel, Die Erforschung des deutschen Mittelalters im deutschen Elsass, in: Straßburger Monatshefte 5, 1941, Heft 11, S. 738-743, 740f.

Ernst Anrich, der bis einschließlich Wintersemester 1942/43 auch Dekan der Philosophischen Fakultät und Führer des Dozentenbundes war, hielt bis zum Ende des Sommers 1943 Veranstaltungen auf dem Gebiet der Neueren und Neuesten Geschichte ab. Seine insgesamt fünf Vorlesungen waren als Reihe konzipiert und befassten sich mit der „Geschichte der deutschen Reichswerdung" von 1789 bis 1941; im Sommersemester 1943 folgte die Vorlesung zur „Entstehung des Ersten Weltkrieges" und – als historischer ‚flashback', der im Zusammenhang mit den Kriegszieldebatten der Zeit von 1914 bis 1918 gestanden haben könnte – die Vorlesung „Vorgeschichte und Geschichte der deutschen Grenzen (bis etwa 1000)". Neben diesen Vorlesungen bot Anrich Übungen, Pro- und Hauptseminare an, die sich mit der deutschen National- und Einigungsbewegung beschäftigten (Ernst Moritz Arndt, Frühliberalismus) sowie mit den „Versuchen zur Lösung der sozialen Frage im zweiten Reich" (Hauptseminar, WS 1942/43). Das Proseminar „Einführung in das historische Arbeiten" (das im Wechsel von Heimpel, Franz und Anrich angeboten wurde) führte Letzterer im Wintersemester 1942/43 anhand von „Quellen zur Geschichte der deutschen Westgrenze" durch. Anrich legte das Dekanat 1943 nieder und diente bis Herbst 1944 bei der Wehrmacht, nachdem sich Baldur von Schirach geweigert hatte, Anrichs Wiederaufnahme in die Partei zuzustimmen.

Der Mediävist Dr. *Walter Stach*, der von Leipzig nach Straßburg berufen wurde, ohne habilitiert zu sein[344], leitete das Seminar für „Lateinische Sprache und Literatur des Mittelalters" und bot neben Veranstaltungen zur mittelalterlichen Philologie auch mehrere geschichtswissenschaftliche Vorlesungen, Übungen und Seminare an, die sich mit der „Epoche der Völkerwanderung" (Vorlesung im WS 1941/42), der „Geschichtsschreibung des Mittelalters" (SS 1942), der „Geschichte des älteren fränkischen Rechts" (Hauptseminar, SS 1942, zusammen mit dem Rechtshistoriker und ao. Prof. Adalbert Erler), der „germanischen Rechtsanschauung unter Einbeziehung nordgermanischer Schriftwerke" (Übung, SS 1943, zusammen mit dem Germanisten und ao. Prof. Siegfried Gutenbrunner) sowie mit dem „Weltbild des Mittelalters: Geschichte der mittelalterlichen Philosophie" (Vorlesung, WS 1943/44 und SS 1944) beschäftigten. Im Sommersemester 1943 bot Stach gemeinsam mit dem Vor- und Frühgeschichtler ao. Prof. Joachim Werner ein Hauptseminar zum Thema „Merowingische Gräberkunde und westliche Volksgrenze" an.

---

344 Levin (VII C3) an Turowski (III C1), 1.10.1941 – BAD – ZR 550/1 Bl. 20. Stach war zunächst ordentlicher Honorarprofessor und mit der „Wahrnehmung des Ordinariats beauftragt", ab dem WS 1943/44 ordentlicher Professor.

Ernst Rieger wurde zum 1. November 1943 als ordentlicher Professor „für Mittlere Geschichte einschließlich Hilfswissenschaften" an die Reichsuniversität berufen, ohne dort jedoch jemals zu unterrichten. Rieger war bis 1934 Sekretär der Südostdeutschen Forschungsgemeinschaft in Wien gewesen, musste diese Position wegen seiner pro-nationalsozialistischen Haltung damals aber aufgeben. Er wechselte daraufhin zum Provinzialinstitut für westfälische Landes- und Volkskunde, das er ab 1940 in die deutsche Kulturarbeit in den Niederlanden, Belgien und Nordfrankreich einzubinden bestrebt war. Dabei arbeitete er eng mit Franz Petri zusammen, dem Kulturreferenten des Militärbefehlshabers für Belgien und Nordfrankreich.[345]

Martin Göhring, der 1934 über das Thema „Die Feudalität in Frankreich vor und in der französischen Revolution" promoviert, danach einige Zeit in Frankreich als Lehrer gearbeitet und sich 1938 in Kiel mit einer Arbeit über „Die Ämterkäuflichkeit im Ancien régime" bei Otto Becker habilitiert hatte, wurde mit Wirkung vom 1. Januar 1943 zum ao. Professor für „Politische Auslandskunde" ernannt und nahm seine Lehrtätigkeit im Sommersemester 1943 auf. Er war zugleich Direktor des Seminars für „politische Auslandskunde, insbesondere Westeuropas", das zum Historisch-Germanistischen Großseminar gehörte. Er begann mit einer Vorlesung zur „Französischen Geschichte von 1610 bis 1815" nebst zugehörigem Hauptseminar über die „ideologischen Grundlagen der französischen Politik im Zeitalter der Revolution und Napoleons". Es folgten Vorlesungen zur „Allgemeinen Geschichte im Zeitalter der Französischen Revolution" und „im Zeitalter Napoleons 1800-1815", jeweils begleitet von „Übungen zur neueren Geschichte" (Hauptseminare, WS 1943/44 und SS 1944). Göhring gehörte während des Krieges der von Ludwig Zimmermann geleiteten Archiv-Kommission des Auswärtigen Amtes in Paris an[346], welche die Akten des französischen Außenministeriums durcharbeitete und mikroverfilmte. Im Frühjahr 1945 war er am letzten SD-Projekt zur Geschichtswissenschaft als Mitarbeiter an mehreren Themen vorgesehen. Im Stuttgarter Kultministerium glaubte man im November 1945 zu wissen, dass „Göhring, der bezüglich des Kriegsausganges immer pessimistisch" gewesen sei, die Straßburger „Berufung, die er übrigens nicht ablehnen konnte, nur mit innerer Hemmung angenommen" habe: „Nur der Gedanke hat ihn versöhnt, dass es ihm vielleicht in Straßburg möglich sein würde, seit langem gehegte

345 Siehe Michael Fahlbusch, Wissenschaft im Dienst der nationalsozialistischen Politik? Die ‚Volksdeutschen Forschungsgemeinschaften' von 1931-1945, Baden-Baden 1999, S. 246, 695.

346 Auswärtiges Amt an REM, 5.2.1942 – BAL – Zimmermann REM file, Bl. 779.

wissenschaftliche Pläne zu verwirklichen, d.h. eine Geschichte der französischen Revolution zu schreiben und eine Geschichte des französischen Volkes vorzubereiten. Auf diese Weise wollte er der geistigen Annäherung des französischen und des deutschen Volkes dienen, die er von jeher als eine wesentliche Bedingung eines dauernden Friedens und gesunder Entwicklung in Europa ansah."[347] 1951 wurde Göhring zum Direktor der Universalhistorischen Abteilung des neu gegründeten Institus für europäische Geschichte in Mainz ernannt.

Hermann Löffler war seit dem 1. Oktober 1941 als wissenschaftlicher Assistent, seit dem 16. September 1942 als Dozent am Seminar für Mittlere und Neuere Geschichte tätig und wurde noch 1945 zum apl. Professor ernannt. Zwischen Habilitation und erneuter hauptamtlicher SD-Tätigkeit blieb ihm nur das Sommersemester 1943, um Lehrerfahrung an einer Universität zu sammeln. Die von ihm gehaltene Vorlesung behandelte die „Geschichte des brandenburg-preußischen Staates von den Anfängen bis zum Tode des Großen Kurfürsten" und damit ein Thema, mit dem sich Löffler wissenschaftlich bis dahin kaum hervorgetan hatte; sein Hauptseminar, das die „Vorgeschichte des deutsch-französischen Krieges 1870/71" zum Gegenstand hatte, dürfte seinen wissenschaftlichen Interessen näher gewesen sein.

Dr. phil. *Johann Paul Hütter* wurde im Wintersemester 1943/44 als Lehrbeauftragter am Seminar für Mittlere und Neuere Geschichte angestellt. Er bot eine Vorlesung zur „Deutschen Wirtschaftsgeschichte 1871-1914" sowie das begleitende Hauptseminar „Kapitalistische Expansion in Deutschland" an. Im darauffolgenden Semester wurde er zur Wehrmacht eingezogen; im März 1945 galt der Oberstleutnant als „vermisst".[348]

Betrachtet man die zwischen 1942 und 1945 an der Reichsuniversität entstandenen Dissertationen und Habilitationen[349], die zum Gebiet der Geschichtswissenschaft gerechnet werden, fallen einem zunächst die gegnerforschungs- und ideologierelevanten Themenstellungen auf:

---

347 Min.Rat Rupp, Kultministerium, an Rektor der Universität Tübingen, 1.11.1945 - UAT - 131/138.

348 Anlage zum Schreiben Rössner an Mentzel, 15.3.1945 (Eingangsstempel) - BA - R 21/794.

349 Die folgenden Informationen beruhen auf der Auswertung des (unvollständigen) Jahresverzeichnisses der deutschen Hochschulschriften sowie auf eigenen Archiv-Recherchen. Viele der folgenden Titel konnte ich über Bibliotheks- bzw. Dissertationskataloge nicht ermitteln und daher auch nicht in Augenschein nehmen.

Mit einer Studie zur *Freimaurerfrage* habilitierte sich, wie schon erwähnt, am 11. März 1942 Hans Schick: „Das ältere Rosenkreuzertum. Ein Beitrag zur Entstehungsgeschichte der Freimaurerei".

Dem Gebiet des *Politischen Katholizismus* zuzurechnen sind

- Hermann Löfflers Habilitationsarbeit vom 10. März 1942, „Franz Josef Ritter von Buss: Ein Beitrag zur Geschichte der katholischen Bewegung im 19. Jahrhundert",
- die ebenfalls von Günther Franz betreute Dissertation Otto Roegeles „Damian Hugo Graf Schönborn als Diplomat im Dienste von Kaiser und Reich 1708-1719" (mündliche Prüfung am 2. April 1945 in Tübingen)
- sowie die am 17. Juni 1942 an der Rechts- und Staatswissenschaftlichen Fakultät erfolgte Promotion von Hermann Petersen: „Febronianismus und Nationalkirche".[350]

Der *Germanenkunde* zuzurechnen ist die Promotion von Ruth Klemm am 18. Mai 1943 zur „Geschichte der Voluspá-Forschung von ihren Anfängen bis zur Gegenwart".[351]

Im Bereich der *Mittelalterlichen Geschichte* wurden eine Reihe von Doktorarbeiten vergeben, die zwischen 1944 und Kriegsende fertiggestellt wurden: Ingeborg Most promovierte mit einer Arbeit über „Die Boner. Geschichte einer deutschen Familie in Krakau" (18. April 1944), Paul Martin über „Das Wehrwesen der Freien Stadt Straßburg im 14. Jahrhundert" (9. August 1944), Hartfried Schindler über „Die politische Stellung der Reichsstadt Mühlhausen/Elsass im Gesamt-Oberrheinraum" (16. April 1945 in Tübingen), Emma Reiss mit „Studien zur Wirtschafts- und Verfassungsgeschichte des Zisterzienserinnen-Klosters Lichtenthal, 1245-1803" (14. August 1944) und Anna-Dorothea Pahner über „Ruprecht I. von der Pfalz und das Deutsche Reich unter König Wenzel" (15. März 1945).

Auf dem Gebiet der *Alten Geschichte*, die in Straßburg kaum gelehrt wurde, ist nur eine Promotion nachgewiesen: Johann Brauns Dissertation über „Die Militärpolitik Hadrians" (5. Mai 1944).

Die von mir eingesehenen Akten zur Reichsuniversität Straßburg enthalten Hinweise auf drei weitere Dissertationen, die von Günther Franz und Ernst Anrich betreut wurden: „Im Laufe des Oktober" 1944 prüfte Anrich in Tübingen den aus Straßburg stammenden „cand. phil. Kern"; die Prüfung erstreckte sich „vor allem auf die Fragen der Entstehung des deut-

---

350 Maschinenschriftlich, nicht für den Austausch, U 42.6155. Jahresverzeichnis der deutschen Hochschulschriften 1942, 444.

351 Voluspá ist das Eröffnungsgedicht der Edda.

schen Volkes zwischen 800 und 900, Investiturstreit, Reformation und geschichtsphilosophische Fragen."[352] Mitte März 1945 legte cand.phil. Rolf Kirmse in der SD-Dienststelle Markkleeberg bei Franz (Prüfer) und Anrich (Beisitzer) seine Doktorprüfung mit dem Gesamtergebnis „gut“ ab. Das Thema seiner Dissertation wird nicht genannt, das Protokoll weist lediglich auf seine „langjährige Beschäftigung mit einem Spezialthema“ hin, „in dem er über sehr gute Kenntnisse auch des Hintergrundes verfügt“. Kirmse stammte, so Franz, „aus meiner Jenaer Schule“.[353] Am selben Tag prüften die beiden SD-Historiker auch einen Doktoranden namens Gramm, dessen Arbeit Günther Franz „in den nächsten Tagen im Original“ lesen und dann „mit meinem Gutachten zur Weitergabe an Heimpel“ dem Dekan der Philosophischen Fakultät zuleiten wollte. Zur Identität dieses Doktoranden oder zum Thema seiner Dissertation sind mir weitere Einzelheiten nicht bekannt.[354]

2.4 Kommandierung zur Einsatzgruppe E/Kroatien und Sonderaufträge des Sicherheitsdienstes

Am 31. Juli 1941 ordnete Reinhard Heydrich den sicherheitspolizeilichen Einsatz aller Angehörigen der Sipo und des SD an, „soweit sie nicht der Wehrmacht oder Waffen-SS zur Verfügung stehen, das 40. Lebensjahr noch nicht vollendet haben und körperlich einsatzfähig sind.“ Der Erlass erfolgte, um

> [...] allen bisher in der Heimat verbliebenen Männern der Sicherheitspolizei und des SD das niederdrückende Gefühl zu nehmen, an dem großen Geschehen unserer Zeit nicht aktiv teilzuhaben und um die Befürchtung zu zerstreuen, nach Kriegsende als „Heimatkrieger“ oder „Drückeberger“ bespöttelt zu werden [...].[355]

Der Einsatz sollte grundsätzlich im Austausch gegen bereits eingesetzte Männer der gleichen Heimatdienststelle erfolgen. Löffler, seit 1941 als Assistent an der Universität Straßburg, aber hauptamtlich „weiterhin in

---

352 Anrich (Markkleeberg), Protokoll, 6.3.1945 – BAL – R 76 IV/19.

353 Franz (Markkleeberg) an Dekan der Phil. Fak. der RU Straßburg (Tübingen), 22.2.1945 – BAL – R 76 IV/19.

354 Keine der hier genannten Dissertationen – Gramm, Kern, Kirmse, Roegele, Schindler – konnte ich bibliographisch nachweisen. Sie sind auch nicht im Dissertationenkatalog der UB Tübingen verzeichnet, wohin die Reichsuniversität ausgelagert war.

355 Heydrich an alle Dienststellen der Sipo, Kripo und des SD, 31.7.1941 – BAD – ZR 535 A.9, Bl. 110.21.

aufopfernder Weise für den SD-RFSS tätig“[356], musste ab diesem Zeitpunkt mit seiner Einberufung zum sicherheitspolizeilichen Einsatz rechnen: Die eingegliederten Ostgebiete, das Protektorat Böhmen und Mähren sowie Lothringen, das Elsass und Luxemburg waren „keine Einsatzgebiete im Sinne“ des Heydrich-Erlasses. Die Beurlaubung Löfflers von seiner Dozententätigkeit wurde Ende April 1943 vom Sicherheitsdienst beim Wissenschaftsministerium beantragt und vom REM am 11. Juni 1943 genehmigt.[357] Das genaue Datum der Einziehung Löfflers ist nicht bekannt. Löffler kam zum „Sipo-Einsatz“ ins ehemalige Jugoslawien. Inwieweit seine wissenschaftlichen Kenntnisse über den Balkan den Einsatzort bestimmt hatten, ist unbekannt. Löffler hatte während seines Studienaufenthaltes an der Universität Wien Interesse an südosteuropäischer Geschichte entwikkelt:

Das zeitweilige Studium in Wien hatte sein besonderes Interesse auf die Geschichte der Balkanländer gelenkt. Aus mehrjährigen Archivstudien entstand eine umfangreiche Arbeit über den Ursprung und die Entwicklung des Königtums der Balkanländer, ein Thema, das von der deutschen Geschichtsforschung lange vernachlässigt worden war. Es muss als ein schwerer Verlust für die Geschichtswissenschaft bezeichnet werden, dass das druckfertige Manuskript mit allen Unterlagen einem Luftangriff auf die Reichshauptstadt im Februar 1945 zum Opfer fiel.[358]

Im Sommer 1943 waren Wehrmacht, SS und Polizei auf dem Balkan im „Partisanenkampf“ verstrickt. Die Bekämpfung tatsächlicher Partisanen sowie „Vergeltungsmaßnahmen“ für Angriffe auf deutsche Soldaten waren seit 1941 zunehmend mit den Zielen der ethnischen Säuberung und der Endlösung der Judenfrage zu einem System des umfassenden offenen Terrors gegen die Zivilbevölkerung verschmolzen, wobei Dienststellen der SS und der Wehrmacht aufs engste zusammenarbeiteten.[359]

356 Siehe Anm. 223.

357 Korrespondenzblatt Löffler L 646, Angaben e) – i), 27.4.1943 – 2.3.1944, betr. Beurlaubung bzw. Befreiung von Lehraufträgen – BAZ – Löffler REM.

358 Siehe Anm. 249.

359 Zur Situation in Serbien und Kroatien während des 2. Weltkrieges siehe Holm Sundhaussen, Okkupation, Kollaboration und Widerstand in den Ländern Jugoslawiens 1941-1945, in: Europa unterm Hakenkreuz. Die Okkupationspolitik des deutschen Faschismus (1938-1945). Ergänzungsband 1, Berlin/Heidelberg 1994, S. 349-366; Ladislaus Hory/ Martin Broszat, Der Kroatische Ustascha-Staat 1941-1945, Stuttgart 1964; Peter Longerich, Politik der Vernichtung. Eine Gesamtdarstellung der nationalsozialisitischen Judenverfolgung, München/Zürich 1998.

Das Amt III, die Gruppe I B, im RSiHA, sowie der Befehlshaber in Straßburg bitten, ϟϟ-Hauptsturmführer Dr. Löffler mit Wirkung vom 30.1.44 zum ϟϟ-Sturmbannführer zu befördern.

Pg.seit: 1.5.33 Pg.-Nr.: 2 246 758
ϟϟ seit: 1.5.35 ϟϟ-Nr.: 270 064
SA vom 5.11.32 bis Übertritt zur ϟϟ
Alter: 35 Jahre (geb.13.2.08 in Ottweiler/Saar
- ggl. -[redacted]

Wehrverhältnis: Sipo-Einsatz im Südosten.
Auszeichnungen: KVK II.Kl.m.Schw.
Letzte Beförderung: 1.11.1940.
Dienststellung: zurzeit im hptamtl. Dienstverhältnis beim Kommandeur der Einsatzgruppe Agram, Dozent für mittlere und neuere Geschichte an der Universität Straßburg.
Schulbildung: Gymnasium bis Abitur, Studium: Geschichte u.dtsch.Sprach- u. Literatur-Wissenschaft u.Religions-Wissenschaft. Nov.32 Referendar-Examen, Febr.35 Ass.-Examen, 1940 Dr.phil.

Auszug aus dem Antrag des RSHA zur Beförderung Löfflers vom Januar 1944.

Bis zum Frühjahr 1942 sollte sich diese Vernichtungspolitik im wesentlichen auf Serbien konzentrieren. Eine Einsatzgruppe der Sipo und des SD unter Leitung des SS-Standartenführers und Obersten der Polizei Dr. Wilhelm Fuchs hatte seit Beginn des Balkanfeldzuges am 6. April 1941 im ehemaligen Jugoslawien agiert. Fuchs hatte seinen Dienstsitz in Belgrad. Als sein Stellvertreter und SD-Referent fungierte der SS-Sturmbannführer Friedrich Polte, Jahrgang 1911. Polte studierte Geschichte in Königsberg, Freiburg, München, Göttingen und Marburg. Er war 1934 noch als Geschichtsstudent für den SD geworben worden und arbeitete ab 1.4.1936 unter Justus Beyer im Referat II 211 des SD-Hauptamtes.[360] Der Einsatzgruppe waren fünf Kommandos nachgeordnet:

- Das Einsatzkommando Agram unter Leitung von SS-Sturmbannführer Dr. Wilhelm Beisner (Stellvertreter: SS-Obersturmführer Kurt Marschelke);
- das Einsatzkommando Belgrad unter Leitung von SS-Sturmbannführer Kraus (Stellvertreter: SS-Sturmbannführer Hans Helm);
- das Einsatzkommando Sarajevo unter Leitung von SS-Sturmbannführer Karl Hintze (Stellvertreter: SS-Sturmbannführer Dr. Alfred Heinrich);
- das „fliegende Kommando“ Neusatz unter Leitung von SS-Untersturmführer Karl Pamer;

360 BAL – Polte SSO.

- und das „fliegende Kommando“ Nisch/Uskueb unter Leitung von SS-Obersturmführer Rupert Mandel.[361]

Die Aufgaben dieser Einsatzgruppe richteten sich im wesentlichen nach dem OKH-Befehl über die „Regelung des Einsatzes der Sicherherheitspolizei und des SD im Verbande des Heeres“ vom 28.4.1941, der mit geringen Änderungen für den Balkanfeldzug übernommen worden war.[362] Noch im April hatte die Einsatzgruppe alle jüdischen Einwohner Belgrads registriert. Bis zum Jahresende hatten Wehrmachtseinheiten in Kooperation mit der Einsatzgruppe bei der Verfolgung von „Partisanen“ und in „Vergeltungsmaßnahmen“ in Serbien bereits mehrere Zehntausend Zivilisten liquidiert, vor allem männliche Juden und Zigeuner.[363] Waren 1941 jüdische Frauen und Kinder bei Exekutionen noch weitgehend verschont geblieben, veranlasste die Nachfolgeorganisation der Einsatzgruppe – die Dienststelle des BdS Belgrad – im März 1942 die Vernichtung auch dieser Gruppe von Verfolgten: Bis Anfang Mai wurden alle Internierten des Belgrader Lagers Sajmiste in Lastwagen vergast. „Die Vernichtung der jüdischen Bevölkerung Serbiens war damit abgeschlossen.[364] Angesichts der steten Zunahme des Widerstandes auf dem Balkan und des immer dringlicheren Bedarfs an „Freiwilligen“ für die Waffen-SS befahl Hitler im Winter 1942/43 die Entsendung der 7. SS-Division „Prinz Eugen“ in den (formal) Unabhängigen Staat Kroatien (USK).[365] Kurze Zeit später wurde offenbar beschlossen, eine Einsatzgruppe E/Kroatien aufzustellen, die aus der Einsatzgruppe D hervorging:

Ende März 1943 wurde die Einsatzgruppe „D“ in Kampfgruppe „Bierkamp“, Name des Einsatzgruppenführers, umbenannt. Die Einsatzgruppe Bierkamp kam dann in die Gegend der Pribetsümpfe [Pripjetsümpfe] zum Einsatz gegen die Partisanen. Es wurde erzählt, dass die Einsatzgruppe dort fast restlos aufgerieben worden sei. Bei der Umbenennung der Einsatzgruppe „D“ kam ein Teil davon nach Belgrad (Jugoslavien), wo die Einsatzgruppe „E“ aufgestellt wurde, die dann in verschiedenen Teilen in Kroatien eingesetzt wurde.[366]

---

361 RSHA IV E, Schellenberg, an alle Gruppenleiter und Referenten des Amtes IV, 16.5.1941 – StA Nürnberg – KV Ankl. Umdr. dt. Nr. NG 4717.

362 Longerich, Politik der Vernichtung, S. 458.

363 Ebda., S. 458ff; Walter Manoschek, Partisanenkrieg und Genozid. Die Wehrmacht in Serbien 1941, in: Ders. (Hrsg.), Die Wehrmacht im Rassenkrieg. Der Vernichtungskrieg hinter der Front, Wien 1996, S. 142-167, 162.

364 Longerich, Politik der Vernichtung, S. 460.

365 Siehe Holm Sundhaussen, Zur Geschichte der Waffen-SS in Kroatien 1941-1945, in: Südost-Forschungen XXX, 1971, S. 176-196, 191.

366 Bericht Robert Barth, datiert Sandbostel, 8.10.1943 – StA Nürnberg – KV Anklage-Dokument NO 3663.

Die Deportation von Juden in die Vernichtungslager im Osten lief aus dem deutsch-besetzten Teil Kroatiens seit dem August 1942.[367] Der Terror gegen die Zivilbevölkerung, Sühnemaßnahmen und Geiselerschießungen, so Walter Manoschek die Ergebnisse des „Waldheim Reports" zusammenfassend, „blieben bis zum Besatzungsende integraler Bestandteil militärischer Herrschaftspraxis am gesamten Balkan. Massaker waren die Regel, nicht die Ausnahme."[368]

Die Willkür, mit der „Vergeltungsmaßnahmen" durchgeführt wurden, illustriert ein Schreiben des Einsatzkommandos 2 an die Einsatzgruppe E in Agram vom 15. Juli 1943. SS-Stubaf. Reinholz kritisiert darin eine Reihe von Vergeltungsmaßnahmen, bei denen Muslime die Opfer waren, was sich „zum Nachteil der deutschen Interessen in diesem Raum auszuwirken begonnen" habe:

Wie durch Funk bereits vorweg gemeldet, haben Angehörige der 118. Division am 8.7.42 in Stupnidel, Prisoje und Milanvic (Bez. Gorazde) 31 Muselmanen, darunter Frauen und Kinder erschossen. Unter den Erschossenen befanden sich auch 4 Freiwillige für die Waffen-SS sowie die Frau eines freiw. SS-Mannes, der z.Zt. in Graz steht. [...]

Im Laufe des 12.7. wurde in Kosutica (Zno Sokolac) von Angehörigen der SS-Division „Prinz Eugen" etwa 40 Muselm. Männer, Frauen und Kinder angeblich als Vergeltung für Beschießung aus dem Dorf erschossen. Ein in dieses Dorf geschicktes Sonderkommando der Dienststelle stellte fest, dass das Dorf menschenleer war. Auf einer Wiese neben der Kirche befanden sich ca. 8 frisch aufgeworfene Grabhügel. In dem etwa 6 km entfernt liegenden Ort Sokolac konnten bei Angehörigen einer Fernsprechvermittlung der SS-Division „Prinz Eugen" einige Angaben über den Vorfall erlangt werden. Danach haben sich die Kampfgruppen SS-Sturmbannführer Vollmer und SS-Hauptsturmführer Bachmann am 12.7. im Vorgehen auf den Raum von Vlasenica befunden. Bei der Annäherung an das Dorf Kosutica soll von der in der Kirche des Dorfes versammelten Bevölkerung angeblich mit einem MG auf die anrückende SS geschossen worden sein. Auch sei der Dorfrand von etwa 150 Banditen, die vorher im Dorf einquartiert waren, verteidigt worden. Nach der Einnahme von Kosutica wurde von einem bisher noch nicht festgestellten SS-Führer der Befehl zur Erschießung der in der Kirche versammelten Einwohner gegeben. Nach den hiesigen Feststellungen sind in dem Dorf keinerlei Kampfspuren z.B. Einschläge von Geschossen in Mauern zu sehen. Sämtliche Häuser sind unbeschädigt. Ein Kampf kann also hier kaum stattgefunden haben. Wie weiter bekannt wurde, ist die Vergeltungsaktion auf Grund eines generellen Befehls des Kommandeurs der SS-Div. „Prinz Eugen", SS-Brigf. v. Overkamp, durchgeführt worden. Danach ist die Bevölkerung jeden Ortes, in

367 Näheres hierzu bei Longerich, Politik der Vernichtung, S. 517ff.

368 Manoschek, Partisanenkrieg und Genozid, S. 163.

dem feindselige Handlungen gegen die Waffen-SS vorkommen, zur Vergeltung zu erschießen.[369]

Die Vorgehensweise der 7. SS-Division in Kroatien bildete Ende Juli 1943 auch Gegenstand einer Besprechung zwischen Himmler und SS-Obergruppenführer Phleps:

Bei einer Angriffsoperation nordostwärts Sarajewo wurden durch eine Kompanie der Division Frauen und Kinder in einem Dorf erschossen, in dem ein toter SS-Angehöriger aufgefunden wurde. Bei einer Besprechung bei dem kroatischen Minister Benac in Sarajewo, an der u.a. Kroaten, auch SS-Brigadeführer Overkamp und SS-Oberführer Fromm teilnahmen, wurde dieser Vorfall besprochen. SS-Brigadeführer Overkamp versuchte den Kroaten gegenüber die Angelegenheit zu bagatellisieren und als Panne hinzustellen, worauf SS-Oberführer Fromm in Gegenwart der Kroaten erwiderte: „Seitdem ihr hier seid, passiert leider eine Panne nach der anderen".[370]

Löffler hielt sich von Sommer 1943 bis Anfang/Mitte 1944 in Kroatien und Serbien auf[371], „im hauptamtlichen Dienstverhältnis beim Kommandeur der Einsatzgruppe Agram". Er erhielt das Kriegsverdienstkreuz II. Klasse mit Schwertern.[372] Als weiterer Einsatzort wird der Sicherheitsdienst in Belgrad angegeben.[373] Einzelheiten seines sicherheitspolizeilichen Einsatzes sind nicht bekannt – mit Ausnahme seiner Aussage bei der Vernehmung durch die Staatsanwaltschaft München im Jahre 1962. Diese hatte ein Verfahren gegen den ehemaligen Leiter des Einsatzkommandos Agram, Wilhelm Beisner, eingeleitet. Anlass war eine Notiz in der FAZ vom 21.10.1960 gewesen, nach der Beisner sich an Kriegsverbrechen in Jugoslawien beteiligt habe und deshalb nach dem Krieg von den jugoslawischen Behörden verfolgt worden sei. Das Ermittlungsverfahren gegen Beisner wurde am 27. September 1962 wieder eingestellt:

Ein Nachweis, dass sich dieses Einsatzkommando an NS-Gewaltverbrechen beteiligt hat, ist jedoch nicht möglich.[374]

Löffler war zu keinem Zeitpunkt Beschuldigter, er wurde zu Beisners Tätigkeit in Kroatien befragt. Seine Zeugenaussage vom 27. August 1962 im Wortlaut:

---

369 Einsatzkdo. 2 an Einsatzgruppe E, 15.7.1943, gez. SS-Stubaf. Reinholz, Abschrift – StA Nürnberg – KV Anklage-Dokument SEA Nr. NO 5014 (NO 2201).

370 AV über eine Besprechung des RFSS mit SS-Ogruf. Phleps am 28.7.1943, gez. SS-Staf Kumm – StA Nürnberg – KV Anklage-Dokument SEA Nr. NO 5014 (NO 2201).

371 Vgl. hierzu auch die Vorlesungsverzeichnisse der Reichsuniversität Straßburg, in denen für das WS 1943/44 und das SS 1944 Löffler als „z.Z. im Feld" gelistet wird.

372 Siehe Anm. 223.

373 SS-Stammkarte – BAZ – Löffler SSO.

374 Verfügung der Staatsanwaltschaft bei dem Landgericht München I, 27.9.1962 (112 Js 2/62).

Ein SD-Führer namens Dr. Beisner ist mir völlig unbekannt. Ich habe diesen Namen im Zusammenhang mit dem Sicherheitsdienst nie gehört und kann mich auch nach Vorzeigen des Lichtbildes an Dr. Beisner nicht erinnern. Demgemäß ist mir auch nichts über den Einsatz Dr. Beisners in Kroatien bekannt. Ich selbst war bis Sommer 1943 wissenschaftlicher Assistent am Historischen Seminar der Universität Straßburg. Ich wurde dann zum SD zunächst nach Belgrad, dann nach Agram und schließlich nach Ossieg kommandiert. Insgesamt habe ich mich 9 bis 10 Monate in Jugoslawien aufgehalten, davon lediglich 2 bis 3 Wochen in Agram, höchstens insgesamt 1 Monat. Ich war dort lediglich mit dem Abfassen von Berichten über die dortigen Volkstumsverhältnisse und die gesamte politische Situation befasst, da man eigentlich keine rechte Verwendung für mich hatte. Einen Dr. Beisner habe ich im Rahmen dieser Tätigkeit, wie bereits oben erwähnt, nie kennengelernt. Über die Aufgaben und die Tätigkeit der SD-Einsatzkommandos in Jugoslawien im Jahre 1941 ist mir nichts bekannt. Von Judenaktionen habe ich nichts gehört. Es ist mir aufgefallen, dass ich beispielsweise in Agram kaum einen Menschen gesehen habe, der jüdisches Aussehen hatte. (1943). Ich vermag daher zum Gegenstand dieses Verfahrens keine sachdienlichen Angaben zu machen.[375]

Im Vorschlag zur Beförderung Löfflers zum SS-Sturmbannführer heißt es 1944, nach seiner Rückkehr vom sicherheitspolizeilichen Einsatz in Jugoslawien, unter anderem:

Neben seiner jetzigen Tätigkeit als Dozent an der Universität Straßburg ist er weiterhin in aufopfernder Weise für den SD-RFSS tätig. Zurzeit befindet sich Dr. L. wieder im hauptamtlichen Dienstverhältnis des SD-RFSS.

SS-Hauptsturmführer Dr. Löffler hat sich bisher gut bewährt. In charakterlicher Hinsicht ist Nachteiliges bisher nicht bekanntgeworden. Weltanschaulich ist er gefestigt. SS-Hauptsturmführer Dr. Löffler gehört der Laufbahn ‚leitender Dienst' an. Er ist später für eine Verwendung als Dozent der künftigen Führerakademie der Sipo und des SD vorgesehen.[376]

Von seiner Zeugenaussage abgesehen, äußerte sich Löffler – soweit ich feststellen konnte – nur noch einmal öffentlich zu den Vorgängen in Kroatien während des Weltkrieges: 1965, in seiner Rezension des im Jahre zuvor erschienenen Buches von Ladislaus Hory und Martin Broszat, „Der kroatische Ustascha-Staat 1941-1945". Hory gehörte zwischen April 1941 und September 1944 zur Verbindungsgruppe des ungarischen Generalstabs beim deutschen Militärbefehlshaber Serbien in Belgrad[377] und hielt sich damit auch während jenes Zeitraumes dort auf, in dem Löffler der Einsatzgruppe E/Kroatien angehörte und für den Sicherheitsdienst in Belgrad

375 Vernehmungsniederschrift Dr. Hermann Löffler, Stuttgart 27.8.1962 – ZSt – 503 AR 1650/67, Bl. 62f.

376 Siehe Anm. 223.

377 Siehe Hory/Broszat, Der Kroatische Ustascha-Staat 1941-1945, S. 9.

arbeitete. Die Studie von Hory und Broszat stützt sich zum einen auf den bald nach 1945 erstellten „historische[n] Bericht" Horys, zum anderen auf „die sehr erheblichen deutschen Akten und Dokumente (vor allem aus der Provenienz des Auswärtigen Amtes, deutscher militärischer und SS-Dienststellen)".[378] Zu vermuten steht, dass Löffler nach einem Blick in das Personenverzeichnis des Titels aufatmete: Sein Name ist dort nicht verzeichnet.[379] Sich daraufhin entschlossen zu haben, mit einer Rezension dieses Buches vor die Öffentlichkeit zu treten, legt ein bestimmtes Maß an Kaltblütigkeit nahe. Ein Vergleich der Rezension mit den von ihm verfassten politischen Lageeinschätzungen für den SD, die m.W. nicht überliefert sind, wäre gewiss interessant:

Im Mittelpunkt der Untersuchung stehen die deutsch-kroatischen Beziehungen, aber auch auf die innere Struktur des Ustascha-Regimes wird eingegangen. B. hat alle Kräfte, die für die Entstehung dieses Staates wichtig wurden, in das Blickfeld seiner Betrachtungen einbezogen. Mit guten Gründen arbeitet B. den antiserbischen ‚Kreuzzug' der Kroaten, der zum unheilvollen Kampf aller gegen alle führte, heraus. Ob die Welt des radikalen kroatischen Nationalismus nur rückwärts gewandt war, müsste eine genauere Untersuchung erst beweisen. Zum Verständnis müsste die radikale Politik des serbischen Staatsvolkes von 1919 bis 1941 näher analysiert werden. Es handelt sich bei dieser kroatischen Bauernbewegung nicht nur ‚um einen völkischen und kirchlichen Antimodernismus'. Mit Recht betont B., dass die Träger der Ustascha-Bewegung ein besonders aktiver Teil der katholischen Laienbewegung und des Ordensklerus, ferner verschiedene Randgruppen des katholisch-nationalen Bürgertums waren, die mit kaum verständlichem Fanatismus die Parias des kroatischen Staates – die orthodoxen Serben – in ihrer Substanz schwächen, ja vernichten wollten. Der Kampf gegen den serbischen und internationalen Kommunismus nahm demgegenüber nur eine untergeordnete Rolle ein. Verhältnismäßig kurz geht B. auf den weniger ausgebildeten ideologischen Charakter der Ustascha ein, den er als ‚präfaschistisch' bzw. ‚halbfaschistisch' bezeichnet. Ihren Grundzug sieht er in der ‚Verknüpfung völkisch-großkroatischer Herrschaftsansprüche mit aktiver katholischer Kreuzzugsideologie' (Zwangstaufe). Damit hat B. unbedingt Recht. Trotz kleinerer Einwände, die vorgebracht werden müssen, stellt die Arbeit einen bedeutenden Beitrag zur Zeitgeschichte dar.[380]

---

378 Siehe Anm. 377.

379 Wilhelm Beisner, dessentwegen Löffler 1962 von der Staatsanwaltschaft als Zeuge befragt wurde, wird von Hory/Broszat nur einmal (S. 71) im Zusammenhang mit der Ausbildung von Ustascha-Führern durch die SS erwähnt.

380 HPB XIII, 1965, S. 306f. Die Rezension dieses Titels – wie aller anderen – durch Löffler hatte der Schriftleiter des HPB, Günther Franz angeregt: „Im ganzen werden im Laufe der vergangenen 20 Jahre über 12.000 Bücher im HPB besprochen worden sein. Sie sind alle durch meine Hand gegangen. In jedem Falle habe ich den Rezensenten bestimmt und die Rezension für den Druck hergerichtet [...]." Günther Franz, 20 Jahre Historisch-Politisches Buch. Ein Rückblick, in: HPB XXI, 1973, S. 1-4, 3.

Löffler kehrte im Frühjahr/Sommer 1944 vom sicherheitspolizeilichen Einsatz in Kroatien und Serbien nach Deutschland bzw. ins Elsass zurück. Wenige Monate später, Ende November, wurde Löfflers Arbeitgeber, die Reichsuniversität Straßburg, nach Tübingen ausgelagert. Dort hielten sich die drei SD-Historiker Anrich, Franz und Löffler in den folgenden Wochen auf; sie gehörten nunmehr dem „Arbeitskreis des Reichssicherheitshauptamtes in Tübingen" an.[381] Im Januar 1945 kam es zu einer mündlichen Besprechung zwischen Professor Erich Hofmann, der seit Mai 1943 als Nachfolger von Harmjanz das Hauptreferat W 6 im REM leitete, und Hans Rössner, dem Leiter der Abteilung III C 3 im RSHA. Gegenstand des dienstlichen Gesprächs war die nachträgliche Bestätigung der bezahlten Beurlaubung dreier SD-Mitarbeiter: Hermann Löffler, Günther Franz und Ernst Anrich. Rössner benötigte das Straßburger Trio „für die durchzuführenden verschiedenen Sonderaufträge des Reichssicherheitshauptamtes"; ihren Dienst hatten die drei Historiker bereits am 2. Januar aufgenommen.[382] Ihr Stationierungsort war die SD-Dienststelle Markleeberg-West bei Leipzig.[383] Diese Sonderaufträge sind im Zusammenhang der ‚Konzentration aller wissenschaftlichen Kräfte der SS' zu sehen. Es war der letzte Versuch, die wissenschaftliche Arbeit innerhalb der SS zu koordinieren und auf die wichtigsten – und aktuellsten – Fragestellungen auszurichten. In institutioneller Hinsicht bedeutete das den Versuch, die jeweiligen Forschungsarbeiten der Amtsgruppe D des SS-Hauptamtes (Leiter: Alexander Dolezalek), des „Ahnenerbe" (Sievers/Schneider), des Deutschen Auslandswissenschaftlichen Instituts (Pfeffer) und des Reichssicherheitshauptamtes (Rössner) zu verbinden. Löffler, Franz und Anrich waren schon im Mai 1943 von Hans Ernst Schneider für eine Mitarbeit in der „Germanischen Arbeitsgemeinschaft" vorgesehen, die kollaborierende Wissenschaftler aus den „germanischen Randländern" in gemeinsame Forschungsprojekte einbinden sollte. Zu der Gründungstagung in Hannover wollte man im „Germanischen Wissenschaftseinsatz" die folgenden deutschen Historiker einladen: Ernst Anrich, Hans Joachim Beyer, Günther Franz, Hermann

381 AV Schwalm, 8.3.1945 – BA – NS 21/943.

382 Rössner an REM, 26.1.1945 – BAZ – Günther Franz REM.

383 Vgl. „[...] die Leipziger Mitarbeiter von SS-O'Stubaf. Rössner – das sind die Herren Prof. Löffler, Franz und Anrich [...]." AV Schwalm, 23.2.1945 – BA – NS 21/943; „Prof. Günther Franz, Markkleeberg b. Leipzig (RSHA)." (Sowie gleichlautende Angaben zum Aufenthaltsort von Anrich und Löffler). Anlage zum Schreiben Rössner an Mentzel, 15.3.1945 (Eingangsstempel) – BA – R 21/794; Günther Franz („Markkleeberg-West, Pfarrgasse 15") an Dekan der Phil. Fak. der RU Straßburg, Hubert Schrade (Tübingen), 22.2.1945 – BA – R 76 IV/19.

Löffler, Erich Maschke, Theodor Mayer, Arnold Oskar Meyer und Harold Steinacker.[384]

Im Rahmen dieses letzten SS-Projektes sollten durchaus ‚selbstkritische' Fragen gestellt werden. So listete am 7. März 1945 Hans Ernst Schneider eine Reihe von Themengruppen auf, die „besonders vordringlich" erschienen.[385] Dazu gehörten unter anderem:

- Die Frage des Verhältnisses von Rasse und Volk ist darzustellen. Wie haben die europäischen Führungsschichten auf den deutschen Rassegedanken tatsächlich reagiert?
- Die für die Führungsschichten der europäischen Länder tatsächlich bestimmenden ideologischen Leitbilder nach Wesen und Herkommen und die Strukturen ihrer politischen Vorstellungswelt.
- Wesen, Anteil und tatsächliche Bedeutung des germanischen Einflusses in der europäischen Völkergemeinschaft. Was heißt germanischer Einfluss? Handelt es sich lediglich um ein historisches Faktum oder um eine konkrete Wirkungsmacht im Leben und im Bewusststein der europäischen Völker? Wie ist dieser Einfluss wissenschaftlich und methodisch einwandfrei fassbar und darstellbar?
- Und schließlich: Deutsche Ordnungsleistungen und Führungsfehler in den besetzten Gebieten während des Krieges.[386]

Zur Durchführung dieses Projektes ist es nicht mehr gekommen, so sehr Löffler, Franz und Anrich offensichtlich auch bemüht waren, die Voraussetzungen dafür zu schaffen. Mit Rössner zusammen versuchten sie Ende Februar, „sich einen Überblick über den noch einsatzfähigen Personenkreis zu verschaffen".[387] Mitte März reisten sie von Leipzig nach Tübingen, Prag und Wien, um wissenschaftliche Themen mit den dort bestehenden Arbeitskreisen des Reichssicherheitshauptamtes zu besprechen.[388] Diese Themen waren am 12. März 1945 in einer Besprechung zwischen SD und „Ahnenerbe" beschlossen worden, an der auch Löffler, Franz und Anrich teilgenommen hatten.[389] Grundlage der Besprechung waren die Vorschläge Schneiders vom 7. März. Die totale Niederlage vor Augen, sollte es in diesem letzten großen Forschungsprojekt also über das Verhältnis zwischen

384 Vorschlagsliste, o.V., o.D. [1943] – BAK – NS 21/794-101.

385 AV Schneider, 7.3.1945 – BA – NS 31/416, Bl. 83.

386 Siehe „besonderer Vermerk von SS-Hauptsturmführer Prof. Franz." AV Schneider, 7.3.1945 – BA – NS 31/416, Bl. 83. Der Vermerk ist nicht überliefert. Gemeint ist hier nicht Günther Franz sondern Leonhard Franz.

387 AV Schwalm 23.2.1945 – BA – NS 21/943.

388 AV Schwalm, 8.3.1945 – BA – NS 21/943.

389 AV Franz, 14.3.1945 – BA – NS 31/416, Bl. 81f.

„Reich" und „Europa" gehen. Auf der Besprechung wurden die Fragestellungen konkretisiert und an Mitarbeiter vergeben. Unter diesen befanden sich auch etliche Historiker:

- Bisherige Versuche der deutschen Reichsordnung bis 1933.
  Bearbeiter: Erich Botzenhart.
- Die Rechtlichen Grundlagen der deutschen Reichsordnung im Mittelalter.
  Bearbeiter: Heinrich Mitteis.
- Das deutsche Europa-Programm 1933-1944.
  Bearbeiter: Werner Frauendienst.
- „Der europäische Lebensraum: Gedankliche und politische Ansätze in Frankreich" und „Die tatsächliche Wirkung der deutschen Reichsordnung auf Frankreich".
  Bearbeiter: Martin Göhring.
- Über die „tatsächliche Wirkung" auf England sollte der Anglist Hans Galinsky arbeiten.
- „Der germanische Einfluss in Europa", speziell im frühzeitlichen Frankreich.
  Bearbeiter: Franz Petri.
- „Der germanische Einfluss in der Tschechei".
  Bearbeiter: Hans Joachim Beyer.
- „Die geistigen Lage in Polen."
  Bearbeiter: Erich Maschke.

Erschienen ist diese Reihe nicht mehr, jedenfalls nicht in der ursprünglich geplanten Form. Auffallend ist, dass das Thema „Europa" für einige der hier genannten Personen auch nach 1945 Gegenstand wissenschaftlich-publizistischer Arbeiten blieb. So wurde Martin Göhring 1951 Direktor der Universalhistorischen Abteilung des im Jahr zuvor in Mainz gegründeten Institus für europäische Geschichte. Rössner, Schneider (seit 1945 unter dem Namen Schwerte lebend) und der frühere Leiter der Abteilung III C Kultur, Wilhelm Spengler, publizierten Mitte der fünfziger Jahre im Stalling-Verlag eine Europa-Reihe unter dem Titel „Gestalter unserer Zeit".

2.5 Die zweite Karriere des Hermann Löffler

Über Löfflers Lebensumstände in den ersten Monaten und Jahren nach Kriegsende ist wenig bekannt. Möglicherweise hielt er sich zum Zeitpunkt der Kapitulation in Österreich auf: Dort befand sich im Mai 1945 Günther

Franz[390], mit dem zusammen Löffler bis zuletzt „Sonderaufträge“ für den SD geleistet hatte. Der ehemalige Abteilungsleiter im „Ahnenerbe“, SD-Mitarbeiter und Angehörige der Einsatzgruppe E wurde vom „Staatskommissar für die politische Säuberung des Saarlandes beim Oberverwaltungsgericht Saarbrücken“ am 10. Mai 1951 als „Mitläufer“ eingestuft, dem „keine Sühnemaßnahmen auferlegt“ wurden.[391] Ob Löffler zuvor in einer der Besatzungszonen ein Entnazifizierungsverfahren durchlaufen hatte, ist mir nicht bekannt.

Während sich die Entnazifizierung für Löffler somit als recht ‚folgenlos‘ erwiesen hatte, gestaltete sich die berufliche Wiedereingliederung problematisch. Da der apl. Professor in Straßburg nur Beamter auf Widerruf war, galt er laut Verordnung der Besatzungsmächte mit dem Stichtag 8. Mai 1945 als entlassen. 1949 wurde ihm der Beamtenstatus zwar wieder zuerkannt, da er schon ab Ostern 1933 im saarländischen Staatsdienst als Referendar beschäftigt gewesen war, trotzdem eröffnete sich keine unmittelbare Berufsperspektive. Löffler wurde in die Liste der „131er“ aufgenommen, jener Beamten also, deren Wiederverwendung bzw. Versorgung staatlicherseits noch zu regeln war, da sie „aus anderen als beamten- oder tarifrechtlichen Gründen“ aus dem Staatsdienst ausgeschieden waren.[392] Dem Kultusministerium in Stuttgart teilte Löffler später mit, dass er in den ersten Jahren nach Kriegsende „durch Vorträge, als Lektor und Übersetzer, durch Stundengeben“ sowie ab Herbst 1948 „als einer der ‚Werbeleiter‘“ der Wissenschaftlichen Buchgesellschaft gearbeitet habe.[393] Da er seinen Wohnsitz in Straßburg verloren hatte, „aber auch wie viele Saarländer nicht in meine Heimat zurückkehren konnte“, zog Löffler zunächst nach Küdinghoven, später nach Bad Godesberg. Die Nähe zur Universitätsstadt Bonn hatte ihren Grund: Der entlassene Hochschullehrer wollte „die Verbindung mit Fachkollegen nicht abreißen“ lassen. Löffler sollte in den folgenden Jahren noch mehrmals umziehen: nach Wiebelskirchen, Dortmund, Oppenheim/Rhein, Heidelberg und Stuttgart. Diese beachtliche Mobilität diente vor allem dem Ziel, über die Wahrnehmung ‚freiberuflicher‘ wissenschaftlicher Aufträge Kontakte aufrechtzuerhalten, neu zu knüpfen und im akademischen Raum präsent zu bleiben. Darüber hinaus ist festzustellen, dass Löffler auch nach 1945 seine beim SD erworbenen Kenntnisse auf dem

390 „Hier in Innsbruck lernten wir uns im Mai 1945 kennen […].“ – Franz, Nekrolog Hellmuth Rössler, S. 97.

391 Sühnebescheid, Staatskommissar …, Az. St. 112/54, 10.5.1951, Abschrift – HSTA Stuttgart – EA 3/150 Löffler.

392 Art. 131 GG.

393 Siehe Anm. 250. Zur Wissenschaftlichen Buchgemeinschaft/Buchgesellschaft siehe Kapitel 3.

Gebiet der Gegnerforschung und Beobachtung einsetzte, nunmehr allerdings im Auftrag einer demokratischen Institution: Zu Beginn der fünfziger Jahre erhielt der ehemalige SD-Mitarbeiter vom Ministerium für gesamtdeutsche Fragen den Auftrag, zwei Studien über das Saarland zu erstellen. Die erste Studie hatte die „Politische und wirtschaftliche Entwicklung an der Saar vom 8.5.1945–1950" zum Gegenstand. Löffler arbeitete zu diesem Zweck an dem von Franz Steinbach geleiteten Institut für geschichtliche Landeskunde der Rheinlande.[394] Die Studie wurde – so Löffler – „aus außenpolitischen Gründen nicht veröffentlicht"[395]. In den Beständen des ehem. Ministeriums für gesamtdeutsche Fragen finden sich keine Dokumente, die als Verfasser Hermann Löffler nennen. Auch ist dort keine Personalakte über Löffler vorhanden. Allerdings ist in Löfflers Stuttgarter Personalakte ein Schreiben des Bundesministeriums vom 16.3.1956 überliefert, das bestätigt,

> [...] dass Sie im Jahr 1951 im Auftrag des Bundesministeriums für gesamtdeutsche Fragen an einer Untersuchung über die Universität Saarbrücken gearbeitet und dafür eine Entschädigung in Höhe von 1.200 DM erhalten haben.[396]

Diese Bestätigung bezieht sich auf die zweite Studie, die Löffler für das Bundesministerium erstellte: „Gründung und Bedeutung der Saaruniversität".[397] Nach Löfflers Aussagen wurde diese Studie „als Sonderbeilage in einer Zeitung in einer Auflage von 10.000 Exemplaren" veröffentlicht. Tatsächlich erschien in der Sonderbeilage der „Deutschen Saar-Zeitung" vom 30. Mai 1952 ein ausführlicher Beitrag, der die saarländische Universität zum Gegenstand hatte. Der Titel: *„Saarbrücken – die erste ‚europäische' Universität. Strahlungspunkt französischer Kulturpropaganda – General Laffons großer Irrtum"*.[398]

---

394 Weder im Archiv des Instituts für geschichtliche Landeskunde noch im Volkskundlichen Seminar der Universität Bonn sind Publikationen oder maschinengeschriebene Berichte überliefert (H. L. Cox, Volkskundliches Seminar, an Verf., 7.10.1999).

395 Löffler an Oberschulamt, 9.12.1955 – HSTA Stuttgart – EA 3/1 Löffler, Bl. 56.

396 Bundesministerium an Löffler, 16.3.1956 – HSTA Stuttgart – EA 3/1 Löffler, Bl. 64.

397 Siehe Anm. 395.

398 Sonderbeilage der „Deutschen Saar-Zeitung" Nr. 12, 30.5.1952. – Ich bin dem Leiter des Archivs der Universität des Saarlandes, Dr. Wolfgang Müller, zu großem Dank verpflichtet für den Hinweis auf den Publikationsort dieses Beitrages und den Fundort der zugehörigen Studie „Probleme der Saaruniversität" im Bundesarchiv Bestand B 137 Bd. 3447. Zur Beobachtung der Saar-Universität durch das Ministerium für gesamtdeutsche Fragen und das AA siehe auch Wolfgang Müller, ‚Primär französisch gesteuerte und orientierte Einrichtung' oder ‚wesentliche Stütze des Deutschtums an der Westgrenze', in: Wolfgang Haubrichs/Kurt-Ulrich Jäschke/Michael Oberweis (Hrsg.), Grenzen erkennen – Begrenzungen überwinden, Sigmaringen 1999, S. 425-441. Vor dem Hintergrund der Beschäftigung des ehemaligen hauptamtlichen SD-Hauptamt-Mitarbeiters Löffler vgl. auch die Aussage des damaligen Staatssekretärs im Gesamtdeutschen Ministerium, wiedergegeben im Bulletin des Presse- und Informationsamtes der Bundesregie-

Professoren – die sich selbst ernennen

Wer nicht in die politische Linie paßt, wird gekündigt

Kein Wort Deutsch

Der Fall Rudolf Schranil

Der Zweck heiligt die Mittel

Wirtschaftliche Gründe ausschlaggebend

Ausländer, die im Saarland wohnen

Zu Beginn des neuen Schuljahres

Lassen Sie das, Sie sehen doch, daß sich das Kind zu mir hingezogen fühlt

Eine Seite des Beitrags über die Saar-Universität. Die „Deutsche Saar-Zeitung“ wurde von der Bundesregierung finanziell unterstützt.

Den Kontakt zum Ministerium für gesamtdeutsche Fragen hatten Löffler drei (spätere) Bundestagsabgeordnete vermittelt:[399]

rung Nr. 157 (16.10.1952), S. 1418: „Die Saarbrücker Zeitschrift ‚Chronique Sarroise‘ hatte gegen das Ministerium für gesamtdeutsche Fragen schwere Vorwürfe erhoben. […] So erklärt Staatssekretär Thedieck, dass im Ministerium für gesamtdeutsche Fragen nicht ein einziger Beamter, Angestellter oder Arbeiter tätig ist, der je etwas mit dem Goebbelsschen Propagandaministerium zu tun hatte. […] Die ‚Chronique Sarroise‘ ist sich vielleicht nicht bewusst, wie diffamierend ein Vergleich des als Kämpfer gegen den Nazismus in vorderster Linie bewährten Ministers Kaiser mit Herrn Goebbels wirken muss.“

399 Siehe Anm. 395.

– Der gebürtige Saarländer Fritz Hellwig, der 1934 bei Hermann Oncken in Berlin mit einer Arbeit über den „Kampf um die Saar 1860–1870“ promovierte. Hellwig studierte Geschichte, Geographie und Volkswirtschaftslehre in Marburg, Wien und Berlin. Als seine Lehrer nannte er unter anderen Günther Franz und Heinrich Ritter von Srbik. 1936 habilitierte er sich in Heidelberg und lehrte danach als Dozent an einer Hochschule für Lehrerbildung.[400] Hellwig arbeitete in den dreißiger und vierziger Jahren wiederholt zur Saarfrage und publizierte verschiedene Studien. Seine „Einführung in die Saarfrage“ erschien in deutscher, französischer, englischer und spanischer Ausgabe.[401] 1937 veröffentlichte er eine Untersuchung der französischen und sonstigen ausländischen Literatur zum Saarland zwischen 1914 und 1935.[402] Seine wirtschaftliche Nachkriegsstudie „Saar zwischen Ost und West“ wurde 1954 vom Institut für geschichtliche Landeskunde der Rheinlande herausgegeben[403], an dem Löffler seine ministerielle Studie über die politische und wirtschaftliche Entwicklung an der Saar erstellt hatte.[404] Hellwig war zu diesem Zeitpunkt Leiter des Deutschen Industrieinstituts in Köln. Dem Bundestag gehörte er seit der 2. Wahlperiode für die CDU an; er vertrat den Wahlkreis Köln II.[405]

---

400 Siehe Fritz Hellwig, Der Kampf um die Saar. Beiträge zur Rheinpolitik Napoleons III, Leipzig 1934, Lebenslauf; Kürschners Gelehrtenkalender 1941.

401 Dt.: Leipzig 1934; frz.: Hambourg 1934.

402 Fritz Hellwig, Die Saarliteratur Frankreichs und des übrigen Auslandes von 1914–1935, in: Abhandlungen zur Saarpfälzischen Landes- und Volksforschung 1, Kaiserslautern 1937, S. 187-233.

403 Fritz Hellwig, Saar zwischen Ost und West. Die wirtschaftliche Verflechtung des Saarindustriebezirks mit seinen Nachbargebieten, Bonn 1954.

404 Löffler rezensierte Hellwigs Studie im HPB II, 1954, S. 250. Dort heißt es u.a.: „In seiner materialgesättigten, durch Tabellen und Schaubilder ergänzten Darstellung, die vielfach bis 1918, ja darüber hinaus in das 19. Jahrhundert zurückgreift, kommt H. zu dem Ergebnis, dass im Saargebiet ‚keine irgendwie geartete politische Konstruktion Bestand haben kann, wenn die Saarwirtschaft nicht wettbewerbs- und lebensfähig bleibt‘. Das zeigte sich in der Zeit des Völkerbundsregimes von 1918-1935 – und ‚diese Ansicht setzt sich auch unter dem jetzigen einseitigen wirtschaftlichen Anschluss an Frankreich mehr und mehr durch.‘ […] Wenn sich auch die Untersuchung des Verf. nach seinen Worten frei hält von rein politischer Zielsetzung, so weist er doch immer wieder darauf hin, dass ‚jegliche politische Neuordnung im Status des Saarindustriegebietes den wirtschaftlichen Gegebenheiten allseitig Rechnung tragen kann und muss, wenn anders nicht die Bevölkerung des Saargebietes und der Nachbargebiete durch eine Belastung ihres Lebensstandards die Kosten unwirtschaftlicher Maßnahmen tragen soll‘. Die Arbeit muss von jedem gelesen werden, der in der Saarfrage ‚mitreden‘ will.“

405 Siehe Alphabetische Verzeichnisse der Mitglieder des Bundestages. Von 21.9.1956 bis 7.10.1959 war Hellwig Vorsitzender des Wirtschaftsausschusses des Bundestags. Am 30.11.1959 legte er sein Abgeordnetenmandat nieder, um Mitglied der Hohen Behörde der Europäischen Gemeinschaften für Kohle und Stahl zu werden.

- Karl Mommer, der dem 1. Bundestag als Mitglied der SPD-Fraktion angehörte. Er war über die Landesliste Württemberg-Baden in den Bundestag eingezogen, wohnte in Stuttgart und arbeitete dort als Referent im Deutschen Büro für Friedensfragen[406], „das als institutioneller Ausgangspunkt deutscher Außenpolitik gilt".[407] Mommer war später u.a. Parlamentarischer Geschäftsführer der SPD-Fraktion (1957-1966) und Vize-Präsident des Bundestages (1966-69). In der 1. Wahlperiode stellte Mommer zahlreiche Anfragen an die Bundesregierung, die sich mit der Lage im Saargebiet befassten.
- Hubertus Prinz zu Löwenstein(-Wertheim-Freudenberg), der über die nordrhein-westfälische Landesliste der F.D.P. 1953 in den 2. Bundestag einzog, gegen Ende der Legislaturperiode jedoch die liberale Fraktion verließ und zur Deutschen Partei wechselte.[408] Auch der Prinz stellte im Bundestag Anfragen zur politischen Entwicklung im Saargebiet.

Wann und auf welchem Wege Löffler diese drei Politiker kennenlernte, ist im einzelnen nicht bekannt. Ob Kontakte zwischen einzelnen dieser Personen schon vor 1945 bestanden, ist auf der Grundlage des eingesehenen Quellenmaterials nicht zu klären. Die einzige offensichtliche Verbindung ist das gemeinsame Interesse an der Saarfrage, in der sich Löffler schon in den dreißiger Jahren politisch engagiert hatte. Fritz Hellwig könnte Löffler über Günther Franz kennengelernt haben, von dem beide in den dreißiger Jahren einen Teil ihrer wissenschaftliche Ausbildung erhielten. In diese Zeit könnte auch die Verbindung zu einer weiteren Person zurückreichen, die Löffler bei der Ausführung der ministeriellen Forschungsaufträge in den 1950er Jahren half:

> Für diese Arbeiten hatte ich auch die Unterstützung des Auswärtigen Amtes, das mich an Ort und Stelle wichtige unveröffentlichte Akten durcharbeiten ließ. Leiter der Westabteilung im Auswärtigen Amt war damals [...] Dr. G. Strohm.[409]

Der Historiker Gustav Strohm, der 1921 in Tübingen mit einer Arbeit über „Die individualistische Richtung des 5. Jahrhunderts und der monarchische Gedanke" bei Wilhelm Weber promoviert hatte, war schon 1922 in den diplomatischen Dienst eingetreten. Zur Zeit der Volksabstimmungskampagne zur Rückgliederung des Saargebietes an das Deutsche Reich 1934/35

---

406 Alphabetisches Verzeichnis der Mitglieder des Bundestages. Drucksache Nr. 1, Deutscher Bundestag, 1. Wahlperiode 1949.

407 Hans-Jürgen Döscher, Das Auswärtige Amt im Dritten Reich, Berlin 1987, S. 38 Anm. 19.

408 Siehe Daten-Handbuch des Dt. Bundestages 1949-1983.

409 Siehe Anm. 395. Zur Biographie Strohms und seiner Rolle beim Wiederaufbau des Auswärtigen Amtes in der frühen Bundesrepublik siehe Döscher, Das Auswärtige Amt.

arbeitete Strohm im Referat „Saargebiet“ des Auswärtigen Amtes.[410] Strohm war ab 1947 „einer der führenden Vertreter“ des Büros für Friedensfragen[411], wo auch Karl Mommer als Referent arbeitete; es ist daher nicht auszuschließen, dass die Idee, Löffler für die Bundesregierung politische Berichte über das Saarland schreiben zu lassen, ihren Ausgangspunkt in Stuttgart hatte. Der oben erwähnte Beitrag in der Sonderbeilage der Deutschen Saar-Zeitung aus dem Jahre 1952 ist identisch mit der internen Studie „Probleme der Saaruniversität“ des Ministeriums für gesamtdeutsche Fragen.[412] Als Verfasser wird dort ein „Dr. Friedrich Schulze“ genannt. Über ihn gibt es in den überlieferten Beständen des Ministeriums keine Personalakte. Möglicherweise handelt es sich um ein Pseudonym Hermann Löfflers. Für diese These sprechen eine Reihe von Umständen:

- Der Verfasser des Textes stammte „aus dem Saarland und war Zeitzeuge der universitären Entwicklung“[413]. Löffler zog im Dezember 1950 wieder an die Saar[414] und beantragte die Repatriierung in der Hoffnung, an der Universität des Saarlandes als Hochschullehrer unterzukommen. Nach seinen eigenen Angaben scheiterte dies jedoch am Einspruch der damaligen saarländischen Behörden.[415]
- Der Zeitpunkt der Veröffentlichung der Sonderbeilage, Ende Mai 1952, fällt in die letzten Wochen der freien Mitarbeiterschaft Löfflers im Ministerium für gesamtdeutsche Fragen.[416]

---

410 Siehe Anm. 407.

411 Ebda.

412 BAK – B 137 Bd. 3447.

413 So Wolfgang Müller, ‚Primär französisch gesteuerte und orientierte Einrichtung‘, S. 426 Anm. 2. In der redaktionellen Einführung zur Sonderbeilage vom 30.5.1952 heißt es, der Verfasser sei ein „Fachmann, der als Lehrer an der Saarbrücker Universität tätig ist“. Weder an der Universität des Saarlandes noch an den Vorläufer-Institutionen war ein Dr. Friedrich Schulze (oder Hermann Löffler) damals beschäftigt.

414 Siehe Anm. 250 und Löffler an Wolf[f], 23.5.[??] – BAL – R 76 IV/77.

415 Siehe Anm. 250: „Trotz großer Bemühungen verschiedener Professoren, vor allem des späteren saarländischen Finanzministers und heutigen o. Prof. für Finanzwiss. an der Universität Frankfurt/Main, Adolf Blindt, des Germanisten J. Quint, aber auch des Präsidenten der evang. Kirche an der Saar, des Kirchenrats A. Wehr, scheiterte meine Übernahme an die Universität des Saarlandes am Einspruch des damaligen Innenministers Dr. Hector. Die Universität des Saarlandes hatte in den ersten Jahren nach ihrer Gründung noch nicht den heutigen übernationalen und wiss. objektiven Charakter, sondern war mehr oder weniger als französisches Kultur- und Missionsinstitut gedacht. (Über den Charakter, die Zielsetzung der damaligen Saarl. Universität habe ich ausführlich in verschiedenen deutschen Zeitungen referiert).“

416 „[F]reier Mitarbeiter im Ministerium für gesamtdeutsche Fragen in Bonn: 1.4.51 – 30.6.52.“ – Berechnung des Besoldungs-Dienstalters, Oberschulamt, 16.12.1955 – HSTA Stuttgart – EA 3/1 Löffler, Bl. 54.

- Der Verfasser hatte einschlägige geschichtswissenschaftliche Kenntnisse. Unter den Hochschullehrern, die damals an der Universität des Saarlandes lehrten, wird in der Sonderbeilage vor allem ein Dozent persönlich und fachlich angegriffen: Walter Mohr, der 1938 in die Niederlande emigriert war und zu den wenigen verfolgten Historikern gehört, die nach dem 2. Weltkrieg nach Deutschland zurückkehrten. Mohr lehrte seit 1948 in Saarbrücken mittelalterliche Geschichte. Seine 1950 in Saarlouis veröffentlichte Arbeit über „König Heinrich I. Eine kritische Studie zur Geschichtsschreibung der letzten hundert Jahre" missbilligte der Verfasser der Sonderbeilage scharf als einen Versuch, in „vollkommen unzulänglicher Weise" deutsche Historiker „abzuurteilen". Die Arbeit werde von „Fachvertretern nicht allzu ernst" genommen: „Man verschwendet in diesen Kreisen keine Zeile an eine Beurteilung dieser Art wissenschaftlichen Schrifttums."[417] Löffler hatte im Rahmen der SS auch über Heinrich I. gearbeitet, eine historische Gestalt, für die der Reichsführer-SS eine ganz besondere Vorliebe hatte.
- Schließlich könnte für eine Urheberschaft Löfflers sprechen, dass die Sonderbeilage zwei für ihn charakteristische Fehler enthält, die sich in seinen Texten wiederholt finden: die falschen Steigerungsformen „einzigste" und „weitgehendst".[418]

Das Fehlen von Unterlagen, die eine Tätigkeit Löfflers für das Ministerium belegen, erklärt sich möglicherweise durch den allseitigen Wunsch, die Angelegenheit möglichst vertraulich zu behandeln:

> Über diese Abmachungen sowie über die verschiedenen Aussprachen im Bundesministerium für gesamtdeutsche Fragen besitze ich keine schriftlichen Unterlagen, da man mich der früheren saarländischen Regierung gegenüber, bes. dem saarländischen Innenminister Dr. Hector, nicht belasten wollte. So wurde der mir auszuzahlende Betrag auch nicht ins Saargebiet, sondern an eine Famile in einem deutschen Grenzort, Birkenfeld-Nahe, überwiesen.[419]

Die Sonderbeilage nahm den Auf- und Ausbau der Universität des Saarlandes zum Anlass, scharf mit der französischen Deutschlandpolitik insgesamt ins Gericht zu gehen. Etliche Stellungnahmen des Textes greifen auf Vorstellungen und Wendungen zurück, die auch innerhalb des SD zum

417 Siehe Anm. 398, S. 3f.

418 Siehe z.B. „weitgehendst fortgeschritten" – Löffler an Wüst über Sievers, 27.6.1939 – BAZ – Löffler AE; „weitgehendst zu danken" – Lebenslauf, n.d. [1960] – HSTA Stuttgart – EA 3/1 Löffler.

419 Löffler an Regierungspräsidium Nordwürttemberg, 9.12.1955 – HSTA Stuttgart – EA 3/1 Löffler, Bl. 56. In Birkenfeld war Löfflers ehemaliger Straßburger Kollege, der Historiker Hansgeorg Fernis, als Oberstudiendirektor tätig.

Standardrepertoire der Frankreich-Historiographie gehörten: die „Ausdehnung nach Osten", die „französische Expansionspolitik in den Rheinlanden", die Abtrennung der Saar „vom gesamtdeutschen Volkskörper", der „westliche Kulturimperialismus". Für den Verfasser war die französische Saar-Politik nach 1945 im wesentlichen die Fortsetzung der Vorkriegspolitik:

Was die französische Politik zwischen 1919 und 1935 mit allen Mitteln nicht erreichen konnte, nämlich das Gebiet an der mittleren Saar in irgendeiner Form dauernd vom gesamtdeutschen Volkskörper abzutrennen – dieser Fehlschlag einer chauvinistischen Politik wurde am 13. Januar 1935 aller Welt offenbar – wurde nach 1945 erneut versucht, wobei man sich bemühte, die vermeintlichen Fehler, die erst zum Ergebnis vom Januar 1935 geführt hatten, zu vermeiden und damals Versäumtes nachzuholen. Zu diesen Versäumnissen gehörte vor allem die Gründung einer selbständigen saarländischen Universität, die neben anderen hauptsächlich den Zweck haben sollte, die geistigen Bande, die die Saar mit Deutschland verband, mit der Zeit aufzulockern und wenn möglich, völlig zu lösen, wie dies durch den erzwungenen wirtschaftlichen Anschluss der Saar an Frankreich auf diesem Sektor bereits erreicht wurde.

Nur von diesen politischen Voraussetzungen aus können wir die Schaffung der saarländischen Universität verstehen und dürfen nicht – wie dies leider bei vielen Stellen im Bundesgebiet nur allzu oft geschieht – auf die ausgeklügelte Propagandarede von der großen europäischen Kulturmission, die diese „europäische" Universität zu erfüllen habe, hereinfallen.

Mit Entschiedenheit weist der Verfasser französische Äußerungen von dem „eigenen Charakter und der eigenen Wesensart" der Saarbewohner zurück und vermutet hinter dem Namen „Saarland" die Absicht,

[...] vor der internationalen Öffentlichkeit den Anschein zu erwecken, als ob es sich dabei um ein ‚Land' im eigentlichen Sinne handle, um ein Gebiet, das aus natürlichen und geschichtlichen Gründen zu einer politischen Einheit zusammengewachsen sei, und für das späterhin die Forderung nach Autonomie als natürlich erscheinen werde.

Die insgesamt fünf Seiten im Zeitungsformat umfassende Sonderbeilage stellt fest, dass die Universität des Saarlandes „eine politische Universität mit eindeutig französischer Zielsetzung" sei, die die „Vollständigkeit eines ‚pseudo-saarländischen' Bildungssystems abrunden und damit eine ‚saarländische Autonomie' (das ist die Loslösung von Deutschland) vortäuschen" solle. Die wissenschaftliche Bedeutung der Universität sei „sehr gering", da ein großer Teil des Lehrkörpers „in keiner Form wissenschaftliche Voraussetzungen" erfülle. Schließlich habe die Universität keinerlei Berechtigung, sich als ‚europäisch' zu bezeichnen, „da die geistigen und politischen Voraussetzungen eines wahren Europäertums nicht gegeben sind".

Nach Beendigung des freien Mitarbeiterverhältnisses beim Ministerium für gesamtdeutsche Fragen trat Löffler zum 1. Juli 1952 in den Dienst des Landes Rheinland-Pfalz ein. Als Lehrer im Angestelltenverhältnis unterrichtete er Deutsch und Geschichte am neusprachlichen Gymnasium in Oppenheim/Rhein.[420] Eine ihm offenbar angebotene Berufung in den saarländischen Schuldienst – „als Übergang zur Universität des Saarlandes gedacht“[421] – hatte er zuvor abgelehnt. Der Eintritt in den Schuldienst dürfte dem ehemaligen Universitätsprofessor nicht leicht gefallen sein, markierte er doch einen deutlichen Verlust an Sozialprestige. Anderseits musste „man froh sein, dass man noch untergekommen ist. Wieviele liegen auf der Straße.“[422] Einigen seiner ehemaligen Straßburger Kollegen ging es damals nicht anders: der Dozent Hansgeorg Fernis arbeitete als kommissarischer Oberstudiendirektor im rheinland-pfälzischen Birkenfeld[423]; der Musikhistoriker Josef Müller-Blattau war Studienrat in Kirchheimbolanden; der Anglist Hans Galinsky arbeitete bis zu seiner Berufung nach Mainz zunächst ebenfalls als Studienrat, später als Lehrbeauftragter an der Universität Tübingen.[424] Löfflers ehemalige Straßburger SD-Kollegen Anrich und Franz waren noch weniger erfolgreich: Für sie gab es zunächst keine Möglichkeit, wieder im Staatsdienst unterzukommen, sie versuchten sich als Existenzgründer.[425] Löfflers Aufenthalt am Oppenheimer Gymnasium währte nicht lange. Im November 1953 hielt er vor der „Baden-Württembergischen Gesellschaft“ einen „sehr beachteten Vortrag über die Entwicklung der Saarfrage“[426], woraufhin ihm „nahe gelegt“ wurde, sich beim Stuttgarter Kultministerium um die Übernahme in den höheren Schuldienst des Landes zu bewerben. Schon Anfang Januar 1954 führte Löffler Gespräche mit Mitarbeitern des Ministeriums, um einen Wechsel in die Wege zu leiten.[427] Zu seiner Empfehlung legte er ein Gutachten bei, das Ritter von Srbik im Januar 1949 für Löffler verfasst hatte; als Referenz nannte Löffler den ehemaligen Kollegen Martin Göhring, „der an der Straßburger Universität mein Vorgesetzter war“.[428] Zum 1. Juli 1954 wurde

420 Siehe Anm. 250.

421 Ebda.

422 So Löffler gegenüber Friedrich Wolff, dem ehemaligen Quästor und Kassenleiter der Reichsuniversität Straßburg – 5.5.1953 – BAL – R 76 IV/77.

423 Löffler an Wolf[f], 23.5.[??] – BAL – R 76 IV/77.

424 Siehe Anm. 422.

425 Siehe das folgende Kapitel.

426 Siehe Anm. 250.

427 Siehe Löffler an Oberschulamt Nordwürttemberg, 11.2.1954 – HSTA EA 3/150 Löffler, Bl. 1.

428 Siehe Anm. 427. Das Gutachten Srbiks lässt darauf schließen, dass Löffler schon 1948/49 versuchte, wieder an einer Universität unterzukommen. Srbik schließt mit den Worten: „Meine

Löffler in den Schuldienst des Landes Baden-Württemberg übernommen und begann seine Lehrtätigkeit am Stuttgarter Zeppelin-Gymnasium.[429] Die biographischen Angaben, die Löffler anlässlich seiner Bewerbung um die Übernahme in den baden-württembergischen Schuldienst machte, belegen eine für einen Historiker beeindruckende ‚chronologische Flexibilität'. Sein Sipo-Einsatz im Südosten von Sommer 1943 bis Frühjahr 1944 mutierte zu „wissenschaftlichen Forschungsarbeiten", in deren Rahmen er sich „vom Jahr 1938 ab" bis Kriegsausbruch „längere Zeit" in „Belgrad, Sarajewo, Agram und Rom" aufgehalten habe.[430] In einem späteren Lebenslauf schreibt Löffler:

> In den Jahren 1936–1939 weilte ich längere Zeit in Belgrad, Agram und Sarajewo zu eingehenden Archivstudien. Das Ergebnis dieser Arbeit war eine Untersuchung über „Ursprung und Entwicklung des Königtums in den Balkanländern". Das druckfertige Manuskript, das 360 Seiten umfasste, wurde Anfang Februar 1945 bei einem Fliegerangriff auf Berlin, wo ich es aufbewahrt hatte, vernichtet. Der Verlust dieses Manuskriptes traf mich umso schwerer, weil alle wiss. Unterlagen, Exzerpte, Photokopien, beglaubigte Abschriften von Urkunden zu dieser Arbeit in Oppenau im Schwarzwald, wohin Teile unserer Wohnung ausgelagert waren, durch Plünderung verloren gingen.[431]

Diese ‚Geschichte' würde erklären, weshalb sich Löffler in Jugoslawien aufhielt, falls jemand behaupten würde, ihn dort gesehen zu haben. Gleichzeitig würde sie klarstellen, dass sein Aufenthalt *vor* Ausbruch des Weltkrieges stattgefunden hatte und dass er ausschließlich zu wissenschaftlichen Zwecken erfolgt war. Der alliierte Bombenterror würde den Verlust des Manuskripts erkären, die Plünderung, weshalb es nie eine Neufassung gab. Problematisch daran ist, dass die Löffler betreffenden Dokumente im (ehem.) *Berlin Document Center* für die Jahre 1936–1939 einen längeren Auslandsaufenthalt weder positiv vermerken noch indirekt stützen. In diese Zeit fallen seine Tätigkeit als Abteilungsleiter für Geschichte im Rassenamt II, seine Heirat (im März 1938), die „starke Beanspruchung durch Vorträge" für das SS-Schulungsamt, der Aufbau der Forschungstätte für mittlere und neuere Geschichte im „Ahnenerbe", die Erstellung der Denkschrift (November 1938 bis Februar 1939), die Arbeit an der Dissertation und die

---

Erklärung mag dazu beitragen, Herrn Löffler, den ich nur als ehrenhaft denkenden Menschen kennen gelernt habe, die Rückkehr in ein akademisches Lehramt zu erleichtern." (Srbik, Gutachten, 3.1.1949 – HSTA Stuttgart – EA 3/1 Löffler).

429 Siehe Anm. 250.

430 Siehe Oberschulamt Stuttgart an Kultministerium, 25.3.1954 – HSTA Stuttgart – EA 3/150, Löffler, Bl. 7.

431 Siehe Anm. 250.

Beobachtung wissenschaftlicher Tagungen im Auftrag des SD. Um zwischen diesen dokumentierten Aufenthalten im Reichsgebiet „längere Zeit“ Forschung in Jugoslawien treiben zu können, hätte es schon eines SD-eigenen Pendelverkehrs bedurft. Desweiteren erwähnt Löffler in den Lebensläufen der Nachkriegszeit seine Mitgliedschaft in der SS nicht. 1954 heißt es vage: „Ich war Mitglied der NSDAP und verschiedener Verbände dieser Partei. Ich wurde ordnungsgemäss entnazifiziert [...].“[432] Sechs Jahre später fehlt selbst der indirekte Hinweis auf die SS-Zugehörigkeit:

> Ich stehe voll in[n]erer Überzeugung auf dem Boden der demokratischen Lebensordnung, betone aber, dass ich der NSDAP angehört habe. Ich kann dies nur bedauern und bereuen. Im Entnazifizierungsverfahren wurde ich in die Gruppe der ‚Mitläufer‘ eingestuft.[433]

Ob sich der ehemalige SD-Mitarbeiter der Existenz ihn belastender Dokumente in alliierter Hand bewusst war? Oder vertraute er darauf, dass die „Nordgruppe“ des RSHA unter Otto Ohlendorf im Frühjahr 1945 mit der „allmählichen Vernichtung unserer Akten“ in Berlin fertig geworden war, bevor die Russen die Stadt eingenommen hatten?[434] Spätestens seit 1962, als er im Ermittlungsverfahren gegen den Leiter des Einsatzkommandos Agram, Dr. Wilhelm Beisner, als Zeuge vernommen wurde, muss Löffler klar gewesen sein, dass Informationen über seine SD-Aktivitäten noch existierten. Allerdings erhob niemand Beschuldigungen gegen ihn. Erst 1970 kam die Einsatzgruppen-Tätigkeit offiziell wieder zur Sprache. Michael H. Kater, der damals an seiner Studie über das „Ahnenerbe“ arbeitete, informierte das Kultusministerium und die Zentrale Stelle der Landesjustizverwaltungen in Ludwigsburg über Löffler betreffende Akten im BDC und behielt sich vor, „die Einzelheiten über Löfflers SS-Vergangenheit publik zu machen“, falls der Minister vor dem Hintergrund dieser Informationen nichts unternehme.[435] Das Ministerium wandte sich daraufhin an die Zentrale Stelle, die eine Kopie der Vernehmungsniederschrift aus dem Jahre 1962 nach Stuttgart sandte. Das Ministerium teilte Kater daraufhin mit, dass gegen Löffler nichts vorliege.[436] Aus der Stuttgarter Personalakte geht nicht hervor, dass Löffler von seinem Dienstherrn aufgefordert worden wäre, die Diskrepanz zwischen seinen Angaben in früheren Lebens-

---

432 Lebenslauf 10.2.1954 – HSTA Stuttgart – EA 3/150, Löffler.

433 Siehe Anm. 250.

434 Helmut Joachim Fischer, Erinnerungen, Teil II, Ingolstadt 1984, S. 152. Fischer war im RSHA III C tätig und an der Vernichtung der Akten persönlich beteiligt.

435 Kater, York University, an ZSt und Kultusministerium, 17.3.1970 – HSTA Stuttgart – EA 3/150 Löffler.

436 Kultusministerium an Kater, 10.7.1970 – HSTA Stuttgart – EA 3/150 Löffler.

läufen und den Informationen Michael Katers zu erklären.[437] Mit dem Wechsel an das Zeppelin-Gymnasium in Stuttgart kamen neun Jahre der Unsicherheit, in denen Löffler wiederholt den Arbeitgeber und seinen Wohnsitz gewechselt hatte, zu einem Ende. Zwei Jahre lang pendelte er noch zwischen Heidelberg und der Landeshauptstadt, 1956 bezog die Familie ein Haus in einer guten Stuttgarter Wohngegend. Löffler schien sich in die Rolle des Gymnasiallehrers einzufinden, wenn auch deutlich ist, dass ihn diese Aufgabe allein nicht wirklich ausfüllte: Neben dem Unterricht engagierte er sich innerhalb und außerhalb der Schule im Bereich der politischen Bildung. Für die oberen Gymnasialklassen führte er „verschiedene politische Arbeitsgemeinschaften“[438] durch, an denen Schüler „allen Unckenrufen [!] zum Trotz“ in erfreulicher Zahl teilnahmen. Ab Herbst 1955 übernahm er „die wissenschaftliche Leitung und unterrichtliche Betreuung der aus der sowjet. Besatzungszone geflüchteten Abiturienten“ und führte für diese Klientel Lehrgänge in Geschichte und Gemeinschaftskunde durch. Am Zeppelin-Gymnasium betreute er die Referendare für Geschichte und Gemeinschaftskunde. Außerhalb des Schulbereichs entwickelte Löffler in der zweiten Hälfte der fünfziger Jahre vielfältige Aktivitäten in der Erwachsenenbildung. Er arbeitete mit der Stuttgarter Volkshochschule und anderen Volkshochschulen des Landes zusammen, mit der Pädagogischen Arbeitsstelle für Erwachsenenbildung in Inzigkofen, der Industrie- und Handelskammer Stuttgart, der evangelischen Kirche und mit der Arbeitsgemeinschaft „Der Bürger im Staat“ (der späteren baden-württembergischen Landeszentrale für politsche Bildung). Über die unterrichtliche Betreuung der „Zonenabiturienten“ veröffentlichte Löffler im Dezember 1956 einen Beitrag in der Zeitschrift „Der Bürger im Staat“. Die Kurse dienten der Studienvorbereitung geflohener Abiturienten aus „Mitteldeutschland“, eine Vorschaltmaßnahme, die 1955 von der westdeutschen Kultusministerkonferenz beschlossen worden war. Löfflers Lehrgänge in Geschichte und „besonders in politischer Gegenwartskunde“ hatten das Ziel,

> [...] die Abiturienten – die so lange im Wirkungsfeld sowjetischer Pädagogik standen – an Fragen heranzuführen, über die sie drüben nicht diskutieren durften, so z.B. das Menschenbild des Bolschewismus und der Mensch im Westen, der dialektische Materialismus in Theorie und Praxis, die freie Welt und die Diktatur, das Wesen der De-

437 Kater schrieb später in seiner Studie: „Wohl nicht zuletzt wegen des Verdachts übler Nachrede außerhalb des ‚Ahnenerbes‘ wurde [Löffler] im November 1940 zum SD abgeschoben, wo er sich in Kriegszeiten – als SS-Spitzel an der Reichsuniversität Straßburg und Mitglied einer Einsatzgruppe in Kroatien – noch bewährte.“ (Kater, Ahnenerbe, S. 96).

438 Hierfür und für die folgenden Angaben vgl. Anm. 250.

mokratie, Christentum und Kommunismus, die Wiedervereinigung in mittel-, westdeutscher und ausländischer Sicht.[439]

Eine gewisse thematische Affinität zur Gegnerforschung des Amtes VII – Sachgebiete Marxismus, Liberalismus – ist unverkennbar. Angesichts des politischen Zeitgeistes der fünfziger Jahre stellt sich die Frage, in welchem Maße ein semantischer Umbau der Ergebnisse notwendig war, der über die Kaschierung allzu eindeutiger Bezüge auf den Rassismus und Antisemitismus hinausgegangen wäre; gerade auf dem Gebiet des Antibolschewismus zeigt sich, wie gering die rhetorischen Anpassungsleistungen sein mussten, um nationalsozialistische Positionen in den frühbundesrepublikanischen politischen Diskurs zu übertragen. Eine Lesebeispiel, entnommen der Rede des Staatssekretärs im Bundesministerium für Gesamtdeutsche Fragen, Franz Thedieck, aus dem Jahre 1952:

Denn wie anders wäre die kräfteverzehrende Spannung zwischen Ost und West zu erklären, wenn nicht durch die Tatsache, dass das Herzstück Europas, Böhmen, Mähren und Schlesien, überschwemmt worden ist von einer asiatischen Flut, die das organische Bindeglied zwischen Osten und Westen hinweggespült hat und so gründlich austilgte, dass heute Europa und Asien mitten im Herzen unseres Kontinents zusammenstoßen. […] Immer wieder ist die östliche Flut bis in die Herzkammern Europas hineingebrandet: Ich erinnere an die Awaren und Hunnen, an die Horden Dschingis-Khans und an das Vordringen der Türken. Immer wieder pochten sie an die Tore Mitteleuropas, aber jedesmal noch gelang es unter dem Einsatz aller Kräfte, ihrem Ansturm Herr zu werden. Heute steht wieder eine asiatische Großmacht an Elbe und Werra, an der Saale, am Rand des Böhmerwaldes, im Herzen von Wien. Mehr als je zuvor bedarf es deshalb der Zusammenfassung aller europäischen Kräfte, um zu bewahren, was christlicher Humanismus in Jahrhunderten aufbaute.[440]

Exakt zehn Jahre zuvor, als der – vom Staatssekretär tunlichst verschwiegene – deutsche Angriff auf die Sowjetunion die „asiatische Flut“ heraufbeschworen hatte, konnte man in der von F.A. Six herausgegebenen ‚Zeitschrift für Politik‘ durchaus ähnliche, wenn auch zeitbedingt gegen Ost *und West* gerichtete Äußerungen vernehmen:

Gegen die europafremden und europafeindlichen Systeme der angelsächsischen Mächte und ihres bolschewistischen Verbündeten steht heute vor Deutschland unabweisbar die Aufgabe, eine wirkliche Ordnung Europas zu begründen. Diese Ordnung ist, wie der Berliner Antikominternkongress bewiesen hat, mitten im Kriege im Entstehen begriffen. So konnte Reichsaußenminister von Ribbentrop in seiner grundle-

439 Hermann Löffler, Mitteldeutsche Jugend lernt im Westen, in: Der Bürger im Staat 6, 12 (Dezember 1956), S. 167.

440 Franz Thedieck, Glieder der europäischen Kultur. (Ansprache anlässlich des ‚Sudetendeutschen Tages‘ am 31.5.1952 in Stuttgart), in: Bulletin des Presse- und Informationsamtes der Bundesregierung Nr. 64, 6.6.1952, S. 699f. [Sperrung im Original].

genden Rede vor den Staatsmännern der Antikominternmächte erklären: „Wir erleben nun das erhebende Schauspiel, dass eine europäische Nation nach der anderen, meist ehemalige Bundesgenossen Englands oder Länder, die England in den Krieg gegen Deutschland und damit ins Unglück gestürzt hat [sic], sich von England abwenden und zu uns kommen und ihre Söhne zum Kampf gegen den gemeinsamen bolschewistischen Feind anbieten. Europa ist zum ersten Mal in seiner Geschichte auf dem Wege zur Einigung.“[441]

Und ganz ähnliche Wendungen wie jene, mit denen Six und von Ribbentrop den ideologischen Frontverlauf der Antikomintern-Vertragspartner beschrieben, finden sich wiederum in einer Rede von Robert Lehr aus dem Jahre 1952 über die europäischen Verträge der Nachkriegszeit:

Die Unterzeichner der Verträge sehen in dem asiatischen Kollektivismus den größten Feind der Menschheit und schließen sich zur einheitlichen Verteidigung ihrer eigenen Lebensrechte und ihrer Kulturgüter zusammen.[442]

Der Bundesinnenminister und ehemalige Angehörige des Goerdeler-Kreises hatte die Rede anlässlich der 425-Jahr-Feier der Philipps-Universität Marburg gehalten und dabei die „Forderungen unserer Gegenwart“ an die Hochschulen mit Worten angesprochen, die sich wie eine nachträgliche Begründung der Notwendigkeit einer wissenschaftlichen Gegnerforschung à la Six lesen:

Aber welch ungeheure Forderungen stellt unsere Gegenwart an uns alle, auch an Professoren und Studenten! Die sozialen Auseinandersetzungen dieser Jahre, die ihren Widerhall in den oft weit mehr beachteten politischen Ereignissen finden, verlangen ein sehr hohes Maß von Wissen, wollen wir Erscheinungen von so weltweiter Bedeutung wie dem Kommunismus wirklich innerlich gerüstet gegenübertreten. Ohne einige Kenntnis auch vom Wesen und den Lehren des Marxismus ist das nicht möglich. Wer also als Akademiker in die führenden Schichten einrücken will, muss solche Kenntnisse besitzen und sich durch sie einen eigenen Standpunkt bilden. Wer diese für die innere Überwindung des Kommunismus unerlässliche Vorarbeit den Politikern überlassen möchte, hätte Sinn und Aufgaben des demokratischen Staates schlecht verstanden.

---

441 F.A. Six, Russland als Teil Europas, in: Zeitschrift für Politik 32, 1942, S. 50-54, 53. Six fährt an dieser Stelle fort: „Indem diese Einigung Europas sich angesichts einer gemeinsamen Aufgabe vollzieht, enthält sie die Voraussetzungen für die dauerhafte Begründung eines umfassenden Kontinentalbewusstseins. Dabei verlangt der Kontinent nach der Einheit, der Rückgewinnung des östlichen Raumes als Teil Europas. Der europäische Kampf im Osten bedeutet daher schon die Überleitung für die größere Zielsetzung: Im Ringen um die Selbstbehauptung des geeinten Kontinents die Schätze der östlichen Erde und die Kraft seiner Menschen einzusetzen in den aufbrechenden Weltkampf: Zum Siege Europas."

442 Robert Lehr, Hochschule, Staat und Politik. Der asiatische Kollektivismus der Feind der Kultur (Rede anlässlich der 425. Jahresfeier der Universität Marburg), in: Bulletin des Presse- und Informationsamtes der Bundesregierung Nr. 82, 3.7.1952, S. 834f. [Sperrung im Original].

Das vielfältige Engagement Löfflers lässt erkennen, dass es ihm nach wie vor darum zu tun war, im Bereich der Neueren und Zeitgeschichte wissenschaftlich-erzieherisch tätig zu sein. Seine Arbeitsgemeinschaft „Probleme der Weltpolitik" an der Stuttgarter VHS hatte regen Zulauf; im Winter 1960 plante er Seminare über „Die letzten 60 Jahre der deutschen Geschichte" in Herrenberg, Göppingen und Gerlingen, für die schon „zahlreiche Meldungen eingegangen" seien. Drei Jahre nach der Berufung von Günther Franz auf den Lehrstuhl für Geschichte und Agrargeschichte an der Universität Stuttgart-Hohenheim hielt Löffler dort am 23. Mai 1960 „vor Professoren und fast 200 Studierenden" die Studium-Generale-Vorlesung über „Nation und Nationalismus im 19. und 20. Jahrhundert".[443] Offenbar waren nach Beendigung der Aufträge für das Ministerium für gesamtdeutsche Fragen auch die Kontakte zu Politikern in Bonn nicht abgerissen: „Im Bundesverteidigungsministerium sprach ich [1960] über ‚Frankreich und die algerische Frage'. Auch nach diesem Vortrag fand eine lebhafte Aussprache statt." Das Thema Kolonialismus behandelte Löffler auch auf Tagungen der evangelischen Akademien in Herrenalb und Bad Boll, die von „Studenten aus den ‚Entwicklungsländern'" besucht wurden. Neben den Tätigkeiten im Bereich der politischen Bildung hielt Löffler auch Anschluss an die Fachwissenschaft. Er besuchte die Tagungen der Ranke-Gesellschaft[444], war 1956 Teilnehmer des 23. deutschen Historikertags in Ulm, über dessen Verlauf er seinem Dienstherrn ausführlichen Bericht erstattete[445], und nahm an Studientagungen des Ost-Kollegs der Bundeszentrale für Heimatdienst teil.[446] Ferner beantragte Löffler beim Kultusministerium die Teilnahme an Veranstaltungen der Deutschen Gesellschaft für Osteuropakunde und des Internationalen Historiker-Kongresses. Wiederholt war Löffler als Redner und Teilnehmer auf den ‚Meraner Hochschulwochen' des Südtiroler Kulturinstituts vertreten, dem er „seit Jahren" in „sehr enge[r] Zusammenarbeit" verbunden war.[447] In seinem Bericht an

443 Siehe Anm. 250. Ich danke Dr. Ulrich Fellmeth vom Archiv der Universität Hohenheim für die Bestätigung dieses Vortrages und für nähere Angaben. (Fellmeth an Verf., 21.10.1999).

444 Löffler an Wolff, 5.5.[1953] – BAL – R 76 IV/77.

445 Löffler an Regierungspräsidium Nordwürttemberg, 18.9.1956 – HSTA Stuttgart – EA 3/1 Löffler, Bl. 82ff.

446 Siehe Bundeszentrale für Heimatdienst an Löffler, 11.12.1957; Löffler an Oberschulamt, 20.2.1958 u.ö. – HSTA Stuttgart – EA 3/1 Löffler, Bl. 36 u.a.

447 Löffler an Kultusministerium, 25.6.1963 – HSTA Stuttgart – EA 3/1 Löffler, Bl. 33. Allein im Frühjahr 1963 hielt Löffler in „Bozen, Brixen, Meran, Bruneck und wiederum Bozen" folgende Vorträge: „Europa zwischen den beiden Weltmächten"; „Über den modernen Atheismus in der freien Welt"; „Der Sinn der europäischen Einheit"; „Das Werden der europäischen Einheit. Ein geschichtlicher Überblick."

das Kultusministerium über die 9. ‚Meraner Hochschulwochen' (10.-21. September 1962) referierte Löffler zustimmend die Eröffnungsrede des Präsidenten des Südtiroler Kulturinstituts, Dr. Fritz Egger:

Der moderne Mensch ist nicht der entwurzelte Mensch, der den jeweiligen Strömungen des Augenblicks hingegeben ist. Der moderne Mensch ist, wie wir ihn als Ideal begreifen, der in der Scholle verwurzelte Mensch [...]. Das Geheimnis der Größe Europas bestehe in der Vielfalt der Kulturen, in der Polarität derselben, in der Begegnung, nicht in der Vermischung. Es sei deshalb die erste Aufgabe ‚von uns Südtirolern', unsere deutsch-tirolische Kultur zu festigen und lebendig weiterzuentwickeln und hierzu immer neue Nahrung aus dem deutschen Sprachraum zu holen.[448]

Wissenschaftliche Arbeiten größeren Umfanges hat Löffler in der Nachkriegszeit nicht publiziert. Die einzigen Hinweise auf größere wissenschaftliche Projekte entstammen seinen eigenen Stellungnahmen gegenüber dem Kultusministerium und den Gutachten, die Günther Franz für ihn schrieb. Zumindest in thematischer Hinsicht orientierten sich diese Arbeiten weiterhin an der Gegnerforschung des Amtes VII. 1954 teilte Löffler mit, er arbeite „an einer größeren Darstellung über ‚Nietzsche und das Judentum'."[449] In der zweiten Hälfte der fünfziger Jahre nannte er als sein „wissenschaftliches Spezialgebiet" den „Osten und [die] Entwicklung des Marxismus."[450] Günther Franz wusste 1960 zu berichten, dass „Studien über August Bebel, die L. nach dem Kriege beschäftigten, [...] leider wegen seiner Wiederverwendung im Schuldienst nicht zum Abschluss gekommen" seien.[451] Zur gleichen Zeit gab Löffler gegenüber dem Kultusministerium seiner Hoffnung Ausdruck, trotz der Beanspruchung durch den Schuldienst „in absehbarer Zeit eine umfassendere Studie über Bebel vorlegen zu können."[452] Von zahlreichen Rezensionen im „Historisch-Politischen Buch" abgesehen sind nur zwei Beiträge von Löffler in wissenschaftlichen Publikationsorganen der Nachkriegszeit identifizierbar: Kurzbiographien des Chemikers und Industriellen Richard Ernst Abund Avenarius (1840-1917) und des Hüttenmannes und Waffenfabrikanten Johann Heinrich Anthes († 1733), die 1953 im Band 1 der Neuen Deutschen Biographie

448 Löffler: 9. Meraner Hochschulwochen. Bericht und Eindrücke. Anlage zum Schreiben Löffler an Kultusministerium, 17.10.1962 – HSTA Stuttgart – EA 3/1 Löffler.

449 Siehe Anm. 432.

450 Siehe Anm. 445. Vgl. auch seine Äußerung aus dem Jahre 1958: „Da ich selbst wissenschaftlich über Fragen des Marxismus-Leninismus arbeite [...]." Löffler an Oberschulamt, 20.2.1958 – HSTA Stuttgart – EA 3/1 Löffler, Bl. 84.

451 Franz: Gutachten über Löffler, 7.10.1960 – HSTA Stuttgart – EA 3/1 Löffler.

452 Siehe Anm. 250.

erschienen.[453] Wer Löffler die Mitarbeit an diesem historisch-biographischen Projekt vermittelte, ist mir nicht bekannt; der Katholik Avenarius, der „zu den führenden Männern der nationalliberalen Partei Hessens“ gehörte, dürfte Löffler von seinen SD-Forschungen zum politischen Katholizismus vertraut gewesen sein, der „Begründer der Waffenindustrie im Elsass“ Anthes möglicherweise aus Straßburger Arbeitszusammenhängen.

Das oben erwähnte Gutachten von Günther Franz wurde aus Anlass der Bewerbung Löfflers um eine Stelle an einer Pädagogischen Hochschule angefordert. Löffler nannte in seinem Lebenslauf aus dem Jahre 1960 noch andere Personen, die „nähere Auskunft“ über ihn geben könnten, darunter Hellmuth Rössler, seine früheren Straßburger Kollegen Gerhard Fricke (Germanistik)[454] und Hans Oppermann (Klassische Philologie) sowie den Innsbrucker Historiker Franz Huter, der im 2. Weltkrieg der Kulturkommission Südtirol des „Ahnenerbe“ angehörte und deshalb 1955 in Trient wegen Kulturraubes vor Gericht stand (und freigesprochen wurde).[455]

Franz verwies in seinem Gutachten darauf, dass Löffler „regelmäßig an der von mir herausgegebenen Zeitschrift ‚Das historisch-politische Buch‘ als Rezensent“ mitarbeitete.[456] Tatsächlich hatte Löffler ab der ersten Ausgabe der Zeitschrift (1953) Rezensionen beigesteuert – bis Ende 1960 nicht weniger als 27.[457] Über Löfflers Qualifikation als Historiker äußerte Franz:

Aus meiner langjährigen Kenntnis der Persönlichkeit und der wissenschaftlichen Arbeitsweise von Hermann Löffler kann ich sagen, dass L. ein historisch ungemein vielseitig gebildeter, mit kritischem Sinn begabter Historiker ist, der es versteht, Geschichte in sehr lebendiger Weise, sei es im Kolleg, sei es im Schulunterricht oder auch in Vorträgen, zu vermitteln. Aus dem Schuldienst zur Hochschule gekommen und heute wieder im Schuldienst tätig, gehört er zu den Wissenschaftlern, bei denen das pädagogische Anliegen, nicht nur die Vermittlung historischen Wissensstoffes, sondern die methodische Schulung, vor allem aber die Vermittlung eines wirklichen

---

453 Historische Kommission der Bayerischen Akademie der Wissenschaften (Hrsg.), Neue Deutsche Biographie, Erster Band: Aachen – Behaim, Berlin 1953, S. 313f (Anthes), S. 467f. (Avenarius).

454 Zu Rössler und Fricke vgl. Kap. 3.

455 Zu Huter siehe Fahlbusch, Wissenschaft im Dienst der nationalsozialistischen Politik?, S. 302 u.a., Kater, Ahnenerbe, S. 166ff. Huter gab 1965 den Sammelband „Südtirol. Eine Frage des europäischen Gewissens“ heraus (München 1965).

456 Siehe Anm. 451.

457 Löffler publizierte zwischen 1953 und 1975 im HPB insgesamt 71 Rezensionen. Die rezensierten Titel gehörten – von einzelnen Ausnahmen abgesehen – den folgenden Themenkomplexen an: Saarland und Saarfrage, Kirchengeschichte/politischer Katholizismus; Geschichte des Deutschen Reiches/Parlamentsgeschichte (1871-1933); Osteuropa/Bolschewismus; Historische Überblicks- oder Gesamtdarstellungen; geschichtliche Unterrichtswerke; Nationalsozialismus/Zweiter Weltkrieg.

Geschichtsbildes an seine Schüler voransteht. Ich weiss, dass L. neben seiner Tätigkeit im Schuldienst das historische Schrifttum fortlaufend verfolgt. Es dürfte wohl kaum eine bedeutendere Neuerscheinung in den letzten Jahren geben, die er nicht gelesen hat. Ich bin daher überzeugt, dass Prof. Dr. Löffler in besonderem Maße für eine Tätigkeit an einer pädagogischen Hochschule geeignet ist.

Letzterem Urteil schloss sich auch der früher in Innsbruck lehrende Hellmuth Rössler an, der nach 9jähriger Unterbrechung 1954 den Lehrstuhl für Neuere Geschichte an der TH Darmstadt erhalten hatte:

Für eine Tätigkeit an einer Hochschule für Lehrerbildung erscheint er insofern besonders qualifiziert, als er eine seltene Fähigkeit der Menschenbeobachtung und eine ausgedehnte und bis zu geistig-künstlerischen Problemen der Gegenwart reichende Literaturkenntnis besitzt, wobei er sein Wissen wie sein Urteil in sehr verständlicher Form darbietet. Ich habe wenige Historiker kennengelernt, die wie er geistige und besonders geschichtliche Probleme und Entwicklungen so lebendig-einprägsam – selbst für Laien – machen können.[458]

Löffler wurde zum 1. Mai 1962 als Professor des Faches Geschichte an der Pädagogischen Hochschule Heidelberg eingestellt. Er leitete dort die ‚Abteilung für Neuere und Zeitgeschichte und Historische Didaktik und Methodik'[459] und blieb an der PH bis zu seiner Pensionierung 1973; Lehraufträge übernahm er noch bis 1975. Am 20. Oktober 1978 starb Löffler in Heidelberg.[460]

Über Löfflers wissenschaftlich-pädagogische Arbeit an der PH Heidelberg sind nur wenige Informationen zugänglich. In einem Entwurf einer Veröffentlichung zu Löfflers 70. Geburtstag, der offensichtlich von der Personalabteilung der Pädagogischen Hochschule verfasst wurde, wird seine „überaus erfolgreiche und fruchtbare Lehrtätigkeit“ erwähnt: „Nicht nur in den Hörsälen der Hochschule, auch in seiner Wohnung sammelte er viele interessierte Studenten um sich zu anregenden fachlichen Gesprä-

---

458 Rössler, Gutachten über Löffler, 7.11.1960 – HSTA Stuttgart – EA 3/1 Löffler. Rössler gibt an, mit Löffler „seit 1945 persönlich bekannt“ zu sein. Zur nie veröffentlichten Habilitationsarbeit äußert Rössler: „Seine Habilitationsarbeit über den badischen Politiker Buss lässt bedauern, dass er sich der hier erfolgreich angegangenen Erforschung der deutschen Parteigeschichte des 19. Jahrhunderts wegen seiner Tätigkeit im Schuldienst nicht ferner widmen konnte.“

459 Kürschner's Gelehrtenkalender 1970. Das genaue Jahr der Ernennung geht aus den Ausgaben 1966, 1970 und 1976 von Kürschner's Gelehrtenkalender nicht hervor. Eine Einsichtnahme in Löffler betreffende Akten aus der Nachkriegszeit der Pädagogischen Hochschule Heidelberg wurde mir unter Verweis auf das Todesdatum (1978) im Juli 1998 nur mit Genehmigung der Nachfahren in Aussicht gestellt. Diese Genehmigung konnte nicht eingeholt werden.

460 Kürschner's Gelehrtenkalender 1976 und 1980 (Nekrolog).

chen."[461] Es dürfte auch unter den Studierenden der Geschichtswissenschaft an der PH Heidelberg einige ‚studentenbewegte' Geister gegeben haben, und gerne wüsste man, mit welchen tagespolitischen Ansichten der vormalige SD-Historiker Löffler vor die studentische Öffentlichkeit trat. Es ist einerseits zu bedauern, dass außer seinen Rezensionen im Historisch-Politischen Buch keine Texte aus der Nachkriegszeit überliefert sind, anhand derer man seine weltanschaulich-politische Entwicklung untersuchen könnte; anderseits zeigen die Kontroversen um Hans Schwerte, Karl Dietrich Erdmann, Werner Conze und Theodor Schieder die Schwierigkeiten auf, die mit einem solchen methodischen Vorgehen verbunden sind. Anhand welcher Kriterien wäre die Redlichkeit und Aufrichtigkeit einer Distanzierung von nationalsozialistischen Anschauungen festzustellen? Sind nicht vielen historisch Urteilenden gerade jene Personen suspekt, die sich von völkischen zu linksliberalen, fortschrittlichen Positionen vorgearbeitet haben?[462] Auch das moralische Problem, das alle hier gerade genannten Wissenschaftler teilen: das eigene Handeln im Nationalsozialismus nicht aufrichtig thematisiert, sondern geleugnet oder beschönigt zu haben, erweist sich für viele zeithistorisch Forschende als Hindernis, einem NS-Wissenschaftler die erfolgreiche Überwindung der NS-Ideologie zu bescheinigen. Hermann Lübbes These, dass es sich dabei nicht um „Verdrängung" gehandelt habe, sondern um eine „Diskretion im Verhältnis Anti-Nazis und Alt-Nazis in ihrer Wiederaufbau-Kooperation"[463], deren „integrative Funktion" für die innenpolitische Stabilität der frühen Bundesrepublik wesentlich gewesen sei, ist in der historisch-politischen Forschung zum Teil massiv kritisiert worden. Anderseits illustriert die neuere Forschung zur Frühgeschichte der Bundesrepublik, welcher Natur der Mehrheitskonsens der BRD-Gesellschaft der 1950er Jahre im Hinblick auf die ‚jüngste Vergangenheit' und den Umgang mit ihr war:

> Dreierlei kennzeichnete die Vergangenheitspolitik der Bonner Anfangsjahre: der hohe Konsens der sie tragenden Kräfte, die Pauschalität ihrer Maßnahmen und die temporeiche Stringenz ihrer Abwicklung. Vergangenheitspolitik, verstanden als der Pro-

461 K.K.: Prof. Dr. Hermann Löffler 70 Jahre, n.d. [ca. Februar 1978], Entwurf – PH Heidelberg – PA Löffler.

462 Vgl. dazu v.a. die Äusserungen von Theo Buck, Ludwig Jäger und damaliger Studierenden der RWTH Aachen zur Person Hans Schwerte/Hans Ernst Schneider (siehe Anm. 149).

463 Hermann Lübbe, Deutschland nach dem Nationalsozialismus 1945-1990. Zum politischen und akademischen Kontext des Falles Schneider alias Schwerte, in: König/Kuhlmann/Schwabe (Hrsg.), Vertuschte Vergangenheit, S. 182-206, 203. Zu Lübbes Thesen siehe ausführlicher Hermann Lübbe, Der Nationalsozialismus im deutschen Nachkriegsbewusstsein, in: Historische Zeitschrift 236, 1983, S. 579-599.

zess der Amnestierung und Integration der vormaligen Anhänger des ‚Dritten Reiches' und der normativen Abgrenzung vom Nationalsozialismus, war in ihren Grundsätzen unumstritten, in ihren Leistungen großzügig und in ihren Folgen nachhaltig.[464]

464 Norbert Frei, Vergangenheitspolitik. Die Anfänge der Bundesrepublik und die NS-Vergangenheit, München 1996, S. 397. Siehe dazu auch Herbert, Best; Hachmeister: Der Gegnerforscher.

3 Wissenschaftliche Überlebensstrategien anderer SD-Historiker

Die Gesamtkapitulation der deutschen Wehrmacht im Mai 1945 beendete den Krieg in Europa, aber auch das nationalsozialistische Projekt, Staaten und Gesellschaften nach dem „völkischen Prinzip“ (Werner Best) zu reorganisieren. Die SS-Intellektuellen, die innerhalb des SD für die wissenschaftlich korrekte Ideologieproduktion zuständig waren, wurden vom *Ende* des von ihnen mitbetriebenen NS-Terrors in mehrfacher Hinsicht betroffen: sie mussten die Niederlage eines Weltentwurfes akzeptieren, von dessen Richtigkeit und inhärenter Überlegenheit die meisten subjektiv überzeugt waren; sie wurden in Nürnberg summarisch der Mitgliedschaft in einer „verbrecherischen Organisation“ für schuldig befunden; und sie galten, sofern sie nach 1933 in den Beamtendienst übernommen worden waren, laut Verordnung der Besatzungsmächte mit dem Stichtag 8. Mai 1945 als entlassen, oder sie wurden 1945 unmittelbar „aus politischen Gründen“ aus dem Amt entfernt. Außerdem waren natürlich jene besonders betroffen, die hauptamtlich für den Sicherheitsdienst tätig gewesen waren. Unter den führenden (z.T. außenstehenden) wissenschaftlichen Mitarbeitern und Verantwortlichen der RSHA-Ämter III und VII betraf das unter anderen Günther Franz, Hermann Löffler, Helmuth Rössler, Ernst Anrich, Hans Schick, Horst Mahnke, Wilhelm Spengler, Ernst Turowski, Walter von Kielpinski, Hans Rössner und – last but not least – Franz Alfred Six. Der Blick auf die Nachkriegsbiographien dieser ehemaligen SD-Wissenschaftler zeigt, dass der Großteil bemüht war, weiterhin im Bereich der Wissenschaft und Publizistik tätig zu bleiben. Auf unterschiedlichen Wegen gelangten die meisten im Laufe der späten vierziger und fünfziger Jahre wieder in führende Stellungen im Presse-, Verlags- oder Universitätsbereich, von denen aus sie gesellschaftliche Wirksamkeit entfalteten:

Horst Mahnke, der ehemalige Leiter des Referats VII B3 (Marxismus), wurde Chef des Ressorts „Internationales“ beim „Spiegel“. Neben seiner hauptamtlichen SD-Tätigkeit hatte er ab 1940 an der AWI-Fakultät gelehrt und im „dualen System“ mit einer Arbeit über „Die freimaurerische Presse in Deutschland. Struktur und Geschichte“ promoviert.[465]

---

465 Königsberg, Phil. Diss. vom 12. September 1941. Siehe Jahresverzeichnis der deutschen Hochschulschriften 1941, S. 282. Zur Frühgeschichte des „Spiegel“ (und zur Biographie Mahnkes) vgl. Hachmeister, Der Gegnerforscher, S. 316-342.

Der Germanist und Historiker *Wilhelm Spengler*, der die Gruppe III C (Kultur) im RSHA leitete und nach dem Krieg an der Wuppertaler „Stillen Hilfe für Kriegsgefangene und Internierte" beteiligt war, arbeitete in den fünfziger Jahren im Oldenburger Stalling-Verlag als Lektor.[466] In gleicher Position war bis 1953 dort auch Spenglers ehemaliger RSHA-Kollege *Hans Rössner* tätig, der Verfasser der SD-Denkschrift über „Lage und Aufgaben der Germanistik und deutschen Literaturwissenschaft". Rössner brachte es später bis zum Verlagsleiter bei Piper in München. In die Zeit seiner Tätigkeit als Verlagsleiter fällt unter anderem die Publikation „Die Unfähigkeit zu trauern" von Alexander und Margarete Mitscherlich (Piper 1967). Spengler gab im Stalling-Verlag Mitte der fünfziger Jahre zusammen mit dem Germanisten *Hans Schwerte* die vierbändige Europa-Reihe „Gestalter unserer Zeit" heraus. Schwerte, der bis 1945 unter dem Namen *Hans Ernst Schneider* lebte, war im Zweiten Weltkrieg Leiter des Germanischen Wissenschaftseinsatzes und hatte vielfältige Kontakte zum SD. In der Nachkriegszeit begann er seine akademische Karriere unter dem Namen Schwerte ein zweites Mal, promovierte und habilitierte sich in Erlangen und wurde schließlich Professor und Rektor an der RWTH Aachen.[467] Auch Günther Franz veröffentlichte in den frühen fünfziger Jahren wiederholt im Stalling-Verlag.[468]

Kurze Zeit nach seiner Freilassung aus der Landsberger Haft wurde *Franz Alfred Six* persönlich haftender Gesellschafter des C. W. Leske Verlags in Darmstadt, wo er ab Herbst 1953 hauptsächlich wohnte.[469] Six trat in dieser Funktion die Nachfolge des Leske-Inhabers Dr. Werner Wittich an. Der Leske Verlag war im Dritten Reich mit der Wittich'schen Hofbuchdruckerei verbunden worden, deren Eigentümer damals Kontakte zur SS bzw. zum SD hatte: 1941 erschien bei Wittich die „Festgabe für Heinrich Himmler" sowie Justus Beyer's Berliner Dissertation „Die Ständeideologien der Systemzeit und ihre Überwindung", die von Reinhard Höhn und Carl Schmitt betreut worden war. Höhn veröffentlichte dort 1940 das Buch „Frankreichs demokratische Mission in Europa und ihr Ende" sowie 1942 „Reich – Großraum – Großmacht". Zusammen mit dem Mitinhaber des Verlags, Dr. Werner Wittich, hatte Reinhard Höhn schon 1934 den Aufsatz „Staat, Volk, Führung als Rechtsprinzip" in der Zeitschrift „Deutsches Recht" publiziert. Mit Six' Einstieg als Gesellschafter wechselte 1953 auch die „Zeitschrift für Geopolitik" von Karl Heinz Pfeffer zum Leske Verlag.

466 Siehe Hachmeister, Der Gegnerforscher, S. 300.

467 Zu Schwerte/Schneider und zu dieser Europa-Reihe vgl. die in Anm. 543 angegebene Literatur.

468 Vgl. Gunther Franz, Bibliographie Günther Franz.

469 Hierzu und für den Rest des Absatzes vgl. Hachmeister, Der Gegnerforscher, S. 313f.

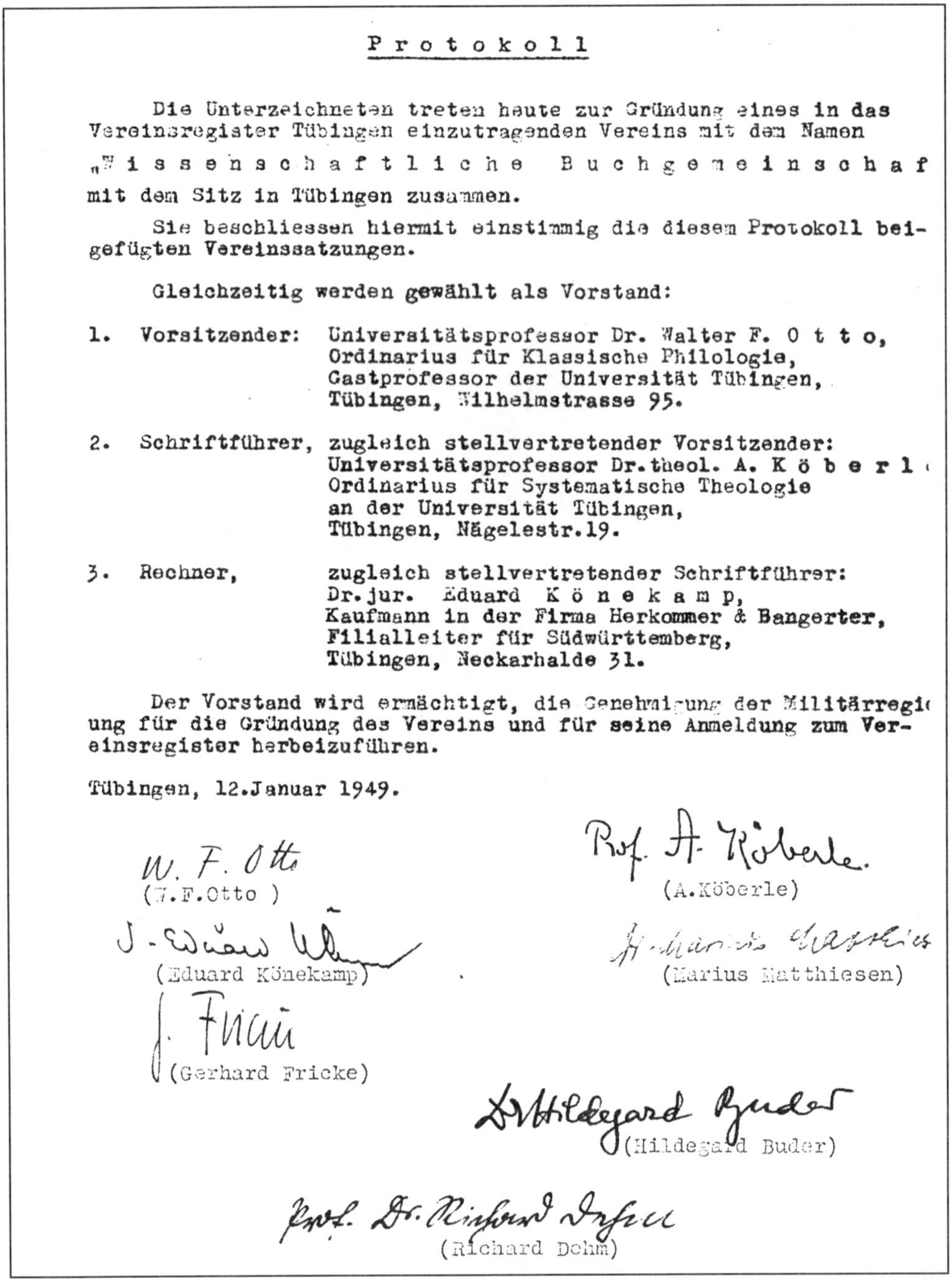

Protokoll

Die Unterzeichneten treten heute zur Gründung eines in das Vereinsregister Tübingen einzutragenden Vereins mit dem Namen „Wissenschaftliche Buchgemeinschaf mit dem Sitz in Tübingen zusammen.

Sie beschliessen hiermit einstimmig die diesem Protokoll beigefügten Vereinssatzungen.

Gleichzeitig werden gewählt als Vorstand:

1. Vorsitzender: Universitätsprofessor Dr. Walter F. Otto, Ordinarius für Klassische Philologie, Gastprofessor der Universität Tübingen, Tübingen, Wilhelmstrasse 95.

2. Schriftführer, zugleich stellvertretender Vorsitzender: Universitätsprofessor Dr. theol. A. Köberl Ordinarius für Systematische Theologie an der Universität Tübingen, Tübingen, Nägelestr. 19.

3. Rechner, zugleich stellvertretender Schriftführer: Dr. jur. Eduard Könekamp, Kaufmann in der Firma Herkommer & Bangerter, Filialleiter für Südwürttemberg, Tübingen, Neckarhalde 31.

Der Vorstand wird ermächtigt, die Genehmigung der Militärregi ung für die Gründung des Vereins und für seine Anmeldung zum Vereinsregister herbeizuführen.

Tübingen, 12. Januar 1949.

(W. F. Otto) (A. Köberle)

(Eduard Könekamp) (Marius Matthiesen)

(Gerhard Fricke)

(Hildegard Buder)

(Richard Dehm)

Das Protokoll der Gründungsversammlung der „Wissenschaftlichen Buchgemeinschaft". Initiator und führender Kopf war der ehemalige SD-Historiker Ernst Anrich, dessen Name offiziell nirgends erwähnt wurde – was 50 Jahre später beim Firmenjubiläum erneut der Fall war.

Wenige Monate zuvor, im Mai 1953, war ein weiterer ehemaliger SD-Mitarbeiter und Wissenschaftsorganisator nach Darmstadt gezogen: *Ernst Anrich*. Auch er hatte beschlossen, seine gesellschaftlichen Aktivitäten zunächst einmal auf den Buchsektor zu verlagern, nachdem die angestrebte Fortsetzung der akademischen Karriere in Tübingen gescheitert war. Anrich hatte sich in den letzten Kriegsmonaten in der SD-Außenstelle Markkleeberg bei Leipzig aufgehalten, wo er zusammen mit Günther Franz und Hermann Löffler versuchte, das letzte Wissenschaftsprojekt des SD über das Reich und Europa zu koordinieren, an dem über die AWI-Fakultät auch Six beteiligt war. Beim Gang durch die Ruinen der „Bücherstadt“ Leipzig, so Anrich Jahrzehnte später gegenüber einem Journalisten, sei ihm damals die Idee gekommen, „mittels genossenschaftlicher Selbsthilfe, über Subskription durch Mitglieder, die Neuauflage wissenschaftlicher Bücher zu ermöglichen“[470]. Diese „Idee“ wurde wenige Jahre später, im Januar 1949, in Tübingen realisiert: durch die Gründung der „Wissenschaftlichen Buchgemeinschaft“, die heutige „Wissenschaftliche Buchgesellschaft“ mit Sitz in Darmstadt – die von ihrer Frühgeschichte ebensowenig wissen will wie der „Spiegel“.[471] In der Jubiläumsausgabe 1999 ihres Mitgliedermagazines forderte der Verein auf: „Feiern Sie mit uns!“[472]

„Voller Stolz“ blicke man in der WB „auf die letzten 50 Jahre“ zurück, was angesichts des wirtschaftlichen Erfolges des Unternehmens und der wissenschaftsorganisatorischen Leistung auch durchaus verständlich erscheint.[473] Wer sich anhand der WB-Publikationen über die Gründungsgeschichte des Vereins orientieren will, stößt indes schnell auf Informationslücken. Wer stand hinter der „Idee, wichtige wissenschaftliche Publikationen einem interessierten Publikum wieder zugänglich zu machen“?[474] „Zu den Gründungsmitgliedern gehörten u.a.“ – so das Jubiläumsmagazin – die Tübinger Professoren Wilhelm Weischedel (Philosophie), Carlo Schmid (Völkerrecht), Walter F. Otto (Klassische Philologie) und Adolf Köberle (Systematische Theologie). Weitere Namen werden nicht genannt. Ein

---

470 Siehe „Aus der Not geboren. Buchgesellschafts-Gründer Ernst Anrich wird heute 80 Jahre alt.“ In: Südwest Presse. Schwäbisches Tagblatt, 42. Jg., Nr. 181, 9.8.1986. Der Artikel stellt Anrich (wohl wegen dessen Nachkriegspublikation „Moderne Physik und Tiefenpsychologie. Zur Einheit der Wirklichkeit und damit der Wissenschaft. Ein Versuch“, Stuttgart 1963) als „Physiker“ vor und geht mit keinem Wort auf dessen Aktivitäten im Dritten Reich ein. Statt dessen heißt es, Anrich habe „von 1945 bis 1953 als Flüchtling“ in Tübingen gelebt.

471 Vgl. Hachmeister, Der Gegnerforscher, S. 316: „Der ‚Spiegel‘ selbst hatte bisher kein Interesse an der Untersuchung der frühen SD-Seilschaften im eigenen Hause.“

472 WB: Magazin für Mitglieder 1/99. Jubiläums-Ausgabe Januar 1999, S. 3.

473 Werner Merkle, Editorial, in: WB: Bücherkatalog 1999/2001 für Mitglieder, Darmstadt 1999.

474 Ebda.

Blick in das Protokoll der Gründungsversammlung der „Wissenschaftlichen Buchgemeinschaft" vom 12. Januar 1949 zeigt, dass nur zwei der oben Genannten tatsächlich als Gründungsmitglieder zeichneten: Adolf Köberle und Walter F. Otto.[475] Das zum Jubiläum betriebene ‚name dropping' erweckt so den Eindruck, als ob die Buchgesellschaft ihre *tatsächliche* Vergangenheit verschleiern wolle.

Das könnte nicht nur an der Person Ernst Anrichs liegen, der in den sechziger Jahren dem Parteivorstand der NPD angehörte, sondern auch daran, dass im Hintergrund der WB-Gründung 1948/49 ein kleiner Kreis ehemaliger Straßburger Dozenten stand. Anrich firmierte – wohlweislich – nicht als Mitglied des Vereins, dessen Genehmigung damals noch der französischen Militärregierung oblag. Nur die Anschrift des neuen Vereins führt direkt zu ihm: Zeppelinstrasse 20, der offiziellen Meldeadresse des ehemaligen SD-Mitarbeiters in Tübingen.[476] Erst nach Gründung der Bundesrepublik wurde Anrichs Rolle in der WB transparent gemacht: Siebzehn Jahre lang leitete er als geschäftsführender Direktor den Verein, der den organischen Namensbestandteil „Gemeinschaft" nur gezwungenermaßen durch den modernen Begriff „Gesellschaft" ersetzte.[477]

---

475 Protokoll der Gründungsversammlung der „Wissenschaftlichen Buchgemeinschaft", Sitz Tübingen, datiert Tübingen, 12. Januar 1949 – Stadtarchiv Tübingen – A 150/4522.
Carlo Schmid gehörte dem „beratenden Fachkreis" an, nicht aber den Gründungs- oder Vorstandsmitgliedern der Buchgemeinschaft. Weitere Mitglieder des Fachkreises waren Prof. Althaus (Theologie), Prof. Butenandt (Biologie), Prof. Gottron (Medizin), Prof. Schmaus (kath. Theologie). Siehe Rundschreiben der WB, datiert Tübingen, März 1949, gez. W.F. Otto & A. Köberle – Stadtarchiv Tübingen – A 150/4522.

476 Siehe Kürschners Gelehrtenkalender 1950, s.v. Anrich.

477 Im März 1955 wurde der Name auf Verlangen der „Deutschen Buch-Gemeinschaft", die das Wort „Buchgemeinschaft" schon in den 20er Jahren geprägt hatte, geändert.
Die Geschäftsleitung der WB teilte dem Verf. auf seine Bitte nach Informationen zur Gründungsgeschichte in Tübingen/Darmstadt mit, dass der Verein im Vereinsregister des Magistrats der Stadt Darmstadt eingetragen sei (Christa Pantos, Geschäftsleitung, an Verf., 14.9.1999). Anfragen nach Informationen zur Eintragung des Vereins in Darmstadt sowie zur Verleihung der Rechtsfähigkeit als wirtschaftlicher Verein im Jahre 1956 (siehe Hessischer Staatsanzeiger 1956, S. 965), gerichtet an das Hess. Hauptstaatsarchiv Wiesbaden, das Staatsarchiv Darmstadt, das Hess. Ministerium des Innern, das Regierungspräsidium Darmstadt sowie das Amtsgericht Darmstadt blieben ergebnislos.
Die Stadt Darmstadt teilte dem Verf. mit Schreiben vom 6.10.1999 „abschließend folgendes mit: Weder beim Hessischen Ministerium des Innern und für Sport noch beim Regierungspräsidium Darmstadt sind Unterlagen über den Verein Wissenschaftliche Buchgesellschaft vorhanden. Auch bei der Stadt Darmstadt sind keine Unterlagen unter dem angegebenen Verein auffindbar. Im Übrigen teilt uns auf Anfrage das Amtsgericht Darmstadt – Registergericht am 6. Oktober 1999 ebenfalls mit, dass keine Unterlagen der Wissenschaftlichen Buchgesellschaft vorhanden sind."

Wer also waren, neben Adolf Köberle und Walter F. Otto, die tatsächlichen Gründungsmitglieder des Tübinger Vereins, die Ernst Anrich im Januar 1949 vorschickte? Der bekannteste unter ihnen dürfte Gerhard Fricke sein, der 1941 an die Reichsuniversität berufen worden war, um dort die Germanistik, speziell die Neuere deutsche Literaturgeschichte, zu vertreten. Zusammen mit Franz Koch leitete Fricke im 2. Weltkrieg den „Kriegseinsatz der Germanistik", dessen Hauptleistung in dem fünf Bände umfassenden Werk „Von deutscher Art in Sprache und Dichtung" liegt. In der Einladung an die Hochschulgermanisten zur Mitarbeit begründeten Koch und Fricke 1940 das vom REM organisierte wissenschaftliche Großprojekt:

Der gegenwärtige Krieg ist im besonderen Maße nicht nur eine militärische, sondern zugleich geistig-kulturelle Auseinandersetzung, in der auch über die geistige Ordnung des kommenden Europas entschieden wird. Daher gilt es gerade auch für die deutsche Geisteswissenschaft, in dieser entscheidenden geschichtlichen Lage aktiv zur Stelle zu sein, die geistespolitische Lage mit weiter Sicht zu durchdringen und die Ideen vorzubereiten und zu klären, auf denen ein neues Europa politisch-kulturell errichtet werden kann. Neben den Naturwissenschaften, deren praktischer Einsatz unmittelbar einleuchtet und in breitester Grundlage im Gang ist, hat die Geisteswissenschaft in diesem Entscheidungskampf um die deutsche und europäische Zukunft ihre eigene wichtige Aufgabe. Indem auch sie sich entschlossen einreiht in die geistige Front des alle Deutschen fordernden Krieges, kämpft sie zugleich für ihre eigene, noch keineswegs unangefochtene Rechtfertigung und Neubegründung.[478]

Fricke war im Herbst 1944 zusammen mit den anderen in Straßburg lehrenden Wissenschaftlern nach Tübingen ausgelagert worden. Nach der Wiedereröffnung der Universität Tübingen stellte Fricke bei den Besatzungsbehörden – erfolgreich – den Antrag auf Wiedereinsetzung in den Hochschuldienst.[479] Ab dem Wintersemester 1946/47 dozierte der Kriegs-

---

Angesichts der Größe des Unternehmens – der Verein hat weit über 100.000 Mitglieder – ist seine „Nicht-Nachweisbarkeit" bei den zuständigen Behörden und Einrichtungen erstaunlich. Ich danke dem WB-Vorstandmitglied Prof. Dr. Dr. Thomas Oppermann, Tübingen, für die freundliche Überlassung der Broschüre „Wissenschaftliche Buchgesellschaft Darmstadt 1949-1974".

478 Franz Koch/Gerhard Fricke, Zum wissenschaftlichen Einsatz Deutscher Germanisten im Kriege. – Deutsches Literaturarchiv Marbach – Nachlass W. Rehm. Zu Fricke und zur Germanistik im 3. Reich siehe u.a. Eberhard Lämmert u.a., Germanistik - eine deutsche Wissenschaft; Bernhard Zeller (Hrsg.), Klassiker in finsteren Zeiten 1933-1945. 2 Bände, Stuttgart 1983; Joachim Lerchenmueller/Gerd Simon, Im Vorfeld des Massenmords. Germanistik im 2. Weltkrieg, Tübingen [3]1997.

479 Hierzu und zum Folgenden vgl. Gudrun Schnabel, Gerhard Fricke. Karriereverlauf eines Literaturwissenschaftlers nach 1945, in: Petra Boden/Rainer Rosenberg (Hrsg.), Deutsche Literaturwissenschaft 1945-1965, Berlin 1997, S. 61-84, 71ff.

einsatz-Leiter wieder, wenn auch nur auf der Grundlage von Lehraufträgen. Dank der Ausstellung zahlreicher „Persilscheine", vor allem durch ehemaliger Studierende, wurde Fricke 1948 als Mitläufer eingestuft, gegen den keine Sühnemaßnahmen zu ergreifen seien. Ein Jahr später stellte Fricke den Antrag auf Einstufung als „Unbelasteter" mit der Begründung, dass „diejenigen Herren, die bereits vor ihrer Entnazifizierung durch die Militärregierung bestätigt worden waren, im Listenverfahren zur Einreihung in die Gruppe V vorgeschlagen" seien. Dem Antrag wurde im Spruchkammerverfahren vom 14.1.1950 stattgegeben.[480] Kurze Zeit zuvor war ihm über das Auswärtige Amt die Übernahme des Lehrstuhles für Germanistik an der Universität Istanbul angetragen worden. Dort arbeitete damals Frickes ehemaliger Kieler Schüler und Doktorand Burkanettin Batiman. Fricke nahm den Ruf an, nachdem er sichergestellt hatte, dass er im Tübinger Vorlesungsverzeichnis weiterhin geführt werde. Als Zusatz stand dort ab 1950 zu lesen: „z.Zt. Gastprofessor an der Universität Istanbul." Nach der Verabschiedung des Bundesgesetzes zum Grundgesetz-Artikel 131 im Jahre 1951, das die Rechtsverhältnisse ehemaliger Angehöriger des öffentlichen Dienstes regelte[481], eröffnete sich auch für Fricke die Möglichkeit, als Professor an eine bundesdeutsche Hochschule zurückzukehren. Im Berufungsverfahren für den Tübinger Lehrstuhl für Neuere deutsche Literaturgeschichte 1954 kam Fricke zur Sprache, wurde jedoch wegen seines Verhaltens im Dritten Reich als ungeeignet bezeichnet. 1957 kehrte er in die Bundesrepublik zurück, um einem Ruf der Wirtschaftshochschule Mannheim auf den Lehrstuhl für Deutsche Sprache und Literatur zu folgen; vier Jahre später folgte – zeitgleich – der Ruf nach Giessen und Köln. Fricke nahm Letzteren an und beendete seine Karriere als Ordinarius für Neuere deutsche Literaturgeschichte. Ein Jahr vor seiner Emeritierung hielt Fricke zu Beginn des Sommersemesters 1965 einen Vortrag vor seinen Studierenden, der über „meine Haltung zum Nationalsozialismus sowie meine Beurteilung dieser Haltung" Auskunft gab.[482] Die Veranlassung zu dieser Rede dürften Rolf Seeligers Buch „Die Braune Universität" sowie kritische Anmerkungen in der Presse gegeben haben; nichtsdestoweniger ist der Entschluss, die eigene Vergangenheit ausführlich und selbstkritisch zu thematisieren, für einen Universitätsangehörigen damals außergewöhnlich. Fricke sprach angesichts der verübten Menschheitsverbrechen von

480 Ebda. Das Zitat entstammt dem Schreiben Frickes vom 7.12.1949 – Staatsarchiv Sigmaringen – Wü 13/Bü 2128.

481 Siehe hierzu Frei, Vergangenheitspolitik, S. 69-100, und die dort angegebene Literatur.

482 Abgedruckt bei Schnabel, Gerhard Fricke, S. 85-95.

> […] der Schuld einer ganzen Generation – nicht als eines Kollektivs, sondern jedes ihrer Einzelnen, Schuld zumindest der moralischen Resignation und Mutlosigkeit, der Gespaltenheit in ein halbes Ja und ein halbes Nein.
> Das ist das radikale und totale Fazit vom Ergebnis her. Demgegenüber erscheint im Grunde jeder Versuch, auch der aufrichtige, begründbare, die eigene Verstrickung und Haltung verständlich zu machen, wie ein ohnmächtiger und fataler Versuch herumzuretouchieren und zu radieren, was solch kindischem Versuch spottet.[483]

In dieser Erklärungs-Not lag für Fricke das „Nichtreden*können*" und „Nichtreden*wollen*" seiner Generation begründet, von dem er sich dadurch absetzte, dass er im Anschluss an das grundsätzliche Schuldeingeständnis „noch einiges ‚zur Person' sagen" wollte. Dieser Teil des Vortrages, wesentlich umfangreicher und ausführlicher als die einleitenden grundsätzlichen Äußerungen zur Schuld und Verantwortung seiner Generation, oszilliert zwischen dem Versuch, zeitgeschichtliche und individuelle Faktoren herauszuarbeiten, die zu seinem aktiven Engagement für den Nationalsozialismus führten, und apologetischen Äußerungen, die ihn als ‚unpolitisch' oder dem Nationalsozialismus zunehmend ‚kritisch' und ‚ablehnend' gegenüberstehend darstellen. Über seinen Ruf nach Straßburg sagte er, man habe ihn in Kiel damals kommentarlos ziehen lassen,

> […] weil ich, wie die damals extrem politische Universitätsführung mich wissen ließ, vielleicht ein leidlicher Fachwissenschaftler, aber ein unbrauchbarer Nationalsozialist sei.[484]

Dieser – unbelegten – negativen Einschätzung steht zum einen der Umstand gegenüber, dass es den Germanisten unter der Leitung von Fricke und Koch 1941 gelungen war, als eine der ersten ihr Kriegseinsatz-Projekt „Von deutscher Art in Sprache und Dichtung" fertigzustellen. Zum anderen ist festzustellen, dass die Berufung Frickes nach Straßburg vom Sicherheitsdienst gewünscht worden war und man diesen Schritt auch keineswegs zu bedauern schien: Als zur selben Zeit die Nachfolge von Julius Petersen auf dem Lehrstuhl für Deutsche Philologie in Berlin diskutiert wurde, stellte der Kriegseinsatz-Kollege Koch fest, dass ihm „bedeutet worden ist, dass [Fricke], eben nach Straßburg berufen, nicht in Frage kommt."[485] Dies und die zweimalige Anforderung eines ausführlichen Gut-

483 Rede Gerhard Frickes vor seinen Studierenden zu Beginn des Sommersemesters 1965 in Köln. Undatiertes Typoskript – Deutsches Literaturarchiv Marbach – Nachlass G. Fricke. Zitiert nach Schnabel, Gerhard Fricke, S. 86f.

484 Siehe Schnabel, Gerhard Fricke, S. 93.

485 Vorschläge des Prof. Dr. Franz Koch an den Herrn Reichserziehungsminister, Anlage 3 zum Schreiben Grapow, Dekan, an REM, 26.2.1942 – UA HUB – NS-Doz. F 76, Bl. 11: „Von einer

achtens aus Kiel durch die Berliner Behörden belegen[486], dass Fricke für den Petersen-Lehrstuhl ernsthaft in Erwägung gezogen wurde. Das Kieler Gutachten vom November 1941 vermittelt zudem ein vollkommen anderes Bild der dortigen Wertschätzung des Germanisten als jenes, das Fricke 1965 in seinem Vortrag präsentierte: Seine wissenschaftliche Stellung innerhalb der deutschen Literaturgeschichtswissenschaft, heißt es dort, sei

> [...] derart eindeutig anerkannt, dass er ohne weiteres als einer der zwei oder drei gegenwärtig führenden, wenn nicht als d e r führende Fachvertreter bezeichnet werden muss.[487]

Frickes Werk zeichne sich dadurch aus, dass er einerseits strenge historiographische Maßstäbe anwende, anderseits „über die Gabe der unmittelbarsten Verlebendigung alten dichterischen Erbgutes" verfüge. In politischer Hinsicht sei der Germanist als „ein Nationalsozialist von tadellosem Charakter und äußerst genauem Ehrgefühl bekannt". Für Fricke dürfte, ähnlich wie für Anrich, die Motivation zur Gründung der Wissenschaftlichen Buchgemeinschaft auch eine materielle gewesen sein. Zwar hatte sich Fricke im Dritten Reich weniger exponiert als Anrich und hatte es zudem erreicht, die berufliche Anbindung an die Universität aufrechtzuerhalten. Dennoch war im Jahre 1948 nicht abzusehen gewesen, dass aus dem Lehrauftrag in Tübingen eines Tages wieder eine ordentliche Professur werden würde. Tatsächlich bedurfte es dann auch des Umwegs über Istanbul und die Wirtschaftshochschule Mannheim, um erneut an eine bundesdeutsche Universität berufen zu werden. Die Vereinsgründung dürfte somit auch für Fricke in der Absicht erfolgt sein, einen alternativen Arbeitgeber zu schaffen, der im Wissenschaftsbereich operierte.

Ein weiterer Mitbegründer der WB war der Verleger Dr. Marius Matthiesen, mit dem Fricke schon im Dritten Reich Kontakt gepflegt hatte. Auch der Matthiesen Verlag war, wie Fricke und Anrich, 1945 als „Flüchtling" nach Tübingen gekommen. Der heute noch bestehende Verlag[488], der mittlerweile in Husum residiert, ist bekannt für die beiden Reihen „Germanische Studien" und „Historische Studien", die seit dem 19. Jahrhundert existieren. Marius Matthiesen bot Fricke auch die Gelegenheit zur ersten

---

Nennung Gerhard Frickes und Würdigung seiner Leistungen habe ich abgesehen, weil mir bedeutet worden ist, dass er, eben nach Straßburg berufen, nicht in Frage kommt."

486 Siehe Schreiben an den NSDDB Kiel, 17.11.1941 – UA HUB – NS-Doz. F 76, Bl. 19.

487 Dozentenbundsführer an der Universität Kiel an Gaudozentenführer Berlin, 25.11.1941 – UA HUB – NS.-Doz. F 76, Bl. 17f. Sperrung im Original.

488 Wilfried Barner, Literaturgeschichtsschreibung vor und nach 1945, in: Ders./Christoph König (Hrsg.), Zeitenwechsel, Frankfurt 1996, S. 119-149, 146 Anm. 49, gibt irrtümlich an, der Verlag bestehe nicht mehr.

großen Nachkriegs-Publikation: 1949 erschien die „Geschichte der deutschen Dichtung“, eine „‚Revision‘ der deutschen Literaturgeschichte und damit auch seines kompromittierten eigenen Bildes als Literaturwissenschaftler“, wie Wilfried Barner dieses Werk beschreibt, das über Jahrzehnte „Hunderttausenden von Deutschlehrern, Schülern und Studenten als Leitfaden gedient“ hat.[489] Matthiesen war Fricke schon zuvor sehr hilfreich gewesen, indem er als Nicht-Mitglied der NSDAP sich 1946 nachdrücklich für Fricke einsetzte: Er stellte ihm einen „Persilschein“ aus.[490]

Als weiterer ‚Straßburger‘, der in Tübingen geblieben war, fungierte Prof. Dr. Richard Dehm als Mitbegründer der WB. Dehm war am 1.1.1942 zum ao. Professor der Paläontologie und Leiter des Paläontologischen Instituts an der Reichsuniversität ernannt worden.[491] Dehm war in späteren Jahren an der Bayerischen Staatssammlung für Paläontologie und Historische Geologie tätig.

Die einzige Frau unter den Gründungsmitgliedern war Dr. Hildegard Buder, die im Mai 1945 ihre Psychotherapeutische Praxis von der Reichshauptstadt nach Tübingen verlagert hatte. In Berlin war sie von 1940 bis 1945 neben ihrer freiberuflichen Tätigkeit als Dozentin am Deutschen Institut für Psychologie und Psychotherapie tätig gewesen.[492] Eine größere Rolle scheint sie in der Frühgeschichte der WB nicht gespielt zu haben: Schon im Juli 1950 verzog sie aus Tübingen.[493] Schließlich gehörte auch Eduard Könekamp zu den Gründungsmitgliedern. Gemeinsam mit Walter F. Otto und Adolf Köberle bildete Könekamp den ersten Vorstand in der Geschichte der Wissenschaftlichen Buchgemeinschaft. Könekamp, geboren 1895 in Stuttgart, studierte in Tübingen und promovierte 1925 ebendort zum Dr. jur. Ab 1927 arbeitete er als Referent bei der Stadt Stuttgart, in deren Stadtrat er 1935 einzog. Das Aufnahmegesuch in die NSDAP stellte Könekamp im Mai 1933.[494] Laut seinen Angaben gegenüber der französischen Besatzungsmacht hatte Könekamp „zahlreiche Konflikte mit den

489 Siehe ebda., S. 127.

490 Siehe Schnabel, Gerhard Fricke, S. 72.

491 Im WS 1941/42 war er als Dozent mit der Wahrnehmung des Extraordinariats beauftragt gewesen. Vgl. die Vorlesungsverzeichnisse der Reichsuniversität.

492 Dr. Hildegard Buder, geb. Schenck. Geburtsdatum/-ort: 16.7.1895, Bonn. Nach eigenen Angaben 1933 aus dem Schuldienst als „politisch nicht tragbar“ entlassen, da vor 1933 Mitglied der SPD. Vgl. Angaben im Questionnaire, Gouvernement Militaire en Allemagne, datiert 28.2.1949 – Stadtarchiv Tübingen – A 150/4522.

493 Siehe Melderegister der Stadt Tübingen – Stadtarchiv Tübingen – A 572 Nebenregister. Für die freundliche Hilfe bei meinen Recherchen zur Frühgeschichte der WB danke ich den Mitarbeitern und Mitarbeiterinnen des Stadtarchivs Tübingen.

494 Eintritt: 1.5.1933, Nr. 3.227.341 (Personal-Blatt Könekamp – BAL – Könekamp PK file).

verschiedensten Parteidienststellen", die einerseits mit seinen verwandtschaftlichen Beziehungen zur Schweiz zu tun hatten, anderseits mit angeblich geäußerten Zweifeln am Endsieg.[495] Im Mai 1948 stufte ihn die zuständige Spruchkammer als „Mitläufer" ein. Sühnemaßnahmen wurden ihm nicht auferlegt.[496] Es ist anzunehmen, dass der Spruchkammer unbekannt geblieben war, dass Könekamp im November und Dezember 1939 Augenzeuge der Umsiedlungsaktionen der polnischen Bevölkerung aus den neuen Reichsgebieten war – und darüber unter anderem berichtet hatte:

> Die Evakuierung geht in Posen so vor sich: Auf Grund der vom SD aufgestellten Listen wird, meist abends 8 Uhr, den auf der Liste vermerkten Familien von Polizeibeamten die Weisung zugestellt, sich binnen einer Stunde marschbereit zu machen und sich vor dem Haus zum Abtransport einzufinden. Es dürfen nur Handgepäck, Wäsche, Decken, Proviant sowie 200 Zloty Handgeld mitgenommen werden. [...] Im Lager weit draußen vor der Stadt rollten nacheinander etwa 20 Omnibusse mit zusammen 700 Evakuierten an. Aus den Wagen quillt es förmlich heraus, mit Koffern, Rucksäcken, in Leintüchern verpackten Ballen, Kinderwagen und Kinderspielzeug, Essgeschirr, Mänteln und Decken. Es regnet unaufhörlich. Wir stehen in aufgeweichtem Boden. Einige Lampen erhellen notdürftig die Szene. Kinder, aus dem Schlaf gerissen und verstört, weinen. Wir sehen eine alte Frau mit 80 oder 90 Jahren. Einen Mann mit dem Band des E.K. II, einen deutschen Studienrat, der seinerzeit für Polen optiert hat, wir sehen unsere Gräfin, Damen im Halbschleier und feinem Pelz. *Hier vollzieht sich an dem einzelnen Polen, vor allem an der führenden Schicht, ein unerbittliches, aber gerechtes Schicksal.* Hunderttausende Deutscher in Polen sind in den vergangenen Jahren – mitten im Frieden – mit Frau und Kind von Haus und Hof vertrieben, von der Arbeitsstelle verjagt worden. Hunderttausende deutscher Menschen, Angehörige eines hochstehenden Kulturvolkes, müssen drüben, in den Räumungsgebieten am Westwall Haus und Hof verlassen, tausende wertvollster deutscher Soldaten ihr Leben hingeben, in einem Krieg, den dieses größenwahnsinnige kulturell tiefstehende Polen über Europa heraufbeschworen hat. Dies ist der Krieg, den der Pole gewollt hat.[497]

---

495 „Auf persönliche Weisung des Reichsstatthalters wurde mir 1939 und in den folgenden Jahren immer wieder Teile meines Referates entzogen und mir Anfang 1945 wegen Zweifelns am Endsieg die Verhaftung angedroht. Schließlich wurde ich im März 1945 im Auftrag des Reichsstatthalters als Beigeordneter und Stadtrat der Stadt Stuttgart suspendiert. Der Suspendierung folgte, wie sich aus den Akten der Polizeidirektion Stuttgart in der Strafsache gegen den Wehrwolfführer Dongus ergab, der Auftrag des Reichsstatthalters an den damaligen SS-Oberführer Müller, mich noch vor der Besetzung umzulegen." Siehe Anlage zum Fragebogen von Dr. Eduard Könekamp – Stadtarchiv Tübingen – A 150/4522.

496 In den personenbezogenen Beständen des ehem. BDC findet sich zu Könekamp lediglich ein Personal-Blatt aus der Parteikorrespondenz. Ich danke Frau Langner vom Bundesarchiv in Berlin-Lichterfelde für Ihre freundliche Hilfe bei dieser und anderen personenbezogenen Recherchen.

497 Umsiedlung der Polen aus dem neuen Reichsgebiet. Auszug aus dem Bericht von Dr. Könekamp. Polenfahrt vom 29.11. bis 9.12.1939 – BAK – R 57 neu/31.

In dem Bericht äußert sich Könekamp auch dezidiert über das weitere Schicksal dieser Personen:

> Viele Deutsche sehen wohl zum ersten Mal in ihrem Leben Juden in solchen Massen. [...] Die Vernichtung dieses Untermenschentums läge im Interesse der ganzen Welt. Diese Vernichtung ist aber eines der schwierigsten Probleme. Mit Erschießung kommt man nicht durch. Auch kann man auf Frauen und Kinder nicht schießen lassen. Da und dort rechnet man auch mit Verlusten bei den Evakuierungstransporten, und auf dem Transport von 1000 Juden, der von Lublin aus in Marsch gesetzt wurde, seien 450 umgekommen. [...] Sämtliche mit der Judenfrage befassten Stellen sind sich über die Unzulänglichkeit all dieser Maßnahmen im Klaren. Doch ist eine Lösung dieses komplizierten Problems noch nicht gefunden.[498]

Könekamp war als Referent des Deutschen Auslands-Instituts bei diesen Verfolgungsmaßnahmen zugegen. Ob er an den „Evakuierungen" selbst beteiligt war oder sich seine Anwesenheit auf die bloße Berichterstattung beschränkte, ist meines Wissens unbekannt. Er erhielt das Kriegsverdienstkreuz II. Klasse (ohne Schwerter), das Treudienstzeichen (2. Stufe) sowie das Ehrenzeichen für deutsche Volkspflege. In den Akten der Parteikanzlei wurde über Könekamp vermerkt, dass er „sich besonders für Aufgaben der Kultur- und Volkstumspflege" eigne.[499] In der Nachkriegszeit eignete er sich besonders als Aushängeschild und Deflektor kritischer Nachfragen über die Gründungsmitglieder der WB: Die französische Besatzungsmacht hatte ihn 1945 zum stellvertretenden Oberbürgermeister von Stuttgart ernannt. Ähnliches galt für den Theologen Köberle, dessen Publikationen die Gestapo wiederholt - vergeblich - auf die „Liste des unerwünschten Schrifttums" setzen wollte und zu diesem Zwecke 1941 vorsorglich schon die Restauflage der Broschüre ‚Christenstand und Alltag' aufgekauft hatte.[500] Köberle lehrte seit 1939 an der Universität Tübingen, an der seit 1925 auch Ernst Anrichs Vater als Kirchenhistoriker tätig gewesen war.

Neben Anrich wirkte damals noch ein anderer ehemaliger SD-Mitarbeiter im Hintergrund an der WB: Hermann Löffler. Seit dem Herbst 1948, und damit schon im Vorfeld der offiziellen Vereinsgründung, war er als „einer der ‚Werbeleiter'" tätig. Beim Vergleich der beiden „Aufrufe" der WB aus dem März und dem Juni 1949 gewinnt man den Eindruck, dass Löffler und die anderen Werbeleiter effektiv und erfolgreich Kontakte knüpften und Unterstützung eintrieben. Das erste Rundschreiben, von

498 Ebda. Zitiert nach: Götz Aly/Susanne Heim, Vordenker der Vernichtung. Auschwitz und die deutschen Pläne für eine neue europäische Ordnung, Frankfurt 1993, S. 149f. (Mir liegt nur der in Anm. 497 angegebene „Auszug" aus dem Bericht vor.)

499 Siehe Anm. 494.

500 Siehe BAL – Köberle, Adolf RKK file.

Walter F. Otto und Adolf Köberle unterzeichnet, informierte über Entstehung und Ziele des Vereins und forderte zu „Anregungen“ und „materielle[n] Spende[n]“ auf:

Am 12. Januar 1949 wurde in Tübingen nach monatelangen Vorbereitungen und einer umfassenden Rücksprache mit zahlreichen Hochschullehrern der drei westlichen Zonen die „Wissenschaftliche Buchgemeinschaft“ gegründet. Diese Gründung hat folgenden Anlass:

Der Krieg hat neben allen anderen ungeheueren Zerstörungen auch einen ganz außerordentlich großen Teil des wissenschaftlichen Buchbestandes in öffentlichen Bibliotheken, Verlagen, Großantiquariaten und zehntausenden von Fachbüchereien vernichtet und damit eine der wichtigsten Grundlagen deutscher Ausbildung, weiterer Forschung und geistiger Leistung zerstört.

[...] Soll die eigentliche Grundlage zukünftiger Forschung und Bildung nicht länger gefährdet bleiben, so müssen alle Wege zur Behebung dieser Gefahr begangen werden.

Diese große und bedeutende Aufgabe soll die „Wissenschaftliche Buchgemeinschaft“ lösen. [...] Soll das Werk voll gelingen, so bedarf es nicht nur der Kräfte der unmittelbar darauf Angewiesenen, sondern dann bedarf es eines helfenden Zusammenschlusses aller Kräfte des deutschen Volkes, die an der Forschung und Lehre unmittelbar – ideell und materiell – interessiert sind, weil sie wissen, was die volle Ausbildung und Arbeitsfähigkeit der dazu notwendigen Berufsstände für das geistige und wirtschaftliche Bestehen und Fortleben des Volkes bedeutet. Zu dieser großen Selbsthilfegemeinschaft in der Form der „Wissenschaftlichen Buchgemeinschaft“ muss deshalb andererseits in gleichem Ausmaß Industrie und Handel fördernd und helfend hinzutreten. Erst wenn diese beiden großen Berufsstände gemeinschaftlich ihre Kräfte einsetzen, kann die Aufgabe gelöst werden. Dann aber wird es gelingen, diese große Lücke zu schließen.[501]

Die beiden Vorsitzenden kündigten den Adressaten an, dass „einer unserer Mitarbeiter Sie in den nächsten Tagen aufsuchen“ werde, um „die Fragen einer Hilfe“ zu besprechen. Drei Monate später konnte der Verein im zweiten „Aufruf“ dann schon bekanntgeben:

Ihre Mitarbeit haben bereits zugesagt Verleger durch die Hergabe wesentlicher Lizenzen, Buchhändler durch den bereitwilligen Verzicht auf den üblichen Handelsgewinn, Staat, Handel und Industrie durch die Gewährung großzügiger Stiftungen [...] Schließe sich nunmehr jeder an und zeige damit, dass der Wille zur Selbsthilfe in unserem Volk vorhanden ist.[502]

501 Rundschreiben der Wissenschaftlichen Buchgemeinschaft, datiert Tübingen, März 1949, gez. W.F. Otto & A. Köberle – Stadtarchiv Tübingen – A 150/4522. Sperrungen immm Original.

502 „Aufruf der ‚Wissenschaftlichen Buchgemeinschaft e.V.‘ Tübingen zur Subskription bedeutender wissenschaftlicher Werke“ im Juni 1949. Zit. nach: Wissenschaftliche Buchgesellschaft: Magazin für Mitglieder 1/99. Jubiläums-Ausgabe Januar 1999, S. 12.

Offensichtlich verfolgte der Verein die (durchaus erfolgreiche) Strategie, das Unternehmensziel, das auch in der Schaffung alternativer Beschäftigungsmöglichkeiten für Anrich und andere ‚belastete' Wissenschaftler bestand, als nationales Projekt zur Rettung der deutschen Kultur und Wissenschaft auszugeben. Die verwendete Sprache nimmt deutlich Rekurs auf das Projekt der (nationalsozialistischen) Volksgemeinschaft: der „*Zusammenschluss aller Kräfte* des deutschen Volkes", „das geistige und wirtschaftliche *Bestehen und Fortleben des Volkes*", und nicht zuletzt die Aufforderung, durch Beitritt den individuellen Beweis für den fortbestehenden „*Wille[n] zur Selbsthilfe* in unserem Volk" zu erbringen. Damit soll nicht gesagt werden, dass der postulierte Vereinszweck und die tatsächlichen Leistungen der WB nicht gemeinnützige Ziele verfolgten. Ihr Beitrag zur Wiederherstellung öffentlicher und privater Bibliotheken ist unbestritten. Eine subversive Agenda im Sinne eines SD-Netzwerkes, das *tagespolitische* Ziele verfolgte, ist nicht erkennbar. Anderseits wäre es naiv anzunehmen, die WB sei seit ihrer Gründung ‚unpolitisch' gewesen. Die Neuherausgabe des „durch Kriegseinwirkung weithin zerstörte[n] deutsche[n] wissenschaftliche[n] und geistige[n] Schrifttum[s]"[503] bedeutete konkret die Möglichkeit zur Auswahl der Disziplinen, Themen, Richtungen und Autoren – und damit der indirekten wissenschaftspolitischen Steuerung: War es selbstverständlich, z. B. auf dem Gebiet der Literaturwissenschaft der kanonisierten Literatur Priorität einzuräumen, anstatt gerade den zahlreichen studentischen Mitgliedern des Vereins Zugang zur deutschsprachigen Literatur des 20. Jahrhunderts zu bieten, einschließlich der Exil-Literatur? Gehörte die auf 20 Bände konzipierte zweisprachige Reihe „Ausgewählte Quellen zur deutschen Geschichte des Mittelalters" 1953 wirklich zu den dringendsten Desiderata der zerstörten wissenschaftlichen Bibliotheken? Eine systematische Untersuchung der Verlagspolitik der Wissenschaftlichen Buchgemeinschaft/Buchgesellschaft existiert nicht, doch zeigt schon ein kursorischer Blick auf das Programm, dass gezielt (Wissenschafts-)Politik betrieben wurde: So nutzte Anrich seine Stellung als Verlagsdirektor nicht zuletzt, um seine eigenen Werke zu publizieren. 1960 erschien in der WB der Titel „Die Idee der deutschen Universität und die Reform der deutschen Universitäten", mit dem sich Anrich an der Diskussion über die Empfehlungen des Wissenschaftsrates (1960) zum Ausbau der wissenschaftlichen Einrichtungen beteiligte. In die „Fischer-Kontroverse" der Jahre 1961/62 griff Anrich ein, indem er seine Dissertation und Habilitati-

503 So im § 2 der Satzungen des Vereins „Wissenschaftliche Buchgemeinschaft", Tübingen, 12.1.1949 – Stadtarchiv Tübingen – A 150/4522.

on in der WB neu auflegen ließ: Beide Arbeiten beschäftigten sich mit der Julikrise. Auf dem Gebiet der Soziologie erfolgten unter Anrich z. B. unveränderte Ausgaben von Max Hildebert Boehm: „Das eigenständige Volk" (1932) und Ferdinand Tönnies: „Gemeinschaft und Gesellschaft. Grundbegriffe der reinen Soziologie" (^{8}1935). Auf dem Gebiet der Edition deutscher Geschichtsquellen trat die WB mit der schon erwähnten Reihe „Freiherr vom Stein – Gedächtnisausgabe" (FSGA) hervor, die von Rudolf Buchner begründet wurde. Dem Projekt, das zunächst die „Quellen zur deutschen Geschichte des Mittelalters", später auch zur „Neuzeit" und zum „politischen Denken der Deutschen im 19. und 20. Jahrhundert" umfasste, lag die Überzeugung zugrunde, „dass jeder deutsche Gebildete in seiner Bibliothek im Besitz der deutschen Geschichtsquellen sein solle".[504] Der Begriff „deutsch" wird dabei sehr weit gefasst: Es schließt das „Alte Germanien" und „Die Germanen in der Völkerwanderung" mit ein.[505] Buchners Verbindung zur WB dürfte auf die Tübinger Gründungszeit des Vereins zurückzuführen sein, wo er 1950 bemüht war, mit Hilfe dortiger Kollegen an der Universität unterzukommen. Vorhergehende Versuche in Hamburg, Münster und Heidelberg eine Umhabilitierung zu erreichen, waren gescheitert.[506] In Tübingen hatte er damit zunächst Erfolg: Fakultät und Kleiner Senat beantragten die Venia legendi für Buchner im Kultministerium. Dieses hatte aber, wie gesagt, „erhebliche politische Bedenken" und hielt es für „dringend erforderlich", dem neu nach Tübingen berufenen Hans Rothfels Gelegenheit zur Stellungnahme zu geben.[507] Rothfels holte zu diesem Zweck inoffizielle Gutachten über Buchner bei Hermann Aubin, Fritz Ernst, Hermann Heimpel und Gerd Tellenbach ein, die unisono von einer Umhabilitierung abrieten. Die Universitätsgremien zogen daraufhin ihren Antrag zurück.[508] Gegen eine Wiederverwendung Buchners sprachen nicht nur sein früher Parteieintritt (1931) und die Mitgliedschaft in der SA (seit 1933), sondern vor allem, dass er ab 1939 als Dozent für mittelalterliche Geschichte an der Erzieher-Akademie auf der Ordensburg in Sonthofen gelehrt hatte. Zu diesem Zwecke war auch seine Umhabilitierung nach

504 Jahreskatalog 1953, S. 15. Zitiert nach WB: Wissenschaftliche Buchgesellschaft Darmstadt 1949-1974, S. 19.

505 Siehe FSGA, Reihe A, Bände 1a und 1b, hrsg. von Hans-Werner Goetz und Karl-Wilhelm Welwei. Vgl. Kurzbiographie Buchner in Kap. 1.

506 Dekan Phil. Fak. an Akad. Rektoramt, 6.8.1951 – UAT – 126a/50.

507 Kultminister an Akad. Rektoramt, 7.3.1951, zitiert im Schreiben des Dekans der Phil. Fak. an Akad. Rektoramt, 6.8.1951 – UAT – 126a/50.

508 Dekan der Phil. Fak. an Akad. Rektoramt, 6.8.1951 – UAT – 126a/50.

München – 1941 beantragt, 1945 genehmigt – erfolgt.[509] Die publizistischen Verbindungen zwischen Buchner und der WB gingen über die Herausgabe der deutschen Geschichtsquellen hinaus und erstreckten sich auch auf die Veröffentlichung zeitgeschichtlicher Studien: „Die elsässische Frage und das deutsch-französische Verhältnis im 19. Jahrhundert" (2. Aufl. 1969) und „Deutsche Geschichte im europäischen Rahmen. Darstellung und Betrachtungen" (1975).

Buchner war neben seiner Herausgebertätigkeit bei der WB noch in einer anderen wissenschaftlichen Organisation führend tätig: der „Ranke-Gesellschaft. Vereinigung für Geschichte im öffentlichen Leben", deren Vorstand er in den sechziger Jahren angehörte. Auch dieser Verein, der im Frühjahr 1950 in Hamburg gegründet wurde, verdankt seine Existenz der Unterstützung eines Mitgliedes des vormaligen Straßburger SD-Historiker-Trios: Günther Franz. Er gehörte dem Vorstand von der Gründung bis 1980 an.[510] Wie Anrich und Löffler sah sich auch Franz nach 1945 vor die Notwendigkeit gestellt, alternative berufliche Wege einzuschlagen, nach-

---

509 Lebenslauf Buchner, 11.1.1950; Questionnaire, 11.3.1950 – UAT – 126a/50. Darüber hinaus spielte in Tübingen eine Rolle, dass der Monumenta-Präsident Friedrich Baethgen sich sehr kritisch über Buchners Verhalten auf dem Erfurter Historikertag 1937 äußerte, „[...] wo sich an einen Vortrag von Graf Stauffenberg über Theoderich eine Diskussion anschloss, die rasch in eine Art von politischer Klopffechterei ausartete. Die Rolle, die Herr B. bei dieser Diskussion spielte, hat, wie ich offen aussprechen muss, mir und nicht nur mir sehr missfallen." (Baethgen an Dekan Beissner, 11.7.1950 – ebda.). Die Tübinger Joseph Vogt und Otto Herding widersprachen dieser Darstellung und versicherten, „dass bei Herrn Baethgen eine Gedächtnistäuschung obwalten müsse. An der ‚Politischen Klopffechterei' im Anschluss an den Vortrag des Grafen Stauffenberg habe sich Dr. Buchner überhaupt nicht beteiligt, vielmehr habe er in der Diskussion über einen anderen Vortrag eingegriffen und sei dabei in keiner Weise unangenehm aufgefallen." (Dekan Beissner an Akad. Rektoramt, 27.11.1950 – ebda.). Baethgen hielt an dem mitgeteilten Tatbestand fest, stellte jedoch fest, „dass er es nicht für vollkommen aussichtslos halte, ‚Herrn B. die Chance zu geben, sich in Lehre und Forschung zu bewähren und sich des Vertrauens, das die Mehrheit der Fakultät jetzt in ihn setzen möchte, würdig zu erweisen', ja, dass er sich, was er ‚keineswegs in jedem anderen denkbaren Falle tun würde', ‚der entgegengesetzten Meinung der Mehrheit ohne weiteres fügen' würde." (Kleiner Senat an Kultministerium, gez. Rosenkranz, 25.1.1951 – ebda.).

510 „Die Ranke-Gesellschaft, deren Vorstand er seit ihrer Gründung angehört [...]." Oswald Hauser, Die Ranke-Gedenkmünze für Prof. Dr. Günther Franz, in: HPB XX, 1972, S. 289f. Laut den mir auf Anfrage zur Verfügung gestellten Kopien der Einträge im Vereinsregister der Hansestadt Hamburg datiert die Ersteintragung der „Ranke-Gesellschaft. Vereinigung für Geschichte im öffentlichen Leben e.V." auf den 7.6.1967; die Satzung der Gesellschaft wurde am 7.10.1966 errichtet. Zum Zeitpunkt der Ersteintragung gehörten dem Vorstand an: Gustav Adolf Rein, Hellmuth Rössler, Heinz Kuhlmann, Ursula Lindig, Günther Franz. Rein hatte Alleinvertretungsbefugnis. Hierzu und zum Datum des Ausscheidens von Günther Franz aus dem Vorstand siehe den Vereinsregistereintrag Nr. VR 7079 – Amtsgericht Hamburg, Abt. 69. Welche Rechtsform die Ranke-Gesellschaft zwischen 1950 und 1967 hatte (oder in welchem Vereinsregister sie ggf. zuvor registriert war), ist mir nicht bekannt.

dem sich eine Wiederverwendung im Hochschuldienst zunächst als unmöglich erwiesen hatte. Während Anrich mit der „Wissenschaftlichen Buchgemeinschaft“ Einfluss auf den allgemein-wissenschaftlichen Bereich zu nehmen versuchte, konzentrierte sich das Interesse von Franz und Gustav Adolf Rein – der im April 1950 die Initiative zur Gründung ergriffen hatte – weiterhin auf seinen unmittelbaren Fachbereich, die Geschichtswissenschaft. Die Gründung der Ranke-Gesellschaft war ursprünglich primär als Vehikel für die Herausgabe einer „historisch-politischen Zeitschrift“ gedacht: ein Plan, der sich allerdings „in der ursprünglich geplanten Form nicht verwirklichen“ ließ.[511] Statt dessen gründeten Franz und Rein das Periodikum „Das Historisch-Politische Buch“. Dieser „Wegweiser durch das Schrifttum“ (so der Untertitel) erscheint seit 1953 und entwickelte sich bald zu einer von Bibliothekaren geschätzten Orientierungs- und Entscheidungshilfe bei Neuanschaffungen. Eine Durchsicht der Jahrgänge des HPB zeigt, dass neben Franz mindestens drei weitere ehemalige SD-Wissenschaftler das Rezensionsorgan dazu nutzten, ihre Ansichten in die Öffentlichkeit zu tragen: der ehemalige Breslauer apl. Professor Ernst Birke, Hermann Löffler und Reinhard Höhn. Desweiteren sind auch einige ehemalige Straßburger Kollegen von Franz und Löffler unter den Rezensenten zu finden, so z.B. der Kunsthistoriker (und Nachfolger Anrichs als Dekan der Philosophischen Fakultät) Hubert Schrade, Gerhard Fricke und Hermann Heimpel. Der zeitweilige Herausgeber der Zeitschrift „Vergangenheit und Gegenwart“ im Dritten Reich, Hans Tümmler, zensierte nicht mehr im Auftrag der Parteiamtlichen Prüfungskommission zum Schutze des NS-Schrifttums[512], sondern rezensierte ab 1953 ebenfalls im HPB. Günther Franz hatte die Schriftleitung des Historisch-Politischen Buches inne, das im Auftrag der Ranke-Gesellschaft von einer Reihe von Wissenschaftlern herausgegeben wurde, die sich ebenfalls wissenschaftlich-ideologisch für den Nationalsozialismus engagiert hatten, darunter der Wiener Historiker Otto Brunner, der bis 1945 „zu den politisch aktivsten Mitgliedern der philosophischen Fakultät“ gehört hatte und dessen „einwandfreie Haltung auch in der Systemzeit“ in Parteikreisen „allen bekannt“ war.[513] Brunner war in der Südostdeutschen Forschungsgemeinschaft seit ihrer Gründung aktiv gewesen und übernahm 1940 gemeinsam mit Hugo Hassinger deren Leitung. Als Arbeitsschwerpunkte der Forschungsgemein-

---

511 Zehn Jahre Ranke-Gesellschaft, in: HPB IX, 1961, S. 1f, 1. Gründe für das Scheitern des Projekts werden hier nicht genannt.

512 Siehe Lebenslauf 30.05.1942 – BAL – Tümmler RKK file.

513 Gaudozentenführer an Kreisleiter VI Wien, 10.12.1943 – BAL – Brunner PK file.

schaft nannte Brunner im März 1941 unter anderem die Ermittlung des „blutsmäßigen germanisch-deutschen Anteils“ an der Bevölkerung des Südostraums.[514] Schon 1938 hatte der Historiker die Auffassung geäußert, dass „Europas Schicksalskampf im Osten“ stattfinden werde. Das „Ringen gegen die Einbrüche Europa artfremder Steppenvölker aus dem Südosten“ bezeichnete Brunner als die eigentliche Aufgabe Groß-Deutschlands.[515] Für seine nationale Tätigkeit erhielt er die Ostmarkmedaille. Auch die beiden HPB-Mitherausgeber Reinhard Wittram und Wilhelm Schüssler hatten in den dreißiger und vierziger Jahren die deutschen „Ordnungsaufgaben im Osten“ mit rassistischen Äußerungen begründet. Für Schüssler hatte die östliche Bedrohung eine „jüdisch-bolschewistische Gestalt“[516] und besaß das russische Volk „anarchistische Nomadeninstinkte“. Er stellte fest: „Diese Bedrohung [...] muss zerstört werden“.[517] Wittram, der von 1928 bis 1939 an der Herder-Hochschule in Riga als Historiker lehrte, war 1939/40 an der Sicherstellung baltendeutscher Kulturgüter beteiligt, die im Zuge der Umsiedlung der Volksdeutschen aus dem Baltikum erfolgte. Wittram und ein Kollege Dr. Lenz nahmen zu Beginn des Jahres 1940 Kontakt mit dem „Ahnenerbe“-Geschäftsführer Sievers auf, um diesen

> [...] über den Aufbau eines livländischen Forschungsinstitutes unterrichten zu wollen. Sie legten eine Denkschrift vor, die sie aber wieder mitnehmen mussten, weil sie noch nicht die endgültige Fassung habe und noch von SS-Standartenführer Kröger durchgesehen und gebilligt werden müsse.[518]

Bei einer weiteren Besprechung im April 1940, an der dieses Mal auch der für die Kulturgüter-Umsiedlung zuständige Generaltreuhänder der Haupttreuhandstelle Ost, Heinrich Harmjanz, teilnahm, wurde beschlossen, vorerst von der Schaffung eines „baltendeutschen oder livländischen Forschungsinstitutes abzusehen“. Allerdings wurde für notwendig erachtet,

> [...] eine zentrale Sammelstelle zu schaffen und ihr die neutrale Bezeichnung ‚Sammelstelle für baltendeutsches Kulturgut‘ zu geben. Diese Sammelstelle kann neben der

514 So Brunner in seinem Beitrag auf der Wiener internen Tagung der sodfg am 17./18. März 1941 in Wien. Zitiert nach Fahlbusch, Wissenschaft im Dienst der nationalsozialistischen Politik?, S. 643.

515 Otto Brunner, Die Ostmark Europas, in: Bücherkunde, Bayreuth 1938, S. 466-468, 466.

516 Wilhelm Schüssler, Von Peter dem Grossen bis Stalin, in: Das neue Europa, 1941, S. 15. Zitiert nach Karin Schönwälder, Historiker und Politik. Geschichtswissenscahft im Nationalsozialismus, Frankfurt/New York 1992, S. 242f.

517 Schüssler, Russland, Reich und Europa, Münxter 1943, S. 18 und 46. Zitiert nach Schönwälder, Historiker und Politik, S. 242f.

518 AV Sievers, Besuch der Herren Professor Wittram und Dr. Lenz aus Posen, 30.1.1940 – BAL – Wittram AE file.

ihr zufallenden Aufgabe, alle Kulturgüter zu erfassen, gleichzeitig dringend notwendige Forschungsaufgaben übernehmen. Zu gegebener Zeit lässt sich aus ihr dann auch eine entsprechende Formung entwickeln, wie es die Erfahrungen der Aufbauzeit und die späteren Notwendigkeiten erheischen.[519]

Der Grund für diese Konstruktion war ein finanzieller: Sievers hatte es Wittram gegenüber für unmöglich erklärt, dass der Reichskommissar für die Festigung des deutschen Volkstums „auf Jahre hinaus die Finanzierung eines eigenen Forschungsinstitutes" übernehme: Dafür müssten Reichsmittel gefunden werden. Zumindest was die Bereitstellung der notwendigen Forschungsmittel für Wittram selbst betraf, dürfte Harmjanz nicht ganz unbeteiligt gewesen sein: Er war zugleich Referent im Wissenschaftsministerium, und Wittram erhielt 1941 den Ruf auf den Lehrstuhl für Neuere Geschichte an der Universität Posen.

Die Gründung der Ranke-Gesellschaft ging, wie schon erwähnt, auf eine Initiative des Historikers und Rektors der Hansischen Universität in der NS-Zeit, Gustav Adolf Rein, zurück[520], der 1945 zum zweiten Mal in seinem Leben die Universitätsstellung wegen einer militärischen Niederlage verloren hatte: Seine Privatdozentur für Neuere Geschichte an der Reichsuniversität Straßburg hatte er 1918/19 aufgeben müssen.[521] Neben Franz und Rein gehörten zu den führenden Mitgliedern noch andere Historiker, die „in mehr oder weniger großer Nähe zum Nationalsozialismus gestanden hatten".[522] Die Ranke-Gesellschaft entfaltete rasch eine beein-

---

519 Sievers an RKF, 13.4.1940 – Wittram AE file.

520 Zu Reins Aufstieg an der Hansischen Universität im NS siehe u.a. Geoffrey J. Giles, University Government in Nazi Germany: Hamburg, in: Minerva XVI, 1978, 2, S. 196-221; zur Geschichte der Ranke-Gesellschaft siehe Manfred Asendorf, Was weiter wirkt. Die „Ranke Gesellschaft – Vereinigung für Geschichte im öffentlichen Leben", in: 1999 – Zeitschrift für Sozialgeschichte 4, 1989, S. 29-61.

521 Zu Rein siehe Giles, University Government; Lerchenmueller, Keltischer Sprengstoff, S. 275-282.

522 So Schulze, Deutsche Geschichtswissenschaft nach 1945, S. 205. Er nennt hier, von den oben Genannten abgesehen, Otto Becker, Erich Keyser, Karl Alexander v. Müller, Heinrich Ritter v. Srbik, Harold Steinacker, Walther Peter Fuchs. Asendorf zählt zum „Kern ehemaliger NS-Historiker" in der Ranke-Gesellschaft neben Rein und Franz: v. Müller, v. Srbik, Hellmuth Rössler, Ernst Anrich, Hermann Aubin, Walther Hubatsch, Erwin Hölzle, Erich Keyser, Wilhelm Schüssler, Reinhard Wittram, Otto Brunner, Werner Conze und Walther Peter Fuchs. Siehe Asendorf, Was weiter wirkt, S. 48-57.
Hellmuth Rössler musste 1945 seinen Lehrstuhl für Neuzeitliche Geschichte in Innsbruck räumen und publizierte zusammen mit Günther Franz in den unmittelbaren Nachkriegsjahren: Biographisches Wörterbuch zur deutschen Geschichte, München 1953; Sachwörterbuch zur deutschen Geschichte, München 1958. Siehe Franz' Aussage im Nekrolog Rössler: „Hier in Innsbruck lernten wir uns im Mai 1945 kennen und fassten gemeinsam den Plan für ein Wörterbuch zur deutschen Geschichte, dessen Ziel es war, in der Zeit des Kulturumbruchs das von

druckende Aktivität, die von Jahreskonferenzen und den daraus resultierenden Jahrbüchern über die Herausgabe des HPB bis hin zu verschiedenen Reihen reichte, die von G.A. Rein, Hellmuth Rössler und Günther Franz im Oldenbourg Verlag und im Musterschmidt-Verlag herausgegeben wurden.[523] Der Musterschmidt-Verlag war 1947 in Göttingen gegründet worden.[524] Sein Verleger, Hans Hansen-Schmidt, wurde 1952 von Rein und Franz gemeinsam angesprochen wurde, ob er Interesse habe, „eine Rezensionszeitschrift in Verbindung mit der Rankegesellschaft herauszugeben".[525] Der Verleger arbeitete nicht nur mit diesen beiden Nationalsozialisten zusammen: „Die vor 1945 von der SS finanzierte Publikation der ‚Germanenrechte – Neue Folge', nach wie vor unter der Leitung von Karl August Eckhardt, dem Schwager von Günther Franz,"[526] wurde im Musterschmidt-Verlag fortgesetzt, und auch die Anthropologin Ilse Schwidetzky fand mit ihrer Zeitschrift ‚Homo' bei Hansen-Schmidt ein verlegerisches Zuhause.[527] Neben den Erinnerungen des Admirals von Müller erschienen bei Musterschmidt auch Dokumentationen über Hindenburg und Generalfeldmarschall Keitel und zahlreiche Quelleneditionen, darunter auch „die Geheimen Papiere Friedrich von Holsteins"[528], die Günther Franz im April 1942

---

der deutschen und europäischen Geschichtswissenschaft vorbereitete Bild unserer Geschichte in sachlicher und umfassender Weise festzuhalten. Es ist in zwei Bänden, als Biographisches und als Sachwörterbuch, seit 1953 im Verlag R. Oldenbourg erschienen." (HPB XVII, 1969, S. 97f).

Als Mitherausgeber des HPB fungierten Otto Becker, Otto Brunner, Ernst Forsthoff, Günther Franz, Gustav Adolf Rein, Helmut Schelsky, Wilhelm Schüssler, Bertold Spuler, Reinhard Wittram. (Siehe HPB I/1953).

523 Gustav Adolf Rein (Hrsg.), Studien zum Geschichtsbild, Göttingen 1960ff; Hellmuth Rössler/Gustav Adolf Rein (Hrsg.), Janus-Bücher. Berichte zur Weltgeschichte, München; Günther Franz/Gustav Adolf Rein (Hrsg.), Persönlichkeit und Geschichte, Göttingen.

524 „Auf Anregung [Gustav Adolf] Reins und eines Göttinger Physikprofessors war bereits 1947 in Göttingen der Musterschmidt-Verlag gegründet worden." Asendorf, Was weiter wirkt, S. 37. Diese Aussage dürfte auf Namensverwechslung beruhen. Vgl. die Aussage von Günther Franz: „Der Physiker Prof. Pohl und der damalige Rektor, der Physiologe Prof. Rein, gaben die Anregung [zur Verlagsgründung]." Günther Franz, 20 Jahre Verlag Musterschmidt KG, in: HPB XV, 1967, S. 321f.

525 Ebda.

526 Asendorf, Was weiter wirkt, S. 37.

527 Ilse und Georg Schwidetzky galten schon im Dritten Reich als Außenseiter ihres Faches. Von Walther Wüst ist überliefert, dass er ihre Veröffentlichungen als „völligen Schwachsinn" bezeichnete. Siehe hsl. Vermerk Wüsts auf Schreiben RuSHA an Ahnenerbe, 14.12.1939 - BA - NS 21/365. Diesen Hinweis verdanke ich Gerd Simon. Ilse Schwidetzky hatte sich am 31.5.1938 an der Phil. Fakultät der Universität Breslau mit einer Studie über die „Rassenkunde der Altslawen" habilitiert (veröffentlicht: Stuttgart 1938 und als Beiheft der Zeitschrift für Rassenkunde und der gesamten Forschung am Menschen 7).

528 Siehe Anm. 525.

für den Sicherheitsdienst in Augenschein genommen und den Kollegen vom SD die „Wichtigkeit dieses Komplexes“ bestätigt hatte.[529] Die ersten drei Jahrbücher der Ranke-Gesellschaft mit Vorträgen, die auf den Konferenzen der Gesellschaft gehalten worden waren, beschäftigten sich mit den Themen „Gibt es ein deutsches Geschichtsbild?“, „Kontinuität und Tradition“ und „Führungsschicht und Eliteproblem“.[530]

Die Konferenz zum deutschen Geschichtsbild fand im Herbst 1954 in den Räumen der Ostdeutschen Akademie in Lüneburg statt; unter den Rednern finden sich neben Rein und Rössler Max Hildebert Boehm, Hermann Rauschning, der frühere Breslauer Dozent Ludwig Petry[531] und der ehemalige Wiener Privatdozent Ernst Klebel, der 1934 wegen seiner Beziehungen zum Nationalsozialismus ab-, 1938 jedoch wieder eingesetzt wurde. Klebels Forschungen in der SODFG hatten die germanisch-deutsche Besiedlung Mährens zum Gegenstand.[532] Die Lektüre des Vorworts dieses Sammelbandes macht deutlich, dass die Historiker im Umfeld der Ranke-Gesellschaft nach 1945 nicht nur in beruflicher Hinsicht ‚malkontent‘ waren. Die „Katastrophe von 1945“, so ist in der Einführung von G.A. Rein zu lesen, habe die bisherigen deutschen Geschichtsbilder „problematisch gemacht, wie jede tiefgreifende Erschütterung des nationalen Lebens das bewirkt“. Der Historiker griff in diesem Zusammenhang auf ein Argumentationsmuster zurück, dessen sich schon die Historiker im Sicherheitsdienst in bezug auf die Historiographie der Weimarer Zeit bedient hatten: dass es ‚nicht-deutschen‘ Kräften gelungen sei, das Bild von der deutschen Geschichte zu bestimmen. Damals hatte der Vorwurf vor allen den „literarischen Juden“ und der „beziehungslosen, liberalen Geschichtswissenschaft“ gegolten. Nach 1945 richtete sich die Kritik gegen die Versuche der Siegermächte des 2. Weltkriegs, das Erbe der nationalsozialistischen Herrschaft juristisch und politisch zu bewältigen. Auf der „Bühne des Schauprozesses in Nürnberg“, so Rein, sei der Zusammenbruch Deutschlands „zu einem Zusammenbruch der ganzen deutschen Geschichte vertieft“ worden. Die „publizistischen Forderungen unter dem Gesichtspunkt der ‚Re-

529 Niederschrift über die Arbeitstagung mit Prof. Franz bei VII C am 10. und 11. April 1942 – USHRI RG15.007 M reel 23: 362/298, fol. 1, 5. Zitiert nach Matthäus, Weltanschauliche Forschung und Auswertung, S. 311.

530 Frankfurt/Berlin/Bonn, Band 1, 1955; Band 2, 1956; Band 3, 1957.

531 Petry gehörte zu den Verfassern der „Denkschrift über die Eindeutschung Posens und Westpreußens und der damit zusamenhängenden Umsiedlungen“ vom 11.10.1939 – PA – R 104208, Bl. 484108-484116.

532 Siehe Fahlbusch, Wissenschaft im Dienst der nationalsozialistischen Politik?, S. 291.

education'" hätten sich zu einem „allgemeinen Verdammungsurteil der deutschen Gesamtgeschichte" entwickelt.[533] Rein sah darin die Fortsetzung des Versailler Versuchs, ein „Geschichtsurteil" über die preußisch-deutsche Geschichte zu fällen. Der Kampf gegen die „lügenhaft verzerrten Geschichtsbilder von Versailles und Nürnberg" stand für die Ranke-Gesellschaft lange Zeit im Vordergrund ihrer Arbeit. Über die Außerordentlichkeit der zwischen 1933 und 1945 von Deutschen begangenen Verbrechen, über Angriffs- und Vernichtungskrieg und Völkermord verlor Rein kein Wort. Die Frage einer moralischen Bewertung des nationalsozialistischen Regimes wird umgangen, indem von der „Neigung, das unmittelbar vorangehende Machtsystem und dessen Träger zu diffamieren", als dem „Eigentümliche[n] unserer modernen Zeit" gesprochen wird:

> Nach 1945 wurde alles aus den 12 Jahren nationalsozialistischer Herrschaft ohne Unterschied für satanisch erklärt: die Hitlerleute ihrerseits hatten die Männer des Weimaraner Systems als bourgeois, als korrupt, als antinational verdammt. Die Weimaraner verurteilten die Kaiserzeit als eine Klassenherrschaft der Junkerkaste. Im Kaiserreich war man nicht gut auf die 48er zu sprechen; die 48er erkannten in den Restaurationen der Metternich-Zeit das „böse Prinzip" und so fort.[534]

Auch so lässt sich der Nationalsozialismus in die Kontinuität deutscher Geschichte einordnen … Aus Anlass des 10. Jubiläums der Ranke-Gesellschaft 1961 wurde im HPB erneut bekräftigt, dass der Kampf gegen die ‚Revision' ein Hauptziel der Gesellschaft sei:

> Geschichts-Fälschungen im einzelnen sind heute nicht das Schlimmste – sie haben, wie alle Lügen, kurze Beine. Wahrhaft verhängnisvoll aber sind in unserem Jahrhundert die Verzerrungen in den Geschichtsbildern geworden. Der alte Trick der Propaganda ist da am Werk, mit Halb- oder Viertel- oder 1/10 -Wahrheit die ganze Wahrheit zu verfälschen, ja, in ihr Gegenteil zu verkehren. Die „Studien zum Geschichtsbild" haben die Aufgabe, im Geist der Rankeschen Bemühung zur Erfassung der Wirklichkeit, Verzerrungen zu entlarven und Bausteine beizubringen für die Gestaltung unseres Geschichtsbildes, nach dem so vielfältig gerufen wird.[535]

Die ersten zwei Hefte der erwähnten „Studien zum Geschichtsbild" behandelten die Themen „Bonapartismus und Faschismus in der deutschen Geschichte" und den „Uneingeschränkten U-Bootkrieg im 1. Weltkrieg".[536] Im

---

533 Gustav Adolf Rein, Einführung in das Vorhaben der Konferenz, in: Ranke-Gesellschaft, Gibt es ein deutsches Geschichtsbild?, Frankfurt/Berlin/Bonn 1955, S. 9-16, 9.

534 Ebda., S. 10.

535 Zehn Jahre Ranke-Gesellschaft, in: HPB IX, 1961, S. 1f.

536 Gustav Adolf Rein, Bonapartismus und Faschismus in der deutschen Geschichte, Studien zum Geschichtsbild 1, Göttingen 1960; Arno Spindler, Wie es zu dem Entschluss zum uneingeschränkten U-Boot-Krieg 1917 gekommen ist, Studien zum Geschichtsbild 2, Göttingen 1960.

folgenden Jahrgang des HPB veröffentlichte der Historiker Erwin Hölzle, Mitglied des Konstanzer Arbeitskreises für mittelalterliche Geschichte[537], eine Rezension unter dem Titel „Griff nach der Weltmacht?", die gleich im ersten Absatz das Urteil verkündete:

Um es vorwegzunehmen, da eine übereilige Presse das Buch des Hamburger Historikers Fritz Fischer mit dem gleichen Haupttitel (doch ohne Fragezeichen) bei Erscheinen ohne rechte Prüfung in grellstes Licht setzte: Gegenüber der Darbietung einer riesigen Materialmasse steht eine These, die verfehlt, und eine Beweisführung, die missglückt ist. Dies muss vor allem aus universalgeschichtlicher Sicht und Kritik festgestellt werden.[538]

Diese kritische „universalgeschichtliche Sicht" beschränkt sich im weiteren Verlauf der Rezension im wesentlichen auf eine ‚tit-for-tat'-Argumentation, die Fischers Beispielen deutschen imperialistischen Handelns französische oder britische Beispiele gegenüberstellte. Hölzle selbst hatte im Dritten Reich über die Pariser Friedenskonferenzen publiziert[539] und war Mitarbeiter der „Arbeitsgemeinschaft zur Erforschung der bolschewistischen Weltgefahr", einer Dienststelle des Amtes Rosenberg. Auf einer Einsatzbesprechung der Arbeitsgemeinschaft im Herbst 1944 in Prag, an der u.a. auch Hermann Aubin, Andreas Hohlfeld und Reinhard Wittram teilnahmen, sprach Hölzle über das Thema „Bolschewismus und Versailles" sowie

[...] über seinen Forschungsauftrag ‚Die USA und die Sowjet-Union bzw. der Bolschewismus'. Er weist besonders auf die Notwendigkeit hin, sich mit der Rolle des jüdischen Elements in den amerikanisch-russischen Beziehungen zu beschäftigen, z. B. Kündigung des US-amerikanisch-russischen Handelsvertrages wegen der antijüdischen Gesetzesmaßnahmen im Vorkriegsrussland.[540]

Die Ergebnisse dieses Forschungsauftrages dürften in Hölzles Buch über „Russland und Amerika. Aufbruch und Begegnung zweier Weltmächte" eingeflossen sein, das 1953 im Oldenbourg Verlag erschien. 1978 edierte er in der von Rudolf Buchner begründeten FSGA-Reihe der Wissenschaftlichen Buchgesellschaft den Band „Quellen zur Entstehung des Ersten

537 Siehe Schulze, Deutsche Geschichtswissenschaft nach 1945, S. 158. Der Arbeitskreis wurde – so Schulze – „von Fachkollegen zunächst als ‚Kreis von Missvergnügten' angesehen". Hans Rothfels sprach 1957 mit Blick auf Willy Andreas, Theodor Mayer und Erwin Hölzle in kritischem Ton von „den Herren am Bodensee". (Siehe ebda., S. 158 Anm. 34).

538 Erwin Hölzle, Griff nach der Weltmacht?, in: HPB X, 1962, S. 65f, 65.

539 Erwin Hölzle, Die Saarentscheidung der Pariser Friedenskonferenz, Stuttgart 1935; Ders., Die ‚Freie Stadt' Danzig, Stuttgart 1935.

540 Ehlers, VII B1, an Amtschef VII, Dittel, 9.11.1944 – USHRI RG 15.007M reel 50: 362/605, fol. 1ff. Zitiert nach Matthäus, Weltanschauliche Forschung und Auswertung, S. 327f.

Weltkrieges. Internationale Dokumente 1901 bis 1914“, den die WB noch heute mit dem Hinweis bewirbt, er dokumentiere die „Verantwortlichkeit aller europäischen Mächte“[541].

541 „Tatsächlich ist eine beispielhafte Dokumentation der Motive der damaligen Außenpolitik und darüber der Verantwortlichkeit aller europäischen Mächte entstanden.“ Das Zitat entstammt der Zeitschrift „Geschichte in Wissenschaft und Unterricht“. (Wissenschaftliche Buchgesellschaft, Bücherkatalog 1999/2001 für Mitglieder, Darmstadt 1999, S. 124).

4 Zur Relevanz und Beurteilung der SD-Historiker

Man mag es als eine der zahllosen Ironien – oder Skandale – der bundesrepublikanischen Geschichte (und Geschichtswissenschaft) ansehen, dass der Verfasser der SD-Denkschrift über „Entwicklung und Aufgaben der Geschichtswissenschaft in Deutschland“ keine zwei Jahrzehnte nach dem Zusammenbruch des Nationalsozialismus als Professor an einer Pädagogischen Hochschule westdeutsche Geschichtslehrer und -lehrerinnen ausbildete.[542] Gleiches gilt für Löfflers akademischen Mentor Günther Franz, der zahlreichen anderen SD-Mitarbeitern Promotion und Habilitation ermöglichte und zwölf Jahre nach Kriegsende ebenfalls wieder eine Professur an einer Hochschule erhielt. Die Reintegration dieser nationalsozialistischen Führungsreserve – diese Funktion hatten viele Angehörige der Generation Löfflers – in den bundesdeutschen Wissenschaftsbetrieb der fünfziger Jahre ist mit dem ‚Fall‘ des Germanisten und früheren „Ahnenerbe“-Abteilungsleiters Hans Ernst Schneider (alias Hans Schwerte) erneut zum Gegenstand kontroverser Diskussion geworden. Die Erkenntnis, dass hinter einer ‚mustergültigen‘ bundesrepublikanischen Nachkriegskarriere eine ‚braune‘ Vergangenheit stecken kann, hat zu deutlichen Irritationen in der ‚scientific community‘ der neunziger Jahre geführt. Die Diskussionen über Theodor Schieder, Werner Conze und Karl Dietrich Erdmann belegen dies für den Bereich der Geschichtswissenschaft. Während bei den Auseinandersetzungen der fünfziger und sechziger Jahre ‚bekannte Nazis‘ in Wirtschaft, Politik und Wissenschaft – Hans Globke, Theodor Oberländer, Hermann Conring, Werner Best, Hermann Josef Abs, Friedrich Flick, Heinz Otto Burger, Gustav Bebermeyer: die Liste ließe sich bekanntlich lange fortsetzen – im Mittelpunkt der Auseinandersetzung standen, werfen die Entdeckungen der neunziger Jahre die Frage nach dem Verhältnis von ‚gutem‘ und ‚schlechtem‘ Leben auf. Die Diskussion darüber steckt, insofern sie die Kontinuität deutscher Geschichte *und der Deutschen* im zwanzigsten Jahrhundert zum Gegenstand hat, noch in den Anfängen. Die wissenschaftlichen, publizistischen, politischen und juristischen Auseinandersetzungen um den ‚Fall‘ Schwerte zeigen das in aller Deutlichkeit: Die Vorstellung, dass der Verfasser des frühen ideologiekritischen Standard-

542 Nachdenklich sollte in diesem Zusammenhang stimmen, dass auch unter dieser ‚neuen Generation‘ von Historikern einige als ‚weltanschaulich gefährlich‘ beurteilt und an der Ausübung ihres Lehrberufes gehindert wurden.

werks der Germanistik: „Faust und das Faustische. Ein Kapitel deutscher Ideologie“, zwanzig Jahre zuvor Ideologieproduzent im Dienste der SS war, überstrapaziert die Phantasie nicht weniger Bundesbürger. Die Frage nach der ‚Lernfähigkeit‘ der Deutschen im zwanzigsten Jahrhundert ist letztlich aber nur auf individueller Ebene zu beantworten. Und selbst hier, wo es um Einzelbiographien geht, scheint es unmöglich, zu allgemein akzeptierten Schlussfolgerungen zu gelangen: Ob ein ‚überzeugter' Nationalsozialist ein ‚aufrechter‘ Demokrat werden könne und wie eine solche Entwicklung sich vollziehen müsse, um glaubhaft zu sein, ist am Beispiel des Germanisten Schneider/Schwerte ebenso ausführlich wie erschreckend ergebnislos diskutiert worden.[543] Im Falle der SD-Historiker Hermann Löffler, Günther Franz und Ernst Anrich ist zu konstatieren, dass keiner sich öffentlich selbstkritisch mit dem eigenen Verhalten im Dritten Reich auseinandersetzte. Franz, der als Zeuge im Nürnberger Verfahren gegen Franz Alfred Six gehört wurde, war bemüht, die Arbeit des Amtes VII als eine „wissenschaftliche forschende, nicht aber eine aktuell-politische“ darzustellen, was nicht nur im Interesse von Six, sondern natürlich auch in seinem eigenen war.[544] Löffler manipulierte seine Biographie, um die Tätigkeit für den Sicherheitsdienst und die Mitgliedschaft in der Einsatzgruppe E zu tilgen. Beide verfolgten damit die Strategie, nur zuzugeben, was der Öffentlichkeit oder den Behörden schon bekannt war. Ähnliches gilt für Ernst Anrich, der im Unterschied zu den beiden jedoch mit seinem Versuch scheiterte, wieder an die Hochschule zurückzukehren.[545] Er vertrat seine weltanschaulichen Positionen weiterhin aktiv auch in der politischen Arena, indem er der Nationaldemokratischen Partei beitrat, auf Parteitagen sprach und dem Parteivorstand angehörte.[546] Die beruflichen Nachkriegsaktivitäten dieser drei SD-Historiker belegen ein funktionierendes Netzwerk von Personen,

543 Siehe hierzu vor allem: AutorInnenkollektiv für Nestbeschmutzung, Schweigepflicht; Sprache und Literatur 76/1996; Erlanger Universitätsreden 53/1996, 3. Folge; Lerchenmueller/Simon, Im Vorfeld des Massenmords; Barner/König, Zeitenwechsel; König/Kuhlmann/Schwabe, Vertuschte Vergangenheit; Ludwig Jäger, Seitenwechsel. Der Fall Schneider/Schwerte und die Diskretion der Germanistik, München 1998; Claus Leggewie, Von Schneider zu Schwerte. Das ungewöhnliche Leben eines Mannes, der aus der Geschichte lernen wollte, München/Wien 1998; König, Der Fall Schwerte im Kontext; Lerchenmueller/Simon, Maskenwechsel.

544 Eidesstattliche Erklärung Günther Franz, 17.11.1947 – StA Nürnberg – KV-Prozesse Fall 9, Six-Dokument Nr. 45.

545 Siehe Joachim Lerchenmueller, ‚Das Unheil der Wartestandsprofessoren‘ Oder das Ende der Reichsuniversität Straßburg in Tübingen, in: Tübinger Bausteine zur Universitätsgeschichte Band 10 (2001) [im Druck].

546 Siehe Lothar Kettenacker, Kontinuität im Denken Ernst Anrichs, in: Dieter Rebentisch (Hrsg.), Paul Kluke zum 60. Geburtstag, Frankfurt 1968, S. 140-152.

die bis 1945 im SD-Hauptamt tätig waren, an den wissenschaftlichen Projekten des Amtes VII mitwirkten oder mit Löffler, Franz und Anrich aus anderen wissenschaftlichen Unternehmungen bekannt waren. Trotzdem scheint es zu weit gegriffen, in diesem Zusammenhang von einem SD-Netzwerk zu sprechen: Der Begriff impliziert, dass es sich dabei um eine Strategie des Sicherheitsdienstes handelte, die vor dem Mai 1945 entwickelt wurde. Dafür gibt es jedoch keine Hinweise. Nichtsdestoweniger ist festzuhalten, dass dieselben Eigenschaften und Fähigkeiten, die Löffler, Franz und Anrich zu bedeutenden Agenten der SD-Wissenschaftspolitik machten, in der Nachkriegszeit von bundesdeutschen Einrichtungen wie dem Ministerium für gesamtdeutsche Fragen oder dem baden-württembergischen Kultusministerium geschätzt und für ihre Zwecke eingesetzt wurden. Mit Blick auf die individuelle Biographie heißt das, dass Löffler und Franz sowohl ihre persönlichen Ansichten als auch ihre wissenschaftliche Kompetenz und ihre Forschungsinteressen nach 1945 den obwaltenden politischen Umständen ebenso anpassen konnten, wie das nach 1933 der Fall gewesen war. Löffler schrieb für seinen Dienstherrn Berichte über wissenschaftliche Tagungen – unabhängig davon, wer dieser Dienstherr war und was seine Vorgesetzten mit diesen Informationen machten. Das Vokabular wurde den jeweiligen Zeitumständen angepasst. „Ich habe also Sprache sozusagen als Wortmasken lernen müssen", wie es der vormalige Leiter des „Germanischen Wissenschaftseinsatzes" im Rückblick auf seinen Einstieg in die SS-Karriere formulierte.[547] Damit soll nicht gesagt sein, dass Löffler oder die anderen SD-Historiker nicht ‚überzeugte' Vertreter der nationalsozialistischen Ideologie gewesen wären. Wer in einer Sammelrezension zur „Freimaurerei als politischer Faktor" 1943 einem der Autoren nachweist, er habe vergessen, darauf hinzuweisen, „dass Hedwig Hintze auch Jüdin" sei[548], belegt seine Unterstützung für wesentliche Ideologeme des Nationalsozialismus auch bei einer Gelegenheit, die keineswegs ‚unvermeidbar' war.

Keinem der drei SD-Historiker, die im Zentrum dieser Studie stehen, gelang es nach 1945, wesentlichen Einfluss auf die Entwicklung der bundesdeutschen Geschichtswissenschaft zu nehmen. Dasselbe gilt für die anderen Historiker, die im SD-Hauptamt bzw. in den Forschungsprojekten

547 Transkript WDR-Interview mit Prof. Dr. Schwerte, S. 26.

548 Hermann Löffler, Die Freimaurerei als politischer Faktor, in: Berliner Monatshefte 21, 1943, S. 298-303, 302. Der Hinweis galt Adolf Rossberg, der in seiner von Günther Franz betreuten Habilitation „Freimaurerei und Politik im Zeitalter der französischen Revolution" (Jena 1939, publiziert Berlin 1942) bei jedem zitierten Autor (vorschriftsgemäß) vermerkte, ob er/sie jüdischer Abstammung ist.

des Amtes VII tätig waren. Insofern ist die SD-Wissenschaftspolitik auf dem Gebiet der Geschichtswissenschaft gescheitert. Dieses Scheitern kann auf mehrere Ursachen zurückgeführt werden. Zum einen wurden der soziologisch-historischen Gegnerforschung mit dem Zusammenbruch des NS-Regimes die politisch-ideologischen Grundlagen ebenso entzogen wie die strukturell-materiellen. Löffler, Franz und Anrich verloren ihre Professuren automatisch dadurch, dass die Reichsuniversität Straßburg aufhörte zu existieren.[549] Damit waren der SD-Strategie die Voraussetzungen entzogen, den wissenschaftlichen Nachwuchs an bestehenden Universitäten durch SD-Historiker im „dualen System" auszubilden und durch Einflussnahme auf die Entscheidungen der Fakultäten und des Reichserziehungsministeriums die Berufung dieses Nachwuchses an ausgewählte Universitäten sicherzustellen. Mit einflussreichen Kontakten in den relevanten Dienststellen und Hochschulgremien aber stand – und fiel – diese SD-Strategie. Damit ist indirekt auch die Rolle der Universitäten im Dritten Reich angesprochen, deren Kollusion das „duale System" überhaupt erst ermöglichte. Acht Habilitationen und 17 Dissertationen konnten bislang eindeutig identifziert werden, die von Angehörigen des SD-Hauptamtes bzw. von Mitarbeitern in Gegnerforschungs-Projekten des Amtes VII an reichsdeutschen Universitäten eingereicht und genehmigt wurden. Von den acht im „dualen System" habilitierten Historikern gelang es zweien, nach 1945 wieder eine Professur zu erhalten: Hans Joachim Beyer und Hermann Löffler.[550]

Die wissenschaftliche Relevanz der SD-Historiker zwischen 1933 und 1945 und danach ist – im Sinne einer *inneren* Wissenschaftsgeschichte – eher insignifikant. Die Studien von Günther Franz, noch der bekannteste unter den SD-Historikern, über „Bismarcks Nationalgefühl" und den „Deutschen Bauernkrieg" sind Leistungen aus vor-nationalsozialistischer Zeit (was allerdings ihrer positiven Rezeption durch die Ideologieproduzenten des Sicherheitsdienstes nicht im Wege stand). Die Nachkriegspublikationen von Franz, Anrich oder Löffler (soweit überhaupt publiziert) spielten in der Nachkriegs-Geschichtswissenschaft keine größere Rolle. Die meisten der hier vorgestellten SD-Historiker zogen sich in der Bundesrepublik in wissenschaftliche Nischen zurück. Sie konzentrierten sich auf ihre eigentlichen Spezialgebiete, entfalteten in diesen Nischen jedoch eine be-

549 Anrich legte 1943 das Amt des Dekans der Philosophischen Fakultät nieder, war jedoch bis zum 8. Mai 1945 ordentlicher Professor an der Reichsuniversität.

550 Rossberg starb 1943 als Soldat, Levin im Frühjahr 1945 in Berlin. Die anderen Habilitanden waren Arnold Brügmann, Ernst Wilhelm Eschmann, Hermann Greife und Hans Schick.

achtliche und durchaus einflussreiche wissenschaftspolitische und -organisatorische Aktivität. Die Binnenperspektive der traditionellen Wissenschaftsgeschichte birgt die Gefahr, ‚mögliche Wirklichkeiten' zu ignorieren, die aus ‚wirklichen Möglichkeiten' resultieren können. Die im SD-Hauptamt entwickelte Strategie einer allmählichen Infiltration und Übernahme der universitären Geschichtswissenschaft orientierte sich an den damals gegebenen Möglichkeiten. Das „duale System" zeichnete sich durch seinen Pragmatismus aus: es verband die sicherheitspolizeiliche und sicherheitsdienstliche Gegnerbekämpfung mit der Ausbildung eines ‚ideologisch korrekten' Nachwuchses. Es konzentrierte die Energien der SD-Mitarbeiter nicht auf Planungen für imaginäre Nachkriegsgründungen (wie z.B. Rosenbergs Hohe Schulen), sondern auf die Schaffung realer Brückenköpfe: die Reichsuniversität Straßburg und die Auslandswissenschaftliche Fakultät an der Berliner Universität. Es stellte durch SS-Angehörige im Ministerium und an den Universitäten sicher, dass der eigene Nachwuchs gefördert und berufen wurde. Dieses System war offensichtlich auf lange Zeit angelegt und auf Zeit angewiesen – ein Faktor, der jedoch aus der Perspektive der späten dreißiger Jahre unproblematisch war.

Aus heutiger Sicht hat die SD-Wissenschaftspolitik den Charakter eines bei Kriegsende abgebrochenen Experiments. Ob die Strategie, mit Hilfe des „dualen Systems" eine Neuorientierung der Geschichtswissenschaft voranzutreiben und damit die kulturelle Hegemonie und die Definitionsgewalt in der historischen Forschung zu erringen, in einem *siegreichen* Nachkriegsdeutschland erfolgreich gewesen wäre, gehört dem Bereich der Spekulation an – und damit einem Feld, auf dem sich gerade Historiker nicht gerne bewegen.

Dokumente

Hermann Löffler
Entwicklung und Aufgaben der Geschichtswissenschaft in Deutschland[1]

1 Bundesarchiv – ZB 1-1223 A. 5, Bl. 137-216f. Die Rechtschreibung wurden den Erfordernissen der Rechtschreibreform angepasst. Korrekturen und Ergänzungen des Herausgebers werden in [ ] gesetzt. Die angebenen Seitenzahlen stammen vom Herausgeber.

Andere Richtungen (marxistische, katholische
und dynastische Geschichtsschreibung),
historische Belletristik,
der Einbruch des Judentums, keine Abwehr dagegen,
der Kampf gegen die Kriegsschuldlüge,
Separatismus und „Dolchstoss",
Walter Frank und sein Kreis vor 1933,
Zusammenfassung.

II. Die Lage in der Geschichtswissenschaft seit 1933. .... [209]

1. *Die sachliche Lage nach 1933*.. [209]
Ausmerzung der Juden,
Neubesetzungen,
keine überstürzte „Umschaltung",
Aufkommen des Konjunkturrittertums,
weiteres Zurückziehen der Fachwissenschaftler,
der Arbeitseinsatz der jüngeren Kräfte,
der Einsatz des Reiches: Das Reichsinstitut
für ältere deutsche Geschichtskunde,
das Franksche Institut,
stärkere Berücksichtigung der Judenforschung,
Fehlen einer einheitlichen Planung und Ausrichtung
der Geschichtswissenschaft,
neue Strömungen: die gesamtdeutsche Geschichtsauffassung
Heinrichs von Srbik,
unser Ziel: eine volksdeutsche Geschichtsauffassung,
volks- und grenzlanddeutsche Forschung,
Siedlungsgeschichte, der Streit ums Mittelalter.

2. *Die Personen*. .... [218]
a) Erfassung der innerhalb und ausserhalb der Hochschule tätigen Historiker.
b) Positive Kräfte
c) Die Gegner

3. *Die Hochschulinstitute und Seminare*[2]

4. *Die beiden Reichsinstitute*.. [224]

5. *Die wissenschaftlichen Akademien*[2]

6. *Die historischen Landeskommissionen und örtlichen Geschichtsvereine*[2]

7. *Die wichtigsten historischen Zeitschriften*.. [233]

8. *Literatur zur Neuordnung der Geschichtswissenschaft*........................ [237]

III. Die neuen Aufgaben der nationalsozialistischen Geschichtswissenschaft.[2] .... [239]

Einheitliche Planung,
rassische Geschichtsbetrachtung,
volksdeutsche Geschichtsauffassung,
Neuauffassung des Begriffes „Volk",
politische Geschichte[3] im Mittelpunkt,
Persönlichkeiten und Ideen die treibenden Kräfte der Geschichte,
Grunderkenntnisse der nationalsozialistischen Geschichtsauffassung, gründliche Ausbildung des Nachwuchses,
weltanschauliche Haltung,
Arbeits- und Nachwuchsproblem,
Neuordnung der Fakultät.

---

2 Dieser Teil der Denkschrift ist im Bestand ZB 1-1223 A. 5 nicht überliefert.

3 Geschichts > Geschichte

Vorwort

Es ist eine Tatsache, die nicht bestritten werden kann, dass infolge der politischen Machtergreifung durch die NSDAP am 30.1.1933 in Deutschland ein Zeitalter zu Ende gegangen ist und ein neues begonnen hat.

Zu Ende gegangen ist dasjenige, welches durch die Aufklärung seit der zweiten Hälfte des 17. Jahrhunderts geistig verbreitet und seit der Französischen Revolution im Jahre 1789 politisch zum Durchbruch gekommen ist.

Begonnen hat an diesem denkwürdigen 30. Januar ein neuer Abschnitt der deutschen Geschichte auf *allen Lebensgebieten*, also nicht nur der Wirtschaft und Politik, sondern vor allem auch des kulturellen Lebens. Und dieser totale Umbruch des Jahres 1933 ist in seiner tiefen und grundlegenden Bedeutung nur dann ganz zu verstehen, wenn man ihn in die Reihe der übrigen gewaltigen geistigen Umwälzungen der Neuzeit Europas einordnet, der von 1517 und der erwähnten des Jahres 1789.

Werfen wir nun vom *Standpunkt des Historikers* die Frage auf, welches die *tiefste Ursache* dieser ungeheuren Wandlung und der Heraufführung dieses neuen Zeitalters ist, so kann es nur eine Antwort geben: die ganz andere „Grundeinstellung zur Welt" und ein völlig *verändertes Lebensgefühl*, ein Lebensgefühl, das, von einem neuen Menschentyp verkörpert, eine Einheit darstellt und daher auf den verschiedensten Gebieten, besonders dem kulturellen, eine Neuordnung verlangt.

Im Rahmen dieser kulturellen und weltanschaulichen Neuordnung fällt vor allem der *Geschichtswissenschaft* als der Wissenschaft von der Entwicklung des germanisch-deutschen Menschen und seiner Einrichtungen und Leistungen schlechthin eine erhöhte und entscheidende Aufgabe zu, die weit über die Grenzen eines *nur* fachlichen Wissenschaftsbetriebes hinausgeht. Denn die Geschichtswissenschaft ist mehr als nur ein Fach unter anderen Fächern, das seine Aufgabe allein darin sehen kann, erlernbares Wissen zu vermitteln, sie ist nicht Selbstzweck, sondern wie jede *echte Wissenschaft eine wichtige Funktion des nationalen Gesamtlebens*, die den Historiker vor neue grundlegende Fragen gestellt hat und besonders vor die Aufgabe, diese Fragen mit einem neuerschauten Gesamtbild unserer Vergangenheit zu beantworten.

Ferner hat die Geschichtswissenschaft die Aufgabe, das geschichtliche Quellenmaterial erneut zu erfassen und zu sichten und es für den weltanschaulichen Einsatz unserer Tage aufzuarbeiten; zum anderen ist es wichtig, die großen Zusammenhänge und entscheidenden weltanschaulichen Auseinandersetzungen unserer Geschichte *vom geschichtlichen Erleben unserer Tage her* erneut aufzuzeigen und die geschichtsbildenden Mächte und Kräfte, die die Lebensgrundlage unseres Volkes bilden, so herauszuarbeiten, dass sie zum geistigen Besitz aller Volksgenossen werden, insbesondere aber des sogenannten akademischen Nachwuchses, d.h. vor allem: der kommenden deutschen Forscher- und Erziehergeneration.

Diese seit 1933 schon so oft formulierten Grundsätze einer nationalsozialistischen Geschichtsauffassung sind wohl immer „von denen, die es angeht", gehört, aber nur ganz selten ist der Versuch gemacht worden, sie in die Wirklichkeit umzusetzen.

Bisher liegen nämlich auf dem Gebiete der Geschichtswissenschaft nur wenige und oft noch sehr dürftige – wenn auch gutgemeinte – Einzelversuche vor, im nationalsozialistischen Sinne an Fragen der Geschichtsforschung heranzugehen und die entscheidenden Probleme eines Zeitraums vom politischen Erleben unserer Tage her neu zu durchdenken. Man „arbeitet" hier im alten Sinne weiter und hat noch nichts hinzugelernt. So ist es nicht zu verwundern, wenn es bisher bei weitem noch nicht zu einer *einheitlichen Planung und Ausrichtung der historischen Wissenschaft* auf die großen kulturpolitischen Aufgaben im völkisch-nationalsozialistischen Staat gekommen ist, trotz verschiedener Neugründungen einzelner Institute und großer Reden einzelner Präsidenten.

Ja, die berufenen Männer der Geschichtswissenschaft an unseren Hochschulen haben, von wenigen Ausnahmen abgesehen, auch im *politischen Daseinskampf* nach 1933 versagt, wie sie im Weltkrieg und den 15 Jahren der Erniedrigung versagt haben. Die große Chance, die ihnen der Nationalsozialismus zu ihrer Rehabilitierung gab, verstrich ungenützt. Bei der älteren Generation, die von ihrem liberalen Wissenschaftsbetrieb weder abgehen will noch kann, wäre dies noch nicht allzusehr zu verwundern, wenn auch nicht zu entschuldigen. Aber weit schlimmer ist es, dass diese „ältere Generation" es verstanden hat, *einen Nachwuchs in ihrem Sinne zu züchten* und mit diesem wichtige Hochschullehrerstellen zu besetzen, sodass junge nationalsozialistische Historiker von den Hochschulen immer noch fern gehalten werden. (Auf die Nachwuchsfrage wird noch besonders einzugehen sein).

Ferner gibt es unter den (auch heute noch amtierenden) Historikern viele, die entweder in ganz offener Form gegen die vom nationalsozialistischen Staat verkündete Geschichtsauffassung ankämpfen oder sie wenigstens sabotieren und totschweigen.

Es erschien daher notwendig, auf dem weitverzweigten Gebiete der Geschichte eine genaue Bestandsaufnahme in personeller und sachlicher Hinsicht durchzuführen, um

1. zu zeigen, welches überhaupt die Kräfte sind, die heute an den Universitäten, in Instituten und an sonstigen Plätzen die Erziehung des Nachwuchses in der Hand haben und das Geschichtsbild beeinflussen,
2. diejenigen von ihnen allmählich und endgültig *auszuschalten*, die zu den *ausgesprochenen weltanschaulichen Gegnern* der nationalsozialistischen Weltanschauung gehören und um vor allem
3. die bisher *vorhandenen positiven Kräfte zu erfassen*, wie es in der Forschungsgemeinschaft „Das Ahnenerbe" geplant und zum Teil schon geschehen ist, um dadurch endlich einmal zu einer einheitlichen Arbeitsplanung auf dem Gebiete der Geschichtswissenschaft im nationalsozialistischen Sinne zu gelangen.

I. Die Geschichtswissenschaft bis 1933

1.) Die Abgrenzung des Fachgebietes

Es soll im folgenden nun nicht etwa der Versuch gemacht werden, eine Philosophie der Geschichte zu schreiben, sondern es soll nur klar abgegrenzt werden, was wir unter diesem Worte verstehen und wie wir uns nachstehend auf einen festen Begriffsinhalt festlegen wollen, damit Irrtümer ausgeschlossen sind.

Das Wort „Geschichte" bedeutet in unserer deutschen Sprache einmal *„all das, was geschieht oder geschehen ist"* (objektiv) und zum anderen *„die Kunde und Erzählung des Geschehens"* (subjektiv), ohne Einschränkung auf ein bestimmtes Gebiet und ganz gleichgültig, ob es sich dabei um Vorgänge in der Natur (Erd-, Pflanzen- und Tiergeschichte) oder im Dasein des Menschen, der Völker und Staaten handelt.

Aber das Wort „Geschichte" hat noch eine dritte Bedeutung, und die ist es, die uns diesmal besonders angeht; und zwar verstehen wir darunter die *Geschichte als Wissenschaft*, wie wir im gleichen Sinne auch das aus dem Griechischen stammende Wort „Historia" (ἱδτοςία), das ursprünglich „erforschte Kunde", „Forschung" bedeutet, bereits in sehr früher Zeit – schon bei Herodot – in jener speziellen Bedeutung – als *Geschichtswissenschaft* nämlich – kennen.

(Mit beiden Worten – Geschichte und Historie – bezeichnet man also nicht nur das *Geschehene selbst, sondern auch die Geschichtskunde, -forschung, -darstellung und -wissenschaft*; man darf diesen mehrdeutigen Sprachgebrauch nicht übersehen, wenn es auf begriffliche Unterscheidungen ankommt.)

Geschichte als Wissenschaft betrachtet, ist vor allem Wissenschaft, die sich mit der Entwicklung der Menschen, Rassen, Völker und Staaten in ihren gesamten Beziehungen zueinander, ihren verschiedenartigen Einrichtungen, ihren geistigen und materiellen Lebensbedürfnissen beschäftigt.

Während sich bis vor wenigen Jahren die Anteilnahme auf die Zeiten der sogenannten „geschichtlichen Überlieferung" beschränkte und Zeiten, von denen uns die geschichtliche Überlieferung fehlte, als „geschichtslos" oder „vor der eigentlichen Geschichte liegend" beiseite ließ, hat nun die *Wissenschaft vom Spaten* gelehrt, dass wir auch ohne Kenntnis von Namen und Daten, allein durch die verschiedensten Bodenfunde, in der Lage sind, uns ein verhältnismäßig deutliches Bild von dem Leben und Handeln dieser bisher „vorgeschichtlichen" Menschen zu machen. Eine rein inhaltliche Scheidung in Frühgeschichte und Geschichte schlechthin ist schon deshalb nicht möglich, weil Frühgeschichte und Geschichte in *einem* geschichtlich-organischen Leben wurzeln. Ferner hat der Nationalsozialismus auch gezeigt, dass die Beschäftigung und Kenntnis dieser frühesten Zeiten für unser Geschichtsbild genau so wichtig ist wie die einer späteren Epoche, ja, in mancher Hinsicht noch wichtiger; denn in den frühgeschichtlichen Zeiten ist die Durcheinandermischung viel seltener gewesen, und die einzelnen rassischen Bestandteile, welche die Völker aufbauten, insbesondere ihr Rassekern, ist noch bedeutend klarer ersichtlich oder verspricht jedenfalls, es durch weitere Forschungen zu werden.

Wenn wir trotzdem im folgenden eine Scheidung durchführen, so ist diese mehr *methodischer* Art. Da es für die Erforschung dieser Ur- und Frühgeschichte besonderer Vorkenntnisse und Methoden bedarf und sie sich aufs engste mit der allgemeinen Menschen- und Rassenkunde (Anthropologie), der Erdgeschichte (Geologie) und den Naturwissenschaften (besonders der Biologie) berührt, so hat sie sich als *selbständige Wissenschaft der Prähistorie* von der Geschichtswissenschaft abgezweigt. (Hierüber liegt besondere Denkschrift vor).[4]

Trotz dieser methodischen Trennung ist es jedoch wünschenswert, dass Frühgeschichtler und Historiker, mehr als bisher, zusammenarbeiten und

4 Gemeint ist die „Denkschrift über Vorgeschichte", o.V., o.D.

der eine wenigstens in den Grundzügen das Arbeitsgebiet des anderen verstehen lernt.

Als Fachwissenschaft hat die Historie als vielseitigste Wissenschaft Berührungspunkte mit fast allen *geisteswissenschaftlichen Disziplinen*, so der Frühgeschichte, Religions-, Kunst-, Rechts-, Sprach- und Wirtschaftsgeschichte, der Germanistik, Volkskunde und der Philosophie. Aber nicht nur Berührungspunkte und Querverbindungen zu diesen geisteswissenschaftlichen Fächern sind vorhanden, sondern wichtig ist vor allem die Eheschliessung zwischen Geschichte und den Naturwissenschaften; das ist die *Rassenkunde* und in enger Verbindung hiermit die *Vererbungslehre* und *Geopolitik*. Durch die Lebensarbeit dreier Erblichkeitsforscher – [Erwin] Baur, [Eugen] Fischer, [Fritz] Lenz – in ihrem grundlegenden Werk „Menschliche Erblichkeitslehre und Rassenhygiene" vom Jahre 1921[5] – und vor allem [Hans F.K.] Günthers und anderer – wurde der Begriff der Rasse so geklärt, dass der Historiker heute damit arbeiten könnte. (Leider spricht man zuviel von rassischer Geschichtsbetrachtung und handelt zu wenig danach). Ferner ist die Lage heute so, dass sich die geschichtliche Wissenschaft den gewaltigen und gegen jeden Zweifel gesicherten Feststellungen der *Vererbungswissenschaft* gar nicht mehr verschließen kann, wenn sie zu neuen Erkenntnissen vorwärtsschreiten will. Hiermit hängen die entscheidenden Probleme um Rassenmischung, Rassenkreuzung, Entstehung der Führerschicht in Früh- und Hochmittelalter, Auslese (Zuchtwahl), Gegenauslese, Verstädterung, Volksdruck, Rassenpsychologie, Rassenseelenkunde ([Egon v.] Eickstedt, L[udwig] F[erdinand]. Clauss, usw.) eng zusammen.

Es würde hier zu weit führen, wenn auf all' diese verschiedenen Zusammenhänge näher eingegangen werden sollte.

Im Rahmen der deutschen Universität ist die *Geschichte* ein *Fachgebiet der philosophischen Fakultät* und wird aufgeteilt in eine Abteilung für *alte* und eine für *mittlere und neuere Geschichte*. (Die Frühgeschichte ist daher nicht mitberücksichtigt). An größeren Universitäten wird das Gebiet der mittleren und neueren Geschichte im allgemeinen von verschiedenen Vertretern wahrgenommen. Neuerdings sind auch einige Lehrstühle für Rassengeschichte ([Hans F.K.] Günther, [Johann] v. Leers, [Egon] v. Eickstedt) eingerichtet. Daneben begegnen uns besondere Lehrkräfte für die *geschichtlichen Hilfswissenschaften*, worunter man vor allem die zum Verständnis der mittelalterlichen Geschichte notwendigen Wissenschaften (Urkundenlehre, Münzkunde, Wappenkunde, usw.) versteht.

---

5 1920 > 1921. „Grundriss menschlicher Erblichkeitslehre und Rassenhygiene. 2 Bände, München: Lehmann 1921.

Der Abteilung für ältere Geschichte fällt dabei insbesondere die orientalische, griechische und römische Geschichte mit allen ihren Unterabteilungen bis zur großen Völkerwanderung zu. Die mittlere Abteilung rechnet gewöhnlich bis zum Beginn der Reformation, während man von da ab die Geschichte wieder unterteilt in neuere und neueste Geschichte. Dieser veralteten und heute durch nichts mehr zu rechtfertigenden Unterteilung liegt die wissenschaftliche Entwicklung der letzten Jahrhunderte zugrunde, (siehe Abschnitt III) besonders des 19. Jahrhunderts. Die Aufteilung der deutschen und auch der Weltgeschichte hat nach ganz anderen Gesichtspunkten zu erfolgen.

2.) Kurzgefasste Entwicklung der Geschichtswissenschaft, besonders im 19. Jahrhundert

Die Geschichtswissenschaft ist eine der ältesten Wissenschaften überhaupt. Schon in ältester Zeit haben wir systematische geschichtliche Aufzeichnungen, bis dann *Herodot*, „der Vater der Geschichte", aus seiner Erzählkunst heraus so etwas wie eine Geschichtsschreibung schuf. Er wurde dann für lange Zeit Vorbild fast aller nachfolgenden Geschichtsschreiber. (Referierende Geschichtsschreibung).

Der erste bewusste Vertreter einer *neuen* Anschauung vom Wesen der Geschichte war der Athener *Thukydides* (c. 460-400 v.Chr.), der in seinem klassischen Werk über „den Peleponnesischen Krieg" erst eine wahre Geschichtsschreibung schuf. Er sagt ausdrücklich, sein Werk solle dazu dienen,eine klare Darstellung von dem Vergangenen zu geben und damit von dem, was sich nach dem Laufe menschlicher Dinge einmal ebenso oder ähnlich ereignen mag. Er will also, dass man praktische Belehrung zu ähnlichen politischen Lagen aus der Kenntnis der Vergangenheit schöpfe, und er erklärt das für möglich und begründet es zufolge der allgemeinen Ähnlichkeit menschlichen Wesens und Tuns.

Trotz verschiedenster Abwandlungen war diese Art der Geschichtsschreibung bis zur Wende des 19. Jahrhunderts die vorherrschende.

Aber weit wichtiger als die Art, „Geschichte zu schreiben", ist die Frage nach der geistig-seelischen Grundeinstellung, die jeder Geschichtsschreiber in seinem Zeitalter (im weitesten Sinne) zur Geschichte hat. *Die Frage aller Fragen ist und bleibt demnach doch die nach dem Wesen und Sinn aller Geschichte und damit nach der letzten Aufgabe der gesamten Geschichtswissenschaft.* Und diese ewige Frage der Geschichtsauffassung wird von jedem Zeitalter neu gestellt und neu beantwortet. Aber diese Neubeantwortung der Vergangenheit ist nicht ein Vergnügen einzelner Gelehrter, sondern immer Echo und Spiegelbild von Wandlungen der historischen Wirklichkeit, Folge und Ausdruck eines veränderten Lebensgefühls, das meist von neuaufkommenden Schichten und Teilen eines Volkes getragen wird.

So sah z.B. die *Antike* den Geschichtsverlauf unter dem Bilde der absteigenden Linie, d.h., sie ließ pessimistisch von einem unvordenklichen Goldenen Zeitalter die Linie der Geschichte über das Silberne und Eherne Zeitalter herabsteigen bis zur Not der Gegenwart. (berühmter 3-Takt).

Die christliche Geschichtsauffassung – bei Paulus anklingend, von Augustinus straff formuliert und bis heute lebendig – sieht die *Weltgeschichte* als *einmalige Heilsgeschichte* der als Ganzheit aufgefassten Menschheit: von der Schöpfung bis zum Erlösungstod Christi und von dort bis zum jüngsten Gericht verlaufend.[+])

Eine Umkehrung und Säkularisierung dieses Gedankens ist die Geschichtsauffassung der *Aufklärung*, die den für alle Völker gleich gedachten ununterbrochenen *„Fortschritt“* als Zweck und Ziel der Weltgeschichte empfindet. Diese Linie läuft von Voltaire bis zu H.G. Wells. Sie wurde dann auch bestimmend für einen großen Teil der Geschichtsauffassung und -schreibung im 19. Jahrhundert. Einzelne Verdienste – wie Erziehung zum kritischen Denken – sollen ihr nicht abgesprochen werden, aber weit wichtiger ist ihre Aufstellung von Werten, die bis auf den heutigen Tag für den Bestand von Rasse, Volk und Staat besonders gefährlich wurden: Der Irrglaube an die *Gleichheit aller* – über alle Unterschiede von Rasse, Völker, Sprache, usw. hinweg -, an die angeborene und grenzenlose Güte der Menschen, ferner die Überschätzung der Vernunft als alleiniger Quelle der Erkenntnis und die „bewusste Berechnung“ als die Haupttriebkraft der Geschichte. Der Glaube an die irrationalen Mächte im Leben fehlte vollkommen.

Seinen Niederschlag hat dieses neue Wertsystem gefunden in einem Geschichtsbild, das es sich von der Vergangenheit macht. Es hat geherrscht bis in die Zeiten der Weimarer Republik hinein.

Stark eingewirkt hat das aufklärerische Denken auf die ökonomisch-materialistische Geschichtsauffassung eines Marx und Genossen (heute im Bolschewismus: [M.N.] Pokrovskij[6]), ferner die soziologische (A[uguste] Comte) und das Wertsystem eines Karl Lamprecht. (Siehe darüber später!).

[+]) Theodor Haecker: Der Christ in der Geschichte, 1936 [Anmerkung im Original.]

6 Pokrowsky > Pokrovskij

Die große *Gegenbewegung gegen die Aufklärung ist die Romantik* und ihre Vorläufer ([Johann Gottfried] Herder, J[ustus] Möser, u.a.). Sie wischt die von der Aufklärung aufgestellten Werte von der Tafel aus und trägt neue in sie ein. Die romantische Bewegung wendet sich vom Individualismus der Aufklärung ab – obwohl sie auch vom Ich, wenn auch aus anderen Triebkräften, ausging – sie leugnet den Kosmopolitismus und entdeckt Volk, Nationalgeist und Volkstum, Staat und religiöse Kräfte als Antrieb für das gesamte Volks- und Weltgeschehen. So verhilft sie zu einer ganz neuen deutschen und europäischen Geschichtsschreibung, wenn auch mit starken Schattenseiten.

Diese beiden Hauptrichtungen bestimmen im 19. Jahrhundert das Bild der deutschen Geschichtswissenschaft, überschneiden sich oft, laufen noch öfter nebeneinander her, bekämpfen sich meistens, aber *nie gelingt es* in Deutschland, *eine allgemein anerkannte und dem Gesamtvolk geltende Auffassung unserer Geschichte zu erreichen.* Solange unter dem Impuls der Napoleonischen Fremdherrschaft und der Freiheitskriege alle geistige Anspannung nur dem Wiederaufstieg des ganzen, des größeren Deutschland dienen wollte, behielt die *romantische Geschichtsschreibung* der [Gustav Adolf] Stenzel, [Friedrich von] Raumer, [Heinrich] Luden, [Wilhelm von] Giesebrecht einen großen *nationalen Zug.* (Es sei auch in diesem Zusammenhang an die Gründung der Monumenta Germaniae [Historica] durch den Freiherrn vom Stein erinnert.)

Auch Deutschlands größter Historiker, *Leopold von Ranke,* hat seine historischen Studien eigentlich in dem Widerspruch gegen die Alleinherrschaft der Napoleonischen Ideen entwickelt, wenn er auch auf der Höhe seines Schaffens sich schon mehr an die universale als an die nationale Schicksalslehre unseres Volkes gehalten hat. Ranke webte mehr im Zusammenhang der romanisch-germanischen Völkerwelt als im Wesen und den eigenen inneren Aufgaben des Deutschtums, was hier aber keine Kritik bedeuten soll.

Einer Seitenlinie deutscher Historiker, die ebenfalls auf die Romantik zurückgeht, gehören *Wilhelm [Heinrich] Riehl* und *Gustav Freytag* an. Für beide tritt der *Staat zurück hinter dem Volk!*

Abgesehen von kleineren Geistern wäre hiermit die Geschichtsschreibung, die ihre Wurzeln in der Romantik hat, erschöpft.

Immer stärker machte sich dagegen in Deutschland eine Richtung breit, die *rein politischer Art* war und in den Vordergrund des Interesses und der Behandlung den *Staat* setzte. (Etatistische Geschichtsauffassung). Sie ist teilweise im Gegensatz zur romantischen Richtung der Geschichtsschreibung entstanden, zum Teil aber berührt sie sich auch wieder mit Ranke und seiner Schule. Bekannt geworden ist sie unter dem Namen „kleindeutsche Schule“. Die Bezeichnung „liberal“ auf diese Schule anzuwenden, wäre verfehlt. Ihr gehört eine Reihe an, die sich von Johann Gustav Droysen über Heinrich von Sybel – auch [Theodor] Mommsen ist, wenn auch zum Teil mit umgekehrten Vorzeichen, dazuzuzählen -, *Heinrich von Treitschke*, Bernhard Erdmannsdörfer, Reinhold Koser, Dietrich Schäfer, Max Lenz, Erich Marcks, Reinhold Hinze, Johannes Haller, deren Schüler und Enkelschüler [zieht und sich] bis in unsere Gegenwart fortsetzt.

Das Urerlebnis für diese *politischen Historiker* der älteren Generation sind die Kämpfe um die Vorherrschaft in Deutschland und Bismarcks Reichsgründung gewesen. Dieses, sowie das Bildungserlebnis von „Hegel“, veranlassten sie, *den Staat*, – sie bewunderten besonders den preußischen – als den obersten Wert und die stärkste Triebkraft zu preisen und in den *Mittelpunkt ihrer Geschichtsbetrachtung* zu stellen. (Das Volk als solches spielte bei ihnen ebenso wie bei Bismarck eine untergeordnete Rolle!)

Als Gegenbewegung sind die „Großdeutschen“ zu nennen, die aber auch auf einer rein etatistischen Geschichtsbetrachtung fußten.

Schließlich wäre noch eine weitere Gruppe von Historikern des 19. Jahrhunderts zu erwähnen: die *Ästhetischen*. Ihr Haupt ist *Jacob Bur[c]khardt*. Auf ihn hat vor allem das Italienerlebnis die sein Leben bestimmende Wirkung ausgeübt, ähnlich wie auf viele Gelehrte des 19. Jahrhunderts. Bei Bur[c]khardt kommen nun noch andere Erlebnisse hinzu, wie etwa diejenigen der romantischen Geschichtsschreibung und insbesondere der Einfluss Rankes. Aber diese Auffassung hatte kaum noch Beziehung zu den Realitäten der Geschichte und den kulturpolitischen Bedürfnissen seiner Zeit.

Es ist selbstverständlich, dass die meisten Strömungen nicht erwähnt wurden, geschweige denn näher auf sie eingegangen werden konnte.

Betrachten wir rückblickend die Leistung der Geschichtswissenschaft im 19. Jahrhundert, so müssen wir als Ergebnis feststellen, dass sie

1.) ungeheures und wertvolles geschichtliches Material erschlossen (große Aktenpublikationen, Monumenta Germaniae [Historica], Acta Borussica, usw.)
2.) ihre Arbeitsmethoden bis ins kleinste verfeinert hat („Techniker der Wissenschaft“)
3.) sich in zahlreiche Richtungen und Schulen zersplitterte und
4.) einzelne Höhepunkte der Darstellung erreicht hat wie bis heute nicht mehr. (Ranke, Mommsen, Treitschke, usw.)

Trotz der von uns heute rückhaltlos anerkannten Leistungen geriet auch die Geschichtswissenschaft zusehends in das Fahrwasser einer liberalen Dogmatik. Der höchste Glaubenssatz der liberalen Dogmatik lautet für alle Wissenschaft und ganz besonders für die Geschichtswissenschaft „Voraussetzungslosigkeit“. Durch die *Freiheit von Voraussetzungen* erschien dem 19. Jahrhundert die unbedingte „Objektivität“ des wissenschaftlichen Erkennens verbürgt, die den ganzen Stolz dieses liberalen Zeitalters ausmachte. Wir wissen heute, dass es sich dabei eben um – [ein] Dogma handelte, das wie alle Dogmen falsch ist; und dieses Dogma ist für uns abgetan, mindestens hat es seinen Sinn erheblich gewandelt.

Wir heute wissen aber auch, dass die Freiheit von übernatürlichen Voraussetzungen und konfessionellen Bindungen, wie sie dem Liberalismus vorschwebte, noch lange keine *vollkommene Voraussetzungslosigkeit* ist, sondern selbst wieder nur eine Voraussetzung und dass jeder *Historiker als Sohn seiner Zeit*, als Glied seines Volkes und anderer Gemeinschaften, schließlich einfach als Mensch, als Persönlichkeit, beim Erfassen der Vergangenheit an hunderterlei subjektiven Bindungen gebunden ist. Manche davon sind offensichtlich, andere aber sind ihm unbewusst und lassen sich schwer oder gar nicht zum Bewusstsein bringen. Immerhin, soweit es gelingen kann, muss es versucht werden. Dadurch erreichen wir Heutigen an Stelle jener *unbedingten Objektivität*, die auf Selbsttäuschung beruht, eine *relative Objektivität.* (Auch Rankes berühmtes Wort, dass „jede Epoche unmittelbar zu Gott ist“, kann nicht anders als aus diesen Zusammenhängen verstanden werden.)

Diese relative Objektivität gibt nun wiederum die Möglichkeit, über die Vielheit der Voraussetzungen hinweg (die nun einmal vorhanden sind), doch zu *einem Geschichtsbild* zu gelangen, das *für alle oder doch weitaus die meisten Mitglieder der Gemeinschaft*, von der und für die Geschichte geschrieben werden soll, unbedingt überzeugend und verbindlich ist. Praktisch ist dazu offenbar nur eins nötig: einen *obersten Wert* zu finden, dem sich alle bisher in der Geschichte wie in der Geschichtsschreibung miteinander wetteifernden Werte (wie Staat, Religion, Fortschritt, usw.) unterordnen lassen, weil es für das Lebensgefühl des gesamten Volkes schlechthin das Höchste und Letzte bedeutet. Und dieser oberste Wert heißt für die nationalsozialistische Geschichtsschreibung: V o l k ! Aber dieser Höchstwert wurde durch den Nationalsozialismus buchstäblich erst neu entdeckt; denn das „Volk“ der Romantik basierte noch zu stark auf einer rein sprachlichen Gemeinschaft. Vorher sollte die Geschichtswissenschaft noch mehr aufgesplittert werden und der Zersetzung zusteuern.

3.) Die Lage der Geschichtswissenschaft nach dem Kriege

Die Jahre nach dem Kriege bis 1933 waren für die Geschichtswissenschaft Zeiten des trostlosen Verfalls. Die berufenen Männer, d.h., diejenigen, welche an unseren Hochschulen die Geschichte vertraten, haben versagt – von ganz wenigen Ausnahmen abgesehen – wie sie im Kriege und schon vorher versagt hatten. Ja, sie mussten ihrer ganzen inneren Haltung nach versagen, hauptsächlich aus zwei Gründen:

1.) weil sie in ihrer philiströsen und überheblichen Abgeschlossenheit jeden Zusammenhang mit dem deutschen Volke verloren hatten und ihre Wissenschaft zu einem Gegenstand kritischer Behandlung im engsten Kreise der Zunftgenossen, zu einer Art Geheimwissenschaft, gemacht hatten und sie dem Volke als politischen Bildungs- und Erziehungsfaktor entzogen und

2.) weil sie es in ihrer politischen Instinktlosigkeit ablehnten, in den politischen Daseinskampf Deutschlands einzugreifen, ja, im Gegenteil sich verpflichtet fühlten – ganz im Gegensatz zu ihren großen Vorgängern des 19. Jahrhunderts, eines [Barthold Georg] Niebuhr, [Heinrich von] Sybel, [Johann Gustav] Droysen, [Heinrich von] Treitschke, usw. – politisch vollkommen „neutral" zu bleiben, um es ja mit keiner Parteirichtung und keinem Kultusminister zu verderben. (Später zu erwähnende Ausnahmen bestätigen nur die Regel).

Nicht besonders zu betonen brauche ich, dass die völkische Freiheitsbewegung Adolf Hitlers in diesen Reihen keinen Widerhall fand.

So war für die Geschichtswissenschaft die angebliche Überwindung der sogenannten *politischen Geschichtsschreibung* maßgebend. Gegenüber dem vordringenden naturwissenschaftlichen Denken, das für sich den Anspruch erhob, allein wissenschaftlich „objektiv" zu sein, jagten auch sie nur dem Phantom „absoluter Objektivität" nach und strebten mit allen erdenklichen Mitteln danach, die Geschichtswissenschaft zu objektivieren.

Hermann Oncken, ein Vertreter dieser Richtung, formulierte schon 1914 in seinen „historisch-politischen" Aufsätzen, dass der Historiker in den einzelnen Nationen ebenso wie innerhalb der einzelnen Klassen Kräfte wirksam sehe, die für ihn das ringende Meer des Lebens bilden. „Er (der Historiker) soll auf die Höhe des Meeres hinausfahren und nicht *an einer bestimmten Stelle* einen festen Ankergrund suchen, etwa vom Standpunkt des höheren Rechts seines Volkes oder der absoluten Wahrheit einer Religion aus. Zunächst sind das alles für ihn nur *„Relativitäten"*, und nicht das Amt des Richters, sondern das des Begreifers ist ihm gegeben. *Die Arbeit* *des Historikers ist daher ebensowenig national wie die des Mathematikers,* und er würde sich gegen sein eigentliches Ideal versündigen, wenn er sein Erkenntnisstreben in den Dienst politischer Tendenzen, *und sei es auch des Patriotismus,* stellte![“]

Diese „Objektiven“ glaubten sich auf Ranke gegenüber Treitschke, den man als Journalisten und Epigonen abtat, berufen zu können, ohne zu sehen, dass es gerade Ranke war, der von einem durchaus festen weltanschaulichen Standpunkt aus Geschichte geschrieben hat. Dass *Leopold von Rankes* Werk aus einem Lebensgefühl, von einem bestimmten Standpunkt aus, erwachsen ist, welches durch die Gegnerschaft zu den von Napoleon I. vergewaltigten geschichtlichen Mächten der Völker, Staaten und religiösen Gedanken geboren wurde, hat dieser größte aller deutschen Geschichtsschreiber in der Darstellung seines Lebens angedeutet: „Die historischen Studien haben sich eigentlich in dem Widerspruch gegen die Alleinherrschaft der Napoleonischen Ideen entwickelt.“ (Vgl. L[eopold] v[on] Ranke, Zur eigenen Lebensgeschichte, hrsg. von A[lfred] Dove, Leipzig 1890, Sämtliche Werke, Bd. 53 und 54, S. 47).

Oncken war ferner der Kronhistoriker der Weimarer Republik, und ihm ist es mit zu verdanken, dass die Historie nach dem Kriege immer mehr ihren eigentlichen Aufgaben entfremdet wurde. Durch seine Verbindung zu den verschiedensten Kultusministern der Systemzeit hatte er einen ausschlaggebenden Einfluss auf die Stellenbesetzung. – In dem öffentlichen Briefwechsel mit Walter Frank (W. Frank schrieb im „Völkischen Beobachter“, Oncken in der „Frankfurter Zeitung“) wurde Oncken bloßgestellt und 1935 emeritiert.

Aber noch durch andere Gruppen ist eine fortschreitende Objektivierung der Geschichtswissenschaft durchgeführt worden:

1. *Die Quellenedition*

Für die sogenannten Monumentisten, die Mitarbeiter der Monumenta Germaniae Historica, wurde die Edition Selbstzweck, sie galt allein als Wissenschaft.

Jeder Historiker, der es unternahm, über die Edition hinaus zur Darstellung fortzuschreiten, handelte nach einem Wort *Paul Kehrs,* des ehemaligen Generaldirektors der Monumenta Germaniae Historica von 1915-1935, wie der Archäologe, der es unternimmt, einen Torso zu ergänzen. Er verlässt nach Kehr den Bereich seiner Wissenschaft. Nur wenige mittelalterliche Historiker – [Johannes] Haller und [Karl] Hampe – haben in dieser

Zeit noch den Mut zur Darstellung gehabt, die allermeisten sind über Edition und Quellenkritik nicht hinausgekommmen. Es wirkt geradezu wie Hohn, dass erst der jüdische George-Schüler [Ernst] Kantorowicz mit seinem „Friedrich II." der mittelalterlichen Geschichtsforschung *die Aufgaben der Darstellung und der Schau* vor Augen führen musste.

Diese Kehrsche Tendenz wirkt bis auf den heutigen Tag nach, und der Präsident des Reichsinstituts für ältere deutsche Geschichtskunde ist ebensowenig ein schöpferisch veranlagter Historiker wie Kehr und seine Anhänger selbst. (Doch davon später).

2. *Geistesgeschichtliche Richtung*

Eine andere Art der Objektivierung (boshaft ausgedrückt: der Entseelung, Verwässerung, Standpunktlosigkeit) stellt die Geistesgeschichte dar. Ihr Schöpfer und Hauptvertreter ist *Friedrich Meinecke* (seit 1918 Ordinarius in Berlin). Er lehrte, dass die Ideen die allein wirksamen Kräfte der Geschichte sind. Wenn auch seine Arbeit in vielem fördernd und befruchtend gewirkt hat, so hat doch Meinecke dazu beigetragen, den „wahren Inhalt" der Geschichte zu zerreden und zu verwässern. Dieser Meinecke konnte das aufsehenerregende Buch über die „Staatsraison" schreiben, in dem vom Staat nichts vorkommt und die handelnden Staatsmänner kaum erwähnt werden.[+]) Hatte Meinecke selbst noch ein großes positives Wissen und die weite historische Erkenntnis, so fehlte beides seinen Schülern vollkommen; sie wurden immer stärker Philosophen als Historiker, die meisten jedoch Schwätzer und Literaten. Diese „Wissenschaftler" gingen von einer vorgefassten Idee aus, die mitunter überhaupt nicht existierte und für die sie in der Geschichte nur noch den Beweis suchten. Sie waren es besonders, die die Historie immer stärker ihrer eigentlichen Aufgabe: der politischen Erkenntnis und politischen Erziehung entfremdeten und mit ihr im luftleeren Raume jonglierten. Ferner wurde von diesen Ideenakrobaten eine wichtige Lehre der Geschichte, dass neben den Ideen die Persönlichkeiten die treibenden Kräfte der Geschichte sind, völlig abgelehnt. Aber Ideen ohne Verbindung zu den Persönlichkeiten, die sie in die Wirklichkeit umsetzen sollen, sind geschichtslos.

Neben diesen Richtungen machte sich vor allem in der deutschen Geschichtswissenschaft bis 1933 *eine 3. Richtung* breit, deren Schöpfer und

---

[+]) Vgl. den programmatischen Aufsatz Friedrich Meineckes: „Kausalitäten und Werke". Hier behauptet er, daß die Geschichte im eigentlichen Sinne nur *Kultur- und Geistesgeschichte* sei. [Anmerkung im Original.]

Hauptvertreter der Leipziger Historiker *Karl Lamprecht* gewesen ist. Auch er führte von der politischen Entwicklung weg und glaubte, die in der Spezialforschung getrennten Tatsachenreihen (Wirtschaft, soziale Schichtung, Recht und Verfassung, Kunst, Wissenschaft, endlich politische Geschichte) in ihrem Zusammenhang und ihrer Parallelität zu erfassen als Ausdruck der jeweiligen geistigen Stufe und seelischen Haltung bestimmter Zeitalter. Und die Stufenfolge dieser Zeitalter und Denkweisen – des Symbolismus, Typismus, Konventionalismus, Individualismus, Subjektivismus, endlich der modernen Regsamkeit – hielt er für die typische Entwicklungslinie, die jedes große und sich normal entfaltende Volk durchlaufen müsse. War hier der Ton – im Gegensatz zur ökonomisch-materialistischen Geschichtsauffassung – vom Materiellen auf das Geistige verschoben, so verdarb doch der *Grundirrtum der Aufklärung*, den Lamprecht vom Positivismus [Auguste] Comtes übernahm, das Gesamtbild. Der Rationalismus und in seinem Gefolge der Liberalismus hält eben alle Menschen, alle Völker und alle Rassen für gleich und sieht viel zu eindeutig die Herrschaft des Intellekts als Mittel und Ziel des Prozesses an, in dem sich eine für alle Menschengruppen gleich verbindliche Wertordnung verwirkliche.

Wir heute erkennen gleichfalls den Zusammenhang und das einheitliche Gepräge aller Seiten im Leben eines Volkes unbedingt an, aber wir suchen die formende Macht *weniger im Geist*, der stark in internationalen Zusammenhängen weht und wirkt, als in Gemüt und Seele, im eingeborenen und durch geschichtliche Schicksale weiter ausgeprägten *Ethos der Rasse*.

Die Hauptvertreter dieser drei maßgeblichen Richtungen (Kehr, Meinecke, Lamprecht) waren, rassisch betrachtet, keine Juden, aber in ihrer ganzen Haltung und Denkart typische Vertreter einer liberalen Weltanschauung. So ist es nicht sonderlich zu verwundern, wenn ihre *Schüler vielfach Juden* gewesen sind. In die Monumenta ist 1870 der erste Jude eingetreten. In der Folge haben ihr gegen 50, hauptsächlich aus der Schule des Straßburger[s] *Harry Breslau*, angehört. Die jüngere „Meineckeschule" ([Hans] Rothfels, [Hans] Baron, [Dietrich] Gerhard[7], [Gerhard] Masur, [Hans] Rosenberg, usw.) war fast rein jüdisch.

Auch die Nachfahren Lamprechts waren entweder Juden, wie gerade die Wirtschaftsgeschichte vor allem von Juden gepflegt wurde ([Alfred] Doren, [Georg] Caro, [Robert] Davidsohn, usw.) oder verkrüppelte arische Intellektuelle. (Die meisten von ihnen waren aber keine Ordinarien).

Bezeichnend ist es, dass es diese Richtungen waren und heute noch sind, die im Ausland Schule gemacht haben. Vor allem [Karl] Lamprechts

---

7 Gerhardt > Gerhard

Geschichtslehre, die bei uns heute völlig als überwunden gelten kann, ist in den USA und England noch sehr lebendig, wenn auch in primitiver Form.

Daneben gab es noch andere „Richtungen", deren *Einfluss* jedoch, aufs Ganze betrachtet, *sehr gering* war. So ist es bemerkenswert, dass die *marxistische* Geschichtswissenschaft unter sich geblieben ist und innerhalb der wissenschaftlichen „Zunft" niemals volle Anerkennung gefunden hat. (Gustav Mayer, Arthur Rosenberg).

Außerdem können die Lehrstuhlinhaber als eine Richtung bezeichnet werden, die als *getreue Vasallen und Hörige Roms* Geschichte dozierten und schrieben. (Sie gibt es zum größten Teil auch heute noch als Inhaber der konkordatsgebundenen Professuren).

Ferner kamen einzelnen *„Reaktionäre"* in Frage, die als Vertreter einer im Absterben begriffenen dynastischen Geschichtswissenschaft in der Verherrlichung der 1918 verschwundenen Dynastien den einzigen Inhalt der Geschichte sahen. (Adalbert Wahl, Max Buchner).

Das entscheidende Kennzeichen der Lage bis 1933 ist demnach, aufs Ganze betrachtet, nicht darin zu sehen, dass die Mehrzahl der Nachkriegshistoriker etwa überzeugte Träger der Weimarer Staatsideologie gewesen sind, als vielmehr die Tatsache, dass sie zu keiner bestimmten Richtung gehörten, wie am Anfang dieses Kapitels schon erwähnt wurde, dass sie „neutral" blieben und in einer unfruchtbaren, zünftlerischen Abschließung am großen Geschehen der Tage und dem elementaren Aufbruch der Nation vorbeilebten.

Der Mangel an geistig-politischer Führungskraft war so ausgesprochen, dass sie im Volke nicht mehr den geringsten Widerhall fanden. Und so waren diese Vertreter einer Geschichtswissenschaft, soweit man überhaupt noch von einer solchen reden konnte, auch nicht in der Lage, sich nach dem Kriege gegen die von weiten Kreisen mit Beifall aufgenommene „geschichtliche" Literatur zu verwahren, der man den etwas irreführenden Namen „Historische Belletristik" gegeben hat. (Vorbild: Frankreich und England). Diese Art, „Geschichte" zu schreiben, war seit 1918 hauptsächlich die Domäne und das Betätigungsfeld jüdischer Literaten geworden, die mit ihrem Instinkt für mühelose Erfolge ahnten, dass nun, nach dem Versagen der Lehrstuhlinhaber Deutschlands, für sie die Zeit gekommen sei, eine Lücke auszufüllen, die von den meisten Vertretern der Geschichtswissenschaft nicht einmal gemerkt, geschweige denn überbrückt werden konnte. So schob sich zwischen das Volk und die abgeschlossene Kaste der „Zünftigen" der *literarische Jude*, der nebenbei für seine „Arbeiten" den Anspruch der *Wissenschaftlichkeit* erhob. Der „hervorragendste Vertreter" dieser Sorte war *Emil Ludwig Cohn*, der mit seinen Biographien, d.h., Verunglimpfungen großer Gestalten der Geschichte, zersetzend auf die politische Willensbildung des urteilslosen Spießbürgers einwirkte und mit seinen in Millionen Exemplaren verbreiteten Büchern ihm außerdem noch das Geld aus den Taschen zog. So wurde das gesamte Geschichtsbild verzerrt und dem deutschen Volke jede Ehrfurcht vor der Vergangenheit und ihren großen Gestalten geraubt. Wie der Deutsche seine Geschichte zu sehen hatte, bestimmte der artfremde, jüdische Literatenklüngel; und bis auf den heutigen Tag verrät bei vielen und keineswegs nur liberal eingestellten Intellektuellen die Geschichtsauffassung, woher sie kommt.

Diesem Einbruch des Judentums hatte unsere Fachwissenschaft weiter nichts entgegenzusetzen, als dass sie sich begnügte, Emil Ludwig [Cohn] und Konsorten einzelne historische Schnitzer nachzuweisen, wie man es ebenso bei dem Erscheinen von [Alfred] Rosenbergs „Mythus [des 20. Jahrhunders]" tat. (Man verzeihe, dass Rosenberg und der Jude in einem Atemzug genannt werden, der Vergleich aber ist zutreffend!). Aber sie vermochte nicht, wirkliche Geschichtswerke zum Ersatz dagegen zu stellen. So sind die anderthalb Jahrzehnte von 1918-1933 sehr arm an geschichtlicher Literatur, besonders an guten Darstellungen über irgendeinen Zeitraum der neueren und neuesten Geschichte, ebenso wie es an Darstellungen zur mittelalterlichen Geschichte mangelte. (siehe oben!) Und das ist wieder aus der inneren Haltung dieser Menschen zu erklären: Die Historiker im Zeitraum von der Jahrhundertwende bis zum Jahre 1933 waren in der Mehrzahl keine schöpferischen Menschen mehr, sondern bloß noch Zünftler und Handwerker. Aber Darstellung der Geschichte ist nicht bloß Handwerkerei, Fertigkeit im Kleinen, sie ist vor allem Kunstschöpfung, Gestaltung des Großen. Die wissenschaftliche Genauigkeit und Sorgfalt braucht darunter nicht zu leiden, das haben Dietrich Schäfer und Eduard Meyer bewiesen; die meisten Vertreter aber haben das nicht erkannt oder nicht wahr haben wollen.

Wenn aber Geschichte einen Sinn haben soll, dann darf sie nicht an den Grenzen eines kleinen Gelehrtenkreises Halt machen, sondern sie muss darüber hinaus *Gemeingut der Volksmassen* sein. Von dem künstlerischen Grade einer Geschichtsdarstellung hängt es aber vielfach ab, wie weit sie überhaupt gelesen wird und damit erzieherisch auf die Volksgenossen wirken kann.

Es muss aber auch billigerweise hervorgehoben werden, dass sich nach 1918/19 *auf einem sehr wichtigen Gebiet wieder eine Politisierung der Geschichtswissenschaft* bemerkbar gemacht hat, und zwar [auf] dem der *Kriegsschuldforschung*. Ohne Rücksicht auf parteipolitische und schulenmäßige

Zugehörigkeit hat sich fast die Gesamtheit der Historiker an dem Kampf gegen die Krieg[s]schuldlüge beteiligt und hier hervorragende Arbeit geleistet. Die Ergebnisse der deutschen Kriegsschuldforschung haben eine nicht unwichtige Etappe im Kampf gegen Versailles ausgemacht, und das im Gegensatz zur herrschenden Ideologie des außenpolitischen Kurses. (Besondere Verdienste haben sich hier die *„Berliner Monatshefte“* unter ihrem Herausgeber A. von Wegener errungen, wenn auch gerade dieser manches Mal zu stur war und in Serbien den alleinigen Kriegsbrandstifter sah, was dann auch zu seiner Entfernung beigetragen hat.)

Im Kampf gegen den inneren Feind, besonders den *Separatismus*, sind unsere Historiker weniger hervorgetreten, und im Kampf um den *„Dolchstoß“* waren die Meinungen leider sehr geteilt.

Selbst in dem restlos positiv zu beurteilenden Kampf um die „Kriegsschuldfrage“ zeigte es sich, in welch starkem Maße dieser Einsatz im Rahmen *bürgerlich nationalen Denkens* verhaftet blieb; denn selbst eine nicht zu unterschätzende Mitursache des Zusammenbruchs – das Unverständnis für das soziale Problem des II. Reiches – wurde selbst von nationalen Männern einfach nicht erkannt.

Das hier entworfene Bild der Lage bis 1933 gibt allerdings insofern nicht den vollen Tatbestand wieder, als daneben doch, vor allem bei der jungen Generation, deutliche, wenn auch noch schwache Anzeichen für eine *innere Abkehr* von dem erstarrenden Wissenschaftsbetrieb der alten historischen Zunft vorhanden waren und Anschauungen vertreten wurden, die zum Teil unmittelbar aus dem Erlebnis des Kampfes der Bewegung erwuchsen, zum Teil wenigstens die Erkenntnis von der Notwendigkeit neuer, den wahren völkischen Aufgaben des Historikers angemessenen Arbeitszielen und Arbeitsmethoden in sich schlossen.

Die erste Gruppe war verschwindend klein und umfasste den Kreis um *Walter Frank* (Bedeutung ist nicht zu *über*schätzen!), während die andere zahlenmäßig bedeutendere Richtung ihren entscheidenden Anstoß vom Erlebnis der deutschen, völkischen Not in den vom Reich durch Versailles abgetrennten Gebieten erhalten hat. Beide Richtungen gingen im Grunde von dem *gleichen Erlebnis des Volkes als des eigentlichen Gegenstandes der deutschen Geschichte* aus. Diese neue Auffassung wurde geboren im großen Erleben des Weltkrieges und der ersten Nachkriegsjahre. Allmählich fingen auch die innerdeutschen Professoren an zu begreifen, dass Staat und Volk auf verschiedenen Ebenen liegen und unter Umständen in tragischen Gegensatz kommen können und dass das *Volkstum* die bei weitem *grundhaftere, tiefere Lebensschicht* bedeutet als der Staat.

Abgesehen von einzelnen Ausnahmen, fehlte jedoch beiden Richtungen vor dem Umbruch jede größere hochschulpolitische Wirkungsmöglichkeit, so daß die Lage der Geschichtswissenschaft, die der Nationalsozialismus im Frühjahr 1933 vorfand, fast ausschließlich bestimmt war durch die Vertreter der oben beschriebenen Richtungen und besonders des zünftlerischen Geistes.

II. Die Lage in der Geschichtswissenschaft seit 1933

1.) Die sachliche Lage nach 1933

In dieser eben fachlich geschilderten Gesamtlage befand sich die Geschichtswissenschaft, als der siegreiche Nationalsozialismus nach dem 30.1.1933 auch auf die Hochschulen übergriff.

1.) *Die nationalsozialistische Hochschulpolitik*

ging übertrieben vorsichtig vor und beschränkte sich auch der historischen Wissenschaft gegenüber anfangs auf die Ausmerzung einiger politisch völlig untragbarer Vertreter, vor allem selbstverständlich der Juden. Diese Ausscheidung war für die Geschichtswissenschaft nicht allzu tiefgreifend. Es gab im ganzen drei jüdische Ordinarien; ([Hans] Rothfels - Königsberg, [Wilhelm] Levison - Bonn und [Siegmund] Hellmann - Leipzig); zahlreicher waren vor allem die jüdischen Privatdozenten. Durch ihren Abbau wurde besonders der Einfluss der Meinecke-Schule entscheidend getroffen. Aus politischen Gründen erfolgte jedoch keine einzige Entlassung im direkten historischen Fachbereich, nur nach und nach einige Emeritierungen und Pensionierungen.

2.) *Wichtiger aber war,*

dass durch die gleichzeitige Durchführung der Altersgrenze zahlreiche *Neubesetzungen* erfolgten, die die Nachkriegsjahrgänge (1900-1905) auf die Lehrstühle brachten. *Allerdings geschahen diese Berufungen ziemlich planlos, und man schickte jemanden gerade dorthin, wo ein Platz frei war.* Selbst bis heute ist nicht festzustellen, ob die Berufungen nach einem einheitlichen Plan erfolgen oder nicht.

3.) *Die Mehrzahl der Historiker*

verhielt sich nach 1933 still. Eine überstürzte „Umschaltung“, wie wir sie in vielen anderen Disziplinen nach 1933 erlebt haben – einzelne Ausnahmen gab es auch hier – war nicht zu bemerken. Mit größeren Veröffentlichungen hielt man sich zurück und beschränkte sich auf den laufenden wissenschaftlichen Hochschul- und Zeitschriftenbetrieb. Dieser Zustand dauert auch heute noch [1939] an. Trotzdem können wir Jüngeren so manchen unserer Lehrer aus der älteren wissenschaftlichen Generation dafür dankbar sein, dass sie, die doch meistens in anderen Anschauungen groß geworden sind, *den billigen Weg eines Konjunkturrittertums abgelehnt* haben, und wir werden gerade dort, wo wir ein ernsthaftes Ringen um eine neue völkische Sicht der deutschen Geschichte verspüren, selbst wenn sie noch nicht ganz unseren Wünschen entsprechen sollte, die menschliche und wissenschaftliche Achtung nicht versagen.

4.) *Auch auf geschichtlichem Gebiete*

erschien eine Flut von Broschüren und Aufsätzen, die zu allererst betonte, *den politischen und weltanschaulichen Forderungen des Tages gerecht zu werden*, aber die Verfasser waren keine Historiker vom Fach, sondern Konjunkturritter übelster Sorte. Ihre „Programmschriften“ sind meistens ungelesen in der Versenkung verschwunden. Wichtiger und gefährlicher aber als ihre Proklamationen war der Versuch dieser Leute, „Geschichte dem Volke nahe zu bringen“. Diese Konjunkturritter arischer Herkunft wiederholten nur das, was bis 1933 die Juden auch versucht hatten. In regelmäßigen Abständen erschienen von dieser Sorte Bücher mit dem hochtrabenden Titel: „Geschichte des deutschen Volkes von den Anfängen bis zur Gegenwart“ oder eine „Deutsche Geschichte, völkisch gesehen“ oder wie sich diese seichte, an der Oberfläche plätschernde Modeware sonst noch nennt.

Man entblödet sich ferner nicht, welthistorische Ereignisse in instinktloser, schnodderiger und jeder historischen Erkenntnis baren Art darzustellen. Das nennen sie dann „volkstümlich“ schreiben. Manche dieser Schreiberlinge sind so anpassungsfähig und vielgeschäftig, dass sie gestern über Friedrich den Großen „arbeiteten“, heute über die „Gesundheitsgesetzgebung der Amerikaner“ „schreiben“ und morgen über ein anderes Thema ihr Gewäsch loslassen.

Nichts ist ihnen heilig! Auch das älteste und verstaubteste Buch ist nicht vor ihnen sicher, „benutzt“ und abgeschrieben zu werden. Selbstverständlich enthält das neue „Werk“ dann nur „eigene“ Gedanken, und „neueste, wissenschaftliche Ergebnisse" werden dann der staunenden Mitwelt in regelmäßigen Abständen präsentiert. Einzelne Autoren haben es schon auf eine stattliche Zahl[8] „opera", wie sie ihren Unsinn obendrein noch nennen, gebracht, und es hat den Anschein, als ob die größere Anzahl noch erscheinen sollte. (Ein typischer Vertreter dieser Sorte ist *Hainar Schilling.*)

Andere wieder schreiben Bücher über Gebiete, auf denen sie einige Wochen vor ihrem Geschreibsel noch nicht die geringsten Kenntnisse aufweisen konnten.

Wenn wir oben die verknöcherten Philister und Zünftler, die den Pulsschlag des Lebens nicht spüren und vor lauter „Objektivität" am echten Leben des kämpfenden Volkes achtlos vorübergingen und heute noch gehen, angeprangert hatten, so doch keineswegs deshalb, um nun diese seichten und oberflächlichen Nichtskönner, Schwätzer und Konjunkturritter in den Sattel zu heben und ihnen die Geschichte unseres Volkes auszuliefern; denn ihre Beschäftigung mit der Vergangenheit unseres Volkes bedeutet doch für sie nichts anderes als ein gutes Geschäft.

Bedauerlich ist nur, dass die Erzeugnisse dieser Viertelswissenschaft von der Parteipresse oft begünstigt und in die politische Schulungsarbeit der Partei [NSDAP] eingespannt wurde. Dies hat natürlich mit dazu beigetragen, die neuen vom Nationalsozialismus gestellten Fragen an die Geschichte und die von ihm gegebenen weltanschaulichen Grundlagen in den Kreisen der Fachwissenschaft in Verruf zu bringen. Noch bis auf den heutigen Tag ist diese teilweise Geringschätzung nationalsozialistischer Wissenschaftler, die einer Gliederung der Partei angehören, zu spüren. Sie sind von vornherein mit dem Fluche der Halbwissenschaftlichkeit belastet.

5.) *So kam es auch,*

dass sich viele hochanständige Fachwissenschaftler angesichts dieser Lage auf dem Gebiete der Geschichte nur umso betonter von diesen vermeintlich von der Partei gestützten Dilettanten auf eine streng „objektive Fachwissenschaft" zurückzogen. Zu ihnen hielt auch ein Teil der begabten, weltanschaulich und politisch nicht ergriffenen Studenten.

6.) *Daneben wurden selbstverständlich*

den bisher unterdrückten, meistens jüngeren Kräften, die sich jahrelang in politischer Tagesarbeit erschöpft hatten, und die deshalb im positiven Sinne wissenschaftlich noch nicht voll zur Auswirkung gekommen waren,

---

8 „Zahl" nachträglich handschriftlich eingefügt.

Arbeitsmöglichkeiten geschaffen, die aber nicht ausreichten, um diese einen wirklichen Einfluss gewinnen zu lassen. So wuchs der Einfluss der zünftlerischen Generation von Tag zu Tag und ist heute wieder ausschlaggebend. Das traurigste Kapitel der Zeit nach 1933 aber besteht darin, dass diese Professoren sich „ihre" Leute als Assistenten und Mitarbeiter heraussuchen. Und das ist zum großen Teil die *Gegenauslese* unter unserem wissenschaftlichen Nachwuchs, *biologisch und weltanschaulich.* Hier müsste die SS viel stärker als bisher eingreifen, damit endlich der für den nationalsozialistischen Staat wichtige Nachwuchs zu den Hochschulen käme.

7.) *Vom Reich her wurden nach 1933*

zwei Reichsinstitute geschaffen, um der jüngeren Generation einmal Gelegenheit zu geben, das nachzuholen, was bisher wissenschaftlich und methodisch versäumt wurde, und zweitens, was wichtiger war, um der stark zersplitterten Geschichtswissenschaft geistige Mittelpunkte zu geben und sie zum Einsatz für den nationalsozialistischen Staat stärker heranzuziehen:

a) *Das Reichsinstitut für ältere deutsche Geschichtskunde,*
in dem[9] die Monumenta Germaniae Historica wie das Preußische Historische Institut in Rom aufgingen. Vor lauter Personalfragen kam man kaum zu wissenschaftlicher Arbeit. Nach [Paul] *Kehrs* Abgang wurde es zunächst von *K[arl] A. Eckhardt*, dann von *W[ilhelm] Engel*, der weder menschliche Haltung noch wissenschaftliches Format hierfür besaß, vertretungsweise geleitet, bis im November 1937 *E[dmund] E. Stengel* endgültig zum Präsidenten ernannt wurde. Die Leitung durch Stengel stellt, seinem Alter entsprechend (60 Jahre), nur eine Zwischenlösung dar. Stengel ist ein guter Organisator und gewissenhafter Philologe, aber kein schöpferischer Mensch. Er wird in solider Weise die großen Quellenpublikationen beenden und die angefangenen Arbeiten fortführen, *ohne* sie jedoch in neue Geleise zu lenken und *eigene Forschung* zu treiben, was vermutlich den Absichten des Kultusministeriums entspricht. Es ist zu hoffen, dass bei seinem Abgang in 5-8 Jahren sich ein fachlich und weltanschaulich gleich guter Historiker gefunden haben wird.

Innerhalb der oben angegebenen Grenzen ist Stengel ein Mensch, der sich etwaigen an ihn herangetragenen Plänen zur Fachausbildung von jungen SS-Geschichtsforschern nicht verschließen wird. (Siehe: Reichsinstitut für ältere deutsche Geschichtskunde).

---

9 das > dem

b) *Das Reichsinstitut für die Geschichte des neuen Deutschlands,* in dem[10] die Historische Reichskommission aufging. *Präsident wurde Walter Frank.* Frank berief zu Mitgliedern seines Instituts einerseits die ältere Generation *deutschnationaler Historiker* (Erich Marcks, A[rnold] O[skar] Meyer, Fritz Hartung, als Paradepferd [Heinrich Ritter von] Srbik, usw.), und zum anderen junge, meistens noch nicht habilitierte Historiker, über die er schalten und walten konnte, wie er gerade wollte. Frank überging grundsätzlich seine Altersgenossen, die sich im Unterschied zu ihm habilitiert hatten und nach 1933 auf Lehrstühle gekommen waren. Von diesen ist kein einziger Mitglied. Die Arbeit des Instituts vollzieht sich deshalb außerhalb, ja, gegen die Universität. Damit wurde von Frank eine völlig unnötige Spaltung in die Reihen der Historiker hineingetragen, was sich besonders auf dem Historikertag in Erfurt [1937] zeigte. Der Arbeitsbereich des Instituts ist an sich die neuere deutsche Geschichte, doch gehören zu seinen Mitgliedern auch Philosophen, Früh- und Altgeschichtler, ferner ein Rassenkundler und ein Altphilologe.

Die bisherige Hauptleistung des Instituts liegt auf dem Gebiete der Judenforschung, was aber weder das Verdienst [Walter] Franks noch weniger Graus ist, sondern darin zu suchen ist, dass Judenkenner aus allen Fachgebieten (selbst Julius Streicher wurde im Januar 1939 eingespannt) herangezogen wurden. Mit ihren Federn hat sich dann das Reichsinstitut geschmückt.

Vernachlässigt wird vollständig die Außen- und Innenpolitik Deutschlands, ferner die Geschichte der Arbeiterbewegung und des Bauerntums im 19. Jahrhundert. Die kirchlichen Fragen werden auch wenig berücksichtigt. Alles in allem hat das Reichsinstitut für die Geschichte des neuen Deutschlands die in es gesetzten Hoffnungen keineswegs erfüllt trotz der hochtrabenden Erklärungen Franks. (Siehe Sonderbericht über das Reichsinstitut.)

Weit schlimmer ist aber noch, *dass es bis auf den heutigen Tag an einer großen reichseinheitlichen Planung und Ausrichtung der historischen Forschungsaufgaben fehlt,* obwohl dazu die sachlichen und organisatorischen Möglichkeiten gegeben sind und zweifellos auch eine ganze Anzahl von wissenschaftlich fähigem Nachwuchs zusammenzubringen wäre. So *herrscht heute in der Geschichtswissenschaft ein versteckter Kampf aller gegen alle,* was besonders auf das „Alles-allein-machen-Wollen" Franks entscheidend mit[11] zurückzuführen ist.

---

10 das > dem

11 mit entscheidend > entscheidend mit

8.) *Im folgenden soll nun versucht werden,*

auf die allerwichtigsten Srömungen und Arbeitsbereiche innerhalb der Geschichtswissenschaft seit 1933 andeutungsweise einzugehen.

a) *Als neue Richtung*
ist die *groß- oder gesamtdeutsche Geschichtsauffassung Heinrich von Srbiks* zu nennen. Es ist zweifelhaft[12] richtig gewesen, ihn als österreichischen nationalen Historiker stark herauszustellen im Gegensatz zum Dollfuss-Schu[s]chnigg-System[13], es ist aber falsch, in ihm (wie Frank einmal behauptet hat) einen zweiten Treitschke zu sehen. Srbik ist *katholischer österreichischer Historiker*, der im ganzen *in universalistischen Ideen* des I. Reiches lebt, das heißt, er ist eng mit der *katholischen Reichsideologie, der Habsburgischen Tradition* und schließlich der *Mitteleuropa-Idee katholischer Prägung* verwandt. Srbiks Geschichtsbild kommt nicht vom Volke, sondern wird von dieser Reichsidee her bestimmt, wie besonders anschaulich sein letztes großes Werk, „Deutsche Einheit“[14], bisher 2 Bände, zeigt; in Deutschland ist Srbiks glühendster Verehrer *Wilhelm Schüssler*, der Berliner Ordinarius für neuere Geschichte, den man oft den preußischen Srbik nennt.

Historisch betrachtet hat sich diese gesamtdeutsche Geschichtsauffassung Srbiks im Gegensatz zur kleindeutschen entwickelt. Bezeichnend für den Gegensatz zwischen kleindeutschem Staatsgedanken und großdeutschem[15] Reichsgedanken ist die Polemik, die *Erich Brandenburg* in der Historischen Vierteljahresschrift 1937 gegen Srbiks Gedankengänge gerichtet hat, indem er nachzuweisen versucht, dass die Auffassungen Srbiks allein aus der Mitteleuropa-Idee abzuleiten sind und nicht die großdeutschen

12 Sollte es heissen: „zweifellos“?

13 Engelbert Dollfuß (1892-1934), im Mai 1932 zum Bundeskanzler der Republik Österreich gewählt, führte Anfang März 1933 einen Staatsstreich durch und etablierte eine austrofaschistische Diktatur. Dollfuß wurde beim fehlgeschlagenen Putschversuch im Juli 1934, hinter dem die in Österreich verbotene NSDAP stand, ermordet. Sein Nachfolger im Amt des Regierungschefs, Kurt Edler von Schuschnigg (1897-1977), setzte die Dollfußsche Politik der staatlichen Eigenständigkeit Österreichs gegenüber dem Deutschen Reich fort. Im Februar 1938 musste sich Schuschnigg dem ‚Berchtesgadener Diktat‘ Hitlers beugen und die Regierungsbeteiligung der Nationalsozialisten akzeptieren; seinen Versuch, den per Ultimatum erzwungenen Anschluss an das Reich durch eine Volksabstimmung in letzter Minute zu verhindern, bezahlte Schuschnigg mit langjähriger KZ-Haft.

14 Heinrich Ritter von Srbik, Deutsche Einheit. Idee und Wirklichkeit. Vom Heiligen Reich bis Königgrätz, Bd. 1-4. München 1935-42.

15 kleindeutschen > kleindeutschem, großdeutschen > großdeutschem

Belange vom Nationalitätenstandpunkt aus das Entscheidende sind. (Brandenburg hat hier richtig gesehen).[+])

Diese *gesamtdeutsche Geschichtsauffassung* muss überwunden werden durch die *volksdeutsche Geschichtsauffassung*, wie sie H[arold] Steinacker – Innsbruck, ein Gegner Srbiks, so treffend in seiner kleinen, aber hervorragenden Schrift „Die volksdeutsche Geschichtsauffassung und das neue deutsche Geschichtsbild“ (Leipzig-Teubner, 1937, 32 S.) aufgezeigt hat.

Die volksdeutsche Geschichtsauffassung löst auch den durch Srbik neuentfachten Streit über Preußen und Habsburg auf in eine höhere Einheit.

b) *Volksdeutsche Arbeit*

wurde nach dem Kriege vor allem in den sogenannten historischen Forschungsgemeinschaften (westdeutsche, nordost- und südostdeutsche) geleistet, deren Organ jetzt das neu gegründete „Deutsche Archiv für Landes- und Volksforschung“ ist. Verstand man früher unter Landes- und Volksforschung mehr oder weniger die Geschichte der einzelnen Territorien in einem durchaus äußeren Sinn, so ist sie nach dem Kriege und besonders seit 1933 zu jenem Arbeitsfeld geworden, auf dem sich innerhalb eines geschlossenen geschichtlichen Raumes die *lebendigen geschichtlichen Kräfte unseres Volkstums* in ihrer gegenseitigen Bedingtheit blutsmäßiger Gegebenheiten und politischer, sozialer, wirtschaftlicher und kultureller Entwicklungen am leichtesten fassen lassen. ([Franz] Steinbach, [Franz] Petri, [Hermann] Aubin).

Sehr wesentliche Fortschritte sind vor allem auf dem Gebiete der *Siedlungsgeschichte* erreicht worden, namentlich für das gewaltige Werk der Wiedergewinnung Ostdeutschlands, das nun erstmalig unter einem gesamtdeutschen Blickpunkt gesehen wurde und den ganzen Raum von Ostpreußen zur Ostmark einschließt. ([Rudolf] Kötzschke, [Hermann] Aubin).

c) *Besonders hat sich nach 1933*

auf einem Gebiete eine Revolution vollzogen, an das vorher niemand gedacht hatte, nämlich auf dem der *mittelalterlichen Geschichte*. War man doch gerade hier trotz aller sachlichen Gegensätze in Einzelheiten und verschiedenen Richtungen im großen und ganzen einig und glaubte an die *Einheit des Mittelalters*. Diese Einheit wurde von der katholischen Tradition ebenso

---

[+]) Erwähnt sei auch die Geschichtsauffassung, wie sie vor allem von dem Prager Historiker [Joseph] Pfitzner und dem Beauftragten [Konrad] Henleins für kulturelle Fragen, Dr. [Kurt] Oberdorffer, zeitweise gefördert wurde. (Künstliche Konstruktion eines sudetendeutschen Stammes!) [Anmerkung im Original.]

behauptet wie von den Universalisten und „objektivistischen" Geschichtstheoretikern.

Der Begriff des Mittelalters, geprägt von der humanistischen Tradition, neu aufgegriffen im gegnerischen Sinne von der Aufklärung, neugeformt im positiven Sinne und verklärt als ideales Leitbild von der Romantik, dabei Unterstützung findend in dieser Bewertung durch den Katholizismus, wurde vollständig umgeprägt durch den Nationalsozialismus!

Diese neue Auffassung vom Mittelalter aus nationalsozialistischer Perspektive sprengte das durch die Romantik und den Katholizismus geschaffene Einheitsbild des Mittelalters und stellte die Frage nach den *germanischen Grundlagen des Mittelalters.* In den Vordergrund traten rassen- und volksgeschichtliche Probleme, Fragen nach der germanischen Expansion, die rassische und volkssoziologische Struktur Italiens und erneut die Italienpolitik der Kaiser sowie die germanische Opposition gegen das Papsttum auch im Spätmittelalter. Aber ganz bedeutend ist die Tatsache, dass in den Mittelpunkt der Diskussion die Frage nach der Bedeutung und dem *Anteil des Germanentums für die deutsche Volksgeschichte* getreten ist. (Es sei hier an die wichtigen Vorarbeiten erinnert, die die rechtsgeschichtliche Forschung geleistet hat.) Sie werden jetzt für die geistesgeschichtliche Seite ergänzt, und zwar einmal durch die wissenschaftliche Klärung der geistigen und kulturellen Anschauungen des Germanentums selbst, wobei es zu einer erfreulichen, engen Zusammenarbeit zwischen Geschichte und Vorgeschichte gekommen ist, zum anderen durch die Untersuchung des *germanischen Anteils am mittelalterlichen Leben* (Otto Höfler: Das germanische Kontinuitätsproblem, 1937, im einzelnen anfechtbar, jedoch mit grundsätzlich richtiger Fragestellung). Dass von einer weitergeführten Untersuchung dieser Probleme sich wesentliche Bewertungsmaßstäbe für die Struktur des mittelalterlichen deutschen Reiches ergeben müssen, liegt auf der Hand.

Die letzten Endes unfruchtbare Auseinandersetzung über die Erörterung des sächsischen Stammesstaates und das Wirken Karls des Großen, die zu lebhaften Angriffen gegen die mittelalterlichen Historiker geführt hat, erbrachte neben der erneuten Erkenntnis, dass die Reichsbildung Karls des Großen mit Recht der deutschen Geschichte angehört, zugleich doch die Einsicht, dass auch hier im Einzelnen festgewurzelte Lehrmeinungen einer gründlichen Revision zu unterziehen sind. Revision derartiger Lehrmeinungen in der mittelalterlichen Geschichte erfordert jedoch – und das muss in diesem Zusammenhang nachdrücklich betont werden – *eingehendste Sachkenntnis und mühsamste Kleinarbeit,* die bei vielen Kritike[r]n der mittelalterlichen Geschichtswissenschaft nicht in ausreichendem Maße gegeben war noch ist. Zwar ist in zahlreichen Fällen diese Erfordernis des „Sachverstandes“ ein Schutzschild für politische Urteilslosigkeit der Zünftigen in der Tat gewesen, doch ist mit dieser Tatsache noch nicht ohne weiteres ein Freibrief für billige Vorwürfe ausgestellt, wie man sie häufig gerade von Konjunkturrittern gehört hat. Man wird diesen Gesichtspunkt gerade in der Italienpolitik der deutschen Kaiser berücksichtigen müssen, die in ihren Brennpunkten: Heinrich I. – Otto I. und Barbarossa – Heinrich der Löwe in den Jahren 1934-36 in der Öffentlichkeit[16] erbittert geführt worden ist, ohne zu einem wirklich fruchtbaren Ergebnis geführt zu haben. Man wird vielleicht sagen dürfen, dass gerade durch die Entwicklung unserer heutigen weltanschaulichen Auseinandersetzung mit Rom die zum Teil anti-päpstliche Italienpolitik der deutschen Kaiser größeres Verständnis gefunden hat und dass auch die jüngere Historikergeneration der Italienpolitik im allgemeinen eher positiv gegenübersteht und die scharfe Alternative *Italien oder Ostpolitik* ablehnt und die Formel unterstützt *Italien und Ostpolitik.*

d) *Sehen wir so auf dem Gebiet der mittelalterlichen Geschichte*
an zahlreichen Stellen wichtige Ansätze eines neuen wissenschaftlichen Geistes am Werk, so ist dies für weite Gebiete der neueren Geschichte wesentlich ungünstiger bestellt. Einzelveröffentlichungen sind wohl da, aber es fehlen die ernsthaften Versuche, die große, schicksal[s]volle Entwicklung der politischen und Geistesgeschichte aus dem neuen Erleben unserer völkischen Kräfte zu erfassen. Hier entbehren wir noch schmerzlich Darstellungen über fast alle Gebiete der neueren Geschichte (Reformation, Französische Revolution, das 19. Jahrhundert, das Wilhelminische Kaisertum, usw. – Siehe: Schlussabsatz.)

e) *Wenn wir uns nun fragen,*
was innerhalb der vergangenen 6 Jahre von der Geschichtswissenschaft zu einem neuen Bilde der Vergangenheit beigetragen worden ist, was der unerhörten inneren und äußeren Wandlung des deutschen Schicksals Rechnung getragen hätte, so antworten wir billigerweise: leider noch sehr wenig; denn weder die Bewegung hat bisher ihren Geschichtsschreiber gefunden, noch gibt es bereits ein neues, wissenschaftlich voll fundiertes, nationalsozialistisches Geschichtsbild von allgemein gültigem Charakter. Und trotzdem sind wir nicht enttäuscht; denn die Gründe hierfür sind weniger in mangelnder Bereitschaft zu einer Totalrevision maßgebender Lehrmeinungen zu suchen – sie gilt eigentlich nur für gewisse Kreise der

---

16 Offentlichkeit > Öffentlichkeit

älteren wissenschaftlichen Generation – als in der Notwendigkeit sehr umfassender und zeitraubender Vorarbeiten, auf denen sich eine neue Sicht des deutschen Schicksals aufbauen kann. Dazu kommt, dass der Durchbruch neuer umwälzender Anschauungen, sofern sie eine wissenschaftliche Grundlage haben sollen, sich stets nur allmählich zu vollziehen pflegt, wie es das Beispiel aller geistigen Revolutionen der Volksgeschichte erweist. Unter Berücksichtigung dieser Umstände wird man das bisherige Ergebnis sehr viel positiver beurteilen müssen, als man auf Grund einer oberflächlichen Übersicht geneigt sein könnte, und wird sogar behaupten dürfen, dass gerade die Langsamkeit der Entwicklung als ein Zeichen für die grundsätzliche Schärfe der Auseinandersetzung angesehen werden muss.

Selbstverständlich konnte in dem bisher Gesagten nur das Wichtigste – und das auch nicht einmal erschöpfend – angedeutet werden. Es kam aber auch nicht so sehr darauf an, die Probleme alle bis zum Ende zu erörtern, auf das Für und Wider genauer einzugehen, sondern vielmehr darauf, die Probleme überhaupt aufzuwerfen, und das ist, glaube ich, geschehen.

2. Die Personen.

a) *Erfassung der innerhalb und außerhalb der Hochschulen tätigen Historiker*
Im folgenden sind so ziemlich alle lebenden, sowohl im Amte befindlichen als auch emeritierten Hochschuldozenten (nicht die Assistenten), sowie die *wichtigsten* Vertreter der Geschichtswissenschaft an Instituten, Bibliotheken und Archiven, ferner die bekanntesten Vertreter dieser Disziplin, die als sogenannte *freie Wissenschaftler* bezeichnet werden, erfasst.

Dabei ist der Begriff „Historiker" ziemlich eng gefasst. Denn nicht jeder, der einmal ein Buch über Geschichte geschrieben hat, kann schon ohne weiteres als Historiker angesprochen werden. Ferner wurden nicht erfasst die Vertreter anderer Fächer, wie Religions-, Wirtschafts- und Kunsthistoriker und die Verfasser historischer Romane, mögen diese auch historisch ziemlich wahrheitsgetreu und sprachlich über dem Durchschnitt sein. (z.B. Hans Friedrich Blunk, Egon von Conte Costi, [Werner] Beumelburg, u.a.)

Die Beurteilung der einzelnen Wissenschaftler, die restlos auf Grund der vorliegenden Personal- und Sachakten im SD-Hauptamt und nach einwandfreier persönlicher Kenntnis angefertigt wurde, ist ziemlich ausführlich gehandhabt worden, ganz besonders bei jüngeren Wissenschaftlern ([Ernst] Anrich, [Walter] Wache, [Werner] Reese) und auch bei den stark umstrittenen Vertretern der älteren Generation ([Heinrich Ritter] v[on] Srbik, [Adolf] Rein, [Johannes] Haller, u.a.).

Es muss ferner darauf aufmerksam gemacht werden, dass die „Gutachten", besonders bei den Jüngeren, nicht als etwas *Konstantes* angesehen werden sollen und dürfen, sondern auf Grund eingehender Erörterungen immer wieder ergänzt und vervollständigt werden müssen, da bei den meisten jüngeren Vertretern doch noch eine wissenschaftliche Entwicklung zu erwarten ist.

Damit im Laufe der Zeit die Historiker möglichst vollständig erfasst werden, darf der Vorschlag unterbreitet werden, in Ergänzung und zur Vervollständigung dieser Arbeit auch allmählich die Personen und ihre Arbeitsgebiete zu erfassen, *die*

1.) als Assistenten an den Hochschulen und Instituten, (Assistenten)
2.) an Staats-, Stadt- und Privatarchiven, (Archive)
3.) an Staats-, Stadt- und Privatbibliotheken, (Bibliotheken)
4.) in der Partei und ihren Gliederungen sowie (Partei)
5.) in den zahlreichen kleineren historischen Vereinen, den historischen Landes- und Heimatsgeschichtskommissionen, den örtlichen geschichtlichen Verbänden, bei Verlagen, als Schriftleiter bei Zeitschriften, usw.

als Historiker tätig sind.

b) *Die positiven Kräfte*

Die Zahl derjenigen Historiker, die in der Fachwissenschaft als positiv im nationalsozialistischen Sinne bezeichnet werden können, ist nach allem Gesagten sehr gering.

Folgende an Hochschulen wirkende Historiker halte ich für die nationalsozialistische Weltanschauung unbedingt einsatzfähig.

1.)	*Anrich,*	Ernst,	Privatdozent in Bonn,
2.)	*Brügmann,*	Arnold,	Privatdozent in München,
3.)	*Buchner,*	Rudolf,	Privatdozent in Hamburg,
4.)	*Franz,*	Günther,	Prof. in Jena,
5.)	*Gmelin,*	Ulrich,[17]	Privatdozent in Tübingen,
6.)	*Jacobs,*	Hans Haimar,	Privatdozent in Münster,
7.)	*Maschke,*	Erich,	Prof. in Jena,
8.)	*Maybaum,*	Heinz,	Prof. in Rostock,

17 Hubert > Ulrich

9.)	*Otto,*	Eberhard,	Privatdozent in Leipzig,
10.)	*Paul,*	Gustav,	Prof. an der Hochschule für Lehrerbildung in Darmstadt
11.)	*Raumer,*	Kurt von,[18]	Prof. in Riga,
12.)	*Sandberger,*	Dietrich,	Privatdozent in Tübingen,
13.)	*Steinacker,*	Harold,	Rektor in Innsbruck,
14.)	*Wache,*	Walter,	Privatdozent in Köln.

c) *Die Gegner*

Nachdem die nichtarischen Vertreter endgültig von unseren Hochschulen ausgeschieden sind, hat die Gegnerschaft gegen eine nationalsozialistische Geschichtswissenschaft ihre Hauptstütze einmal in konfessionell gebundenen Kreisen und zum anderen im immer noch liberal-demokratisch gebliebenen Lager.

I. *Emigrierte Juden, jüdisch Versippte und Arier*

1.)	*Baron,*	Dr. Hans, Privatdozent, geb. 1900, verheiratet, 2 Kinder, bis 1933 Privatdozent an der Universität Berlin, seit 1936 London. Fachgebiet: Mittelalter, Renaissance.
2.)	*Bergsträsser*[19],	Dr. Ludwig, a.o. Professor, geb. 1883, verheiratet, 3 Kinder, bis 1934 a.o. Professor an der Universität Frankfurt, Fachgebiet: moderne deutsche und politische Geschichte.
3.)	*Berney,*	Dr. Arnold, geb. 1897, ledig, bis 1936 Assistent und Privatdozent an der Universität Freiburg, seit 1936: Lehranstalt für die Wissenschaft des Judentums, Fachgebiet: 17.+18. Jahrhundert.
4.)	*Bickermann,*	Dr. Elias, geb. 1897, bis 1933 Privatdozent an der Universität Berlin, 1933/37 Ecole des Hautes Etudes, Université Paris. Fachgebiet: Alte Geschichte.
5.)	*Bosch,*	Dr. Clemens, Privatdozent, geb. 1899, verheiratet, 4 Kinder, bis 1935 Assistent am Institut für Altertumswissenschaft an der Universität Halle und Dozent, seit 1935 Ankara.
6.)	*Epstein,*	Dr. Fritz, Assistent, geb. 1898, verheiratet, 2 Kinder, seit 1936 an der Universität London, Spezialgebiet: Slavische Geschichte.

18 Kurt > Kurt von

19 Bergstrasser > Bergsträsser

7.) *Gerhard,* Dr. Dietrich, Privatdozent, geb. 1896, verheiratet, bis 1934 Privatdozent an der Universität Berlin und Hochschule für Politik, seit 1935 George Washington Universität, St. Louis. Spezialgebiet: Moderne Geschichte, Geschichte des 16.-19. Jahrhunderts.

8.) *Gilbert,* Dr. Felix, geb. 1905, ledig, bis 1934 Preußische Akademie der Wissenschaften, Berlin und Florenz, seit 1935 Claremont (Cal.). Spezialgebiet: 19. Jahrhundert.

9.) *Hallgarten,* [George] Wolfgang, war Assistent am Institut für auswärtige Politik in Hamburg, heute in New-York. – H. ist besonders auf dem Internationalen Historikerkongress in Zürich [1938] gegen Deutschland aufgetreten.

10.) *Hellmann,* Dr. Siegmund, o. Professor, geb. 1872, bis 1933 o. Prof. an der Universität Leipzig, Spezialgebiet: Mittelalter und deutsche Geschichte.

11.) *Hintze,* Dr. Hedwig, Privatdozent, geb. 1884, verheiratet, bis 1933 Privatdozent an der Universität Berlin, seit 1935 Vincennes. Spezialgebiet: Moderne Geschichte.

12.) *Hobohm,* Dr. Martin, a.o. Prof., geb. 1883, verheiratet, bis 1933 Privatdozent, später a.o. Professor an der Universität Berlin und Archivrat im Reichsarchiv, Potsdam. Spezialgebiet: Kriegsgeschichte, Renaissance.

13.) *Hoetzsch,* Dr. Otto, geb. 1876, verheiratet, bis 1935 o. Prof. an der Universität Berlin und Direktor am Osteuropäischen Seminar. Spezialgebiet: Osteuropäische Geschichte.

14.) *Holborn,* Dr. Hajo, Privatdozent, geb. 1902, verheiratet, 2 Kinder, bis 1933 Privatdozent an der Universität Berlin, seit 1934 New-Haven. Spezialgebiet: europäische Geschichte, politische Wissenschaft.

15.) *Kantorowicz,* Dr. Ernst, o. Professor, geb. 1895, bis 1934 o. Prof. an der Universität Frankfurt. Spezialgebiet: Mittelalter.

16.) *Koebner,* Dr. Richard, a.o. Professor, geb. 1885, ledig, bis 1933 Privatdozent, später a.o. Prof. an der Universität Breslau, seit 1934 Hebräische Universität Jerusalem. Spezialgebiet: Mittelalterliche und moderne Geschichte, Geschichte der deutschen Kolonisation, Rheinland und Schlesien.

17.) *Loewenson,* Leo, Assistent, geb. 1884, ledig, bis 1933 Assistent am Seminar für Osteuropäische Geschichte und Landeskunde der Universität Berlin, seit 1933 in London. Spezialgebiet: Russische Geschichte, mittelalterliche und moderne Geschichte.

18.) *Marcuse,* Dr. Alexander, Assistent, geb. 1905, bis 1933 Assistent an der Universität Berlin, Spezialgebiet: Europäischer Parlamentarismus.

19.) *Masur,* Dr. Gerhard, Privatdozent, geb. 1901, ledig, bis 1933 Privatdozent an der Universität Berlin, seit 1936 Prof. in Bogotà (Kolumbien), Spezialgebiet: Moderne Geschichte.[20]

20.) *Mayer,* Dr. Gustav, a.o. Professor, geb. 1871, verheiratet, 2 Kinder, bis 1933 a.o. Prof. an der Universität Berlin, seit 1934 an der Londoner Schule für Volkswirtschaftslehre.

21.) *Rosenberg,* Dr. Arthur, a.o. Professor, geb. 1889, verheiratet, 2 Kinder, bis 1933 Privatdozent, später a.o. Prof. an der Universität Berlin, seit 1934 an der Universität Liverpool, Spezialgebiet: Alte und neue Geschichte.

22.) *Rosenberg,* Dr. Hans W., Privatdozent, geb. 1904, verheiratet, 1 Kind, bis 1933 Privatdozent an der Universität Köln, seit 1936 Jacksonville (von 1934/35 London). Spezialgebiet: Mittelalterliche und neuere Geschichte.

23.) *Rothfels,* Dr. Hans, o. Professor, geb. 1891, bis 1935 o. Prof. an der Universität Königsberg, Spezialgebiet: neuere Geschichte.

24.) *Salomon,* Dr. Richard, o. Professor, geb. 1884, verheiratet, bis 1934 o. Prof. an der Universität Hamburg, seit 1928 an der Universität London.[21] Spezialgebiet: Osteuropäische Geschichte des Mittelalters.

25.) *Steinberger,* Dr. Ludwig, a.o. Professor, geb. 1879, ledig, bis 1933 a.o. Prof. an der Universität München und Assistent an der Akademie der Wissenschaften. Spezialgebiet: Mittelalterliche und neuere Geschichte.

26.) *Täubler,* Dr. Eugen, o. Professor, geb. 1879, verheiratet, bis 1934 o. Prof. an der Universität Heidelberg, Spezialgebiet: Alte Geschichte und Philosophie der Geschichte.

---

20 bei Prof. Bogotà, (Colombia) > Prof. in Bogotà (Kolumbien)

21 1937 Auswanderung in die USA. Die Jahreszahl „1928“ ist evtl. auf einen Tippfehler zurückzuführen.

27.) *Valentin,* Dr. Veit, a.o. Professor, geb. 1885, verheiratet, 1 Kind, bis 1933 a.o. Prof. an der Handelshochschule Berlin und Direktor des Deutschen Reichsarchives, seit 1934 London. Spezialgebiet: neuere Geschichte.

II. *Die konfessionell ausgerichteten und liberal-demokratisch eingestellten noch heute im Amte befindlichen Historiker*

Anmerkung: Die mit einem -K- versehenen Historiker haben eine konkordatsgebundene Professur inne.

1.) *Bauer,* Clemens, Braunsberg -K-, ultramontan, gefährlich, da kluger Kopf,
2.) *Beyerhaus,* Gisbert, Breslau -K-, katholisch stark gebunden,
3.) *Braubach,* Max, Bonn -K-, katholisch stark gebunden,
4.) *Buchner,* Max, München -K-, katholisch stark gebunden,
5.) *Eitel,* Anton, Münster -K-, katholisch stark gebunden,
6.) *Fink,* Karl August, Braunsberg, Ordenspriester,
7.) *Franz*[22], Eugen, Würzburg -K-, Jesuitenzögling,
8.) *Kallen,* Gerhard, Köln -K-, katholisch stark gebunden,
9.) *König,* Erich[23], Tübingen -K-, katholisch stark gebunden,
10.) *Pölnitz, Frhr. v.,* Götz, München, katholisch stark gebunden,
11.) *Santifaller,* Leo, Breslau -K-, katholisch stark gebunden,
12.) *Schnabel,* Franz, Karlsruhe, katholisch stark gebunden,
13.) *Spörl,* Johannes, Freiburg, katholisch stark gebunden,
14.) *Willemsen,* Karl, Münster, katholisch stark gebunden,
15.) *Ritter,* Gerhard, Freiburg, Bekenntnisfront,
16.) *Andreas,* Willy, Heidelberg, demokratisch liberal,
17.) *Kern,* Fritz, Bonn, demokratisch liberal[24],
18.) *Mommsen,* Wilhelm, Marburg, demokratisch liberal,
19.) *Schneider,* Friedrich, Jena, demokratisch liberal,
20.) *Schramm,* Ernst, Göttingen, demokratisch liberal,
21.) *Ziekursch,* Johannes, Köln, demokratisch liberal.

---

22 Frantz > Franz

23 Eberhard > Erich

24 Handschriftlicher Randvermerk: „p", was für „positiv" stehen könnte und in diesem Falle wohl auf Ernst Anrich zurückginge, der bei Kern promovierte und in Bonn sein Assistent war. 1931 arrangierte Anrich ein Treffen zwischen Kern und Hitler. (Vgl. Aufz. betr. Fritz Kern, o.V., o.D. – BAD – ZM 1582 A. 4, Bl. 72-75) – Die Gestapo kam 1936 zu dem Ergebnis, dass Kern „allgemein einen guten Ruf" genieße und wohl „von jeher antimarxistisch" eingestellt sei. An der „Bekämpfung des Separatismus" habe er „aktiv und in einer seine Person gefährdenden Weise teilgenommen". (Gestapo Köln an Gestapa Berlin, 12.2.1936 – BAD – ZM 1582 A.4, Bl. 70).

III. *Die nach Erreichung der Altersgrenze emeritierten*[25]*, staatsfeindlich eingestellten Kräfte*

22.)	*Brandenburg,*	Erich, Leipzig, demokratisch liberal,
23.)	*Goetz,*	Walter, Leipzig, demokratisch liberal,
24.)	*Küntzel,*	Georg, Frankfurt, demokratisch liberal,
25.)	*Meinecke,*	Friedrich, Berlin, demokratisch liberal,
26.)	*Oncken,*	Hermann, Berlin, demokratisch liberal.

IV. *Die wegen staatsgefährlicher Haltung vor Erreichung der Altersgrenze Emeritierten.*[26] *(1935)*

27.)	*Hashagen,*	Justus, Hamburg, demokratisch liberal,
28.)	*Schmeidler,*	Bernhard, Tübingen, demokratisch liberal.

V. *Die wegen widernatürlicher Vergehen – § 175 und damit auch staatsfeindlicher Haltung – aus dem Amte entfernten Historiker*

29.)	*Schütz,*	Hamburg,
30.)	*Westphal,*	Otto.[27]

Diese Liste stellt keine Bewertung der *wissenschaftlichen* Leistungen der Genannten dar, sondern zeigt ihre *weltanschauliche Einstellung* auf.

4. *Die beiden Reichsinstitute*

a) *Das Reichsinstitut für ältere deutsche Geschichtskunde*

Das im Jahre 1935 begründete „Institut für ältere deutsche Geschichtskunde" ist nach Form und Aufgaben Nachfolger der „Monumenta Germania[e] Histori[c]a".

Reichsfreiherr vom Stein begründete im Jahre 1819 in Frankfurt/Main die *Gesellschaft für ältere deutsche Geschichtskunde,* die wenige Jahre später durch staatliche Zuschüsse des Deutschen Bundes und der deutschen Länder einschließlich Österreich auf sichere wirtschaftliche Grundlage gestellt wurde.

25 eremitierten > emeritierten

26 Eremitierten > Emeritierten

27 Adolf > Otto

Die Aufgaben dieser Gesellschaft bestanden darin, die Geschichtsquellen für das deutsche Mittelalter in der Zeit von der Völkerwanderung bis zum Beginn der Reformation zusammenzustellen und durch Drucke zu veröffentlichen.

Die Monumenta haben in dem vergangenen Jahrhundert eine sehr wechselvolle Entwicklung durchgemacht, die zum Teil durch personelle Zwistigkeiten, Uneinigkeit der Mitglieder, übergroße Finanzforderungen der einzelnen Abteilungsdirektoren und durch den Ehrgeiz einzelner Personen gefährdet war.

Aus organisatorischen Gründen wurden nach Bismarcks Reichsgründung 5 verschiedene Abteilungen geschaffen, die unter eigenen Abteilungsleitern die wissenschaftliche Tätigkeit aufnahmen.

1. *Scriptores* In dieser Abteilung werden die Geschichtsschreiber des deutschen Mittelalters gedruckt.
2. *Leges* Diese Abteilung gibt wichtige Quellen zur Rechts- und Verfassungsgeschichte heraus.
3. *Diplomata* Hier werden Urkunden der deutschen Könige und auch von Päpsten veröffentlicht.
4. *Antiquitates* Diese Abteilung ist ein Notbehelf und dient der Aufnahme verschiedener Geschichtsquellen.
5. *Epistolae* Hier werden die in Briefform überlieferten Geschichtsquellen herausgegeben.

In den letzten 30 Jahren war die wissenschaftliche Tätigkeit der Monumenta durch die Arbeit und Persönlichkeit ihres Leiters, Geheimrat Prof. Dr. [Paul] *Fridolin Kehr*, bestimmt. Kehr, ein fachlich durchaus gründlicher Wissenschaftler, hat seiner ganzen Auffassung nach die wissenschaftliche Arbeit auf den einzelnen Gebieten verschieden gefördert. So wurde unter seiner persönlichen Leitung die Urkundenabteilung weitestgehend[28] vorwärtsgetrieben. (Papsturkunden 8 Bände, 9. wird erscheinen.) Auch in der Abteilung Leges erhielten die von Prof. [Karl] Eckhardt besorgten Ausgaben der Rechtsbücher stärkeren Antrieb. Aber das alles reichte nicht aus, um den Verfall aufzuhalten; denn in den anderen Abteilungen wurden die Arbeiten zum Teil ganz gestoppt, zum Teil ohne Nachdruck verfolgt.

Allgemein kann deshalb gesagt werden, dass in der Entwicklung der „Monumenta Germaniae Histori[c]a“ seit Beginn des Jahrhunderts eine Krisis eingetreten ist, die mit Stagnation begann und schließlich bis nahe an den Verfall herangeführt hat.

28 weitgehenst > weitestgehend

Im Zuge der Neuorganisation der deutschen Geschichtswissenschaft hat Reichsminister [Bernhard] Rust im März 1935 durch *Zusammenlegung* der „Monumenta Germaniae Historica" und des Preussischen Historischen Instituts in Rom das „Reichsinstitut für ältere deutsche Geschichtskunde" geschaffen. Der bisherige langjährige Leiter, *Paul Kehr*, bat um Enthebung von seinem Amt, da er für ein Institut, das im nationalsozialistischen Sinne geleitet werden sollte, nicht tragbar war. Hinzu kam sein hohes Alter. ([Alfred] Rosenberg nannte Kehr in einem Brief vom 25.8.1935 „eine Säule der alten liberalen Wissenschaft".)

Gegen SS-Hauptsturmführer Prof. [Karl] August Eckhardt, der von Kehr zu seinem Nachfolger vorgeschlagen wurde, waren von verschiedener Seite wissenschaftliche, weltanschauliche und personelle Bedenken geltend gemacht worden, besonders von Rosenberg.

Nach langem Hin und Her wurde der allerungeeignetste Kandidat, nämlich der Staatsarchivrat und Privatdozent *Dr. Wilhelm Engel,* mit der kommissarischen Leitung des Reichsinstituts für ältere deutsche Geschichtskunde beauftragt. Engel besaß hierfür weder menschliche Haltung noch wissenschaftliches Format.

Nach Beendigung des Kleinkrieges hinter den Kulissen hat Minister Rust endlich dem Vorschlag stattgegeben, dass der Marburger Historiker Prof. *Edmund Stengel* zum Leiter dieses Instituts ernannt wurde.

Auf Befehl des Führers, dem [Hans Heinrich] Lammers den Fall vorgetragen hatte, wurde Stengel dann auch zum Präsidenten dieses Instituts ernannt. Damit war vorerst die Personenfrage geklärt. (Der Reichsführer-SS hat von Sizilien aus Prof. Stengel zu seiner Ernennung mit Handschreiben beglückwünscht.)

Durch die Ernennung Stengels ist dieses Reichsinstitut dem Einfluss Walter Franks entzogen, was bei der Ernennung Engels, einer Kreatur [Walter] Franks, nicht der Fall gewesen wäre. Außerdem scheint es, dass Stengel, der evangelisch ist und in seinen Büchern gegenüber der geschichtlichen Wirksamkeit der römischen Kirche eine klare Einstellung bewiesen hat, gegen katholische Einflüsse nicht anfällig sein wird.

Stengels Leitung stellt, seinem Alter entsprechend (60 Jahre) nur eine Zwischenlösung dar. Er ist ein guter Organisator und gewissenhafter Philologe, aber kein schöpferischer Mensch. Er wird in solider Weise die großen Quellenpublikationen beenden und die angefangenen Arbeiten zu Ende führen, ohne sie jedoch in neue Geleise zu lenken und eigene Forschungen zu treiben. Es ist zu hoffen, dass bei seinem Abgang in 5-8 Jahren sich ein fachlich und weltanschaulich gleich guter Historiker gefunden haben wird.

Innerhalb der oben gegebenen Grenzen ist Stengel ein Mensch, der sich etwaigen an ihn herangetragenen Plänen zur Fachausbildung von jungen SS-Geschichtsforschern nicht verschließen wird.

Auch hat Stengel seine Zeitschrift: „Deutsches Archiv für Geschichte des Mittelalters“ bereitwilligst jüngeren Forschern zur Verfügung gestellt.

Außerdem beabsichtigt Stengel, das Institut nach Marburg oder München zu verlegen, und begründet letzteren Ort hauptsächlich mit der größeren Wichtigkeit der Archive in Wien und München und mit der besseren Verbindung zu dem neuen „Deutschen Historischen Institut in Rom“, das aus dem ehemaligen „Preußisch Historischen Institut in Rom“ und dem „Österreichisch-Historischen Institut“ hervorgegangen und die wichtigste Außenstelle des Reichsinstituts ist.

Bisher ist dieser Plan am Widerstand der verschiedenen Stellen gescheitert.

Entscheidend für den Erhalt und die Arbeitsmöglichkeit dieses Instituts wird es sein, welche Mitarbeiter von Stengel herangezogen werden.

Die Nachwuchsfrage ist die Lebensfrage des Instituts.

b) *Reichsinstitut für die Geschichte des neuen Deutschlands*

Das Reichsinstitut für die Geschichte des neuen Deutschlands, in dem[29] die alte Historische Reichskommission aufging, ist im Jahre 1935 durch den Reichswissenschaftsminister Rust gegründet worden.

Auf Vorschlag Rusts wurde der im Mai 1935 mit dem Titel Professor ausgezeichnete Walter Frank vom Führer zum Präsidenten ernannt.

In der Eröffnungssitzung des Reichsinstituts, dem zahlreiche Vertreter des Staates und der Partei beiwohnten (vor allem Rudolf Heß), umriss Frank das Programm des von ihm geführten Instituts. (Vgl. Walter Frank: „Zunft und Nation“, Rede zur Eröffnung des „Reichsinstituts für die Geschichte des neuen Deutschlands“, Hamburg 1935).

Dem Institut wurde vor allem die Aufgabe gestellt, die neuere deutsche Geschichte, vor allem im Zeitraum zwischen der französischen Revolution und der nationalsozialistischen Revolution (1789-1933), sowohl in Form von Quellenpublikationen wie in Form von selbständigen Darstellungen zu bearbeiten.

Mit Wirkung vom 1. April 1936 hat Frank innerhalb des Reichsinstituts *drei neue Forschungsabteilungen* errichtet:

---

29 das > dem

1.) *Die Forschungsabteilung Judenfrage*

Der Sitz dieser Abteilung wurde München. Zum Leiter ernannte Frank seinen Lehrer, Prof. *Karl Alexander von Müller*, der auch Präsident der Bayrischen Akademie der Wissenschaften ist. Zum stellvertretenden Leiter und Geschäftsführer wurde *Dr. Wilhelm Grau* ernannt.

2.) *Eine Forschungsabteilung „Politische Führung im Weltkrieg“*

Der Sitz dieser Abteilung wurde Berlin. Die Leitung wurde dem ehemaligen Abteilungschef im Großen Generalstab, *Oberst a.D. Walter Nicolai*, übertragen. Diese Abteilung hat durch Sichtung oder Sammlung des Materials über die politische Kriegsführung im weitesten Sinne die spätere Geschichtsschreibung des Großen Krieges vorzubereiten.

3.) *Eine Forschungsabteilung Nachkrieg, insbesondere Geschichte der nationalsozialistischen Bewegung*

Sitz wurde Berlin, die Leitung übernahm Frank selbst. Die Abteilung soll durch Materialsichtung und Befragung von Persönlichkeiten die Grundlage für eine spätere Geschichtsschreibung der nationalsozialistischen Revolution schaffen. Sie wird im engsten Einvernehmen mit dem dem Stellvertreter des Führers unterstellten Hauptarchiv der NSDAP arbeiten.

Frank forderte anschließend an die Errichtung dieser 3 Forschungsabteilungen die Öffentlichkeit auf, die Pläne des Instituts durch tätige Mitarbeit zu unterstützen. Die Arbeit des Instituts wird sich auf lange Zeiträume hin erstrecken. Nicht eine falsche konjunkturbedingte „Popularisierung“ der Wissenschaft sei ihr Ziel, wohl aber stelle das Institut seine ganze Arbeit unter den Glauben, dass die wissenschaftliche Forschung Waffendienst an der gesamten Nation zu leisten habe. Jede Forschungsabteilung hat wieder die verschiedensten Sachverständigen, die von Frank berufen werden.

Am 29. April 1936 sprachen Grau, Nicolai und Frank über ihre „großen Pläne“ über den Deutschlandsender. Nach dieser Einführung war man äußerst gespannt, *ob und welche Taten den Worten folgten.*

Die Ergebnisse sind bis heute nicht besonders groß. Die von der Historischen Reichskommission begonnenen Arbeiten zur Geschichte der Reichsgründung werden fortgesetzt. Voran steht hier die große Aktenpublikation über *die auswärtige Politik* Preußens von 1858-1871, die A.O. Meyer betreut, der sie auch ohne ein Reichsinstitut herausgeben würde. Dazu kommt eine Ausgabe der *preußischen Min.-Rats-Protokolle*, die Prof. Fritz Hartung leitet. Beide sind umfangreiche *unpolitische* Aufgaben.

Frank berief als Präsident eine Reihe von Historikern der älteren und jüngeren Generation (nicht seiner Altersgenossen) in den Sachverständigenbeirat:

die *Historiker*	Fritz Hartung, Berlin
	Willi Hoppe, Berlin
	Erich Marcks, Berlin (inzwischen verstorben)
	Arnold Oskar Meyer, Berlin
	Wilhelm Schüßler, Berlin
	Heinrich von Srbik, Wien
	Karl Alexander von Müller, München (sein Lehrer)
	Richard Fester, München
	Otto[30] Westphal, Hamburg (wegen § 175 ausgeschieden)
die *Erziehungswissenschaftler*	Alfred Bäumler, Berlin
	Ernst Krieck, Heidelberg, der vor 2 Jahren seinen Austritt erklärt, sich aber neuerdings wieder mit Frank versöhnt und hingegen seinen Austritt aus der SS vollzogen hat.
den *Rasseforscher*	Hans F.K. Günther und den
Reichsdramaturg	Dr. Rainar Schlösser (Literaturwissenschaft).

Neben diesen Vertretern der Fachwissenschaft berief Frank „Sachverständige aus dem praktischen Leben", so den Leiter des ehemaligen Nachrichtendienstes der Obersten Heeresleitung, *Oberst a.D. Nicolai*, und den früheren Leiter des Wehrpolitischen Amtes der NSDAP, *SA-Gruppenführer Generalmajor a.D.*[31] *Friedrich Haselmayr*, der nach heftigem Streit mit Frank im Dezember 1938 seinen Austritt erklärt hat.

Von diesen Mitgliedern des Sachverständigenbeirats wurden wieder folgende auf Vorschlag Franks von Minister Rust zu *Ehrenmitgliedern* des Reichsinstituts ernannt: Bäumler, Günther, Krieck, Mar[c]ks, v. Müller, v. Srbik. Andere kamen später noch hinzu: Prof. Lenard, Prof. Wilhelm Engel. *Von den Jüngeren berief Frank*: Dr. Erich Botzenhardt[32], Berlin, Dr. Karl Richard Ganzer, München, Dr. Wilhelm Grau, München, Dr. Hans Alfred Grunsky, München (inzwischen Professor), Dr. Ottokar Lorenz, Berlin, Dr. Kleo Pleyer, damals Berlin, heute Prof. in Innsbruck.

---

30 Adolf > Otto

31 A.D. > a.D.

32 Die Schreibweise des Namens variiert in der Denkschrift zwischen Botzenhardt und Botzenhart. Im Fragebogen für Mitglieder des Reichsverbandes Deutscher Schriftsteller(datiert 4.1.1934) gab Botzenhardt an, die Schreibung Botzenhart als Pseudonym zu verwenden (Bundesarchiv – Botzenhardt RKK file). Im Folgenden wird die Form Botzenhardt verwendet.

Später kam[en] noch Christoph Steding, der wohl die stärkste Kraft des Instituts unter den Jüngeren war (leider im März 1938 zu früh verstorben) und Prof. Hans Bogner als klassischer Philologe hinzu.

Der eigentliche Kreis um Walter Frank besteht aus den obengenannten jüngeren Gelehrten, die meist aus dem Schülerkreis des oftmals weit überschätzten bayrischen Historikers Karl Alexander v.Müller kommen. Sie sind seine Vertrauensleute.

Von seinen Altersgenossen hat Frank keinen ins Reichsinstitut berufen, was wohl darauf zurückzuführen ist, dass er in ihnen eine Konkurrenz erblickt. Die Arbeit des Instituts vollzieht sich deshalb außerhalb, ja oft *gegen* die Universität.

Als die Forschungsabteilung Judenfrage am 16.11.1936 unter starker Teilnahme der Partei, des Staates und der Wehrmacht in München eröffnet wurde (am 1.4.1936 war sie bereits gegründet worden), ernannte Frank zum Leiter Karl Alexander von Müller, wie bereits schon erwähnt, und Wilhelm Grau zum Geschäftsführer. Beiden trat ein Stab von Fachreferenten und Forschern zu Seite. Diese Fachreferenten stammen aus allen Disziplinen der Wissenschaft, auch der Naturwissenschaft, dem Archiv- und Bibliothekswesen, usw.

1938 suchte die Forschungsabteilung Judenfrage, d.h. Grau, „Politik auf eigene Faust" zu treiben, sich vom Reichsinstitut unabhängig zu machen und ein eigenes „Reichsinstitut für Judenforschung" in Frankfurt a.M. zu errichten.

Grau wurde wegen dieser Untreue zum 31.12.1938 aus dem Reichsinstitut entlassen.

Schon im Sommer 1938 nach den ersten Seitensprüngen Graus hat Frank die 3 bisher ziemlich selbständigen Forschungsabteilungen zu Hauptreferaten[33] degradiert, um sich unter keinen Umständen die Macht aus den Händen winden zu lassen. (Die Aufgaben der Judenabteilung nimmt Frank selbst wahr.)

Die jüngeren Mitglieder des Reichsinstituts haben zum großen Teil *Sonderaufträge.* Karl Ganzer arbeitet über die national kirchlichen Bestrebungen im 19. Jahrhundert, H.A. Grunsky[34] über die Geschichte der deutschen Philosophie im 19. Jahrhundert, Erich Botzenhardt über den Einfluß westlicher Ideen auf die deutsche Geschichte im 19. Jahrhundert, der bereits verstorbene Steding sollte Untersuchungen über die Sonderstellung der Schweiz und der Niederlande im 19. Jahrhundert vorlegen. Ferner gehören

33 „Haupt-" nachträglich handschriftlich eingefügt.

34 Grundky > Grunsky

nach der Rückgliederung der Ostmark noch dazu Dr. Wilhelm Deutsch – ein Schüler von Srbik –, der über österreichisch-serbische Beziehungen vor dem Weltkrieg arbeitet und Dr. W[alter] Lott, beide in Wien.

Die Gegenwartsaufgaben des Reichsinstituts wurden so verteilt, daß Oberst a.D. W[alter] Nicolai über die politische Führung im Weltkrieg und Walter Frank über Nachkriegspolitik und Nationalsozialismus arbeitet.

In der Abteilung Nicolais sind heute Dozent *Dr. Hellmuth Tiedemann und Dr. Kurt Wirth* tätig. Diese Abteilung steht mehr oder weniger auf dem Papier, da Nicolai selbst kaum noch etwas arbeiten wird, sondern mehr aus seinem Erlebten seinen Mitarbeitern mitteilen kann.

Während die ersten Tagungen des Reichsinstituts unter Ausschluß und ohne Interesse der Öffentlichkeit vor sich gingen, hat sich Frank dazu entschlossen, die 4. Tagung des Gesamtinstituts öffentlich aufzuziehen, desgleichen veranstaltete er Vorträge über das Judentum im Januar 1939. Mit beiden hatte er großen Erfolg, besonders mit den letzteren. (Vgl. ausführliche Sonderberichte Löfflers über die beiden Tagungen vom 6.12.1938 und 31.1.1939.)

Die bisherige Hauptleistung des Instituts liegt auf dem Gebiete der *Judenforschung*, was aber nicht so sehr das Verdienst Franks, noch weniger Graus ist, sondern hauptsächlich der zahlreichen und guten Mitarbeiter aller Disziplinen, die herangezogen wurden.

So ist, im ganzen betrachtet, bisher die Ernte des Reichsinstituts ziemlich dürftig.

Vernachlässigt wird vollständig die Zeit zwischen 1521-1789, ferner die Außen- und Innenpolitik Deutschlands, die Geschichte der Arbeiterbewegung und des Bauerntums sowie die kirchlichen Fragen.

Es wäre zu wünschen daß der Einfluss Franks in gewissen Grenzen gehalten würde und von Seiten der Partei oder des Staates auf die weitere Gestaltung des Instituts in sachlicher und personeller Hinsicht Einfluss genommen würde.

c) *Das Wiener Institut für [österreichische] Geschichtsforschung*

Dieses Wiener Institut, das jahrelang schon unter der Leitung von Hans Hirsch steht, ist seit über acht Jahrzehnten die wichtigste Ausbildungsstätte des Historikernachwuchses im Lande Österreich, wobei die Pflege der mittelalterlichen Geschichte, namentlich aber der Unterricht in den geschichtlichen Hilfswissenschaften weit voranstehen; eine im Altreich ganz fehlende Besonderheit ist die nahe Fühlung mit den Kunstwissenschaften und durch Hirsch vor allem mit der Rechtsgeschichte. Die Hauptaufgabe des Instituts, das eine eigene Zeitschrift herausgibt: „Mitteilungen des Instituts für österreichische Geschichtsforschung" (MIÖG), ist von jeher die archivische Ausbildung in zweijährigen Kursen, die mit einer das Recht auf Anstellung als Staatsarchivar oder kunsthistorischer[35] Museumsbeamter verleihenden Staatsprüfung abschließen.

Zum „Reichsinstitut für ältere deutsche Geschichtskunde" bzw. zu den „Monumenta Germaniae Historica" steht das Wiener Institut in einem alten, engen Verhältnis der Mitarbeit.

Die von Anfang an vorhandene und bis zuletzt nicht abgerissene Beteiligung österreichischer Gelehrter an den Monumenta – eines der sinnfälligsten und denkwürdigsten *Wahrzeichen der nie vergessenen Zusammengehörigkeit Großdeutschlands* – kommt seit 60 Jahren wissenschaftlich darin zum Ausdruck, dass dem Wiener Institut und seinem Vorstand eine bestimmte Forschungsaufgabe, eine „Abteilung" der Monumenta übertragen war.

Von Stengel wurde am 15. Mai 1938 der Vorschlag gemacht, nicht nur das Mitarbeiterverhältnis des Instituts zum Reichsinstitut künftig noch schärfer zu fassen, sondern das Institut sogar zu einer Zweig-, Neben- oder Außenstelle des Reichsinstituts zu machen. Dies ist bis heute noch nicht geschehen.

Daneben gab es ein bisher österreichisches Institut, dem die *Pflege der österreichischen Geschichte* besonders anvertraut war und das auch künftig in Gemeinschaft mit der landesgeschichtlichen Kommission bei der Wiener Akademie der Wissenschaften landesgeschichtliche Aufgaben im weiteren Umfange zu erfüllen haben wird.

Zu dem Institut gehört gleichzeitig eine *Archivschule*, die weit über Deutschlands Grenzen hinaus bekannt ist. Diese Archivschule auch für die bisherigen österreichischen Archive zu erhalten, ist eine vordringliche Aufgabe. Das ergibt sich schon daraus, dass seit jeher zahlreiche reichsdeutsche Historiker im Wiener Institut die spezifisch hilfswissenschaftlich-archivische Ausbildung gefunden haben, die eigentlich nur dort zu holen war.

Um aber das Wiener Institut, das in seiner geistigen Ausrichtung auf dem Stand von 1870 stehen geblieben ist, für den nationalsozialistischen Staat brauchbar zu gestalten, wird vorgeschlagen, eine geeignete Umorganisation auch in personeller Hinsicht möglichst bald durchzuführen und für den nationalsozialistischen Staat als vordringlich[36] zu erachtende Forschungsaufgabe[n] zu übernehmen. (Süd-Ost-Forschung!).

35 kunsthistoriker > kunsthistorischer

36 vordingliche > vordringlich

7.) *Die verschiedensten historischen Zeitschriften*

Im Zusammenhang mit der bisherigen personellen und sachlichen Bestandsaufnahme können die verschiedensten historischen Zeitschriften nicht außer acht gelassen werden. Es ist eine Selbstverständlichkeit, dass auch hier nur die allerwichtigsten angeführt werden können; denn im populären Sinne gesehen, behandeln fast alle heute erscheinenden geistes- oder kulturpolitischen Zeitschriften mehr oder weniger geschichtliche Probleme. (Es sei in diesem Zusammenhang nur an die „NS-Monatshefte", „Deutschlands Erneuerung", „Hammer", „Sonne", „Volk im Werden", „Die Tat" gedacht). Im folgenden werden nur die fachwissenschaftlichen Zeitschriften aufgeführt.

1.) *Die Historische Zeitschrift*

wurde 1859 von Heinrich von Sybel gegründet. Sie ist auch heute noch die führende Zeitschrift auf dem Gebiet der Geschichtswissenschaft. Ursprünglich war sie kleindeutsch eingestellt, und ihre Mitarbeiter schufen sich in ihr ein Organ, das stark liberale, aber noch stärker anti-klerikale Tendenzen verfolgte. Diese Tendenz behielt die Zeitschrift auch unter der Leitung von Friedrich Meinecke bei, der sie bis 1935 herausgegeben hat. Allerdings trat unter ihm die rein politisch-staatliche Geschichtsauffassung gegenüber der geisteswissenschaftlichen[37] stark in den Hintergrund.

Seit 1935 ist Herausgeber Karl Alexander von Müller, der in Band 153, S. 1f, sein Programm entwickelt, ohne dass es bisher auch nur zum Teil erfüllt worden wäre. (Es ist dasselbe Programm, wie es Walter Frank zur Eröffnung des Reichsinstituts auch formuliert hat.)

Vor allem der Besprechungsteil, herausgegeben von [Walter] Kienast, ist durchaus uneinheitlich ausgerichtet und entbehrt der festen Leitung.
Verlag Oldenbourg, München.

2.) Ein Gegenstück zur Historischen Zeitschrift ist die *Historische Vierteljahresschrift*

Sie wurde von Gerhard Seeliger gegründet und wird heute von Erich Brandenburg herausgegeben. Dem Nationalsozialismus steht sie durchaus fern. In wissenschaftlicher Qualität steht sie weit unter der Historischen

37 Lies: geistesgeschichtlichen

Zeitschrift, und am Recensionsteil[38] fehlt jeder klare Aufbau. Sie steht wohl vor dem Absterben.
Verlag Baensch-Stiftung, Dresden.

3.) *Archiv für Kulturgeschichte,*

begründet von Georg Steinhausen, wird heute von dem Erzdemokraten Walter Götz unter Mitwirkung von Alfons Dopsch, H[ermann] Finke[39] und Fritz Kern herausgegeben. Sie hat gelegentlich brauchbare Aufsätze, wird aber im allgemeinen heute noch, wie sich angesichts des Herausgebers Götz von selbst versteht, völlig im Geiste einer liberalistischen Geistesgeschichte geleitet. In mancher Hinsicht bedeutet diese Zeitschrift einen nicht ungefährlichen Zufluchtsort für Gegner unserer Bewegung.

4.) *Historisches Jahrbuch*

der Görresgesellschaft, Herausgeber: Johannes Spörl-Freiburg. Es stellt das offizielle Organ der konfessionell-katholischen Wissenschaft dar. Die Mitarbeiterliste der letzten Bände gibt einen guten Überblick über die gesamte katholische Front.
Verlag Bachem-Köln.

5.) *Deutsches Archiv für Landes- und Volksforschung,*

gegründet 1937; Herausgeber E[mil] Meynen, heute Zentralschrift der Volks- und Grenzlandforschung. Zweifellos besteht ein ehrliches Bemühen um wichtige Fragestellungen, aber insgesamt ist die Zeitschrift doch erheblich belastet durch enge Verbindung mit den regionalen Forschungsgemeinschaften und zahlreiche überalterte und keineswegs einsatzfähige Kräfte.
Die Zeitschrift müsste beachtet und beobachtet werden.
Verlag Hirzel, Leipzig.

6.) *Deutsches Archiv für Geschichte des Mittelalters*

besteht in Fortsetzung des „Neues Archiv" seit 1937 und wird vom Leiter der Monumenta Germaniae, E.E. Stengel, herausgegeben. Durch den Neuanfang ist außer dem Namen nichts Wesentliches geändert worden. Wenn auch in letzter Zeit einzelne jüngere Forscher zu Worte kamen, so ist die

38 Recessionsteil > Recensionsteil
39 Frinke > Finke

Zeitschrift immer noch vorwiegend auf Quellenkritiken eingestellt und politisch noch nicht klar ausgerichtet. Die mittelalterliche Atmosphäre dominiert also noch durchaus. (Mitherausgeber: K[arl] Brandi und W[alther] Holtzmann). Obwohl das Archiv die mageben[d]ste mittelalterliche Zeitschrift sein will, steht es den wesentlichen Fragen unserer Zeit oft noch sehr fern und hat in seinen Reihen nicht ungefährliche Gegner der Bewegung.
Verlag Böhlau, Weimar.

7.) *Archiv für Reformationsgeschichte*

wurde 1938 neu organisiert unter Leitung von Gerhard Ritter. Das Programm dieser Zeitschrift wurde in Band 35, 1938, Seite 1-7 aufgestellt. Nach der Umorganisation ist diese Schrift auf Forschung zur Geschichte des Protestantismus und seiner Weltwirkung ausgerichtet. Mit keinem einzigen Wort ist in dem Programm positiv zum Nationalsozialismus Stellung genommen, eher ist das Gegenteil der Fall! (Bedingt durch die Haltung Ritters selbst.)
Verlag Hiersemann, Leipzig.

8.) *Mitteilungen des österreichischen Instituts für Geschichtsforschung*

Ursprünglich war die Zeitschrift nur für das von Theodor v. Sickel gegründete Wiener Institut gedacht und brachte hauptsächlich Aufsätze zur österreichischen Geschichte. Jedoch wurde sie auch bald bedeutsam für das weitere und größere Deutschland. In den Jahren nach 1933 war sie gelegentlich „vaterländisch“ infiziert, im allgemeinen aber grundanständig und durchaus deutsch. Der heutige Herausgeber ist H[elmut] Hirsch. Seit März 1938 sind wenig Änderungen in dieser Zeitschrift zu finden.
Verlag Wagner, Innsbruck.

9.) *Berliner Monatshefte,*

Zeitschrift für neueste Geschichte, wurde ursprünglich gegründet von A. v. Wegener[40] zur Erforschung der Kriegsschuldfrage. Der heutige Herausgeber ist August Bach. Die Hefte sind wissenschaftlich weniger bedeutend, aber umso mehr wertvoll durch die zahlreichen Veröffentlichungen von nicht-Fachhistorikern. Heute ist die Zeitschrift stark auf die Außenpolitik

40 Wegerer > Wegener

der Gegenwart ausgerichtet. Ihre politische Haltung *scheint* brauchbar zu sein, doch ist sie keineswegs frei von undurchsichtigen Mitarbeitern.
Quader-Verlag.

10.) *Vierteljahresschrift für Sozial- und Wirtschaftsgeschichte*

Herausgeber: H[ermann] Aubin. Beschränkte Zielsetzung, wissenschaftlich in diesem Rahmen brauchbar, politische Aufsätze wenig vorhanden.
Verlag Kohlhammer, Stuttgart.

11.) *Blätter für deutsche Landesgeschichte,*

herausgegeben von Eugen Meyer, Münster, im Auftrag des Gesamtvereins der Geschichts- und Altertumsvereine.
Die Zeitschrift ist ohne festes Programm, reichlich ziellos, von nicht weitreichender Bedeutung, aber trotzdem ist eine Beobachtung wichtig, da außer Meyer verschiedene Gegner des Nationalsozialismus dort arbeiten.
Verlag Mittler und Sohn, Berlin.

12.) *Jahrbücher für die Geschichte Osteuropas,*

herausgegeben von [Hans] Uebersberger, Berlin. Die „Jahrbücher" haben nur einen kleinen Mitarbeiterkreis, sind wissenschaftlich nicht gleichmäßig wertvoll, haben aber in den selbst gezogenen Grenzen verschiedentlich ganz nützliche Arbeit geleistet; doch sind auch Gegner in ihnen zu Wort gekommen.
Verlag Priebalich, Breslau.

13.) *Zeitschrift für deutsches Altertum und deutsche Literatur,*

herausgegeben von E[dward] Schröder. Grenzt nur an das Fachgebiet der Geschichte und kämpft heute stark um ihre Existenz. Die Tendenz ist bestimmt durch die Vertreter der alten germanistischen Schule, in der Schröder eine Art Diktator ist. Heute für die Geschichte ohne Bedeutung.
Verlag Weidmann, Berlin.

14.) *Vergangenheit und Gegenwart,*

Herausgeber Moritz Edelmann, [Karl] Alnor und Ulrich Crämer, ist die parteiamtliche Zeitschrift des NS-Lehrerbundes. Bei den meisten Mitarbeitern ist der gute Wille vorhanden, häufig werden wesentliche Themen nationalsozialistischer Fragestellung behandelt, die aber ebenso häufig

wissenschaftlich durchaus unzureichend sind. Hier wäre noch sehr viel Aufbauarbeit zu leisten; besonders könnte erwogen werden, die Zeitschrift für die Forschungsgemeinschaft „Das Ahnenerbe“ zu übernehmen. Im Recensionsteil[41] ist die politische Arbeit eindeutig, obwohl noch allerlei Leute ausgebootet werden müssten. ([Karl] Brandi). Bis 1937 war die wissenschaftliche Bedeutung stark im Abnehmen, seit April 1938 ist aber ein gewisser Aufstieg wieder zu verzeichnen.
Verlag Teubner, Leipzig.

15.) *Auslandsdeutsche Volksforschung,*

herausgegeben von H[ans] J[oachim] Beyer, erscheint seit 1937. Diese Zeitschrift besitzt eine gute Grundlage und bietet vielfach sehr positive Aufsätze, bedarf aber auch der Beobachtung, da unter den Mitarbeitern nicht nur sichere Leute sind. Die wissenschaftliche Leistung ist auch hier nicht eindeutig und in letzter Zeit im Absinken begriffen.
Verlag Encke, Stuttgart.

16.) *Welt als Geschichte,*

herausgegeben von H[ans] E[rich] Stier, Münster, und Ernst, Heidelberg, ist wissenschaftlich recht anregend, politisch aber nicht eindeutig.
Verlag Kohlhammer, Stuttgart.

Das wären in diesem Rahmen die wichtigsten Zeitschriften aus dem Gebiete der Geschichte. Die Auflagenhöhe all dieser Schriften geht nicht über 2 1/2 Tausend hinaus, ja, die Mehrzahl bleibt unter ein[em] Tausend, so dass der Wirkungskreis sehr beschränkt ist. Nichtsdestoweniger sind die Zeitschriften doch zu beobachten, da sie doch besonders von dem Nachwuchs an den Hochschulen durchgearbeitet werden müssen und eine Beeinflussung dadurch immerhin gegeben ist.

8. *Literatur zur Neuordnung der Geschichtswissenschaft*

1.) *Paul, Gustav:*

Die räumlichen und rassischen Gestaltungskräfte der Großdeutschen Geschichte. München-Berlin 1938

---

41 Recessionsteil > Recensionsteil

Gustav Paul hat hier ein Werk geschaffen, das in wissenschaftlich einwandfreier Form den Versuch macht, den Ablauf der großdeutschen Geschichte vom nationalsozialistischen Standpunkt her zu deuten. So tritt das rein Staatlich-Dynastische der politischen Geschichte einmal nicht in den Vordergrund, sondern vor allem werden die *Lebenskräfte von Rasse und Raum* aufgedeckt, die die Schicksale unserer germanisch-deutschen Vorfahren von der frühgeschichtlichen Zeit bis zum Weltkrieg gestaltet haben und auch noch gestalten. Einzelne Unrichtigkeiten und Unausgeglichenheiten mindern den Wert des Buches nicht sonderlich. Besonders wird auf das reichhaltige Literaturverzeichnis aufmerksam gemacht.

2.) *Stuckart, Wilhelm*:
Geschichte im Geschichtsunterricht. (für höhere Schulen gedacht) Frankfurt 1934

3.) *Gross, Walter*:
Der Rassegedanke im neuen Geschichtsbild. (Rede vor der Hitlerjugend) Berlin 1936

4.) *Frank, Walter*:
Kämpfende Wissenschaft. Hamburg 1934

5.) *Frank, Walter*:
Zunft und Nation. Hamburg 1935

6.) *Frank, Walter*:
Historie und Leben. Hamburg 1937

7.) *Paul, Gustav*:
Rasse und Geschichte. Leipzig 1936 (Grundgedanken über die Planung einer neueren Geschichtsforschung)

8.) *Steinacker, Harold:*
Die volksdeutsche Geschichtsauffassung und das neue deutsche Geschichtsbild[42] Leipzig 1937

9.) *Klagges, Dietrich*:
Geschichtsunterricht als nationalpolitische Erziehung. 2. Auflg., Frankfurt 1938 (Hauptsächlich für den Unterricht an Volks- und Mittelschulen gedacht. Sehr gute Gedanken darin.)

42 Gesamtbild > Geschichtsbild

10.) *Böhm, Max Hildebert*:
Das eigenständige Volk.[43] Das Buch steht auf derselben volksdeutschen Erlebnisgrundlage wie die neue gesamtdeutsche Geschichtsauffassung. Manches ist allerdings mit Vorsicht zu lesen.

III. Die neuen Aufgaben der nationalsozialistischen Geschichtswissenschaft[44]

43 eigenständische > eigenständige. Erschienen Göttingen 1932.
44 Original bricht an dieser Stelle ab.

Hermann Löffler
Die Lage in der deutschen Geschichtswissenschaft.

Vortrag gehalten am 17.3.1941 auf der Tagung der Kulturreferenten des Amtes III C des Reichssicherheits-Hauptamtes[45]

Alte Geschichte

Der alten Geschichte als Bindeglied zwischen Frühgeschichte und mittelalterlicher Geschichte fallen für die nationalsozialistische Weltanschauung und Geschichtsschreibung wesentliche Aufgaben zu. In ihrer Hand liegt die *Erforschung und Deutung der gewaltigen, Jahrtausende überdauernden Auseinandersetzungen der nordischen Völker mit den mittelmeerischen und orientalischen auf militärischem, politischem und geistigem Gebiet.* Dies gilt von der indogermanischen Wanderung bis zur germanischen Völkerwanderung, der Begründung der griechischen und römischen Kultur ebenso wie der germanischen, der Umformung der Nordischen im Süden und deren Rückwirkung nach dem Norden, die sich besonders in der Übernahme des Christentums auswirkte.

Die heutigen Althistoriker verfolgen allerdings nur zum Teil dieses weitgespannte Ziel. Eine einheitliche Ausrichtung fehlt so gut wie ganz. Über die Hälfte der Professoren sind Einzelgänger von zum Teil sehr verschiedenem Format. Nur zwei Schulen vertreten eine bestimmte Richtung, wobei von diesen jede ihre eigene Wege geht.

Die umfangreichste ist die von W[ilhelm] Weber, Berlin. Zu ihr gehören die Ordinarien [Joseph] Vogt, Tübingen (bis vor 2 Semestern in Breslau Dekan und Prorektor), [Fritz] Taeger, Marburg (1940 bekannt geworden durch seine 2-bändige „Geschichte des Altertums"), [Paul] Strack, Kiel, jetzt nach Straßburg berufen. Zu diesen älteren Schülern kommt ein starker Nachwuchs, dessen Arbeiten besonders deutlich die weltanschauliche Ausrichtung zeigen: [Michael] Wittmann mit der Auseinandersetzung von Orient und Okzident in der hellenistischen Isisreligion als Vorläufer des Christentums, [Johannes] Straub mit dem Herrschertum der Spätantike und dem Illyrerproblem, [Walther] Giesecke über den Arianismus bei den

45 Bundesarchiv – ZB 1-1223 A. 5, Bl. 217-241. Die Rechtschreibung wurde den Erfordernissen der Rechtschreibreform angepasst. Korrekturen und Ergänzungen des Herausgebers werden in [ ] gesetzt.

Germanen, [Kurt] Wais über die Alemannen, [Alfred] Küsters über Heer- und Heerführung bei den Griechen, Römern und Germanen, [Gerhard] Vetter mit einer historisch-rassekundlichen Untersuchung über Theoderich. Diese Jüngeren wurden als Gruppe im Reichsberufswettkampf 1936 Reichssieger, 1937 Reichsbeste. [Wilhelm] Weber selbst veröffentlichte vor kurzem in der Propyläen-Weltgeschichte eine Gesamtdarstellung der Römischen Geschichte, in Knauers Weltgeschichte eine solche über die Römische Kaiserzeit, außerdem ein Werk über „Rom, Herrschertum und Reich im 2. Jahrhundert".

Die zweite Schule ist die von H[elmut] Berve, Leipzig. Während die Weberschule vorwiegend auf römisch-germanischem Gebiet arbeitet, betreibt die Berveschule ausgesprochen griechische Geschichte. Im Gegensatz zur Weberschule tritt bei der Berveschule die umfassende weltanschauliche Fragestellung weniger hervor. Der Bervekreis bewegt sich außerdem in einer keineswegs von klassizistischen und humanistischen Ideen freien Geschichtsbetrachtung. Schüler von Berve, z.T. Ordinarien und Dozenten, sind [Alfred A.] Heuss in Königsberg, [Hans] Schaefer[46], Jena, [Franz] Hampl[47] in Leipzig. Rein fachlich werden die Arbeiten von Berve und seinen Schülern wegen ihrer Konstruktion stark angefochten, am schärfsten durch die Münchner [Walter] Otto und [Fritz R.] Wuest[48].

Aus der Eduard Meyer-Schule stammt nur noch Prof. [Hans Erich] Stier, Münster, der im letzten Jahr wieder einen Band der großen „Geschichte des Altertums" von Ed. Meyer ‚verbessert' herausgab und dafür allgemeine Ablehnung erfuhr. *Stier will* im Sinne Ed. Meyers *Universalgeschichte treiben,* reicht aber an das Format seines Lehrers nicht heran (abgelehnt besonders von [Helmut] Berve, Leipzig, [??] Otto, München, [Walther] Kolbe, Freiburg). Stier bleibt trotz seines reichen Wissens und seines gefälligen Stiles an der Oberfläche.

Die übrigen Althistoriker sind wie bereits erwähnt Einzelgänger und Spezialisten. [Walter] Otto, München, gilt als typischer Kompendienwissenschaftler, [Friedrich] Oertel, Bonn, treibt Wirtschaftsgeschichte, [Lothar] Wickert, Köln, und [Ernst] Hohl, Rostock, sind seit Jahren unproduktiv. [Hans] Volkmann[49], [Kurt Ernst] Stade, [Wilhelm] Ensslin, [Matthias] Gelzer, [Ulrich] Kahrstedt, [Walther] Kolbe gelten als Durchschnitt

46 Schäfer > Schaefer
47 Hampel > Hampl
48 Wüst > Wuest
49 Wolkmann > Volkmann

mit wenig historisch-politischer Begabung. [Franz] Altheim[50], Halle, wird allgemein als Phantast abgelehnt. [Franz] Messerschmid[t] und [Fritz] Schachermeyr[51] sind die einzigen, die sich hauptsächlich mit griechischer und römischer Frühgeschichte beschäftigten. Ihre Arbeiten sind[52] sehr umstritten, was jedoch zum Teil auf das Stoffgebiet zurückzuführen ist. *Die meisten der hier genannten bewegen sich,* obwohl etwa die Hälfte von ihnen erst im Laufe der letzten Jahre ernannt wurde, *in den alten Bahnen der Fachwissenschaft oder bedienen sich gelegentlich billiger Schlagworte über Rasse und Volkstum,* lehnen sogar die Möglichkeit rassischer Geschichtsbetrachtung im Altertum als unmöglich ab.

Hinsichtlich des Nachwuchses hat sich in den letzten 2 Jahren die Lage wesentlich verändert. *Auf etwa 30 Ordinarien kommen etwa 15 Dozenten und Dr. habil.* ([Werner] Peek, Berlin, [Friedrich] Vittinghoff[53], Kiel, [Hans Ulrich] Instinsky[54] und [Herbert] Nesselhauf bei der Akademie in Berlin, [Peter Julius] Junge in Innsbruck, [Viktor] Burr, Tübingen, [Hermann] Bengtson[55] und [Ernst] Kirsten, Heidelberg, [Fritz R.] Wuest[56] und Vogt, München, [Franz] Hampl[57], Leipzig, u.a.).

Die Publikationen der letzten Zeit lassen sich nur schwer überschauen. Meist handelt es sich um spezielle Fragen der Fachliteratur. An größeren zusammenfassenden Arbeiten seien nochmals die schon genannten Werke von [Wilhelm] Weber und [Fritz] Taeger aufgeführt. Wertvolle Ergänzungen brachte auch die Neubearbeitung von Ludwig Schmidts Ostgermanen und Westgermanen, obwohl das archäologische Material noch längst nicht ausgeschöpft ist.

Offensichtlich reaktionäre Kräfte lassen sich aus der vorhandenen Literatur nicht feststellen, da die engere Fachliteratur die Weltanschauungsfragen bequem umgehen kann.[58] Dabei muss auch auf das *Wirken des Katholizismus* aufmerksam gemacht werden. Auch er bedient sich dieser Methode. Unter dem Schein strenger Fachwissenschaft werden die Weltanschauungsfragen umgangen, die Ämter besetzt und für den Nachwuchs verstopft. So sind z.B. die bei der Berliner Akademie angestellten Dr. habil.

---

50 Althein > Altheim
51 Schachermayr > Schachermeyr
52 werden > sind
53 Widdinghoff > Vittinghoff
54 Instinzky > Instinsky
55 Bengston > Bengtson
56 Wüst > Wuest
57 Hampel > Hampl
58 lassen > kann

bezw. Prof. [Herbert] Nesselhauf und [Hans Ulrich] Instinsky[59] als strengste Katholiken bekannt. Gefährlicher als die sichtbare konfessionelle Reaktion dürfte heute bereits wieder die der sog. „gründlichen *Wissenschaftler*" sein, die unter dem Deckmantel strenger Methodik und Kleinarbeit, um erst die Grundlagen für eine große Betrachtung zu schaffen, die weltanschaulich ausgerichtete Geschichtsbetrachtung hemmen und insgeheim[60] ablehnen. Hinter dieser Maske verbirgt sich aber nur der Durchschnitt und die Reaktion der konfessionell humanistisch oder sonst gebundenen Kräfte.

Mittlere und neuere Geschichte

1. *Organisation der heutigen Geschichtswissenschaft*

a) *An erster Stelle sei der „Deutsche Historikerverband"*

genannt, der seit dem Ende des 19. Jahrhunderts besteht. Ihm gehören alle deutschen Historiker an den Universitäten an. Seine einzige Aufgabe bestand in der Durchführung der deutschen Historikertage, die früher regelmäßig alle 1 1/2 bis 2 Jahre stattfanden und deren letzter im Juni 1937 in Erfurt tagte. Das Ergebnis dieses letzten deutschen Historikertages war in keiner Weise befriedigend. *Vorsitzender des Verbandes* ist der Rektor der Frankfurter Universität, Prof. Walter Platzhoff, dessen Arbeit, seiner ganzen Veranlagung nach, eine organisatorische und repräsentative ist. Dieser „Deutsche Historikerverband" ist gleichzeitig die deutsche Sektion des internationalen Historikerkongresses, der seinen letzten internationalen Historikertag, die alle 4 Jahre stattfanden, Ende August bis Anfang September 1938 in Zürich abhielt. Der deutsche Vertreter ist Geheimrat [Karl] Brandi, Göttingen. Der Einfluss der deutschen Sektion war bis zum Ausbruch des jetzigen Krieges gering, da die englischen und französischen Vertreter in diesem parlamentarisch-internationalen Gebilde mit ihren Trabanten aus Polen, der Tschechei usw. tonangebend waren. Auch der Züricher Historikertag [1938] war im ganzen betrachtet eine Demonstration der sog. Demokratien gegen das neue Deutschland, ohne dass es verschiedene unserer alten Parlamentarier und Kongresswanzen wahrhaben wollten oder sogar wirklich nicht merkten. Auch fehlte der deutschen De-

---

59 Instinzky > Instinsky

60 insgemein > insgeheim

legation jede einheitliche politische und wissenschaftliche Führung. Der „Deutsche Historikerverband“ ist heute ohne jeglichen Einfluss auf das Leben der deutschen Geschichtswissenschaft.

b) *An zweiter Stelle ist das Kaiser Wilhelm Institut für Geschichtsforschung*

zu nennen, dessen Vorsitzender Paul Kehr ist. Früher hat dieses Institut die Briefe Kaiser Wilhelm[s] I. herausgegeben, seit Jahren plant man eine Ausgabe der Briefe Karl[s] V. durch Brandi. Das Institut ist bedeutungslos.

d)[61] *„Gesamtverein der deutschen Geschichts- und Altertumsvereine“*

Er wurde 1852 gegründet und gibt die Blätter für deutsche Landesgeschichte heraus. Bis zum Kriege veranstaltete er jährlich eine Tagung gemeinsam mit dem deutschen Archivtag. Diese Tagungen hatten als Zusammenfassung der landesgeschichtlichen Arbeit ihre Bedeutung. *Vorsitzender* ist der Rektor der Berliner Universität, *Prof. [Willy] Hoppe.*

Geschäftsführer ist der früher stark zentrümlich eingestellte und heute in jeder Beziehung sehr undurchsichtige *Prof. Eugen Meyer,* Berlin, früher Münster. Vereinzelt hat dieser Verein auch landesgeschichtliche Quellenpublikationen durchgeführt.

e) *Eine Organisation,*

die weniger die Wissenschaftler als die Geschichtslehrer an unseren Höheren-, Mittel- und Volksschulen umfasst, ist das *„Sachgebiet für Geschichte im NSLB“,* dessen Leiter SS-Hauptsturmführer Moritz Edelmann, Dortmund, ist. Die Tagungen dieser Institution, auf denen Wissenschaftler und praktische Schulmänner zu Wort kamen, waren von einem gewissen Wert. So ist besonders die letzte Tagung in Eger im März 1939 zu nennen, wo eine geschlossene Leistung gezeigt wurde.

f) *Auf die historischen Sektionen*

in den verschiedenen wissenschaftlichen Akademien sowie auf einzelne *örtliche historische Vereine in den Städten,* die nicht dem Altertumsverein angeschlossen sind, kann hier nicht näher eingegangen werden, da es den Rahmen dieses Vortrages bei weitem überschreiten würde.
Zum Schluss meiner Ausführungen über die Organisationen auf dem Gebiete der Geschichtswissenschaft muss ich noch auf 2 Einrichtungen neue-

61 Inkorrekte Zählung.

ren Datums eingehen, da sie für die Arbeit der heutigen Geschichtsforschung von größter Bedeutung sind.
Es handelt sich um die beiden Reichsinstitute.

g) *Das Reichsinstitut für ältere deutsche Geschichtskunde*[62]

Das im Jahre 1935 gegründete „Institut für ältere deutsche Geschichtskunde" ist nach Form und Aufgaben Nachfolger der „Monumenta Germaniae Historica". Reichsfreiherr vom Stein begründete im Jahre 1819 in Frankfurt/Main *die Gesellschaft für ältere deutsche Geschichtskunde,* die wenige Jahre später durch staatliche Zuschüsse des Deutschen Bundes und der deutschen Länder einschließlich Österreich auf sichere wirtschaftliche Grundlage gestellt wurde.

Die Aufgaben dieser Gesellschaft bestanden darin, die Geschichtsquellen für das deutsche Mittelalter in der Zeit von der Völkerwanderung bis zum Beginn der Reformation zusammenzustellen und durch Drucke zu veröffentlichen.

Die Monumenta haben in dem vergangenen Jahrhundert eine sehr wechselvolle Entwicklung durchgemacht, die zum Teil durch personelle Zwistigkeiten, Uneinigkeit der Mitglieder, übergroße Finanzforderungen der einzelnen Abteilungsdirektoren und durch den Ehrgeiz einzelner Personen gefährdet war.

In den letzten 30 Jahren war die wissenschaftliche Tätigkeit der Monumenta durch die Arbeit und Persönlichkeit ihres Leiters, Geheimrat Prof. *Dr. Fridolin Kehr,* bestimmt. Kehr, ein fachlich durchaus gründlicher Wissenschaftler, hat seiner ganzen Auffassung nach die wissenschaftliche Arbeit auf den einzelnen Gebieten verschieden gefördert. So wurde unter seiner persönlichen Leitung die Urkundenabteilung weitestgehend[63] vorwärtsgetrieben.

Allgemein kann gesagt werden, dass in der Entwicklung der „Monumenta Germania[e] Historica" seit Beginn des Jahrhunderts eine Krisis eingetreten ist, die mit Stagnation begann und schließlich bis nahe an den Verfall herangeführt hat.

Im Zuge der Neuorganisation der deutschen Geschichtswissenschaft hat Reichsminister Rust im März 1935 durch *Zusammenlegung* der „Monumenta Germaniae Historica" und des „Preußischen Historischen Instituts in Rom" das *„Reichsinstitut für ältere deutsche Geschichtskunde"* geschaffen.

62 Die folgende Einschätzung ist zum großen Teil wörtlich der DS „Entwicklung und Aufgeben der Geschichtswissenschaft in Deutschland" entnommen (Abschnitt II.1).

63 weitgehenst > weitestgehend

Der bisherige langjährige Leiter *Paul Kehr* bat um Enthebung seines Amtes, da er für ein Institut, das im nationalsozialistischen Sinne geleitet werden sollte, nicht tragbar war. Hinzu kam sein hohes Alter. Nach Beendigung eines unerfreulichen Kleinkrieges hinter den Kulissen hat Minister Rust dem Vorschlag stattgegeben, dass der Marburger Historiker *Prof. Edmund Stengel* zum Leiter dieses Instituts ernannt wurde.

Stengels Leitung stellt, seinem Alter entsprechend (60 Jahre), nur eine Zwischenlösung dar. Er ist ein guter Organisator und gewissenhafter Philologe, aber kein schöpferischer Mensch. Er wird in solider Weise die großen Quellenpublikationen beenden und die angefangenen Arbeiten zu Ende führen, ohne sie jedoch in neue Geleise zu lenken und eigene Forschungen zu treiben.

Stengel hat seine Zeitschrift „Deutsches Archiv für Geschichte des Mittelalters“ bereitwilligst jüngeren Forschern zur Verfügung gestellt.

Entscheidend für den Erhalt und die Arbeitsmöglichkeit dieses Instituts wird es sein, welche Mitarbeiter von Stengel herangezogen werden. Die Nachwuchsfrage ist die Lebensfrage des Instituts.

g) *Reichsinstitut für die Geschichte des neuen Deutschlands*

Das Reichsinstitut für die Geschichte des neuen Deutschlands, in dem[64] die alte Historische Reichskommission aufging (ihr Präsident war seinerzeit der demokratische Reichstagsabgeordnete, Geheimrat W[alter] Goetz, Leipzig), ist im Jahre 1935 durch den Reichswissenschaftsminister Rust gegründet worden.

Auf Vorschlag Rusts wurde der im Mai 1935 mit dem Titel Professor ausgezeichnete Walter Frank vom Führer zum Präsidenten ernannt.

In der Eröffnungssitzung des Reichsinstituts, dem zahlreiche Vertreter des Staates und der Partei beiwohnten (vor allem Rudolf Hess), umriss Frank das Programm des von ihm geführten Instituts. (Vgl. Walter Frank: „Zunft und Nation“, Rede zur Eröffnung des „Reichsinstituts für die Geschichte des neuen Deutschlands“, Hamburg 1935).

Dem Institut wurde vor allem die Aufgabe gestellt, die *neuere deutsche Geschichte, vor allem im Zeitraum zwischen der französischen Revolution und der nationalsozialistischen Revolution (1789-1933) sowohl in Form von Quellenpublikationen wie in Form von selbständigen Darstellungen zu bearbeiten.*

Mit Wirkung vom 1. April 1936 hat Frank innerhalb des Reichsinstituts *drei Forschungsabteilungen* errichtet:

---

64 das > dem

1.) *Die Forschungsabteilung Judenfrage*

Der Sitz dieser Abteilung wurde München. Zum Leiter ernannte Frank seinen Lehrer, *Prof. Karl Alexander von Müller,* der auch Präsident der Bayerischen Akademie der Wissenschaften ist. Zum stellvertretenden Leiter und Geschäftsführer wurde *Dr. Wilhelm Grau* ernannt.

2.) *Eine Forschungsabteilung „Politische Führung im Weltkrieg"*

Der Sitz dieser Abteilung wurde Berlin. Die Leitung wurde dem ehemaligen Abteilungschef im Großen Generalstab, *Oberst a.D. Walter Nicolai,* übertragen. Diese Abteilung hat durch Sichtung oder Sammlung des Materials über die politische Kriegsführung im weitesten Sinne die spätere Geschichtsschreibung des Großen Krieges vorzubereiten.

3.) *Eine Forschungsabteilung Nachkrieg, insbesondere Geschichte der nationalsozialistischen Bewegung*

Sitz wurde Berlin, die Leitung übernahm Frank selbst. Die Abteilung soll durch Materialsichtung und Befragung von Persönlichkeiten die Grundlage für eine spätere Geschichtsschreibung der nationalsozialistischen Revolution schaffen. (Inzwischen wurde Reichsleiter [Philipp] Bouhler vom Führer damit beauftragt, eine Geschichtsdarstellung der Partei vorzubereiten, Bouhler hat diesen Auftrag an den Reichsamtsleiter Pg. Dr. Gerhard Krüger weitergegeben.)

Frank forderte anschließend an die Errichtung dieser 3 Forschungsabteilungen die Öffentlichkeit auf, die Pläne des Instituts durch tätige Mitarbeit zu unterstützen.

Die Arbeit des Instituts wird sich nach Franks Ausführungen auf lange Zeiträume hin erstrecken. Nicht eine falsche konjunkturbedingte „Popularisierung" der Wissenschaft sei ihr Ziel, wohl aber stelle das Institut seine ganze Arbeit unter den Glauben, dass die wissenschaftliche Forschung Waffendienst an der gesamten Nation zu leisten habe. Jede Forschungsabteilung hat wieder die verschiedensten Sachverständigen, die von Frank berufen werden.

Das Reichsinstitut hat 2 Arten von Mitgliedern:

1. *Den Sachverständigenbeirat,* dem hauptsächlich repräsentative Historiker der älteren Schule angehören:
   Fritz Hartung, Berlin
   Willi Hoppe, Berlin

Erich Marcks, Berlin (inzwischen verstorben)
Arnold Oskar Meyer, Berlin
Wilhelm Schüssler, Berlin
Heinrich von Srbik, Wien
Alexander von Müller, München (sein Lehrer)
Richard Fester, München

2. *Die Forschungsbeauftragten des Instituts.* Hier handelt es sich um jüngere Forscher, die vom Präsidenten persönlich einen Forschungsauftrag auf befristete Zeit erhalten. Mitunter hat die Zahl der Forschungsbeauftragten 30 betragen. Forschungsbeauftragte, die eine gute Arbeit fertiggestellt haben, können zu Mitgliedern des Sachverständigenbeirats ernannt werden. Innerhalb der Forschungsbeauftragten gibt es einen engeren Kreis, der Walter Frank besonders nahesteht und die auch Mitglieder des Sachverständigenbeirats sind: es sind dies
Erich Botzenhardt, Göttingen
Karl Richard Ganzer, München
Kleo Pleyer, Innsbruck
Andreas Hohlfeld, Karlsruhe, und einige andere.

Es würde in diesem Zusammenhang zu weit führen, wollte man die bewegte Geschichte des Reichsinstituts in der kurzen Zeit seines Bestehens schildern. Deshalb beschränke ich mich auf einige wenige Angaben.

Der geschäftsführende Leiter der Abteilung Judenfrage war Dr. Wilhelm Grau, ein durch und durch ultramontan eingestellter Katholik. 1938 suchte Grau „Politik auf eigene Faust" zu treiben, sich vom Reichsinstitut unabhängig zu machen und ein eigenes „Reichsinstitut für Judenforschung" in Frankfurt/Main zu errichten. Grau wurde deswegen am 31.12.1938 aus dem Reichsinstitut ausgeschlossen.

Die Arbeit des Reichsinstituts ist sehr mannigfaltig. Besonders dürfen hier die Tagungen des Reichsinstituts zur Erforschung der Judenfrage hervorgehoben werden, deren Ergebnisse beachtenswert sind. (Man vergleiche die bisher erschienenen 6 Bände „Forschungen zur Judenfrage".)

Auch die großen öffentlichen Kundgebungen des Reichsinstituts, die in Berlin stattfanden, fanden stärksten Widerhall in der Öffentlichkeit.

Besonders hat sich Frank eine starke Stellung bei der Wehrmacht erworben. So waren bei den verschiedensten Veranstaltungen durchschnittlich 20 Generäle und höhere Stabsoffiziere anwesend, darunter [Wilhelm] Keitel, [Walther von] Brauchitsch, [Erich] Raeder, [Franz] Halder, [Ludwig] Beck[65], von Stülpnagel u.a.m.

---

65 von Raeder, von Halder, von Beck > Raeder, Halder, Beck

Verschiedene dieser an erster Stelle in der Wehrmacht stehenden Generäle haben ihre Sympathie und Anerkennung für die Arbeit des Reichsinstituts für die Geschichte des neuen Deutschlands bekundet. So wurde vor wenigen Wochen der Präsident des Reichsinstituts vom Chef des OKW, Generalfeldmarschall Keitel, zu einer längeren Aussprache empfangen.

Keitel hat dabei Frank die vollste Unterstützung für die Arbeit des Instituts in der Nachkriegszeit zugesagt. Auch wurden verschiedene Arbeiten von Angehörigen des Reichsinstituts von der Wehrmacht bestellt und in einem Falle über 200.000 Exemplare einer Schrift erworben (K.R. Ganzer, „Das Reich als Ordnungsmacht Europas".)

Lage 1933

1. *Die Lage auf dem Gebiet der Geschichtswissenschaft*

war 1933 äußerst verworren. So bestand als herrschende Richtung (1933) *die alte repräsentative Historikerschule,* die sich wieder in verschiedene Richtungen einteilen lässt. Hauptsächlichste Vertreter waren

Friedrich Meinecke,
Hermann Oncken,
A[lbert] Brackmann,
Erich Marcks und andere.

Waren diese hier genannten Vertreter in ihrer politischen und weltanschaulichen Grundhaltung voneinander auch sehr verschieden, so waren sie im ganzen betrachtet doch der Typ der geistreichen, sehr gelehrten Epigonenschule, *vielfach in fachlicher Spezialisierung erstarrt.*

a) *Hermann Oncken*

Oncken kann heute als Kronhistoriker der Weimarer Republik bezeichnet werden, und ihm ist es mit zu verdanken, dass die Historie nach dem Kriege immer mehr ihren eigentlichen Aufgaben entfremdet wurde. Er war es, der schon 1914 in seinen „Historisch-politischen" Aufsätzen die programmatische Erklärung abgab, dass die „Arbeit des Historikers ebenso wenig national sei wie die des Mathematikers"... und der Historiker sich gegen sein eigenes Ideal versündigen würde, „wenn er sein Erkenntnisstreben in den Dienst politischer Tendenzen, und sei es auch des Patriotismus, stellte!" Durch seine Verbindung zu den verschiedensten Kultusministern der Systemzeit hatte Oncken einen ausschlaggebenden Einfluss auf die Stellenbesetzung. In dem öffentlichen Briefwechsel mit Walter Frank wurde Oncken bloßgestellt und 1935 emeritiert.

b) *Friedrich Meinecke*
Eine andere Art der sog. Objektivierung stellt die Methode *Friedrich Meineckes* dar (von 1918-1933 Ordinarius in Berlin). Er lehrte, dass *die Ideen* die allein wirksamen Kräfte der Geschichte sind. Wenn auch seine Arbeit in vielem fördernd und befruchtend gewirkt hat, so hat doch Meinecke dazu beigetragen, den „wahren Inhalt" der Geschichte zu zerreden und zu verwässern. Meinecke konnte z.B. das aufsehenerregende Buch über die „Staatsraison" schreiben, in dem vom Staate nichts vorkommt und die handelnden Staatsmänner kaum erwähnt werden. Vgl. auch den programmatischen Aufsatz Friedrich Meineckes: „Kausalitäten und Werte". Hier behauptet er, dass die Geschichte im eigentlichen Sinne nur *Kultur- und Geistesgeschichte* sei (eine Geschichtsschreibung also, die den Tatsachen, den „Zeiten" nicht so großes Gewicht zuerkennt als dem Milieu oder der ganzen behaglichen Breite des Zustandes, in welchem die Völker gleichsam als Privatpersonen dahinleben.)

Hatte Meinecke selbst noch ein großes positives Wissen und die weite historische Erkenntnis, so fehlte beides seinen Schülern vollkommen; sie wurden immer stärker Philosophen als Historiker, die meisten jedoch Schwätzer und Literaten. Diese „Wissenschaftler" gingen von einer vorgefassten Idee aus, für die sie in der Geschichte erst den Beweis suchten. Sie waren es besonders, die die Historie immer stärker ihrer eigentlichen Aufgabe: der politischen Erkenntnis und politischen Erziehung entfremdeten und nur mehr im luftleeren Raume über Geschichte reflektierten. Ferner wurde von diesen Ideenakrobaten eine wichtige Lehre der Geschichte, dass neben den Ideen die Persönlichkeiten die treibenden Kräfte der Geschichte sind, völlig abgelehnt.

Die Schüler dieser beiden Hauptvertreter *einer beziehungslosen, liberalen Geschichtswissenschaft* waren vielfach Juden. Die jüngere Meineckeschule war fast rein jüdisch ([Hans] Rothfels, [Hans] Baron, [Dietrich] Gerhard[66], [Gerhard] Masur, [Hans] Rosenberg, usw.)

c) *Erich Marcks,*
ein charaktervoller und glänzender Vertreter der Geschichtswissenschaft, war in seiner ganzen Art zu wenig stoßkräftig und zu stark rückwärtsge-

66 Gerhardt > Gerhard

wandt *(der* Historiker der Bismarckzeit), um größeren Einfluss auf die deutsche Öffentlichkeit zu gewinnen. Über ihn hinaus ging:

d) *Adalbert Wahl, Tübingen,*
der nicht an die Darstellungsgabe von Marcks[67] heranreichte; er ist ein durchaus rückwärts gewandter Vertreter der Geschichtswissenschaft. (Hierher gehört auch der jüngst verstorbene Max Büchner, München).

2. *Eine weitere Gruppe, die 1933 vorhanden war,*

ist die zahlenmäßig geringe *demokratisch-marxistische Richtung*. Ihre Hauptvertreter waren die Demokraten, W[alter] Goetz, Leipzig,
Johannes Ziekursch, Köln, und vor allen Dingen der SPD-Vertreter
Gustav Meyer sowie der SPD-Vertreter [Hans] Rosenberg. Ihr Einfluss war langsam im Steigen begriffen.

3. *Wichtiger als diese demokratisch-marxistische Richtung*

war jedoch *die geschlossene konfessionell bedingte katholische Phalanx, die über zahlreiche deutsche Lehrstühle* verfügte und einen ungeheuren Einfluss auf die deutsche Geschichtswissenschaft ausübte.
Zu ihnen gehörte auch der bekannte Wiener Volkswirtschaftler und Apostel des christlichen Ständestaates auf katholischer Basis, Othmar Spann, dessen Einfluss auf die konfessionell katholische Geschichtsschreibung nicht stark genug berücksichtigt werden kann.

4. *Daneben macht sich eine Richtung breit,*

die von *Stefan George* stark beeinflusst wurde. Von diesen Georgianern wurde der Versuch unternommen, gegen das erstarrte Spezialistentum vorzugehen, wieder große Persönlichkeiten in den Mittelpunkt der Geschichtsbetrachtung zu stellen und überhaupt wieder zur Geschichts*deutung* im großen Stil überzugehen. Die Anregung, die von George ausging, war völlig verschieden, je nach den verschiedenen Personen, auf die sie wirkte.

a) So haben wir eine große *Zahl Juden oder jüdisch Versippte*
Friedrich *Gundolf* ist der hervorstechendste Typ dieser Richtung, Weltbürger und „Demokrat".

---

67 Marks > Marcks

Typisch jüdisch auf dem Gebiet der Geschichtswissenschaft ist vor allem der „national" eingestellte Jude Friedrich *Kantorowicz*, der bekannte Biograph Friedrich II.

b) *Der Kreis um Friedrich Wolters, Kiel:*
national betont, z.T. nationalsozialistische Tendenzen; nicht entfernt so wirksam wie die Gundolf-Leute, da diese von Presse, Judenschaft usw. stark gefördert wurden.

c) Die sogenannten *unpolitischen Freunde Georges*
wie [Alexander Graf Schenk von] Stauffenberg, Vertreter der alten Geschichte in Würzburg, und der verstorbene [Woldemar] Graf von Uxkull-Gyllenband[68], Vertreter der alten Geschichte in Tübingen. In diesem Gefolge befand sich eine sehr zahlreiche Mannschaft mehr oder weniger „großer" Anhänger Stefan Georges.

Das entscheidende Kennzeichen der Lage bis 1933 ist demnach, aufs Ganze betrachtet, nicht darin zu sehen, dass die Mehrheit der Nachkriegshistoriker etwa überzeugte Träger der Weimarer Staatsideologie gewesen seien, als vielmehr in der Tatsache, dass sie zu keiner bestimmten Richtung gehörten, daß sie „neutral" blieben und in einer unfruchtbaren, zünftlerischen Abschließung am großen Geschehen der Tage und dem elementaren Aufbruch der Nation vorbeilebten.

Der Mangel an geistig-politischer Führungskraft war so ausgesprochen, dass sie im Volke nicht mehr den geringsten Widerhall fanden.

5. *So schob sich vor 1933 zwischen das Volk*

und die abgeschlossene Kaste der „Zünftigen" der *literarische Jude*, der nebenbei für seine „Arbeiten" den Anspruch der *Wissenschaftlichkeit* erhob. Der „hervorragendste Vertreter" dieser Sorte war *Emil Ludwig Cohn*, der mit seinen Biographien, d.h., Verunglimpfungen großer Gestalten der Geschichte, zersetzend auf die politische Willensbildung des urteilslosen Bürgers einwirkte.

So wurde das gesamte Geschichtsbild verzerrt und dem deutschen Volke jede Ehrfurcht vor der Vergangenheit und ihren großen Gestalten geraubt. Wie der Deutsche seine Geschichte zu sehen hatte, bestimmte der artfremde, jüdische Literatenklüngel; und bis auf den heutigen Tag verrät

68 Freiherr von Uexküll > Graf von Uxkull-Gyllenband

bei vielen und keineswegs nur liberal eingestellten Intellektuellen die Geschichtsauffassung, woher sie kommt.

Diesem Einbruch des Judentums hatte unsere Fachwissenschaft weiter nichts entgegenzusetzen, als dass sie sich begnügte, Emil Ludwig [Cohn] und Konsorten einzelne historische Schnitzer nachzuweisen, aber sie vermochte nicht, wirkliche Geschichtswerke als Gegenstoß daneben zu stellen. So sind die anderthalb Jahrzehnte von 1918-1933 sehr arm an geschichtlicher Literatur, besonders an guten Darstellungen über irgendeinen Zeitraum der neueren und neuesten Geschichte, ebenso wie es an Darstellungen zur mittelalterlichen Geschichte mangelte. Und das ist wieder aus der inneren Haltung dieser Menschen zu erklären: Die Historiker im Zeitraum von der Jahrhundertwende bis zum Jahre 1933 waren in der Mehrzahl keine schöpferischen Menschen mehr, sondern bloß noch Zünftler und Handwerker. Aber Darstellung der Geschichte ist nicht bloß Handwerkerei, Fertigkeit im Kleinen, sie ist vor allem Kunstschöpfung, Gestaltung im Großen. die wissenschaftliche Genauigkeit und Sorgfalt braucht darunter nicht zu leiden, das haben Dietrich Schäfer und Eduard Meyer bewiesen; die meisten Vertreter aber haben das nicht erkannt oder nicht wahr haben wollen.

Es muss aber auch billigerweise hervorgehoben werden, dass sich nach 1918/19 *auf einem sehr wichtigen Gebiet wieder eine Politisierung der Geschichtswissenschaft* bemerkbar gemacht hat, und zwar dem der *Kriegsschuldforschung*. Ohne Rücksicht auf parteipolitische und schulenmäßige Zugehörigkeit *hat sich fast die Gesamtheit der Historiker an dem Kampf gegen die Krieg[s]schuldlüge beteiligt und hier hervorragende Arbeit geleistet*. Die Ergebnisse der deutschen Kriegsschuldforschung haben eine nicht unwichtige Etappe im Kampf gegen Versailles ausgemacht, und *das im Gegensatz zur herrschenden Ideologie des außenpolitischen Kurses.*

Aber dabei darf doch nicht übersehen werden, dass bei vielen, die sich mit Problemen der Kriegsschuldforschung befassten, der Hauptwert auf aktenmäßiges Herausarbeiten einzelner Tatbestände gelegt wurde.

6. *Das hier entworfene Bild der Lage bis 1933*

gibt allerdings insofern nicht den vollen Tatbestand wider, als daneben doch, vor allem bei der jungen Generation, deutliche, wenn auch noch schwache Anzeichen für *eine innere Abkehr* von dem erstarrenden Wissenschaftsbetrieb der alten historischen Zunft vorhanden waren und Anschauungen vertreten wurden, die zum Teil unmittelbar aus dem Erlebnis des Kampfes der Bewegung erwuchsen, zum Teil wenigstens die Erkenntnis von der Notwendigkeit neuer, den wahren völkischen Aufgaben des Historikers angemessenen Arbeitszielen und Arbeitsmethoden in sich schlossen:

a) *die erste Gruppe*
war verschwindend klein und umfasste den Kreis um Walter Frank, während

b) *die andere zahlenmäßig bedeutendere Richtung*
ihren entscheidenden Anstoß vom Erlebnis der deutschen, völkischen Not in den vom Reich durch Versailles abgetrennten Gebieten erhalten hat. Beide Richtungen gingen im Grunde von dem *gleichen Erlebnis des Volkes als des eigentlichen Gegenstandes der deutschen Geschichte* aus. Diese neue Auffassung wurde geboren im großen Erleben des Weltkrieges und der ersten Nachkriegsjahre. Allmählich fingen auch die innerdeutschen Professoren an zu begreifen, dass Staat und Volk auf verschiedenen Ebenen liegen und unter Umständen in tragischen Gegensatz kommen können und dass das *Volkstum* die bei weitem *grundhaftere, tiefere Lebensschicht bedeutet als der Staat.*

Abgesehen von einzelnen Ausnahmen, fehlte jedoch beiden Richtungen vor dem Umbruch jede größere hochschulpolitische Wirkungsmöglichkeit, so dass die Lage der Geschichtswissenschaft, die der Nationalsozialismus im Frühjahr 1933 vorfand, fast ausschließlich bestimmt war durch die Vertreter der oben beschriebenen Richtungen.

[*Nach 1933*][69]

Nach 1933 bestand nun zuerst ein großes Durcheinander; erst allmählich trat in den folgenden Jahren eine gewisse Klärung ein.

1. *Unmittelbar nach der Machtergreifung*

erschien auf geschichtlichem Gebiete eine Flut von Broschüren und Aufsätzen, die bes. betonte, *den politischen und weltanschaulichen Forderungen des Tages gerecht zu werden,* aber die Verfasser waren keine Historiker vom Fach, sondern Konjunkturritter übelster Sorte. Ihre „Programmschriften" sind meistens ungelesen in der Versenkung verschwunden. Wichtiger und gefährlicher aber als ihre Proklamationen war der Versuch dieser Leute, „Geschichte dem Volke nahe zu bringen". Diese Konjunkturritter arischer

69 Kapitelüberschrift fehlt im Originaltext.

Herkunft wiederholten nur das, was bis 1933 die Juden auch versucht hatten. In regelmässigen Abständen erschienen von dieser Sorte Bücher mit dem hochtrabenden Titel: „Geschichte des deutschen Volkes von den Anfängen bis zur Gegenwart“ oder eine „Deutsche Geschichte, völkisch gesehen“ oder wie sich diese seichte, an der Oberfläche plätschernde Modeware sonst noch nannte.

Manche dieser Schreiberlinge sind so anpassungsfähig und vielgeschäftig, dass sie gestern über Friedrich den Großen „arbeiteten“, heute über die „Gesundheitsgesetzgebung der Amerikaner“ „schreiben“ und morgen über ein anderes Thema ihr Gewäsch loslassen. Einzelne Autoren haben es schon auf eine stattliche Zahl[70] „opera“, wie sie ihren Unsinn obendrein noch nennen, gebracht, und es hat den Anschein, als ob die grössere Anzahl noch erscheinen sollte. Typische Vertreter dieser Sorte sind vor allem [Erich] Czech-Jochberg und Hainar Schilling.

Andere wieder schreiben Bücher über Gebiete, auf denen sie einige Wochen vor ihrem Geschreibsel noch nicht die geringsten Kenntnisse aufweisen konnten.

Diese Pseudo-Wissenschaftler haben es verstanden, ihre Erzeugnisse in der ersten Zeit nach der Machtübernahme der Parteipresse anzubieten und sich an manchen Orten in die politische Schulungsarbeit der Partei einspannen zu lassen.

So kam es auch, dass sich viele hochanständige Fachwissenschaftler angesichts dieser Lage auf dem Gebiete der Geschichte nur umso betonter von diesen vermeintlich von der Partei gestützten Dilettanten auf eine streng „objektive Fachwissenschaft“ zurückzogen. Zu ihnen hielt auch ein Teil der begabten weltanschaulich und politisch nicht ergriffenen Studenten (Situation bis 1935/36).

Heute ist die Arbeit dieser Vielschreiber zurückgedämmt.

2. *Die erste Richtung,*

siehe Seite . . ., verhielt sich vorerst ziemlich ruhig. Eine überstürzte „Umschaltung“, wie wir sie in vielen anderen Disziplinen nach 1933 erlebt haben – einzelne Ausnahmen gab es auch hier – war nicht zu bemerken. Mit größeren Veröffentlichungen hielt man sich zurück und beschränkte sich auf den laufenden wissenschaftlichen Hochschul- und Zeitschriftenbetrieb. Dieser Zustand dauerte mehrere Jahre.

---

70 „Zahl“ nachträglich handschriftlich eingefügt.

Ausgeschaltet wurde Richtung 2 (Marxisten, Demokraten, Juden) und *4a, Juden des George-Kreises.* Vom Büchermarkt verschwanden außerdem die Produkte der Gruppe 5 (literarische Juden).

Die Richtung 4b hat zum Teil den Anschluss an die nationalsozialistische Weltanschauung gefunden, während die Vertreter der Gruppe 4c sich ins wissenschaftlich-private Eigenleben zurückgezogen haben (an sich unbedeutende Richtung).

3. *Während die Gruppe 3*

(Katholische Geschichtsschreibung) sich 1933 und in der darauffolgenden Zeit zunächst zurückhielt, ist sie seit 1937 wieder äußerst rührig geworden.

Auf deutschen Lehrstühlen sitzt noch heute eine Reihe konfessionell gebundener Vertreter einer klerikal bestimmten Geschichtswissenschaft, die, sachlich betrachtet, z.T. gute Könner ihres Faches, aber in ihrer Grundhaltung Gegner der nationalsozialistischen Weltanschauung sind. So nenne ich hier z.B. das Werk des katholischen Kirchenhistorikers in Münster, Josef Lortz: „Die Reformation“, 2 Bände, Freiburg 1939, das einen sehr beachtlichen wissenschaftlichen Leistungswert hat. Es war ein weiter Weg für die katholische Geschichtsschreibung, von [Johannes] Janssen über [Hartmann] Grisar und Deifle zu diesem Werk vorzustossen. Man täusche sich aber nicht: das Buch ist in seiner Grundhaltung urkatholisch.

4. *Mit dieser Richtung,*

für viele vielleicht überraschend, ist in seiner Geisteshaltung der bedeutende Wiener Historiker, Ritter Heinrich von Srbik, verwandt. Die Richtung, die Srbik vertritt, pflegt man oft als die *groß- und gesamtdeutsche Geschichtsauffassung* zu bezeichnen. Zweifellos richtig ist gewesen, ihn vor dem Anschluss Österreichs als österreichischen nationalen Historiker im Gegensatz zum Dollfuss-Schuschnigg-System[71] herauszustellen, *es ist aber falsch,* in ihm den Schöpfer und Bewahrer einer großdeutschen Geschichtsauffassung zu erblicken.

Srbik ist katholischer österreichischer Historiker, der im ganzen in *universalistischen Ideen* des I. Reiches lebt, das heißt, er ist eng mit der *katholischen Reichsideologie,* der *Habsburgischen Tradition* und schließlich der *Mitteleuropa-Idee katholischer Prägung* verwandt. Srbiks Geschichtsbild kommt nicht vom Volke, sondern wird von dieser Reichsidee her bestimmt, wie beson-

71 Siehe Anmerkung 13.

ders anschaulich sein letztes großes Werk, „Deutsche Einheit", bisher 2 Bände, und seine Berliner Vorträge 1937 zeigten.

Die Aufgaben eines einheitlich *deutsch* bestimmten Geschichtsbildes kann aber nur der Überwindung der österreichischen katholisch gebundenen Srbik-Schule gelten, denn eine Geschichtsauffassung, die eine katholische übernationale „Reichsidee" als diskutabel und nur durch die „böse" Macht (Preußen) überwunden ansieht, ist für den Nationalsozialismus untragbar.

5. *Volksdeutsche Arbeit*

wurde nach dem Kriege vor allem in den sogenannten historischen Forschungsgemeinschaften (westdeutsche, nordost- und südostdeutsche) geleistet, deren Organ jetzt das neu gegründete „Deutsche Archiv für Landes- und Volksforschung" ist.

Verstand man früher unter Landes- und Volksforschung mehr oder weniger die Geschichte der einzelnen Territorien in einem durchaus äußeren Sinn, so ist sie nach dem Kriege und *besonders seit 1933* zu jenem Arbeitsfeld geworden, auf dem sich innerhalb eines geschlossenen geschichtlichen Raumes die *lebendigen geschichtlichen Kräfte unseres Volkstums* in ihrer gegenseitigen Bedingtheit blutsmäßiger Gegebenheiten und politischer, sozialer, wirtschaftlicher und kultureller Entwicklungen am leichtesten fassen lassen.

Diese Gruppe geht an neue geschichtliche Lebensfragen heran: an die Frühgeschichte der Grenzen und von da an die Volksgeschichte in neuer Wertung, die schließlich zu einer völlig neuen Zusammenfassung von Frühgeschichte, Rechtsgeschichte, Geographie, Germanistik u.s.w. und ebenso zum politischen Einsatz führt.

Diese enge Zusammenfassung soll auch der besseren Zusammenarbeit in der Frage des germanischen Erbgangs dienen und überhaupt jede der Sonderdisziplin[en] bei jeder Arbeit in die Zusammenhänge der gesamten deutschen Volksgeschichte bringen und so zu vertieften Fragestellungen beitragen.

Als Führer dieser Arbeit kann [Franz] Steinbach, Bonn, trotz aller Einwände, die man gegen ihn sonst weltanschaulich vorzubringen hat, bezeichnet werden; seine Arbeit ist äußerst lebendig, verantwortungsbewusst und fruchtbar mit großem Lehrwillen und großem Schülerkreis. Zu dieser Gruppe gehören neben Steinbach [Hermann] *Aubin, Breslau,* der besonders die deutsche Ostbewegung untersucht hat; ferner [Theodor] Frings, Leipzig, [Friedrich] *Metz,* Freiburg, und [Franz] Petri, Köln. Diese Gruppe ist auch durch Steinbach und Frings zu einem Methoden-Umbruch und zu einer neuen gemein-germanischen frühmittelalterlichen Geschichtsbetrachtung gekommen, die den neu fundierten gesamten Anfang der deutschen Volksgeschichte neu erklärt, den Zusammenhang mit der früher sehr isolierten Vorgeschichte aufnimmt und weiter in das Hochmittelalter vordringen wird, völkisch in guter Zusammenziehung aller Disziplinen.

Dadurch wird auch auf einem Gebiete eine Revolution vollzogen, an das vorher niemand gedacht hatte, nämlich auf dem der *mittelalterlichen Geschichte.* War man doch gerade hier trotz aller sachlichen Gegensätze in Einzelheiten und verschiedenen Richtungen im großen und ganzen einig und glaubte an die *Einheit des Mittelalters.* Diese Einheit wurde von der katholischen Tradition ebenso behauptet wie von den Universalisten und „objektivistischen" Geschichtstheoretikern.

Der Begriff des Mittelalters, geprägt von der humanistischen Tradition, neu aufgegriffen im gegnerischen Sinne von der Aufklärung, neugeformt im positiven Sinne und verklärt als ideales Leitbild von der Romantik, dabei Unterstützung findend in dieser Bewertung durch den Katholizismus, *wurde vollständig umgeprägt durch den Nationalsozialismus.*

Diese neue Auffassung vom Mittelalter aus nationalsozialistischer Perspektive sprengte das durch die Romantik und den Katholizismus geschaffene Einheitsbild des Mittelalters und stellte die Frage nach den *germanischen Grundlagen des Mittelalters.* In den Vordergrund traten rassen- und volksgeschichtliche Probleme, Fragen nach der germanischen Expansion, die rassische und volkssoziologische Struktur Italiens und erneut die Italienpolitik der Kaiser sowie die germanische Opposition gegen das Papsttum auch im Spätmittelalter. Aber besonders bedeutend ist die Tatsache, dass in den Mittelpunkt der Diskussion die Frage nach der Bedeutung und dem *Anteil des Germanentums für die deutsche Volksgeschichte* getreten ist. Es sei hier an die wichtigen Vorarbeiten erinnert, die die rechtsgeschichtliche Forschung geleistet hat. Sie werden jetzt für die geistesgeschichtliche Seite ergänzt, und zwar einmal durch die wissenschaftliche Klärung der geistigen und kulturellen Anschauungen des Germanentums selbst, wobei es zu einer erfreulichen, engen Zusammenarbeit zwischen den verschiedenen Fächern gekommen ist, zum anderen durch die *Untersuchung des germanischen Anteils am mittelalterlichen Leben* (vgl. [Otto] Höfler: Das germanische Kontinuitätsproblem, 1937. Hier die grundsätzlich richtige Fragestellung) (siehe oben). Dass von einer weitergeführten Untersuchung dieser Probleme sich wesentliche Bewertungsmaßstäbe für die Struktur des mittelalterlichen deutschen Reiches ergeben müssen, liegt auf der Hand.

Aber noch Entscheidenderes ist hinzugekommen: durch die Siege der deutschen Wehrmacht an allen Fronten und die bevorstehende Neuordnung Europas durch Deutschland ist auch für die Geschichtswissenschaft, ganz besonders aber für die Bewertung des Mittelalters eine neue Situation eingetreten. Das Mittelalter ist geradezu „zeitgemäß“, „aktuell“ geworden: das „Reich“ als Ordnungsmacht Europas unter den gigantisch großen Kaisern des Mittelalters – und nach 700 Jahren unter dem Führer Adolf Hitler: eine wahrhaft säkulare Aufgabe für die deutsche Geschichtswissenschaft. (Welche Fülle von Einzeluntersuchungen und Gesamtdeutungen legt uns dieses Problem auf.)

Man vergleiche hierzu die Broschüre von Karl Richard Ganzer: „Das Reich als Ordnungsmacht Europas“, 1941 Hanseatische Verlagsanstalt Hamburg, ferner den aufschlussreichen Aufsatz von Hermann Aubin: „Vom Aufbau des mittelalterlichen Deutschen Reiches“, Hist. Zeitschrift, Bd. 162, 1940, Heft 3, S. 479-508.

Wir haben somit festgestellt, dass sich die Dinge trotz verschiedener Gegensätze in guter Entwicklung befinden: zwar sind große umfassende Werke noch nicht da, die Stoßkraft ist noch nicht völlig geschlossen, aber dies liegt nicht so sehr am guten Willen als vielmehr an der Schwierigkeit der Aufgabe, die umfassenden Anregungen einer neuen Weltanschauung und großen politischen Neuentwicklung einheitlich zu erarbeiten.

Außerdem müssen, wie bei jeder großen Geschichtszusammenfassung, noch sehr weitgehende Einzelforschungsarbeiten geleistet werden, ehe vermutete allgemeine Zusammenhänge als sicher begründet herausgestellt werden können. Das gilt z. Beispiel besonders von den Einflüssen der Rassenfragen im geschichtlichen Werden.

Die verschiedenen Richtungen, die auf das gemeinsame Neuland vorstoßen, müssen sich auch in manchen Einzelfragen noch „zusammenkämpfen“, bis die große Einheitsschau wirksam geworden ist.

6. *Unsere heutige deutsche nationalsozialistische Geschichtsauffassung*

bezeichnet man am besten mit dem Begriff „volksdeutsche Geschichtsauffassung“, wie sie *Harold Steinacker, Innsbruck,* treffend in seiner kleinen, aber hervorragenden Schrift: „Die Volksdeutsche Geschichtsauffassung und das neue deutsche Geschichtsbild“, Leipzig-Teubner, 1937, 32 S., gekennzeichnet hat.

Diese volksdeutsche Geschichtsauffassung stellt das Volk in seiner Gesamtheit in den Mittelpunkt der Forschung und Betrachtung. Diese Auffassung ist wie bei den meisten früheren, keine künstliche Konstruktion, sondern sie ist aus dem Erleben der Kriegs- und Nachkriegszeit und besonders dem Grenzlanderleben geboren worden, in den schmerzhaftesten und doch wieder glücklichsten Stunden unserer Geschichte. In dieser Auffassung und auf dieser Grundlage arbeitet heute die Mehrzahl der bewusst volksdeutsch eingestellten Geschichtsforscher weiter, so, um nur einige zu nennen, [Ernst] Anrich, [Günther] Franz, [Erich] Botzenhardt und viele andere.

Der Nationalsozialismus ist zu einem ganz neuen Begriff des Volkes, weg von der Überschätzung des von allen rassisch-biologischen Untergründen unabhängigen Volksgeistes Hegels, gekommen.

Wenn wir heute vom „Volk" sprechen und es zum Mittelpunkt unserer Geschichtsauffassung machen, dann verstehen wir darunter vor allem nicht nur die lebende Generation, sondern die zusammenhängende Kette vergangener und lebender Geschlechter gleicher Rasse und gleichen Volkstums. Durch das biologische Denken des Nationalsozialismus hat mithin der Volksgedanke über den Staatsgedanken die Vorherrschaft errungen, wie es seit den Tagen der Romantik nicht mehr der Fall war.

Selbstverständlich ist neben dem Volk als dem unvergänglichen Inhalt der Staat als die äußere Form und als die Organisation dieses lebendigen Organismus Volk von wichtigster Bedeutung. Die Wechselwirkung zwischen beiden aufzuzeigen, ist aber auch eine Frage, die noch der Lösung harrt.

Es konnten hier wegen der Kürze der Zeit nur wenige Probleme angedeutet werden, aber sie zeigten, dass der Geschichtswissenschaft unserer Tage Ansatz- und Arbeitsmöglichkeiten wie zu keiner anderen Zeit gegeben sind.

Nachwuchsfrage

Entscheidend für die Geschichtswissenschaft ist vor allem das *Arbeits- und Nachwuchsproblem* (betrifft nicht die jetzige Lage während des Krieges).

Hier muss einmal die Frage erörtert werden, *wieviel Zeit gerade der jüngeren Generation zur wissenschaftlichen Arbeit* zu geben ist. Die jungen Professoren, Dozenten und Assistenten sind außer der unmittelbaren Lehrtätigkeit meist derart stark durch historisch-publizistische Tätigkeit, politischen Dienst und andere Arbeiten in Anspruch genommen, dass ihnen nur sehr wenig Zeit für intensive wissenschaftliche Arbeit bleibt. Andererseits ist der Ausweg einer reinen Institutstätigkeit fern der Hochschule auch nicht erwünscht.

Nach dem Kriege werden gerade Vertreter der Geschichts- und verwandten Wissenschaften nicht nur im Reiche selbst, sondern auch in den uns zugeordneten Gebieten in größerer Zahl benötigt werden.

Es müsste deshalb beizeiten Fürsorge dafür getragen werden, dass gerade für die weltanschaulich ausschlaggebenden Disziplinen – zu denen die Geschichtswissenschaft unbedingt gehört – genügend Nachwuchs vorhanden ist. Die Entwicklung der letzten Jahre ist aber dahin gegangen, dass die Hörerzahl aller Fakultäten und Disziplinen abnahm – mit Ausnahme der katholischen Theologiestudierenden, was durch die Kriegsdienstbefreiung der katholischen Geistlichen noch verstärkt wurde. Diese erhalten aber heute nicht mehr allein eine theologisch-dogmatische Ausbildung, sondern werden, ihren Fähigkeiten entsprechend, auf andere Gebiete geleitet und dort „angesetzt".

Während auf dem Gebiete der mittelalterlichen Geschichte das Nachwuchsproblem äußerst schwierig geworden ist, sieht es in der neueren Geschichte relativ besser aus.

Die Zahl der Dozenten und Assistenten, die vor der Habilitation stehen, beträgt heute ungefähr 35. Davon können etwa 25 durchaus bejaht werden. Von diesen 25 gehören 9 der SS an.

Gänzlich fehlt jedoch der Nachwuchs auf dem Gebiete der Kirchen- und Glaubensgeschichte; hier muss vor allen Dingen mit dem Vorurteil aufgeräumt werden, als ob man nur im Rahmen der theologischen Fakultäten Kirchengeschichte treiben könne.

Fasst man nun die Aufgaben der Geschichtswissenschaft für die Zeit nach dem Kriege ins Auge, so muss vor allem darauf hingearbeitet werden, dass die zersplitterten historischen Organisationen unter einheitlicher Leitung zusammengefasst und nach einem einheitlichen Plan auf die wesentlichsten und hervorragendsten Aufgaben angesetzt werden. Der gute Wille und das fachliche Können, dabei mitzuhelfen, ist bei der Mehrzahl der Historiker, bes. den Jüngeren, vorhanden.

Hans Schick
SD-mäßige Beobachtungen hinsichtlich der Arbeitssitzung des Kriegseinsatzes der neueren Historiker und Völkerrechtler vom 20.-23. Juli 1942 zu Weimar[72]

1.) *Vermerk*:

Sinn der Tagung war einmal das Aufzeigen der in den letzten Jahrhunderten unternommenen Versuche zur Ordnung Europas, zum anderen die Wertung dieser Versuche unter Hervorkehrung der für die jetzige Neuordnung Europas beachtlichen Momente. Die nähere Themenstellung ergibt sich aus der beigefügten Tagesordnung. Ebenso aufschlussreich jedoch wie die Vorträge selber waren die Äußerungen in der sich jedesmal anschließenden Aussprache.

Zu den Vorträgen selber scheinen mir folgende Anmerkungen wesentlich:

[Carl] Bilfingers Vortrag war inhaltlich und formal schwach. er hob zwar sehr stark den destruktiven Charakter des Westfälischen Friedens hervor, demgegenüber [Fritz] Hartung doch auch das Positive gesehen haben wollte, insofern es sich hier um den ersten Versuch einer *säkularen* Ordnung Europas handelte. Hartung ging sogar so weit, die Ordnung nach 1648 besser zu finden als das vorher herrschende Chaos der Religionskriege. [Otto] Koellreutter[73] (Völkerrechtler) hob in der Aussprache mit dem Blick auf Japan hervor, dass das neue Völkerrecht ein Rassenvölkerrecht sein werde, bestimmt nicht von den Kontinenten her, sondern von der Seeherrschaft aus. Das Schlimmste, was sich der *Pg.* Bilfinger leistete, war der Satz: „Es gab ja zur Zeit des 30jährigen Krieges kein deutsches Volk" und dass dieser Satz zunächst keine Beanstandung fand.

Zum Vortrag von [Walter] Platzhoff ist zu sagen, dass er nichts Neues bot, sondern lediglich eine alte Vorlesung darstellte mit einigen Zitaten aus

72 Vermerk, [RSHA] VII B5, datiert Berlin, den 24. Juli 1942, gezeichnet: SS-Stubaf. Hans Schick. Bundesarchiv – ZR 9, Bl. 33-40. Die Rechtschreibung wurden den Erfordernissen der Rechtschreibreform angepasst. Korrekturen und Ergänzungen des Herausgebers werden in [ ] gesetzt. Die von Hermann Jahrreiss und Walter Platzhoff unterzeichnete Tagesordnung dieser Arbeitssitzung liegt diesem Vermerk als Anlage bei.

73 Koelreuther > Koellreutter

dem soeben erschienenen Buche von Vietsch, „Das europäische Gleichgewicht".

Der Vortrag von [Wilhelm] Schüssler „Prinz Eugen und das Reich" muss im Rahmen des ersten Tages als erster und einziger politisch orientierter Vortrag als besonders anerkennend genannt werden. Er war außerdem inhaltlich wie formal ausgezeichnet. Aus dem politischen und militärischen Ringen um das Reich und eine[r] gegenwärtige[n] Neuordnung Europas wertete Schüssler das Werk des Prinzen Eugen als einen ähnlichen Versuch unter anderen Verhältnissen und natürlich auch mit anderen Mitteln. Um so bedauerlicher, aber auch um so bezeichnender war es, dass in diesem Gremium von „alten" Neuhistorikern und Völkerrechtlern das Referat Schüsslers zerpflückt und Prinz Eugen aus der Linie der deutschen Reichsgeschichte hinausgewiesen wurde. Hierbei taten sich besonders hervor die Herren Gerhard Ritter und [Rudolf] Stadelmann. Man warf ein, dass über Prinz Eugen so gut wie gar keine Quellen vorhanden seien, dass bei ihm kein Reichspatriotismus, sondern nur dynastische Interessen mitgesprochen hätten, dass er seiner Abstammung nach nicht einmal ein Held volksdeutscher Art gewesen sei, sondern ein stark „barocker" Mensch. Man müsse sich bemühen, vom Volksmythos um Eugenius abzurücken, man dürfe nicht politische Ideen der Gegenwart in eine ferne Vergangenheit reprojizieren. Ja, es wurde sogar in diesem Zusammenhang glatt die Wirklichkeit „Mitteleuropa" abgeleugnet.

Der Vortrag von [Gerhard] Ritter „Machtkampf und Friedensordnung in der Politik Friedrichs des Großen" bot dem Inhalte nach nichts zum Thema einer Ordnung Europas, sondern beschränkte sich auf eine psychologische Deutung staatsmännischen Handelns, das er in einem Handeln aus der Spannung (Antinomie) zwischen dem Machtstreben und dem Ordnungswillen bei Friedrich, Napoleon, Metternich, Bismarck usw. sah.

Als bedeutungsvoll in der Aussprache sei vermerkt, dass man bei der Neuordnung Europas doch eine gewisse weltanschauliche Homogenität, also entweder eine weltanschauliche Solidarität oder doch wenigstens einen weltanschaulichen Verständigungswillen als Grundlage für notwendig erachtete, jedoch sich behutsam vor Äußerungen über die Verwirklichung dieser Grundlage etwa im Sinne des Nationalsozialismus zurückhielt. Überhaupt ist während der ganzen Tagung das Wort Nationalsozialismus kein einziges Mal und das Wort „der Führer" höchstens ein-[74] oder zweimal gefallen.

---

74 ein > ein-

Am zweiten Tage hielt der im Fahrwasser der „objektiven“ Historiker segelnde Dr.phil.habil. [Karl] Griewank von der Forschungsgemeinschaft Berlin seinen Vortrag über die europäische Neuordnung 1814/15. In der Aussprache verstieg sich der Völkerrechtler [Wilhelm] Scheuner (Straßburg) sinngemäß zu folgender Äußerung: Der Wiener Kongress stelle eine durchaus gute Konstruktion einer europäischen Ordnung dar und auch im Versailler Vertrag seien doch recht positive Elemente vorhanden gewesen. Man müsse endlich einmal von der Methode abkommen, immer nur über das Schanddiktat von Versailles herzuziehen. Auch beim Völkerbund sei die Technik des Arbeitens doch ähnlich gewesen wie etwa im alten Reichstag zu Regensburg.

In dem Vortrag des Dozenten [Alexander] Scharff (Kiel) über die deutschen Einheitsbestrebungen in der Revolution von 1848-1851 wurden zum ersten Mal die Begriffe deutsches Volk und deutsche Volksordnung in diesem Kreise herausgestellt. Wenn auch das Thema dazu nötigte, so mag es doch dem Referenten besonders positiv angerechnet werden, wenn er auch sonst bemüht war, es mit der Zunft der „objektiven“ Wissenschaftler nicht zu verderben.

Bereits am Tage vorher waren sich alle diejenigen einig, die auf der Seite einer politischen Geschichtswissenschaft stehen, insbesondere die SD-Angehörigen [Günther] Franz, [Hermann] Löffler, [Gerhard von] Frankenberg, Dr.[75] [Ernst] Birke und [Hans] Schick sowie der Vertreter des Oberkommandos der Wehrmacht, Major Dr. Horstmann, und der Vertreter des Reichsinstituts für Geschichte des neuen Deutschlands, Dr. [Erich] Botzenhardt, aber auch einige andere jüngere Historiker, von denen besonders [Kurt] v[on] Raumer und [Theodor] Schieder genannt werden sollen, dass in diesem Gremium einmal ein offenes Wort gesprochen werden müsse. Günther Franz fand als Wortführer hierzu die Gelegenheit nach dem Vortrag von Scharff. Er ging davon aus, dass man es dankbar begrüssen müsse, hier zum ersten Male den Begriff Volk und Volksordnung gehört zu haben, ferner dass hier einmal eine deutsche Ordnung zur europäischen Ordnung in das richtige Licht gesetzt worden sei. Dann wandte er sich scharf gegen die Art, wie man am Tage vorher gegenüber [Wilhelm] Schüssler den Prinzen Eugen nicht nur vom Reichspatriotismus entdogmatisiert, sondern auch den im politischen Bewusstsein der Gegenwart lebenden und Werte schaffenden Volksmythos um diesen Volkshelden zu zerschlagen gesucht, ja den Prinzen Eugen fast zu einem Haudegen herabgewürdigt habe. Er prangerte insbesondere die Glorifizierung des

75 „Dr.“ im Original handschriftlich gestrichen

Wiener Kongresses und noch mehr die positive Wertung des Versailler Diktats gebührend an. Die Art des Vorstoßes von Franz war allerdings in der Form etwas ungestüm und auch im Vergleich zu der glatten Art der bis dahin zu Worte gekommenen Haupt- und Diskussionsredner zu wenig geschickt. Aber gerade dadurch platzte sein Widerspruch wie eine Bombe in diese „objektiv"-gelehrte Gesellschaft. Außerdem erklärte Franz ausdrücklich, dass er im Namen einer Reihe vor allem jüngerer Historiker[76] spreche. Schon während Franz redete, ging ein lauter Widerspruch und eine große Bewegung durch die Reihen. Die Bestürzung steigerte sich, als dann noch aus der Ecke der Opponenten ganz unakademisch von Botzenhardt und Löffler durch Händeklatschen die Worte Franz' begleitet wurden. Als erster sprang erregt Platzhoff auf und protestierte gegen die Vorwürfe, als habe man bisher die deutsche Volksordnung bei der Bewertung der europäischen Ordnungsversuche der letzten Jahrhunderte nicht genügend berücksichtigt. G. Franz schränkte daraufhin seinen Widerspruch in etwa ein, indem er betonte, dass er das auch nicht habe sagen wollen. Daraufhin ergriff v.Raumer das Wort und fertigte in einer gründlichen und im Hinblick auf Franz vorteilhaft sich abhebenden diplomatisch geschickten Weise und dennoch mit der nötigen Deutlichkeit die „unpolitischen" Historiker ab, die das Prinz Eugen-Bild Schüsslers angegriffen und überhaupt den Einfluss von politischen Ideen und politischer Atmosphäre auf die Geschichtsdeutung ausgeschlossen sehen wollten. Man hatte das Gefühl, dass hier ein Historiker stand, der nicht nur sachlich, sondern auch formal mit seinem Protest der Gegenseite gewachsen war. Es sprach dann noch Schieder, der sich zu seinen Ausführungen über Prinz Eugen vom vorhergehenden Tage erklärend äußerte, ein neues Buch über ihn in Aussicht stellte und durchblicken ließ, dass er im Grunde doch auf der Seite der politischen Wissenschaft stehe.[77] Es muss hier festgehalten werden, dass Schieder bei einer späteren zusammenfassenden Aussprache sich noch einmal ganz ausdrücklich und grundsätzlich zu einer „politischen Wissenschaft" bekannte, während G. Franz kurz vorher etwas seltsam von diesem Begriff sich distanziert hatte, was von verschiedenen Seiten sicherlich nur als das Bemühen einer Abschwächung seines früheren Vorstoßes gewertet worden ist.

Zum Wortführer des „unpolitischen" Gremiums machte sich dann unter dem Beifall seiner Gefolgschaft der Völkerrechtler Scheuner (Straßburg),

---

76 „von vor allem jüngeren Historikern" handschriftlich korrigiert zu „vor allem jüngerer Historiker"

77 stände > stehe

der schon früher durch seine gewandte und kenntnisreiche Art das Ohr der ganzen Arbeitssitzung hatte, der aber auch, wie oben bemerkt, durch seine unpolitische und undeutsche Deutung des Wiener Kongresses und des Versailler Friedens aufgefallen war. Mit feiner Ironie redete er Franz als alten Bekannten und Freund an, mit dem er sich doch glaubte verständigen zu können, und unter Anspielung auf die in Frage stehenden Begriffe wusste er dann in geschickter Weise den Vorstoß Franz' der Lächerlichkeit der Anwesenden preiszugeben. Er sagte z.B. wörtlich: „Bisher haben wir in diesem Kreise in der charmanten Art des 'Wiener Kongresses' getagt. Da plötzlich wird mit ungestümer Hand die Tür aufgerissen und herein stürzt das 'Volk', das Volk mit seiner ganzen Leidenschaftlichkeit..." Gegen diese erneute deplacierte Auffassung von „Volk" im Sinne der unteren Schicht, der Masse, verwahrte sich nachher noch Schieder.

Vom Augenblick dieses Vorstoßes an wurde die Opposition sehr misstrauisch beachtet und umgangen. Das klärte aber nur die Fronten. G. Franz suchte durch ständigen Kontakt mit der Gegenseite immer wieder zu vermitteln, Löffler unternahm es, in längerer Aussprache mit Platzhoff dessen Unwillen über seine Beifallsbekundung zu mildern. Auch Botzenhardt, der als Vertreter des Reichsinstituts für Geschichte des neuen Deutschlands meines Erachtens auch irgendwie sich hätte äußern müssen, kam vorübergehend mit Platzhoff noch in Kontakt. Schüssler hatte bereits am Morgen des zweiten Tages sich der unangenehmen Atmosphäre entzogen.

Ganz ausgezeichnet war der Bismarck-Vortrag von [Otto] Becker (Kiel). Er stellte einen Höhepunkt der Tagung dar. Mit etwas Erstaunen vernahm diese Gesellschaft zum ersten Mal auch etwas über die hintergründigen Bemühungen der Weltfreimaurerei. - Ebenfalls als ein Meisterwerk nach Form und Inhalt wurde allgemein entgegengenommen das Referat des Völkerrechtlers [Hermann] Jahrreiss (Köln) über das Versailler Diktat und den Völkerbund. Für die gegenwärtige Politik wünschte Jahrreiss eine gute Unterscheidung der beiden Begriffe von „Führung" und „Vorherrschaft", wie sie leider nicht immer glücklich in der Presse gemacht werde. Er betonte ebenfalls, dass man nach den Erfahrungen des Versailler Diktats künftig sich vor einer Diffamierung der Völker, die man führen wolle, hüten müsse. Auch das werde leider bei der heutigen Propaganda nicht immer beachtet.

In der letzten Aussprache brachte [Gisbert] Beyerhaus den Leiter der Arbeitssitzung, [Walter] Platzhoff, noch dadurch in Verlegenheit, dass er für [Heinrich Ritter von] Srbik eine Lanze brach. Er habe gehört, das Erscheinen des dritten Bandes von Srbik, „Deutsche Einheit", solle behördlicherseits verhindert werden. Die Versammlung möge daher sich geschlossen für das Erscheinen eines solchen Werkes einsetzen. Gegenüber der Polemik Gerhard Krügers in einem Aufsatze der „Historischen Zeitschrift" betonte Beyerhaus, dass das alte Reich „römisch und katholisch, aber nicht deutsch gewesen sei!" Nichts ist bezeichnender als diese Worte für den Historiker Beyerhaus.

Bei der Aussprache über das, was der Kriegseinsatz in den kommenden Monaten zu leisten gedenke, wurden zunächst die beiden im Erscheinen begriffenen Bücher von [Karl] Griewank über die europäische Ordnung von 1814/15 und von [Alexander] Scharff über die deutschen Einheitsbestrebungen innerhalb der Revolution von 1848-1851 erwähnt. Ausserdem sollen künftig für die Fernbetreuung der im Felde stehenden Studierenden kleine historische Arbeiten herausgebracht werden. Als solche sollen zunächst im Druck erscheinen die Vorträge von [Gerhard] Ritter und [Wilhelm] Schüssler.

Als Gegner einer weltanschaulich-politisch ausgerichteten Geschichtswissenschaft fielen besonders auf: [Fritz] Hartung, [Walther] Platzhoff, [Gerhard] Ritter, [Siegfried] Kaehler, [Gisbert] Beyerhaus, [Rudolf] Stadelmann, [Peter] Rassow und unter den Juristen [Wilhelm] Scheuner, Rochow (Graz), in etwa auch [Carl] Bilfinger.

Der Gesamteindruck der Arbeitssitzung, an der rund 50 Wissenschaftler teilnahmen, muss für den Freund einer weltanschaulich-politischen und zwar nationalsozialistisch ausgerichteten Wissenschaft recht niederdrükkend sein. Es hat sich gezeigt, dass die Atmosphäre selbst dieser Tagung, die sich an moderne Fragestellungen unter dem Druck der Kriegsnotwendigkeiten heranmachen will und die dem militärischen und politischen Ringen der Gegenwart von der wissenschaftlichen Seite her Rüstzeug zu schmieden sucht, durchaus keine vom nationalsozialistischen Geiste erfüllte war. Wortführend und tonangebend sind doch noch die mehr oder weniger reaktionären Elemente, die bei solchen Debatten und Referaten über ausgezeichnete Fachkenntnisse verfügen und in der Darbietungs- und Diskussionskunst am besten abschneiden. Demgegenüber sind die jüngeren Historiker zunächst sehr in der Minderheit, außerdem fachlich und rednerisch sehr im Hintertreffen. Hinzu kommt noch, dass von ihnen höchstens die SS-Angehörigen sich offen zu den Idealen einer politischen Historie bekennen, während einige andere es mit der Zunft gar nicht verderben wollen und sich deshalb sehr stark zurückhalten, sogar allzu großen persönlichen Kontakt mit den SS-Angehörigen vermeiden. Dies letztere gilt z.B. von den Herren [Alexander] Scharff (Kiel), [Fritz] Wagner (München),

[Kurt] v[on] Raumer und [Theodor] Schieder. Ganz auf der Seite der Reaktion steht der Dr.phil.habil. [Karl] Griewank (Berlin). Es wird noch geraumer Zeit bedürfen, bis sich nationalsozialistische Historiker durch fachliche Leistung zur Anerkennung und Führung auf derartigen Arbeitstagungen durchgerungen haben. Darum sollte man aber auch diesen Männern, vor allem auch den aus der SS hervorgehenden Historikern, Gelegenheit zu konzentrierter Facharbeit bieten oder lassen, denn wenn ein Mann wie Griewank jahrelang als Mitglied der Deutschen Forschungsgemeinschaft nur für derartige Arbeiten freigestellt wird und wenn der Dozent Scharff seit fast 15 Jahren sich nur mit Historie beschäftigt, dann ist es selbstverständlich, dass solche Leute den SS-Angehörigen, die mit anderweitigen dienstlichen Verpflichtungen überhäuft sind, fachlich den Rang ablaufen.

2.) Amtschef VII, SS-Oberführer Dr. [Franz Alfred] Six, m.d.B. um Kenntnisnahme
3.) III C, SS-O'Stubaf. Dr. [Wilhelm] Spengler, z.Kts.
4.) III C1, SS-Stubaf. Dr. [Ernst] Turowski, z.Kts.
5.) I B, SS-Stubaf. Hermann, z.Kts.

[Anlage zum Vermerk:]

Kriegseinsatz der Geisteswissenschaften
Abt. Neuere Geschichte und Völkerrechtler
Frankfurt a.M., den 8. Juli 1942

Tagesordnung

der Arbeitssitzung in Weimar,
Hotel Elefant, vom 20. bis 23. Juli 1942

20. Juli	Ab 20 Uhr	Eröffnung und zwangloses Zusammensein im Hotel Elefant
21. Juli	9 Uhr	Vortrag Prof. *Bilfinger*, Heidelberg, „Europa und der Westfälische Friede“ Anschließend Aussprache. Vortrag Prof. *Platzhoff*, Frankfurt a.M.

		„Der Friede von Utrecht und die englische Auffassung einer Ordnung Europas" Anschließend Aussprache
	15.30 Uhr	Vortrag Prof. *Schüssler*, Berlin „Prinz Eugen und das Reich" Anschließend Aussprache Vortrag Prof. *Ritter*, Freiburg „Machtkampf und Friedensordnung in der Politik Friedrichs des Großen" Anschließend Aussprache
22. Juli	9 Uhr	Vortrag Dr.phil.habil. *Griewank*, Berlin „Die europäische Neuordnung 1814/15" Anschließend Aussprache Vortrag Dozent Dr. *Scharff*, Kiel „Deutsche Einheit und europäische Ordnung in der deutschen Revolution 1848-1851" Anschließend Aussprache
	15.30 Uhr	Vortrag Prof. *Becker*, Kiel „Bismarck und die europäische Ordnung" Anschließend Aussprache
	20 Uhr	Besprechung über Arbeitsaufgaben und Pläne der beiden Abteilungen im Rahmen des Kriegseinsatzes.
23. Juli	9 Uhr	Vortrag Prof. *Jahrreiss*, Köln „Der 'Friede' von Paris 1919 und Europa" Anschließend Aussprache

Schluss der Arbeitssitzung bis 12 Uhr mittags.
Mitteilungen über gemeinsames Essen und etwaige Besichtigungen werden in der Eröffnungssitzung gemacht.

gez. Jahrreiss
gez. Platzhoff

Rudolf Levin
Die nationalsozialistische Geschichtsauffassung. Übungen[78]

A. *Grundsätze*

In diesen Übungen muß das Ziel erreicht werden, den Teilnehmern eine klare und umfassende Vorstellung vom nationalsozialistischen Geschichtsbild zu vermitteln. Deshalb darf die Stoffülle nicht zu[79] groß sein, es muss vielmehr eine Begrenzung auf die wichtigsten Probleme hin erfolgen. Die Teilnehmer müssen angeregt werden, von sich aus Fragen aufzuwerfen, und an bestimmte geschichtliche Problemkreise selbst heranzukommen. Auf diese eigene Tätigkeit, besonders auf freiwillige Lektüre, ist der Hauptwert zu legen, nicht aber auf ein Nachreden lehrmäßig vorgetragener Meinungen.

B. *Disposition*

I. *Die Grundlagen des nationalsozialistischen Geschichtsbildes*

1. Was ist Geschichte?
   Erörterung dieser Frage vor allem im Hinblick auf das Verhältnis Natur – Geschichte.
2. Die Geschichtsauffassungen:
   a) antike
   b) christliche
   c) germanische
   d) mittelalterliche
   e) humanistische
   f) materialistische

---

78 Bundesarchiv – ZR 550/1, Bl. 15-18. Die Rechtschreibung wurden den Erfordernissen der Rechtschreibreform angepasst. Korrekturen und Ergänzungen des Herausgebers werden in [ ] gesetzt.

79 Masch. „so" hsl. durch „zu" ersetzt.

Es sollen hier die hauptsächlichsten Unterschiede herausgearbeitet werden, vor allem soll zu der Überzeugung hingeführt werden, dass jede Geschichtsauffassung in einer bestimmten Weltanschauung wurzelt.

3. Das germanisch-deutsche Geschichtsbild
Hier soll vor allem auf die Traditionen von der deutschen Bewegung und der Romantik her bis zur Gegenwart hingewiesen werden.

II. *Das nationalsozialistische Geschichtsbild*

1. Rasse und Volk als die Grundlagen des geschichtlichen Lebens
   a) Begriff der Rasse und Bedeutung der Rasse in der Geschichte
   b) Begriff des Volkes und Bedeutung des Volkes in der Geschichte
   c) Verhältnis von Rasse und Volk in ihren Beziehungen zur Geschichte.

In diesem Abschnitt muss auf die nationalsozialistische Rassenlehre und ihre Vorgänger ([Joseph Arthur Graf von] Gobineau – [Ludwig] Schemann – H[ans] F[riedrich] K[arl] Günther – [Ludwig Ferdinand] Clauß – [Fritz] Lenz – [Alfred] Rosenberg usw.) eingegangen werden, aber nur insoweit sie Beziehungen zum geschichtlichen Leben aufweisen. Die naturwissenschaftlichen Fragestellungen sind dabei restlos auszuschalten. Beim Volksbegriff ist auf die Bedeutung [Justus] Mösers und [Johann Gottfried] Herders sowie der deutschen Romantik hinzuweisen. Das Verhältnis von Rasse und Volk muss eingehenden neuen Betrachtungen unterworfen werden.

2. Die Ideen im geschichtlichen Leben
   a) Begriff der Idee (geschichtlich-politisch)
   b) Die Bedeutung der Ideen bei früheren Revolutionen
   c) Die Idee der nationalsozialistischen Revolution.

Hier muss überall der Anschluß an die grundlegenden Ausführungen Alfred Rosenbergs gesucht werden.

3. Die Bedeutung der Persönlichkeit im geschichtlichen Geschehen
Hier wird von der Anschauung [Heinrich von] Treitschkes ausgegangen: „Große Männer machen die Geschichte".
   a) Persönlichkeit und Volk in ihren Wechselbeziehungen. Dies wird nachgewiesen an großen geschichtlichen Persönlichkeiten, etwa Luther, Bismarck usw.
   b) Persönlichkeit und Gemeinschaft in der Geschichte. Hier ist das Problem aufzurollen, warum der Nationalsozialismus nicht den alten Gegensatz Individuum – Gesellschaft betrachtet.

c) Die geschichtliche Persönlichkeit als der eigentliche Träger der weltgeschichtlichen Ideen. Als beispielhafte Persönlichkeiten können hier gewählt werden: Alexander der Große – Cäsar – Napoleon – der Führer.

III. *Die Auseinandersetzung der nationalsozialistischen Geschichtsauffassung mit anderen Geschichtsauffassungen und die Gesamtwertung*

Hier muss besonders auf die verschiedenen Reden des Führers und Alfred Rosenbergs eingegangen werden.

1. Die Auseinandersetzung mit der christlichen Geschichtsauffassung
   a) mit dem katholischen Geschichtsbild
   b) mit dem protestantischen Geschichtsbild
   c) mit dem sektiererischen Geschichtsbild.
   Hierzu sind vor allem die Polemiken Rosenbergs heranzuziehen. Es können auch Hinweise auf frühere geschichtswissenschaftliche Auseinandersetzungen, insbes. im 19. Jahrhundert, gegeben werden.

2. Die Auseinandersetzung mit der aufklärerisch-humanitären Geschichtsauffassung
   a) mit dem Geschichtsbild der Aufklärung
   b) mit dem humanitären Geschichtsbild der Freimaurerei
   c) mit dem rationalistischen Geschichtsbild des Liberalismus.
   Hierzu können vor allem die kritischen Arbeiten der Romantik und der Historischen Schule herangezogen werden.
3. Die Auseinandersetzung mit der materialistisch-marxistischen Geschichtsauffassung
   a) mit dem materialistischen Geschichtsbild des bürgerlichen Sozialismus
   b) mit dem marxistischen Geschichtsbild (Marx – Engels usw.)
   c) mit dem bolschewistischen Geschichtsbild ([M.N.] Pokrovskij[80] usw.).
   Hier können insbesondere die Kritiken der nationalliberalen Historiker des 19. Jahrhunderts verwendet werden.

Gesamtwertung:
Aus diesen verschiedenen Auseinandersetzungen werden die wichtigsten Erkenntnisse für das nationalsozialistische Geschichtsbild gewonnen.

80 Pokrowski > Pokrovskij

Schluss:
Die Gesamtergebnisse von I bis III werden verarbeitet, um die Umrisslinien der nationalsozialistischen Geschichtsauffassung festzulegen.

C. *Praktische Durchführung*

Die Zahl der Teilnehmer an der Übung darf höchstens 15 bis 20 betragen. Eine höhere Zahl kann die Ergebnisse in Frage stellen. Bei der heutigen katastrophalen Lage des höheren Schulwesens und bei dem absoluten Nichtwissen, mit dem heutige Abiturienten ihr Studium beginnen, muss hier besonders auf klare und sichere Geschichtskenntnisse geachtet werden. Die Teilnehmer müssen die Hauptlinien und die Haupttatsachen der deutschen Geschichte absolut beherrschen, sonst entsteht ein bloßes „Reden" über Dinge, von denen man nichts versteht. Die Gefahr einer bloßen „Phraseologie" muß mit aller Schärfe von vornherein unterbunden werden. Die Teilnehmer müssen zu eigenem geschichtlichen Denken erzogen werden, dadurch wird das Hauptziel erreicht: die Selbständigkeit in der eigenen weltanschaulichen Haltung.

Außenstellenleiter-Lehrgang an der SD-Schule Bernau, 21.2.-2.3. 1938[81]

[21.2.v]	N.N.	Erfassung des deutschen Menschen durch den Nationalsozialismus (eine nationalsozialistische Geschichtsauffassung).	[276]
21.2.n	Mahrmann SS-Ustuf.	Berichterstattung	[278]
22.2.	[Wilhelm] Spengler, SS-Ostuf.	Die politische Gesamtlage	[280]
22.2.	[Helmut] Knochen, SS-Ostuf.	Die heutige Lage in der Freimaurerei und ihre Bekämpfung in Deutschland und in Europa.	[282]
23.2.	[Theodor] Dannecker[82], SS-Oschf.	Die Lage des Judentums in Deutschland und seine jüdisch-politische Auswirkung	[285]
23.2.	[Adolf] Eichmann SS-Ustuf.	Ziel und Methodik in der Lösung der Judenfrage.	[287]
24.2.v	[Helmut] Loos, SS-Ustuf.	Der politische Katholizismus.	[289]
24.2.n	[Helmut] Loos, SS-U-Stuf.	Gegenwärtige Lage, Fern- und Nahziele der SD-mäßigen Lage in der Bearbeitung des Katholizismus	[291]
25.2.v	[Walther] Kolrep[83], SS-Ustuf.	*Sektenwesen.*	
25.2.n	[Theo] Gahrmann, SS-Ostuf.	*Der Protestantismus.*	
26.2.v	[Gerd] Schulte, SS-Oschf.	*Jugenderziehung.*	

81 HSTA Düsseldorf, Bestand RW 33/2, Bl. 1-42. Die Rechtschreibung wurden den Erfordernissen der Rechtschreibreform angepasst. Korrekturen und Ergänzungen des Herausgebers werden in [ ] gesetzt. Die durch Kursivierung hervorgehobenen Vorträge sind a.a.O. überliefert; ihr Text wird hier nicht wiedergegeben.

82 Daneter > Dannecker

83 Kohlrepp > Kolrep

28.2.v	[Hans] Ehlich[84], SS-Ostuf.	*Erb- und Rassenpflege und Volksgesundheit.*
28.2.n	[Hans-Walter] Ulrich, SS-Ustuf.	*Kunst.*
1.3.v	[Otto] Ohlendorf, SS-Stubaf.	*Einführung in den Begriff Wirtschaft.*
1.3.v.	[Kurt] Steyer[85], SS-Ustuf.	*Ernährungswirtschaft*
1.3.n	[Gerhard] Eilers, SS-Hstuf.	*Industrie. Energiewirtschaft.*
2.3.v	Herbig, SS-Schf.	*Recht und Verwaltung.*
2.3.n	[Hermann] Bielstein SS-Ustuf.	Der Weg der deutschen Außenpolitik. [293]

84 Ehlig > Ehlich
85 Steier > Steyer

Erfassung des deutschen Menschen durch den Nationalsozialismus. (Eine nationalsozialistische Geschichtsauffassung)[86]

Rassen-Volkstums-Lehre aus der n[ational]s[ozialistischen] Auffassung über Blut und Boden. Wir finden das ewige Leben im Volke und seinem Bestehen und Werden. Abkehr vom Überirdischen zu Gunsten des Irdischen, Verankerung des Individuums in seinem Volke.

1. Bewusste Herausstellung des Begriffes Volk als rassenmäßige Gesamtheit. Ewigkeitswert dieses Volkes, Naturalismus im Rahmen einer rassisch bedingten und verankerten Volksgemeinschaft. Schaffung von Einrichtungen für dieses Volk. Staat ist für das Volk da!

2. Erziehung des deutschen Menschen vom Einzelgänger zum Mitglied der Gesamtheit, Ausrichtung seiner auf die Gesamtheit, Abkehr vom Überirdischen zu Gunsten des Irdischen, Fortbestehen des Einzelnen und der Generation im ewigen Volke. Sozialistische Fürsorge an Stelle religiöser Jenseitsversprechungen.

Zeitenwende durch den Nationalsozialismus. Der Staat hat jetzt die Aufgaben[,] den Menschen zum Volke zur erziehen.

Griechenland: Einheit zwischen Körper und Seele als Ziel, schön und gut zu sein! Verflachung des Ideals, Hellenismus, Zersetzung der Kultur.

Alt-Rom: Aufbau aus der Gemeinschaft und aus Rassegesetzen. Dann aber Machtpolitik, Zentralherrschaft ohne Rassenberücksichtigung, Weltstadt Rom, Christentum taucht auf (Paulus), es wendet sich an die rassisch minderwertigen Volksteile, es lehnt alles Völkische ab, will aber die Weltherrschaft. Minderwertigkeitsgefühle im Mischling, Trennung von Körper und Seele aus diesem Gefühl heraus. Ablehnung der Begriffe Rasse und Volkstum, der Staat wird damit der Diener der Kirche, da ja das Erdenleben nur als Vorbereitung für das Jenseits gilt. Karl der Große (Theokratische Idee). Führerschlussrede auf dem Kongreß R[eichs]P[artei]-Tag 1935.

Germanische Staatsbildung: Grundlagen weltanschaulich: das Christentum, organisatorisch: staatlich: Königtum an Stelle des Herzogwesens. Der[87] katholische Staat steht und geht mit der Kirche. Heinrich I., Otto der Große, Salbung, Einheit Staat und Kirche: Geistige Gewalt, Deutschland wird das Land der Ketzer, Reformation kommt. Die erste Revolte gegen

86 Vortragsmanuskript, o.V., o.D., Außenstellenleiter-Lehrgang an der SD-Schule Bernau, 21.2.-2.3. 1938.

87 der > Der

die Kirche kommt aus dem Volk, nicht durch die Fürsten. Die Buchdrukkerkunst bahnt den Weg. Luther war kein Dogmenkämpfer, sondern Charakter, der gegen den Gedanken: Buße-Sühne-Schuld-Sünde protestiert.

Bekenntnisfront und Deutsche Christen, Gegensatz beider. Nach dem Frieden von Münster konnte erstmalig ein rein politischer Staat, zu diesem Zweck gegründet, in Erscheinung treten (Preußen). Es kam zu den Anfängen des modernen Denkens, Individualismus, der Staat war nicht mehr der Arm der Kirche, Staatsabsolutismus kam.[88] Die Untertanen suchen den Sinn des Staates, aus der Pflicht des Individuums entwickelt sich das Recht des Einzelnen. Gesellschaftsvertrag. Verlangen nach einer Volksvertretung, französische Revolution, Ergebnis: Individualistischer Staat, Zertrümmerung des Königtums alter Auffassung, Judentum, Demokratie, Marxismus, Liberalismus, Bolschewismus als zwangsläufige Folge, weil das Christentum die Trennung von Körper und Seele propagiert hat. Existenz des Staates ohne die Grundlage einer Weltanschauung, Recht des Vertretens der eigenen Meinung, Verwesung des alten Staatsgedankens, organischer Staat stellt wieder Verbindung zum Volk her, Staat als Lebensäußerung seines Volkes, blutmäßige Bindungen, kulturelle Auslandsarbeit. Es gibt keine internationale Religion und auch kein intern[ationales] Recht. Unser organischer Staat ist der Diener des lebendigen deutschen Volkes.

88 Am Rande maschinenschriftlich. ergänzt: „Ludwig 14., Friedrich 2."

Mahrmann
Berichterstattung[89]

Es gibt bei uns drei Arten der Berichterstattung:

Lageberichterstattung,
Einzelberichterstattung und
Auskunftswesen.

Wichtig ist: Der SD ist der N[achrichten-]D[ienst] von Staat *und* Partei. Seine Aufgabe ist das Unterrichten der politischen Führung über das politische Geschehen, er hat dabei nur Sinn, wenn er nationalsozialistisch ausgerichtet ist.

Durch den Totalitätsanspruch des N[ational]S[ozialismus] muss das *gesamte* politische Geschehen erfasst werden.

Aus der Lebensebene erfassen wir die Lebensgebiete. Wir sehen dann auch den Menschen als Individuum; Kompetenz, Wichtigkeit der Dinge. Nicht nur das Negative berichten! [Reinhard] Heydrich: Vergessen Sie nie die Dynamik der Bewegung! Regionale und politische Vollständigkeit beachten. Stellung des SD im Staatsleben: Staat ist ein Volksorganismus, daher auch organische Betrachtung. Dreiteilung Kopf, Sinne, Organe. Regierung, SD als polit[ischer] Nachrichtendienst, Verwaltungsorgane des Staates, Ministerien usw.

Politisches Geschehen ist das, was in einer bestimmten Beziehung zum Leben der Nation steht. Es gibt kein Problem „Partei und Staat". Weltanschauung und Bewegung, keine Verstaatlichung des SD. Organisatorische Angliederung an den Staat. Der SD hat die Information, die Sta[ats]-po[lizei] die Exekutive. Zentrale Bekämpfung des Gegners. Begriff der Objektivität und Subjektivität. Eiskalt und nüchtern und objektiv in der Darstellung, subjektiv und leidenschaftlich in der inneren Einstellung und der Arbeit selbst.

Nicht das Einzelgeschehen in den Vordergrund stellen, immer die Lage selbst als Ganzes ansehen. Auswirkungen von Maßnahmen und Taten der Partei, Überblick behalten. Auswahl der V-Männer, Einführung des SD in die Öffentlichkeit.

Einzelberichterstattung: Schnellinformationsdienst. Verantwortliche Berichterstattung[.] Bei I 131 (II 222) nur Sinnesorgane, keine eigenen Wert-

89 Vortrag „Berichterstattung", SS-Ustuf. Mahrmann, 21.2.1938, Außenstellenleiter-Lehrgang, SD-Schule Bernau.

urteile, Auskunftswesen nach diesen Maßgaben, Auskünfte *nie* nur von einem Mann einholen, immer mehrere Urteile über die Gesamtpersönlichkeit, größte Vorsicht, das Werturteil bildet sich stets die zuständige Stelle selbst und ist nicht Aufgabe der Sinnesorgane. Tatsachen berichten. Nicht stur, schematisch, sondern im Leben stehend. Zusammenarbeit mit der Allg[emeinen] SS.

Schema:

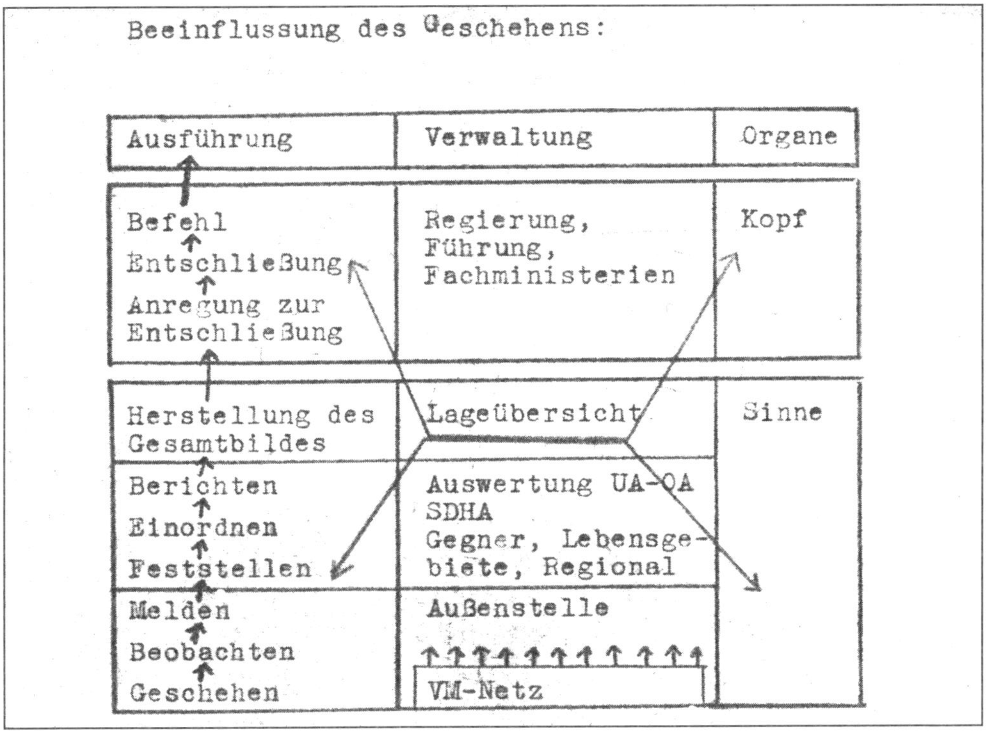
Beeinflussung des Geschehens:
Ausführung
Verwaltung
Organe
Befehl
Entschließung
Anregung zur Entschließung
Regierung, Führung, Fachministerien
Kopf
Herstellung des Gesamtbildes
Lageübersicht
Sinne
Berichten
Einordnen
Feststellen
Auswertung UA-OA
SDHA
Gegner, Lebensgebiete, Regional
Melden
Beobachten
Geschehen
Außenstelle
VM-Netz

Ermächtigung zum Beamtengesetz: Beamte sind ermächtigt, alle das Volkswohl oder die Staatssicherheit gefährdenden Dinge dem SD zu melden. --
Reichsrechtsamtsentscheidung: Politische Beurteilungen dürfen dem Betreffenden auf keinen Fall zur Kenntnis gegeben werden und sind als Geheim vertraulich zu behandeln.

Wilhelm Spengler
Die politische Gesamtlage[90]

Hinweis auf die Führerrede vom 20.2.38. Jede Meldung muss absolut wahr und richtig sein. Erfassung aller Lebensgebiete schon vor der eigentlichen Fragestellung, in der Anonymität unserer Arbeit liegt unsere Durchschlagskraft, selbstloser Einsatz in einer Zeit höchster politischer Anspannung. 1789.

Führer
als Willensvollstrecker des Volkes

Auslese
Partei – Staat

Volk	Einzelmensch	Staat
Natsoz.	(Christentum)	Absolutismus (Dyn)
Rasse	Internationale	Territorialismus
	Humanismus	
	Liberalismus	
	verweltlichte Anschauungen des Christentums	
	Marxismus (Klasse)	

Neue Geschichtsauffassung, völkisches Denken, Germanentum als Wurzel unserer Rasse, Entwicklung des Volkstums an sich, wir [haben] keine Interessen mehr für nur Schlachtenzahlen und Dynastienehen.

Gefolgschaftstreue, Völkerwanderung als Folge davon, Langobarden, Wandalen, Ost- und Westgoten, Vernichtung Roms, da dies sich nicht nach Rassengrundsätzen richtet, Truchtin-Christus, die rassisch Schlechten[91] gingen in die Klöster, die Guten[92] zum Ritterstand, das aber auch in den Bann der Kirche gezogen wird, Kreuzzüge, Sekten- und Abfallsbewegungen, germanisches Element und artfremdes Christentum, Reformation, Bauleistungen im Mittelalter, blutsmäßige Leistungen des germanischen Menschen auch ohne Christentum.

---

90 Vortrag „Die politische Gesamtlage“, SS-Ostuf. Wilhelm Spengler, 22.2.1938, Außenstellenleiter-Lehrgang in der SD-Schule Bernau.

91 schlechten > Schlechten

92 guten > Guten

Volkskunde ist die wichtigste Wissenschaft, Heiligkeit der Rasse und Sippe, Volksheer, neue Gefolgschaften (SS), Neugruppierung Europas, autoritäre Führungen (Deutschland, Italien, Japan) (Rumänien, Ungarn, Polen), Demokratien, England-Frankreich-USA, Freimaurer, Judentum.

Der Zusammenschluss der internationalen Gegnerformen ist das bemerkenswerteste Ereignis des Jahres 1937, Freimaurer in der Wirtschaft, Judentum, Assimilanten, Orthodoxe, Zionisten, politische Kirchen, Pessimismus in K[atholischer] A[ktion] und Bek[ennender] Front, Volkstum im Ausland, Volksgruppenarbeit, junge nat[ional]soz[ialistische] Gruppen, außenpolitische Verwicklungen und die Volksgruppen.

Freimaurerei

Unklarheit im Volke, jeder SD-Mann muss gut orientiert sein, Erkenntnissammlung aus den Materialgrundlagen im SDHA[93], Indizienbeweise der Antifreimaurer, falsche politische Schlüsse daher, es kann kein einziges Buch empfohlen werden, das die Sache richtig schildert, Symbolsuche und Ritualforschung führen in eine Sackgasse.

Auswertung der Archivakten und somit Sammlung richtiger Erkenntnisse, Freimaurerei ein Mittel von Seiten der Juden zur Zersetzung des Bürgertums, Juden kommen aus dem Ghetto in die Logen, alle demokratischen Länder sind durch die Weltbruderkette zusammengeschlossen, Bauhütten, englische Großloge 1723, deren Verfassung sind die „Alten Pflichten“, Satzung aller Freimaurer aber ist die Aufhebung aller Schranken von Geburt, Rasse, Hautfarbe, politischen Parteien.

Rechtfertigung des Individuums, alle sind allen gleich, verweltlichtes Christentum auch hier, französische Revolution wurde von der Freimaurerei getragen, Juden kommen in die Logen und nützen die Logenerbindungen aus, Verherrlichung der Juden, altpreußische Großlogen lehnen Juden ab, werden dann aber umgestimmt, Freimaurer im Felde, Internationalitätsgedanken auch im Kriege, moralischer Landesverrat, Gegnerschaft zwischen Nationalsozialismus und Völkerbund, Pazifismus, Kampf gegen jeden nationalen Gedanken, Gegner sind Patrioten, Chauvinisten, Pangermanismus, Propaganda gegen das Soldatentum aus antimilitärischen Prinzipien heraus, Liga für Menschenrechte, Kampf gegen die völkische Wiederbesinnung in Deutschland, Völkerbundssympathie ist gleich völkischer Selbstmord, Bekämpfung des Nationalismus, Freimaurer als Verfechter der Ideen [Richard Graf von] Coudenhove-Kalergis[94].

---

93 SD-Hauptamt

94 Kalerghi's > Kalergis

[Helmut] *Knochen*
Die heutige Lage in der Freimaurerei und ihre Bekämpfung in Deutschland und in Europa[95]

[...] *Grundlagen der Freimaurerei.*
I. Stand der Auseinandersetzung mit dieser Gegnerform unbefriedigend. Weit weniger geklärt wie gegenüber Marxismus, Judentum oder politischen Kirchen.
Fragwürdige Richtungen der Freimaurerbekämpfung:
a) Sektiererische Romantik über Verschwörungen und Morde. Freimaurerei als Schlüssel aller Revolutionen und politischen Morde.
b) Überbetonung der Ritualforschung, Suchen nach dem Geheimschlüssel im Ritual.
c) Gefährliche Verharmlosung der Freimaurerei als bloßes[96] Spießbürgertum.
Grundsatz: Wir wollen in der Gegnerbekämpfung keine „falschen Dogmen" aufstellen, damit nicht der Nationalsozialismus in 10 Jahren grundsätzliche Behauptungen als unrichtig zurücknehmen braucht, deswegen nur sauberste Materialgrundlagen:
a) Einheitliche Konzentration des gesamten bestehenden beschlagnahmten Materials.
b) Materialgrundlagen: 80.000 Bände Schrifttum, Hunderttausende[97] von Aktenstücken und Urkunden der Freimaurerarchive, Ritualarchiv.
II. Das *außenpolitische Gewicht* der Freimaurerei: Der Marxismus zersetzte die Arbeiterschaft, die Freimaurerei das Bürgertum. Der Marxismus hat seine staatliche Verwirklichung in der Sowjetunion, die Freimaurerei in den westeuropäischen und außereuropäischen Demokratien. Dort weitgehende Personaldurchdringung zwischen Freimaurerei und regierenden Kreisen und den Schlüsselstellungen des öffentlichen Lebens. Die Freimaurerei heute ein außerordentlich starker außenpolitischer Gegner des Nationalsozialismus.

95 Vortrag „Die heutige Lage in der Freimaurerei und ihre Bekämpfung in Deutschland und in Europa." SS-Ostuf. Knochen, 22.2.1938, Außenstellenleiter-Lehrgang an der SD-Schule Bernau. [Auszug. Der erste Teil des Vortrages ist lediglich in Stichworten überliefert und wird hier nicht wiedergegeben.]
96 bloß als > als bloßes
97 100.000e > Hunderttausende

III. Die internationalen Organisationsformen der Freimaurerei:
1. Johannislogen 1.-3. Grad (Tochterlogen) – Ihr Zusammenschluss in Landesgroßlogen (Großorienten) – Zusammenschluss der Landesgroßlogen (Großoriente) in der Association Maçonique Internationale A.M.I., Sitz Genf.
2. Der politisch wichtige Alte und Angenommene Schottische Ritus 1.-33. Grad – Auswahl aus den 33 Grad-Brüdern im Obersten Rat (Suprème Conseil) – Zusammenschluss der 36[98] Obersten Räte der Welt in der Lausanner Konföderation – Stärkste Verjudung (60-90 %)[99] der Obersten Räte – Internationale Freimaurer-Kongresse zugleich Kongresse des führenden Weltjudentums – Parallelverbindungen zu den rein jüdischen Organisationen Unabhängiger Orden B'nai B'rith U.O.B.B. [United Order of B'nai B'rith] (seit 1843)[100] und Alliance Israélite Universelle.
3. Internationaler Zusammenschluss einzelner Freimaurerbrüder in der Internationalen Allgemeinen Freimaurerliga (Besondere Pflege des Pazifismus).
IV. Geschichtliche Wurzeln der Freimaurerei:
Die Freimaurerei eine erneute orientalische Überfremdung der germanischen Welt. Einbruchstellen die Bauhütten.
1. Orientalisch-jüdische Grundlagen: Tempelbau Salomonis, Jahwe, Krone Salomonis, siebenarmiger Leuchter, Schaubrottische [?], Gesetzestafeln, Bundeslade, Hiramslegende, Namenmagie, Beschwörungsformeln, Passworte usw.
2. Drei Grundrichtungen der Freimaurerei: Englische, romanische und deutsche Maurerei. Englische Maurerei praktisch politisch im englischen Weltimperium. Französische Freimaurerei revolutionär programmatisch (Volksfrontpolitik des heutigen Großorients, Verbindungen zu Sowjet-Russland). Deutsche Freimaurerei weltanschaulich zersetzend mit Humanitätsduselei, Völkerverbrüderung, schrankenloser Duldung, Volks- und Staatsverleugnung.
V. Die Judenemanzipation über die Brücke der Freimaurerei:
1723 „Alte Pflichten": „Satzung aller Freimaurer ist die Aufhebung der Schranken der Geburt, der Rasse, Nationalität, Hautfarbe und der politischen Partei". Juden fordern von den Logen die praktische Verwirklichung dieses Grundsatzes, dringen vor allem nach der von Freimaurern geistig begründeten französischen Revolution aus dem Ghetto in die Logen ein,

98 Handschriftlich eingefügt
99 Handschriftlich eingefügt
100 Handschriftlich eingefügt

erhalten dadurch höchste bürgerliche Anerkennung und erobern von dieser Plattform die Schlüsselstellungen des öffentlichen Lebens. Beispiel: Der Jude und Freimaurer Gabriel Riesser schon 1848 Vizepräsident der Deutschen Nationalversammlung.
Haltung der Logen gegen Ende des 19. Jahrhunderts: „Wir müssen die Semiten, die wir haben, in deutsche[101], gute, in ideale Semiten umwandeln[,] und das kann nur in der Loge geschehen". Im 20. Jahrhundert und nach dem Weltkrieg die Logen in schärfster Bekämpfung des „Antisemitismus" und des nationalsozialistischen Rassegedankens: „Rassische Reinheit ist Fantasterei. Gerade durch Mischung werden die wertvollen Rassen erzeugt, die großen Mischungsgebiete sind die Stätten neuer Kultur". 1925 [Richard Graf von] Coudenhove-Kalergi[102] mit dem „Ideal" Paneuropa: Die Juden als „Führernation der Zukunft". „Die eurasisch-negroide Zukunftsrasse wird die Vielfalt der Völker durch eine Vielfalt der Persönlichkeiten ersetzen … ein pazifiziertes und sozialisiertes Abendland wird keine Gebieter und Herrscher mehr brauchen. In einem orientalischen Europa wird der Zukunftsaristokrat mehr einem Brahmanen und Mandarin gleichen als einem Ritter".

101 Deutsche > deutsche
102 Coudenhove Kalerghi > Coudenhove-Kalergi

[Theodor] *Dannecker*[103]
Die Lage des Judentums in Deutschland und seine jüdisch-politische Auswirkung

Judenemanzipation 1789, 1849 erst Festlegung, 1869 und 1871 bindende Gesetze für Judenemanzipation, die aber erst 1918 vollkommen durchgeführt wurde.

[N]ach 1933 hatten wir 515.000 Konfessionsjuden bei uns[.]

130.000 Juden mit einem Vermögen von 170.000.000 RM sind bis jetzt ausgewandert, in Deutschland sind etwa noch 360.000 Juden wohnhaft, dazu kommen etwa 200.000 Mischlinge und weitere 120.000 getaufte Volljuden[.]

Assimilanten (Zentralverein von 1889, Reichsbund jüdischer Frontkämpfer), Zionisten (Weltbund gegründet 1897 in Basel), Orthodoxe Juden, alle arbeitet[e]n bis 1935 in der alten Weise weiter.

Balfour Declaration[.]

Jüdische Landarbeits[-]G.m.b.H., Zionistischer Verein für Deutschland, Auswanderungsprobleme, Revisionismus, Greuel-Propaganda, Juden-F[r]onde Hagana[h] ist ein jüdischer Nachrichtendienst, staatszionistische Vereinigung, [A]usrichten der Auswanderung in die ganze Welt, Glaubensbestrebungen der Orthodoxen, Agudas-Israel will Aufbau Palästinas[104] im Sinne der Thora. Alle zusammen sind jüdisch[-]politische Gruppen.

Jüdische Gemeinden, Reichsvertretung als Vertretung der Synagogengemeinden bis 1933, heute auch Vertretung aller anderen jüdischen Interessen, jüdische Sportverbändevertretung[105] (Makabi 10.000 Mitglieder, Schild 22.000) im Reichsausschuss für jüdischen Sport, Reichsausschuss für jüdische Jugendverbände.

Kulturelles Eigenleben der Juden, jüdischer Kulturverband als einzige Organisation, Juden für Juden, Paulusbund (nichtarische Christen[,] enthält heute nur noch reichsbürgerfähige jüdische Mischlinge[)], jüdische Winterhilfe, Altersversorgung und Überalterung im Judenvolk in Deutschland, es wird gar kein Wert darauf gelegt, dass sich die Juden in Deutschland wohl fühlen (Sudetendeutschland).

---

103 Vortrag „Die Lage des Judentums in Deutschland und seine jüdisch-politische Auswirkung.“ SS-Oschf. Dannecker, 23.2.1938, Außenstellenleiter-Lehrgang an der SD-Schule Bernau.

104 Palestinas > Palästinas

105 Sprotverbändevertretung > Sportverbändevertretung

Wiederholung:
Zweck und Verhalten der einzelnen Verbände, Assimilanten sind die Träger der Idee des „deutschen" Juden, Gefahr im Ausland bei Nichtgeschultsein der Auslandsdeutschen, Jiddisch-Deutsch, Untertauchen der Juden in der Großstadt, politische und kommunale Verbände der Juden, Gegenüberstellung, Arten der jüdischen Organisation, Exponenteneigenschaft des „Schild", Kulturbund, Hinkelbüro.

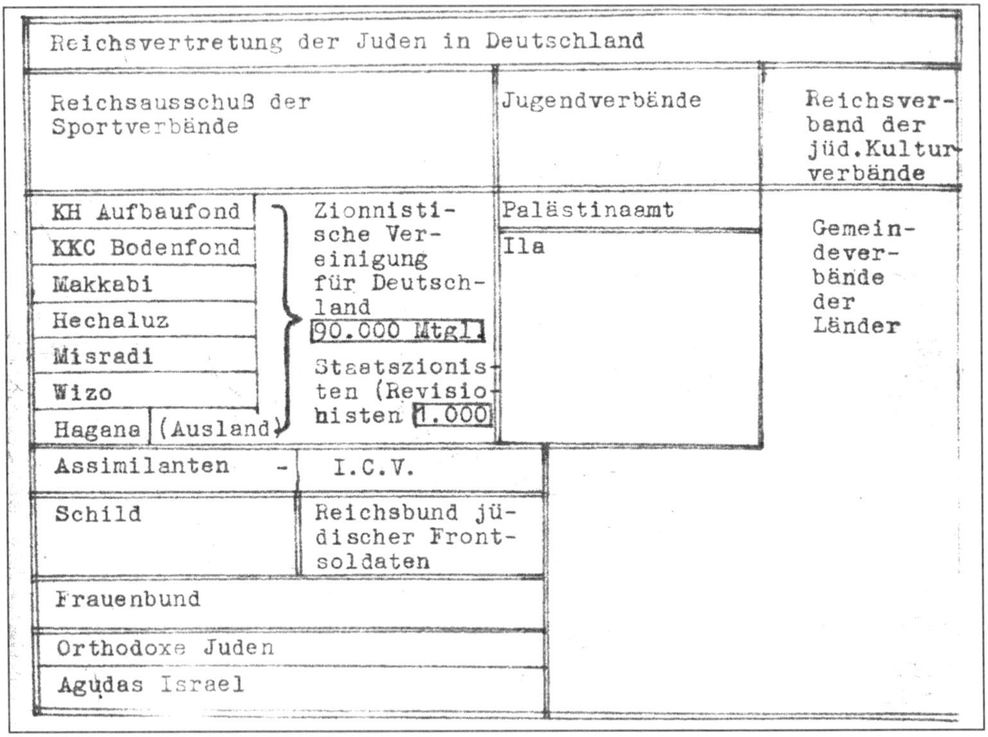
Reichsvertretung der Juden in Deutschland
Reichsausschuß der Sportverbände
Jugendverbände
Reichsverband der jüd. Kulturverbände
KH Aufbaufond
KKC Bodenfond
Makkabi
Hechaluz
Misradi
Wizo
Hagana
(Ausland)
Zionnistische Vereinigung für Deutschland
90.000 Mtgl.
Staatszionisten (Revisionisten
1.000
Palästinaamt
Ila
Gemeindeverbände der Länder
Assimilanten -
I.C.V.
Schild
Reichsbund jüdischer Frontsoldaten
Frauenbund
Orthodoxe Juden
Agudas Israel

Gesetzgebung bezüglich des Judentums:
§§ 4 und 5 ds Parteiprogramms, Gesetz zur Wiederherstellung des Berufsbeamtentums am 7.4.33 (Begriff des Nichtarisch-Seins), § 3 des Reichsbürgergesetzes vom 15.6.35 (Nürnberger Gesetze), § 5 als grundlegende Erklärung des Begriffs, Gesetz zum [S]chutze des deutschen Blutes, Gesetz gegen Überfüllung der deutschen Schulen und Hochschulen, Schriftleitergesetz, Kulturkammergesetz, Juristengesetz, 29.9.33 Reichserbhofgesetz § 13, Ärztezulassung zu Krankenkassen, Dozenten- und Apothekergesetz 8.12.34, Aufhebung des Arierparagraphen in anderen als nat[ional]-soz[ialistischen] Organisationen, 16.5.35 Wehrgesetz, RAD-Gesetz[.]

[Adolf] *Eichmann*
Ziel und Methodik in der Lösung der Judenfrage[106]

Ziel: Zurückdrängen und Ausscheiden der Juden aus dem deutschen Volkstum.
Methodik: 11.3.1812 Hardenberg – Emanzipationsedikt.

Berlin 4,29 % Juden, aber	42 % Ärzte	= 2617 Juden
	52 % KK- [Krankenkassen (?)] Ärzte	= 1879 Juden
	48 % RA [Rechtsanwälte]	= 3879 Juden
	56 % Notare	= 1210 Juden

Ausscheidung aus dem materiellen Leben konnte noch nicht mit der notwendigen Schärfe durchgeführt werden.

Reichswichtig sind:[107] staatenlose und ausländische Juden, Spi[onage]-Verdacht, sowie führende Juden aller Art, O[ber]A[bschnitt]-wichtig sind Leiter lebenswichtiger Betriebe usw., alle anderen, die im jeweiligen Bereich wohnen[,] sind U[nter] A[bschnitt]-wichtig.

Die Juden müssen aus allen Lebensgebieten ausgeschaltet werden. Förderung der Auswanderungsbestrebungen. Bisher 130.000 Auswanderer. Jetzt etwas 700.000 Juden in Deutschland. Gewandert wird nach Paris, Basel. London, Wien, Prag und Übersee. Wir wollen nicht, dass die Juden nach Europa auswandern, auch die reichen Juden wollen wir nicht[108] behalten. Nach Palästina sollen auch nur die armen Juden gehen. Gefahren eines Judenstaates, Minderheitenproblem kommt dann, Wirtschaftsfaktor, polit. Konstellation im Mittelmeerbecken, usw. England nimmt Kapitaljuden mit offenen Armen auf. Ecuador, Argentinien, Columbien, Uruguay, USA und SAU [Südafrikanische Union] sind derzeit gegebene Judenauswanderungsländer. Umschulungslager für Juden, 62 Lager mit etwa 3600 Insassen, jüd. Vermögen in Deutschland etwa 15 Milliarden, 1937 24.000 Auswanderer mit 170.000.000.– RM.[109]

Paltren, Altren, Bar- und Warentransfer, also Auswanderung hauptsächlich der mittellosen Juden, Ausnutzung von Kapitalisten für diese Mittello-

106 Vortrag „Ziel und Methodik in der Lösung der Judenfrage." SS-Ustuf. Eichmann, 23.2.1938, Außenstellenleiter-Lehrgang an der SD-Schule Bernau.
107 ist > sind
108 „nicht" handschriftlich am Rand ergänzt
109 170.000.000.000.- RM > 170.000.000.- RM (Vgl. Vortrag SS-Oschf. Dannecker)

sen. Seit Ende 1937 gibt es eine Zentralauswanderungsstelle, Endergebnis jetzt im Altersaufbau der Juden zu sehen, Vergreisung, jüd. Altersversorgung, Fonds soll geschaffen werden. Sinken des Steueraufkommens in Folge der Kapitalabwanderung. Jüd. Presse als Auswanderungspropagandist, Rückwanderung, Schulungshaft, schlechte Lage in Palästina, Comité d'entente in Paris.
Drei Zentren jüdischen Geistes:
Paris: Finanzierung von Auswanderung, Zusammenfassung von 13 wichtigen Finanzierungsinstitutionen.
London: eigene Hilfsmaßnahmen, Beobachtung der Lage, Petitionen an den Völkerbund.
New York: Boykott und Greuelhetze, Antinaziliga, Benutzung der anderen Gegnerformen.
Aktion zur Ausscheidung jüd. Ausländer aus den polit. jüdischen[110] Organisationen. § 1 zum Schutz von Volk und Staat. Hagana[h] als N[achrichten]D[ienst], Agenten bei II.B. und IS und SS, Revisionisten, Auslandsverbindungen.
Gesetze:
Judenpasserlass
Berufsbeamtengesetz
Schriftleitergesetz
Kulturkammergesetz
Hochschulgesetz
Rassentrennung auf jüd. Schulen (Großstädte)
Antwältegesetz (Rechts- und Patent-)
Gesetz über die Zulassung von Ärzten zu Krankenkassen
Wehrgesetz
Arbeitsdienstgesetz
Reichsbürgergesetz
Badeortegesetz
Hausgehilfinnengesetz
Ehegesetze

---

110 Jud. >jüdischen

[Helmut] *Loos*
Der politische Katholizismus[111]

Zwei Gesichtspunkte: religiös-weltanschaulich und politisch[,] der Papst hat sich allerdin[g]s gegen diese Trennung verwahrt. Orientalisch-semitischer Ursprung. Sündhaftigkeit des Menschen, Schlüsselgewalt, alleinseligmachende Kirche, Gnadenmittel (Beichte, Sakramente), gegensätzlich zum Nat[ional]soz[ialismus]: gefallene Schöpfung - Welt göttl[icher] Offenbarung, Kirchenlehre erzieht zum Individualismus und Priesterherrschaft - NS will Gemeinschaftsleben und -lehre.

Vergehen gegen das deutsche Blut: Kapitularien von Paderborn 772 bis 802 Kämpfe Karls gegen die Sachsen, Verden an der Aller, Hinrichtung von Thüringern und Alemannen bei Cannstadt, Ermordung der Stedinger, Kreuzzüge, Italienkriege, Inquisition, Bartholomäusnacht, 30jähr[iger] Krieg, Kulturkampf, Weltkrieg, Kriegshetze, Papst Freund der Entente, [Matthias] Erzberger als Kardinal, [Joseph] Wirth-[Wilhelm] Marx-[Heinrich] Brüning, Prälat [Ludwig] Kaas, Zentrum. Nach dessen Auflösung wird in der K[atholischen] A[ktion] diese Linie der Parteipolitik fortgesetzt. Deutschland von Kath[olischen] Ländern umgeben, 1929 Souveränität des Kirchenstaates, Hymne, 36 Nuntien als Symbole der polit[ischen] Macht, Fahne, Konkordate, 12 Kongregationen, Consilien-Konvent, als Ministerien verwendet, Kurienkardinäle, Conzil der 69 Kardinäle (Höchstzahl 70), als höchstes Institut der Kirche, 2000 Hierarchen, über 30.000 Priester, stets in unmittelbarer Abhängigkeit, Cölibat, Ordensstand, in Deutschland in 8600 Klöstern 110.000 Menschen, Gehorsamspflicht, Kadavergehorsam, Devisenprozesse, Vereine, Parteien und Organisationen, 16 Diözesanverbände, 600.000 Frauen und 800.000 Jungfrauen, 2.500.000 Kinder, insgesamt 800.000 Männer organisiert, 11 Millionen, Caritasverband, 120.000 hauptamtliche, 800.000 Mitglieder, Ordensschwestern 88.000 in der Caritas tätig[.] Am Krankenlager Rückgewinnungsversuche Verlorener, Pius der XI. schafft die kath[olische] Aktion, die K[atholische] A[ktion] sieht als Ziel das regnum christi und soll daher alle Länder, Völker und Lebensgebiete erfassen. Damit soll der Weltherrschaftsanspruch der Kirche erfüllt werden. Die Schwarze Internationale vorbereitet die kath[olische] Weltrevolution. Exerzitien schulen jährlich

111 Vortrag „Der politische Katholizismus", SS-Ustuf. LOOS, 24.2.1938, Außenstellenleiter-Lehrgang an der SD-Schule Bernau.

140.000 Laien für die Rekatholisierung Deutschlands. Vorbereitungen zum Eucharistischen Kongress in Budapest, Weltfront gegen das Neuheidentum, besonders aber gegen Deutschland.

Wie wurden die Stedinger vernichtet: Befehl dazu gab Gregor IX. 1227, 1234 bei Altenesch vernichtet, weil sie den Bischöfen von Bremen keine Abgaben zahlen wollten. Ablenkung der polit[ischen] Macht der Kaiser durch die Kreuzzüge, damit Vernichtung wertvollen Blutes, Kinderkreuzzug, Inquisition: Abschlachtung von wertvol[l]en Frauen und Müttern, 30 j[ähriger] Krieg, Agenten dazu der Jesuitenbund: die Liga, Frieden von Osnabrück wurde vom Papst verdammt, weil er nicht Deutschland rekatholisierte. Kulturkampf: Bismarck war selbst noch Christ und hat deshalb den Kampf verloren, sein größter Gegner [Ludwig] Wind[t]horst, Jesuitenausweisung, Rückkehr 1917, [Eugenio] Pacelli[112] Kardinalsstaatssekretär, Geh. Kämmerer, [Achille] Ratti-Pius XI. früher Nuntius in Warschau, hat als Berater Pacelli und [Ludwig] Kaas.

[O]ft sind deutsche Gebiete fremde Kirchengebiete: Glatz-Hultschin, Ordensgrenzen sind international gegliedert. Auch im Weltkrieg konnte ein Sieg der Mittelmächte aus den traditionellen Sympathien und den realen Interessen nicht gut geheißen werden. Papst nannte dann den Versailler Vertrag ein Werk menschlicher Klugheit, der Separatismus wurde durch Kaas unterstützt, Ulitzka, Leicht, Scharnackes Gebetsstürme für die Wiedergenesung des Papstes[.]

[S]elbst im Mittelalter war der Einfluss der Päpste nicht so groß wie heute, 36 Nuntien in 36 Ländern. In allen Konkordatsstaaten ist der Nuntius Doyen des Diplom[atischen] Korps.

Konkordat ist eine Garantie für die Ausübung der Kirche. Bischofswahl, Anfrage beim Staat, er lässt sich bestätigen und muß einen Treueid leisten, Klausel: „wie es einem Bischof geziemt“, Majestätsrechte der Kirche, Kardinäle.

Euch[aristische] Kongresse: Amsterdam, Chicago, Manila, Budapest, Tripolis. Erzdiözesen in Breslau, Paderborn, München, Freiburg, Bamberg. Erzbischof, Bischof, Generalvikar, Weihbischof, Domkapitel mit Kapitularen, Vikaren[,] dann Dechant als Auge und Ohr des Bischofs, dann Pfarrer und Kaplan.

Abhaltung der Christkönigskongresse der K[atholischen] A[ktion] auf volksdeutschem Boden, Kampf gegen das Neuheidentum.

---

112 Pacelle > Pacelli

[Helmut] *Loos*
Gegenwärtige Lage, Fern- und Nahziele der SD-mäßigen Lage in der Bearbeitung des Katholizismus[113]

Siedlungspolitik der kath[olischen] Kirche: im Norden ein Netz von Siedlerstellen, Gemeindegründungen, Kirche[n]bauten. So ergibt sich heute folgendes Bild: Neben dem Staat besitzt die Kirche große Ländereien und Grundstücke mit und ohne Gebäude, insgesamt etwa 1.100.000 ha. Der Gebäudebesitz der kath[olischen] Kirche in Köln kommt ohne Einrechnung der Kirchen selbst auf etwa 23.000.000 RM. dieser Besitz wurde bisher nicht besteuert. - Bei der Übernahme caritativer Apparate ergeben sich wegen des Personalmangels Schwierigkeiten. Man muss das Verhältnis der Schwestern zu ihrem Beichtvater klären. Hier liegt ein Ansatzpunkt für uns. Weiter müssen geklärt werden die hygienischen, moralischen und sittlichen Verhältnisse, dadurch Möglichkeit der Anstaltsschließung. Überwachung der Presse, die die öffentl[iche] Meinung beeinflusst. Auflage der kath[olischen] Zeitschriften heute 11.000.000 Stück. Im Hintergrund steht der Jesuitenorden. auch die Vereinsblätter müssen beachtet werden. Die Kirche unterhält auch einen eigenen Nachrichtendienst. Die K[atholische] A[ktion] hat enge Berührung mit diesen Kreisen. Wir aber müssen da hineinkommen, wir müssen wissen, was beim Feind vorgeht. Seit 1933 ist die Kirche auf dem Gebiet der Presse und der Kunst entschieden zurückgedrängt worden (spürbar noch im Film und Theater). Die Literaturverbreitung ist zu beachten.

Nahziel: Abbau der kath[olischen] Organisationen. Der Dachverband, der Volksverein, wurde 1933 aufgelöst. [D]ie kath[olische] Schulorganisation ist zerschlagen, ebenso die Jugendverbände. Die Reste der Arbeitervereine treiben als Gegenpol zur DAF aber heute noch Zentrumspolitik.

Fernziel: Übernahme der Sozialeinrichtungen in DAF und NSV, Beobachtung der Mitglieder, wohin gehen diese? Zerschlagen der Kolpingsfamilie, der Landesverbände, der Görresgesellschaft, des Caritasverbandes, der Orden. Gefahr der anderweitigen Ansetzung muss beachtet werden, besonders bei Hausbesuchen, Exerzitienschulungen. Wir haben etwa 22.000.000 Katholiken in Deutschland. Auswanderung der Orden in volksdeutsche Gebiete beobachten. Beobachtung des Tuns der freigewordenen

---

113 Vortrag „Gegenwärtige Lage…", SS-Ustuf. Loos, 24.2.1938, Außenstellenleiter-Lehrgang an der SD-Schule Bernau.

Ordensmitglieder, Gewinnung von Leuten aus diesen Kreisen, Abschneidung des Nachwuchses. Zerschlagen hat keinen Sinn, solange sie in anderen Formen weiter wirken können. Besonders Caritas beobachten.

Es findet eine allsonntägliche politische Schulung der gesamten Kirchgänger staat, Beobachtung der Pfarrer und der führenden Laien, wer ist die treibende Person, Zusammengehen kirchl[icher] Leute mit anderen staatsfeindlichen Organisationen wie z.B. Bekenntnisfront und den vielen Oppositionslagern; durch die römisch-kath[olische] Ostplanung wird die Verbindung zum Kommunismus hergestellt, wo sind Querverbindungen. Oxfordbewegung, öffentliche Beichten beobachten. Öffentl[iche] Stimmungsmache gegen Rosenberg. Umfälschung des Rassegedankens und der Idee von Blut und Boden, nationalsozialistischer Begriffsstrom im Klerus, Immunisierung[114] gegen weltanschauliche Einflüsse bei den Katholiken, das Laienapostolat beobachten, besonders auch bei Wehrmacht und RAD, die kath[olischen] Agenten sitzen noch in Partei und Staat, Gefährdung der Innenarbeit. C: „Staatlich notwendige Maßnahmen werden durchgeführt!"

---

114 Immunizierung > Immunisierung

[Hermann] *Bielstein*
Der Weg der deutschen Außenpolitik[115]

Im Nov[ember] 1918 Unterzeichnung des Waffenstillstandsvertrages. Selbstbestimmungsrecht aller Völker, panslawische[116] Idee, war gegen Österreich-Ungarn, Tschechen z.B., wir überließen uns damit den Feinden, die Erkenntnis der Lüge kam zuerst den alten Frontsoldaten, die dann die *Freikorps*[117] bildeten und OS befreiten. Die Völkerbundstruppen hielten sich stets gegen Deutschland, der Kampf um Kärnten, wo die Slowenen gegen den Willen der Regierung von den Soldaten zurückgeworfen wurden. Der Ruhrkampf. Mai 1923 passive Resi[s]tenz gegen die Franzosen. Im Winter 1923/24 Separatistenaufstand (kath. Rheinlandrepublik unter Anschluss an Frankreich), wurde vom Volke niedergeschlagen, 1924 Dawesplanunterzeichnung als zahle[n]mäßiger Ausdruck der Reparationen, von 1928 sollten jährlich 2.5 Milliarden Goldmark an die Entente gezahlt werden. Okt[ober] 1925 Locarnopakt als Voraussetzung für eine allmähliche Räumung des Rheinlandes und dann „sécurité". Garantiemächte: England, Frankreich, Belgien, Italien, Deutschland, 1926 wurde dann auch die erste Zone von den Franzosen geräumt. 1926 Rapallovertrag mit Russland, 1934 Erneuerung desselben. Im Sept[ember] 1926 kam dann Deutschlands Eintritt in den Völkerbund. Neufestlegung der Reparationen 1929 im Youngplan. Juni 1930 Räumung des Rheinlandes, 1931 Einstellung der Reparationen im Hoover-Moratorium, Juli 1932 Streichung der Reparationen im Abkommen von Lausanne.

1918 bis 1932 Erfüllungspolitik durch Deutschland.

1933 Machtübernahme. Okt[ober] 1933 Austritt aus dem Völkerbund, Jan[uar] 34 Pakt mit Polen, damit Beginn der Bereinigung der Angriffspunkt[e] rings um Deutschland, die der Versailler Vertrag geschaffen hatte. *Ruhe an der brennendsten deutschen Grenze.* Dann Saarabstimmung *als politische Demonstration in der Welt.* 16.3.35 Wehrpflicht gegen den Vertrag von Versailles, Juni 1935 *deutsch-englisches*[118] *Flottenabkommen*[,] 35:100. Common sense ließ den Vertrag annehmen, weil er[119] den Briten Ruhe auf dem

115 Vortrag „Der Weg der deutschen Außenpolitik", SS-Ustuf. Bielstein, 2.3.1938, Außenstellenleiter-Lehrgang an der SD-Schule Bernau.

116 panslawistische > panslawische

117 Alle Hervorhebungen in diesem Beitrag sind im Original *handschriftliche* Unterstreichungen.

118 deutsch-negl. > deutsch-englisches

119 der > er

Meere gab.[120] Dann Abessinienkrieg Okt[ober] 1935, Sanktionen gegen Italien, *Kriegslieferungen an Italien und damit Erhöhung der Produktion, Kompensationsgeschäfte im Ostraum, Zugeständnisse an Österreich* (Alpino-Montan-Aktien).[121] Sommer 1935 Pakt Russland-Frankreich, 1936 Ratifizierung[,] nachdem man die Gegner unter Druck gesetzt hate. Argument wieder Sicherheit. 7.3.36 Rheinland unter deutscher Wehrhoheit, *beinahe ein Krieg, wurde aber vom engl[ischen] König verhindert*[122] durch Anbieten der Entente cordiale (wie 1904), Baldwin: Englands Grenze liegt am Rhein, Habsburger Pläne: Bayern an Österreich, Stoßarmee Straßburg Eger, *Vernichtung der Tschechen durch Österreichs Anschluss an Deutschland, wir brauchen Raum, Ostorientierung.* Schwächung der franz[ösischen] Vormachtstellung, Delbos hatte nur in der CSR Erfolge, Kurs Frankreichs war gesunken, *heute Schwergewicht Europas in London,*[123] England richtet sich nach den USA aus. Nach Rheinlandbesetzung Westpaktangebot, keine kollektive Sicherheit, nur zweiseitige Verträge, an die Locarnomächte. Nichtannahme durch Frankreich, Koppelung mit einem Ostpakt, Verhinderung der Bindung im Osten bis heute, Achse Rom-Berlin, *Südtirolproblem, im Herzen tragen[,] wenn man auch nicht davon sprechen kann.*[124] Verhältnis zu Franco[125], Stützung Nationalspaniens, Gegensatz zum span[ischen] Bolschewismus.

Große Linie: *Was nützt Reich und Volk.*

Volksgruppen, Selbstbestimmungsrecht wurde verweigert, außer in Ostmark 9.000.000 Volksdeutsche in Europa, davon 3.500.000 in der CSR, das gegründet wurde, um Deutschland und Ungarn zu trennen. Riegel gegen das Deutschtum im Südosten, Machtpolitik. 250.000 in Siebenbürgen, 600.000 im Banat, viele in Ungarn, 500.000 zu 8.000.000. Madyadisierung, *Ungarn unterdrücken die Deutschen,* Vernichtung der deutschen Namen, große Schwabendörfer auf der Ofener Seite von Budapest, Ungarn als Revisionisten. *Jugoslawien behandelt die Deutschen gut,*[126] Gottschee seit 1400.

200.000.000 Wolgadeutsche sind durch Mord und Hunger [ge]storben. Autonomiegedanken der *Elsässer,* kath[olische] Propaganda für einen Ständestaat in Österreich.

---

120 Handschriftlicher Randvermerk: senkrechter Strich.

121 Alpino-Monatn > Alpino-Montan. Handschriftlicher Randvermerk: Ausrufezeichen.

122 Handschriftlicher Randvermerk: Ausrufezeichen.

123 Im Original doppelt handschriftlich unterstrichen.

124 Handschriftlicher Randvermerk: Drei senkrechte Striche.

125 Franko > Franco

126 Handschriftlicher Randvermerk: Ausrufezeichen.

Westgrenze: zwischen romanischen und germanischen Ideen. Rücken der Grenze nach osten, Flandern am gefährdetsten[127], Belgien ein künstl[icher] Staat, 40 % Wallonen und 60 % Flamen. Frankreich gab den Wallonen die Vorherrschaft. Flamen wollen sich mit Holland zusammentun. Wallonen wollen zu Frankreich. Englands Hegemonie im kath[olischen] Flamenstaat. In der Schweiz Henne-Bewegung zum Nat[ional]soz[ialismus], unterirdisches Schlachtfeld zwischen Romanen und Germanen, Tessin.

Bretonen, Basken, Italiener[128] in Frankreich, Korsenproblem. In Skandinavien kein Nat[ional]soz[ialismus], da keine Not und alles ist zufrieden. Durch das Wachsen des Reiches schwinden die Probleme Litauen, Danzig und Dänemark, CSR = kleine Entente, Ungarn-Bulgarien, Pantellerie[129].

---

127 gefährdesten > gefährdetsten
128 Iatliener > Italiener
129 Pantelleria?

Abkürzungen

Abt.	Abteilung
AE	„Das Ahnenerbe der SS"
Akad.	Akademisch
Anm.	Anmerkung
AV	Aktenvermerk
AWI-Fakultät	Auslandswissenschaftliche Fakultät der Friedrich-Wilhelms-Universität Berlin
BA	Bundesarchiv
BAD	Bundesarchiv – Zwischenarchiv – Dahlwitz-Hoppegarten
BAL*	Bundesarchiv Berlin (Lichterfelde)
BAZ*	Bundesarchiv Berlin (Zehlendorf)
BDC*	Berlin Document Center
Ebda.	Ebenda
GIFT	Gesellschaft für interdisziplinäre Forschung Tübingen
GStA	Geheimes Staatsarchiv, Preußischer Kulturbesitz, Berlin
GWU	Geschichte in Wissenschaft und Unterricht
HPB	„Das Historisch-Politische Buch"
HSTA	Hauptstaatsarchiv
KV	Kriegsverbrecher
m.E.	meines Erachtens
m.W.	meines Wissens
NSDAP	Nationalsozialistische Deutsche Arbeiterpartei
NSDDB	Nationalsozialistischer Deutscher Dozentenbund
NSDStB	Nationalsozialistischer Deutscher Studentenbund
OKH	Oberkommando des Heeres
PA	Personalakte bzw. Politisches Archiv des Auswärtigen Amtes
PH	Pädagogische Hochschule
Phil. Fak.	Philosophische Fakultät
PK	Partei-Kanzlei (der NSDAP)
REM	Reichsministerium für Wissenschaft, Erziehung und Volksbildung
RFSS	Reichsführer-SS
RKK	Reichskulturkammer
RSHA	Reichssicherheits-Hauptamt
RuSHA	Rasse- und Siedlungs-Hauptamt
RWTH	Rheinisch-Westfälische Technische Hochschule (Aachen)

SD	Sicherheitsdienst des Reichsführers-SS
SDHA	Sicherheitsdienst-Hauptamt
SODFG	Südostdeutsche Forschungsgemeinschaft
SS	Schutzstaffel
SSO	SS Officer
StA	Staatsarchiv
UA	Universitätsarchiv
Vgl.	Vergleiche
VHS	Volkshochschule
WB(G)	Wissenschaftliche Buchgemeinschaft bzw. Wissenschaftliche Buchgesellschaft Darmstadt

* Die unterschiedlichen Fundortangaben BDC, BAZ und BAL reflektieren die institutionelle Zugehörigkeit der Bestände zum Zeitpunkt der Einsichtnahme. Die Bestände des ehemaligen Berlin Document Center befinden sichh heute (2001) im Bundesarchiv, Berlin-Lichterfelde.

Literatur

Alphabetisches Verzeichnis der Mitglieder des Bundestages. Drucksache Nr. 1, Deutscher Bundestag, 1. Wahlperiode 1949.

Aly, Götz / Heim, Susanne, Vordenker der Vernichtung. Auschwitz und die deutschen Pläne für eine neue europäische Ordnung, Frankfurt/M. 1993.

Aly, Götz, ›Endlösung‹. Völkerverschiebung und der Mord an den europäischen Juden, Frankfurt/M. 1995.

Anrich, Ernst, Moderne Physik und Tiefenpsychologie. Zur Einheit der Wirklichkeit und damit der Wissenschaft. Ein Versuch, Stuttgart 1963.

Asendorf, Manfred, Was weiter wirkt. Die ›Ranke Gesellschaft – Vereinigung für Geschichte im öffentlichen Leben‹, in: 1999 – Zeitschrift für Sozialgeschichte 4, 1989, S. 29-61.

Aus der Not geboren. Buchgesellschafts-Gründer Ernst Anrich wird heute 80 Jahre alt, in: Südwest Presse. Schwäbisches Tagblatt, 42. Jg., Nr. 181, 9.8.1986.

AutorInnenkollektiv für Nestbeschmutzung, Schweigepflicht. Eine Reportage. Der Fall Schneider und andere Versuche, nationalsozialistische Kontinuitäten in der Wissenschaftsgeschichte aufzudecken, Münster 1996.

Ballensiefen, Heinz, Juden in Frankreich: Die französische Judenfrage in Geschichte und Gegenwart, Berlin 1941.

Barner, Wilfried / König, Christoph (Hrsg.), Zeitenwechsel. Germanistische Literaturwissenschaft vor und nach 1945, Frankfurt/M. 1996.

Barner, Wilfried, Literaturgeschichtsschreibung vor und nach 1945: alt, neu, alt/neu, in: Ders., Christoph König (Hrsg.), Zeitenwechsel. Germanistische Literaturwissenschaft vor und nach 1945, Frankfurt/M. 1996, S. 119-149.

Becker, Otto / Brunner, Otto / Forsthoff, Ernst / Franz, Günther / Rein, Gustav Adolf / Schelsky, Helmut / Schüssler, Wilhelm / Spuler, W. / Wittram, Reinhard (Hrsg. im Auftrag der Ranke-Gesellschaft), Das Historisch-Politische Buch. Ein Wegweiser durch das Schrifttum, Göttingen 1953 ff.

Berlin Document Center, The Holdings of the Berlin Document Center. A Guide to the Collections, Berlin 1994.

Beyer, Justus, Die Ständeideologien der Systemzeit und ihre Überwindung, Darmstadt 1941.

Boden, Petra / Rosenberg, Rainer (Hrsg.), Deutsche Literaturwissenschaft 1945-1965. Fallstudien zu Institutionen, Diskursen, Personen, Berlin 1997.

Borcke, Hans-Otto von, Die Entwicklung der wirtschaftlichen und sozialen Verhältnisse in Westoberschlesien nach der Teilung, Breslau 1937.

Brügmann, Arnold, Staat und Nation im Denken Carls von Clausewitz, Walldorf bei Heidelberg 1934.

Brügmann, Arnold, Roms Kampf um den Menschen. Grundlagen katholischer Politik im ausgehenden 19. Jahrhundert, München / Berlin 1938.

Brügmann, Arnold, Sozialer Katholizismus im 19. Jahrhundert, Frankfurt/M. 1943.

Brunner, Otto, Die Ostmark Europas. Europas Schicksalskampf im Osten, in: Bücherkunde. Organ des Amtes für Schrifttumspflege. Hrsg. von Reichsamtsleiter Hans Hagemeyer, Bayreuth 1938, S. 466-468.

Buck, Theo, Ein Leben mit Maske oder ›Tat und Trug‹ des Hans Ernst Schneider, in: Sprache und Literatur 77, 1996, S. 48-81.

Darré, Richard Walther, Das Bauerntum als Lebensquell der nordischen Rasse, München 1929.

Daten-Handbuch des Deutschen Bundestages 1949-1983.

Im Dienste des deutschen Geistes. Von der Arbeit und den Aufgaben der neuen Reichsuniversität Straßburg, in: Frankfurter Zeitung, Reichsausgabe, 6.6.1942.

Döscher, Hans-Jürgen, Das Auswärtige Amt im Dritten Reich. Diplomatie im Schatten der ›Endlösung‹, Berlin 1987.

Edelmann, Moritz, Die dritte Reichstagung des NSLB für Geschichte in Eger, in: Vergangenheit und Gegenwart 29, 1939, S. 188f, 365–370.

Edelmann, Moritz, Nekrolog Adolf Rossberg, in: Vergangenheit und Gegenwart 33, 1943, S. 112.

Erlanger Universitätsreden 53/1996, 3. Folge, hrsg. vom Rektor der Friedrich-Alexander-Universität Erlangen-Nürnberg: Ein Germanist und seine Wissenschaft. Der Fall Schneider / Schwerte.

Esch, Arnold, Über Hermann Heimpel, in: Winfried Schulze, Otto Gerhard Oexle (Hrsg.), Deutsche Historiker im Nationalsozialismus, Frankfurt 1999, S. 159f.

Eschmann, Ernst Wilhelm, Die Führungsschichten Frankreichs. Reich und Europa, Bd. 4.1, Berlin 1943.

Europa unterm Hakenkreuz. Die Okkupationspolitik des deutschen Faschismus (1938-1945). Achtbändige Dokumentenedition, Ergänzungsband 1: Okkupation und Kollaboration (1938-1945), Berlin / Heidelberg 1994.

Fahlbusch, Michael, Wissenschaft im Dienst der nationalsozialistischen Politik? Die ›Volksdeutschen Forschungsgemeinschaften‹ von 1931-1945, Baden-Baden 1999.

Fischer, Helmut Joachim, Erinnerungen, Teil II. Feuerwehr für die Forschung, Ingolstadt 1984.

Franz, Günther / Rössler, Hellmuth, Biographisches Wörterbuch zur deutschen Geschichte, München 1953.

Franz, Günther / Rössler, Hellmuth Sachwörterbuch zur deutschen Geschichte, München 1958.

Franz, Günther, Bismarcks Nationalgefühl, Leipzig / Berlin 1926.

Franz, Günther, Zur Geschichte der Freimaurerei. Ein Forschungsbericht, in: Die Welt als Geschichte 9 (Jan./März 1943), S. 89-95.

Franz, Günther, 20 Jahre Verlag Musterschmidt KG, in: HPB XV, 1967, S. 321f.

Franz, Günther, Nekrolog Hellmuth Rössler, in: HPB XVII, 1969, S. 97f.

Franz, Günther, 20 Jahre Historisch-Politisches Buch. Ein Rückblick, in: HPB XXI, 1973, S. 1-4.

Franz, Günther, Das Geschichtsbild des Nationalsozialismus und die deutsche Geschichtswissenschaft, in: Geschichte und Geschichtsbewusstsein. 19 Vorträge. Für die Ranke-Gesellschaft hrsg. von Oswald Hauser, Göttingen 1981, S. 91-111.

Franz, Gunther (Bearb.), Bibliographie Günther Franz, in: Wege und Forschungen der Agrargeschichte. Festschrift zum 65. Geburtstag von Günther Franz. Herausgegeben von Heinz Haushofer und Willi A. Boelcke, Frankfurt 1967, S. 345-362.

Frei, Norbert, Vergangenheitspolitik. Die Anfänge der Bundesrepublik und die NS-Vergangenheit, München 1996.

Fuhrmann, Horst, ›Sind eben alles Menschen gewesen‹. Gelehrtenleben im 19. und 20. Jahrhundert. Dargestellt am Beispiel der Monumenta Germaniae Historica und ihrer Mitarbeiter, München 1996.

Gengenbach, Karl, Ständegedanke und Verwaltungseinheit. Reform der Staats- und Verwaltungsgrundlagen in den Plänen des Frhr. vom Stein, Ochsenfurt/M. 1940.

Giles, Geoffrey J., University Government in Nazi Germany: Hamburg, in: Minerva XVI, 2, 1978, S. 196-221.

Gmelin, Ulrich, Auctoritas. Römischer Princeps und päpstlicher Primat, Stuttgart 1936. (Auch als Forschungen zur Kirchen- und Geistesgeschichte, Bd. II, 1937.)

Gmelin, Ulrich, Das Langemarck-Studium der Reichsstudentenführung, [1939].

Goetz, Hans-Werner / Welwei, Karl-Wilhelm (Hrsg.), Altes Germanien. Auszüge aus antiken Quellen über die Germanen und ihre Beziehungen zum Römischen Reich. Quellen der Alten Geschichte bis zum Jahre 238 n. Chr. Freiherr vom Stein – Gedächtnisausgabe Reihe A, Bd. 1a, Darmstadt 1995.

Goetz, Hans-Werner / Welwei, Karl-Wilhelm (Hrsg.), Die Germanen in der Völkerwanderung. Auszüge über die Geschichte der germanischen Stämme aus spätantiken Quellen. Freiherr vom Stein – Gedächtnisausgabe Reihe A, Bd. 1b, Darmstadt (in Vorbereitung).

Greife, Hermann, Die Klassenkampfpolitik der Sowjetregierung, Berlin / Leipzig 1937.

Gürtler, Heinz, Deutsche Freimaurer im Dienste napoleonischer Politik. Die Freimaurerei im Königreich Westfalen 1807-1813. Quellen und Darstellungen zur Freimaurerfrage, Bd. 3, Berlin 1942.

Hachmeister, Lutz, Der Gegnerforscher. Die Karriere des SS-Führers Franz Alfred Six, München 1998.

Hassler, Marianne / Wertheimer, Jürgen (Hrsg.), Der Exodus aus Nazideutschland und die Folgen. Jüdische Wissenschaftler im Exil, Tübingen 1997.

Haubrichs, Wolfgang / Jäschke, Kurt-Ulrich / Oberweis, Michael (Hrsg.), Grenzen erkennen – Begrenzungen überwinden. Festschrift für Reinhard Schneider zur Vollendung seines 65. Lebensjahrs, Sigmaringen 1999.

Hauser, Oswald, Die Ranke-Gedenkmünze für Prof. Dr. Günther Franz, in: HPB XX, 1972, S. 289f.

Hausmann, Frank-Rutger (Hrsg.), Die Rolle der Geisteswissenschaften im Dritten Reich 1933-1945, München (vorauss.) 2001.

Heiber, Helmut, Walter Frank und sein Reichsinstitut für Geschichte des neuen Deutschlands, Stuttgart 1966.

Heimpel, Hermann, Die Erforschung des deutschen Mittelalters im deutschen Elsass, in: Straßburger Monatshefte 5, 1941, Heft 11, S. 738-743.
Hellige, Hans Dieter, Walter Rathenau – Maximilian Harden. Briefwechsel 1897–1920. Walter Rathenau Gesamtausgabe, Bd. 6, München 1983.
Hellwig, Fritz, Der Kampf um die Saar 1860-1870. Beiträge zur Rheinpolitik Napoleons III, Leipzig 1934.
Hellwig, Fritz, Einführung in die Saarfrage, Leipzig 1934.
Hellwig, Fritz, Le Territoire et le problème de la Sarre, Hambourg 1934.
Hellwig, Fritz, Die Saarliteratur Frankreichs und des übrigen Auslandes von 1914-1935, in: Abhandlungen zur Saarpfälzischen Landes- und Volksforschung, 1, Kaiserslautern 1937, S. 187-233.
Hellwig, Fritz, Saar zwischen Ost und West. Die wirtschaftliche Verflechtung des Saarindustriebezirks mit seinen Nachbargebieten, Bonn 1954.
Herbert, Ulrich, Best. Biographische Studien über Radikalismus, Weltanschauung und Vernunft, 1903-1989, Bonn 1996.
Historische Kommission der Bayerischen Akademie der Wissenschaften (Hrsg.), Neue Deutsche Biographie, Erster Bd.: Aachen – Behaim, Berlin 1953.
Hölzle, Erwin, Die ‚Freie Stadt' Danzig. Ein Kapitel Geschichte der Pariser Friedenskonferenz, Stuttgart 1935.
Hölzle, Erwin, Die Saarentscheidung der Pariser Friedenskonferenz, Stuttgart 1935.
Hölzle, Erwin, Griff nach der Weltmacht?, in: HPB X, 1962, 65f.
Hory, Ladislaus / Broszat, Martin, Der Kroatische Ustascha-Staat 1941-1945, Stuttgart 1964.
Huter, Franz, Südtirol. Eine Frage des europäischen Gewissens, München 1965.

Jacobeit, Wolfgang / Lixfeld, Hannjost / Bockhorn, Olaf (Hrsg.), Völkische Wissenschaft. Gestalten und Tendenzen der deutschen und österreichischen Volkskunde in der ersten Hälfte des 20. Jahrhunderts, Wien / Köln / Weimar 1994.
Jäger, Ludwig, Editorial, in: Sprache und Literatur 77, 1996, S. 1-3.
Jäger, Ludwig, Germanistik – eine deutsche Wissenschaft. Das Kapitel Schneider/ Schwerte, in: Sprache und Literatur 77, 1996, S. 5-47.
Jäger, Ludwig, Seitenwechsel. Der Fall Schneider/Schwerte und die Diskretion der Germanistik, München 1998.

Kater, Michael H., Das ›Ahnenerbe‹ der SS 1935-1945. Ein Beitrag zur Kulturpolitik des Dritten Reiches, München ²1997.
Kettenacker, Lothar, Kontinuität im Denken Ernst Anrichs. Ein Beitrag zum Verständnis gleichbleibender Anschauungen des Rechtsradikalismus in Deutschland, in: Dieter Rebentisch (Hrsg.), Paul Kluke zum 60. Geburtstag. Dargebracht von seinen Schülern, Frankfurt/M. 1968, S. 140-152.
König, Helmut / Kuhlmann, Wolfgang / Schwabe, Klaus (Hrsg.), Vertuschte Vergangenheit. Der Fall Schwerte und die NS-Vergangenheit der deutschen Hochschulen, München 1997.
Krüger, Sabine (Hrsg.), Hermann Heimpel: Aspekte. Alte und neue Texte, Göttingen 1995.
Kürschner's Deutscher Gelehrtenkalender 1935, 1940/1941, 1950, 1954, 1960.

Lämmert, Eberhard / Killy, Walther / Conrady, Karl Otto / Polenz, Peter von, Germanistik – eine deutsche Wissenschaft, Frankfurt/M. 1971.
Lange, Friedrich, Reines Deutschtum. Grundzüge einer nationalen Weltanschauung, Berlin [4]1904.
Leggewie, Claus, Von Schneider zu Schwerte. Das ungewöhnliche Leben eines Mannes, der aus der Geschichte lernen wollte, München / Wien 1998.
Lehr, Robert, Hochschule, Staat und Politik. Der asiatische Kollektivismus der Feind der Kultur (Rede anlässlich der 425. Jahresfeier der Universität Marburg), in: Bulletin des Presse- und Informationsamtes der Bundesregierung Nr. 82, 3.7.1952, S. 834f.
Lerchenmueller, Joachim / Simon, Gerd, Im Vorfeld des Massenmords. Germanistik im 2. Weltkrieg, Tübingen [3]1997.
Lerchenmueller, Joachim / Simon, Gerd, Maskenwechsel. Wie der SS-Hauptsturmführer Schneider zum BRD-Hochschulrektor Schwerte wurde und andere Geschichten über die Wendigkeit deutscher Wissenschaft im 20. Jahrhundert, Tübingen 1999.
Lerchenmueller, Joachim, ›Keltischer Sprengstoff‹. Eine wissenschaftsgeschichtliche Studie über die deutsche Keltologie 1900-1945, Tübingen 1997.
Lerchenmueller, Joachim, Der ‚Krieg als Krönung der Wissenschaft'. Die deutsche Keltologie im Dritten Reich, in: Frank-Rutger Hausmann (Hrsg.), Die Rolle der Geisteswissenschaften im Dritten Reich 1933-1945, München (vorauss.) 2001.
Lerchenmueller, Joachim, ‚Das Unheil der Wartestandsprofessoren' Oder das Ende der Reichsuniversität Straßburg in Tübingen, in: Tübinger Bausteine zur Universitätsgeschichte Band 10 (2001) [im Druck].
Lixfeld, Gisela, Das ‚Ahnenerbe' Heinrich Himmlers und die ideologisch-politische Funktion seiner Volkskunde, in: Wolfgang Jacobeit, Hannjost Lixfeld, Olaf Bockhorn (Hrsg.), Völkische Wissenschaft. Gestalten und Tendenzen der deutschen und österreichischen Volkskunde in der ersten Hälfte des 20. Jahrhunderts, Wien / Köln / Weimar 1994, S. 217-255.
Löffler, Hermann, Die Jahrestagung der Forschungs- und Lehrgemeinschaft „Das Ahnenerbe" vom 30. Mai bis 4. Juni 1939 in Kiel, in: Vergangenheit und Gegenwart 29, 1939, S. 458-463.
Löffler, Hermann, Ludendorffs Entlassung. Zur Erinnerung an Deutschlands größten Feldherrn im Weltkrieg zu seinem 75. Geburtstag, in: Vergangenheit und Gegenwart 30, 1940, S. 71-84.
Löffler, Hermann, Feierliche Eröffnung der sudetendeutschen Anstalt für Landes- und Volksforschung in Reichenberg am 13. Oktober 1940, in: Vergangenheit und Gegenwart 30, 1940, S. 375-377.
Löffler, Hermann, Der Staat der saporogischen Kosaken. Zur Geschichte der Ukraine, in: Berliner Monatshefte 20, Juni 1942, S. 255-266.
Löffler, Hermann, England und das Judentum, in: Berliner Monatshefte 20, November 1942, S. 505-515.
Löffler, Hermann, Die Freimaurerei als politischer Faktor, in: Berliner Monatshefte 21, November-Dezember 1943, S. 298-303.
Löffler, Hermann, Ludendorffs Entlassung, in: Reich und Reichsfeinde. Schriften des Reichsinstituts für Geschichte des neuen Deutschlands, Bd. 3, 1943/1944.
Löffler, Hermann, Rezension: Fritz Hellwig, Saar zwischen Ost und West, Bonn 1954, in: HPB II, 1954, S. 250.

Löffler, Hermann, Mitteldeutsche Jugend lernt im Westen, in: Der Bürger im Staat 6, 12 (Dezember 1956), S. 167.
Löffler, Hermann, Rezension: Helmuth M. Böttcher, Walther Rathenau. Persönlichkeit und Werk, Bonn 1958, in: HPB VII, 1959, S. 150.
Löffler, Hermann, Rezension: Ladislaus Hory, Martin Broszat, Der Kroatische Ustascha-Staat 1941-1945, Stuttgart 1964, in: HPB XIII, 1965, S. 306f.
Longerich, Peter, Politik der Vernichtung. Eine Gesamtdarstellung der nationalsozialistischen Judenverfolgung, München / Zürich 1998.
Lübbe, Hermann, Der Nationalsozialismus im deutschen Nachkriegsbewusstsein, in: Historische Zeitschrift 236, 1983, S. 579-599.
Lübbe, Hermann, Deutschland nach dem Nationalsozialismus 1945-1990. Zum politischen und akademischen Kontext des Falles Schneider alias Schwerte, in: Helmut König, Wolfgang Kuhlmann, Klaus Schwabe (Hrsg.), Vertuschte Vergangenheit. Der Fall Schwerte und die NS-Vergangenheit der deutschen Hochschulen, München 1997, S. 182-206.
Lüdemann, Hans, Politische Geschichtswissenschaft und das jüdische Weltproblem, in: Vergangenheit und Gegenwart 29, 1939, S. 165–174.

Manoschek, Walter (Hrsg.), Die Wehrmacht im Rassenkrieg. Der Vernichtungskrieg hinter der Front, Wien 1996.
Manoschek, Walter, Partisanenkrieg und Genozid. Die Wehrmacht in Serbien 1941, in: Ders. (Hrsg.), Die Wehrmacht im Rassenkrieg. Der Vernichtungskrieg hinter der Front, Wien 1996, S. 142-167.
Martini, Fritz, Thilo von Trotha zum Gedächtnis, in: Kieler Blätter 3, 3, 1938.
Matthäus, Jürgen, ›Weltanschauliche Forschung und Auswertung‹. Aus den Akten des Amtes VII im Reichssicherheitshauptamt, in: Jahrbuch für Antisemitismusforschung, Bd. 5, Frankfurt/M. 1996, S. 287-330.
Matthiesen, Michael, Verlorene Identität. Der Historiker Arnold Berney und seine Freiburger Kollegen 1923-1938, Göttingen 1998.
Merkle, Werner, Editorial, in: Wissenschaftliche Buchgesellschaft: Bücherkatalog 1999/ 2001 für Mitglieder, Darmstadt 1999, S. 2.
Minzenmay, Eugen, Der Werkstudent. Ein Berufsproblem, Stuttgart o. J.
Müller, Wolfgang, ‚Primär französisch gesteuerte und orientierte Einrichtung' oder ‚wesentliche Stütze des Deutschtums an der Westgrenze'. Die Perzeption der Universität des Saarlandes aus der Bonner Perspektive in den frühen Fünfziger Jahren, in: Wolfgang Haubrichs, Kurt-Ulrich Jäschke, Michael Oberweis (Hrsg.), Grenzen erkennen – Begrenzungen überwinden. Festschrift für Reinhard Schneider zur Vollendung seines 65. Lebensjahrs, Sigmaringen 1999, S. 425-441.

Nitzsche, Max, Bund und Staat. Wesen und Formen der bündischen Ideologie, Würzburg 1942.

Patin, Wilhelm-August, Beiträge zur Geschichte der deutsch-vatikanischen Beziehungen in den letzten Jahrzehnten. Quellen und Darstellungen zur politischen Kirche, Sonderband, Berlin 1942.

Paul, Gustav, Grundzüge der Rassen- und Raumgeschichte des deutschen Volkes, München 1935.
Paul, Gustav, Rasse und Geschichte, Leipzig / Berlin 1936.
Paul, Gustav, Rasse und Staat im Nordostraum, München / Berlin 1937.
Paul, Gustav, Die räumlichen und rassischen Gestaltungskräfte der Großdeutschen Geschichte, München / Berlin 1938.
Pieper, Hans, Die Judenschaft in Münster (Westfalen) im Ablauf des 19. Jahrhunderts (unter besonderer Berücksichtigung freimaurerischer Einflüsse), Münster 1940.

Racine, Pierre, Hermann Heimpel à Strasbourg, in: Winfried Schulze, Otto Gerhard Oexle (Hrsg.), Deutsche Historiker im Nationalsozialismus, Frankfurt 1999, S. 142-158.
Ranke-Gesellschaft, Vereinigung für Geschichte im öffentlichen Leben, Gibt es ein deutsches Geschichtsbild? Jahrbuch der Ranke-Gesellschaft, Bd. 1, Frankfurt/M. / Berlin / Bonn 1955.
Ranke-Gesellschaft, Vereinigung für Geschichte im öffentlichen Leben, Kontinuität und Tradition. Ihre Problematik in der neueren deutschen Geschichte und Gegenwart. Jahrbuch der Ranke-Gesellschaft, Bd. 2, Frankfurt/M. / Berlin / Bonn 1956.
Ranke-Gesellschaft, Vereinigung für Geschichte im öffentlichen Leben, Führungsschicht und Eliteproblem. Jahrbuch der Ranke-Gesellschaft, Bd. 3, Frankfurt/M. / Berlin / Bonn 1957.
Raumer, Kurt von, Der Rhein im deutschen Schicksal. Reden und Aufsätze zur Westfrage. Schriftenreihe der Preußischen Jahrbücher, 24, Berlin 1936.
Raumer, Kurt von, Der politische Sinn der Landesgeschichte. Saarpfälzische Abhandlungen zur Landes- und Volksforschung, Beiheft 1, Neustadt a.d.W. 1938.
Rebentisch, Dieter (Hrsg.), Paul Kluke zum 60. Geburtstag. Dargebracht von seinen Schülern, Frankfurt/M. 1968.
Reichsuniversität Straßburg, Personal- und Vorlesungsverzeichnisse, WS 1941/42-SS 1944.
Rein, Gustav Adolf (Hrsg.), Studien zum Geschichtsbild, Göttingen 1960ff.
Rein, Gustav Adolf, Einführung in das Vorhaben der Konferenz, in: Ranke-Gesellschaft, Vereinigung für Geschichte im öffentlichen Leben, Gibt es ein deutsches Geschichtsbild? Jahrbuch der Ranke-Gesellschaft, Bd. 1, Frankfurt/M. / Berlin / Bonn 1955, S. 9-16.
Rein, Gustav Adolf, Bonapartismus und Faschismus in der deutschen Geschichte. Studien zum Geschichtsbild 1, Göttingen 1960.
Riegelmann, Hans, Die europäischen Dynastien in ihrem Verhältnis zur Freimaurerei. Historisch-politische Untersuchungen auf genealogischer Grundlage. Quellen und Darstellungen zur Freimaurerfrage, Bd. 4, Berlin 1943.
Riegelmann, Hans, Die europäischen Dynastien in ihrem Verhältnis zur Freimaurerei. Historisch-politische Untersuchungen auf genealogischer Grundlage. Hintergrundanalysen, Bd. 6, Struckum 1982.
Rossberg, Adolf, Freimaurerei und Politik im Zeitalter der französischen Revolution. Quellen und Darstellungen zur Freimaurerfrage, Bd. 2, Berlin 1942.
Rössler, Hellmuth / Rein, Gustav Adolf (Hrsg.), Janus-Bücher. Berichte zur Weltgeschichte, München.

Rössner, Hans, Georgekreis und Literaturwissenschaft: Zur Würdigung und Kritik der geistigen Bewegung Stefan Georges, Frankfurt/M. 1938.
Roth, Karl Heinz, Heydrichs Professor. Historiographie des „Volkstums" und der Massenvernichtungen: Der Fall Hans Joachim Beyer, in: Peter Schöttler (Hrsg.), Geschichtsschreibung als Legitimationswissenschaft 1918-1945, Frankfurt/M. 1997, S. 262-342.
Rürup, Reinhard (Hrsg.), Topographie des Terrors. Gestapo, SS und Reichssicherheitshauptamt auf dem ‚Prinz-Albrecht-Gelände'. Eine Dokumentation, Berlin [9]1993.

Salzburger Wissenschaftswochen, in: Germanien, 8, 1939, S. 374f.
Sandberger, Dietrich, Studien über das Rittertum in England vornehmlich während des 14. Jahrhunderts. Historische Studien, 310, Berlin 1937.
Sandberger, Dietrich, Die englische Politik bei den Pariser Friedensverhandlungen 1919, Stuttgart 1938.
Schick, Hans, Das ältere Rosenkreuzertum. Ein Beitrag zur Entstehungsgeschichte der Freimaurerei. Quellen und Darstellungen zur Freimaurerfrage, Bd. 1, Berlin 1942. (Faksimileausgabe: Struckum 1982.)
Schnabel, Gudrun, Gerhard Fricke. Karriereverlauf eines Literaturwissenschaftlers nach 1945, in: Petra Boden, Rainer Rosenberg (Hrsg.), Deutsche Literaturwissenschaft 1945-1965. Fallstudien zu Institutionen, Diskursen, Personen, Berlin 1997, S. 61-84.
Schönwälder, Karin, Historiker und Politik. Geschichtswissenschaft im Nationalsozialismus, Frankfurt/M. / New York 1992.
Schöttler, Peter (Hrsg.), Geschichtsschreibung als Legitimationswissenschaft 1918-1945, Frankfurt/M. 1997.
Schulin, Ernst, Hermann Heimpel und die deutsche Nationalgeschichtsschreibung, Heidelberg 1998.
Schulze, Winfried / Oexle, Otto Gerhard (Hrsg.), Deutsche Historiker im Nationalsozialismus, Frankfurt 1999.
Schulze, Winfried, Deutsche Geschichtswissenschaft nach 1945. Historische Zeitschrift, Beihefte, N.F. Bd. 10, München 1989.
Schüssler, Wilhelm, Von Peter dem Großen bis Stalin. Die russische Drohung gegen Europa, in: Das neue Europa, 1, 4, 1941, S. 3f.
Schüssler, Wilhelm, Russland, Reich und Europa, Münster 1943.
Schwidetzky, Ilse, Rassenkunde der Altslawen, Stuttgart 1938. (auch: Beiheft der Zeitschrift für Rassenkunde und der gesamten Forschung am Menschen, 7.)
Simon, Gerd, ‚Ihr Mann ist tot und lässt Sie grüßen'. Hans Ernst Schneider alias Schwerte im Dritten Reich, in: Sprache und Literatur 77, 1996, S. 82-119.
Simon, Gerd, Germanistik in den Planspielen des Sicherheitsdienstes der SS. Teil 1: Einleitung und Text. Die philologisch-historischen Wissenschaften in den Planspielen des SD, Bd. 1, Teil 1, Tübingen 1998.
Six, Franz Alfred, Freimaurerei und Judenemanzipation, Hamburg 1938.
Six, Franz Alfred, Russland als Teil Europas, in: Zeitschrift für Politik 32, 1942, S. 50-54.
Sonderbeilage der ›Deutschen Saar-Zeitung‹ Nr. 12, 30.5.1952.
Spengler, Wilhelm, Das Drama Schillers. Seine Genesis, Leipzig 1932.
Spindler, Arno, Wie zu dem Entschluss zum uneingeschränkten U-Boot-Krieg 1917 gekommen ist. Studien zum Geschichtsbild 2, Göttingen 1960.

Srbik, Heinrich Ritter von, Deutsche Einheit. Idee und Wirklichkeit vom Heiligen Reich bis Königgrätz, München 1935 (Bde. 1 und 2), 1942 (Bde. 3 und 4).

Steinacker, Harold, Die Volksdeutsche Geschichtsauffassung und das neue deutsche Geschichtsbild, Leipzig 1937.

Stern, Leo, Zur geistigen Situation der bürgerlichen Geschichtswissenschaft der Gegenwart, in: Zeitschrift für Geschichtswissenschaft 1, 1953, S. 837-849.

Strohm, Gustav, Die individualistische Richtung des 5. Jahrhunderts und der monarchische Gedanke, Phil. Diss., Tübingen 2.8.1921.

Studenten-Pressedienst. Amtlicher Pressedienst des Reichsstudentenführers. Hauptschriftleitung: Karl Rau, München 1937-1939.

Sundhaussen, Holm, Okkupation, Kollaboration und Widerstand in den Ländern Jugoslawiens 1941-1945, in: Europa unterm Hakenkreuz. Die Okkupationspolitik des deutschen Faschismus (1938-1945). Achtbändige Dokumentenedition, Ergänzungsband 1: Okkupation und Kollaboration (1938-1945), Berlin / Heidelberg 1994, S. 349-366.

Thedieck, Franz, Glieder der europäischen Kultur (Ansprache anlässlich des ‚Sudetendeutschen Tages' am 31.5.1952 in Stuttgart), in: Bulletin des Presse- und Informationsamtes der Bundesregierung Nr. 64, 6.6.1952, S. 699f.

Turowski, Ernst, Die innenpolitische Entwicklung Polnisch-Preußens und seine staatsrechtliche Stellung zu Polen vom 2. Thorner Frieden bis zum Reichstag von Lublin (1466-1569), Berlin 1937.

Wache, Walter, System der Pakte. Die politischen Verträge der Nachkriegszeit, Berlin 1938.

Weber, Wolfgang, Priester der Klio. Historisch-sozialwissenschaftliche Studien zur Herkunft und Karriere deutscher Historiker und zur Geschichte der Geschichtswissenschaft 1800-1970, Frankfurt/M. u.a. ^{2}1987.

Wegener, Ulrich, Der Grundsatz der Gleichheit im Weimarer Staat und seine Wandlung im national-sozialistischen Reich, Obermenzing bei München 1940.

Wissenschaftliche Buchgesellschaft, Bücherkatalog 1999/2001 für Mitglieder, Darmstadt 1999.

Wissenschaftliche Buchgesellschaft, Magazin für Mitglieder 1/99. Jubiläums-Ausgabe Januar 1999, Darmstadt 1999.

Wissenschaftliche Buchgesellschaft, Wissenschaftliche Buchgesellschaft Darmstadt 1949-1974, Darmstadt 1974.

Zehn Jahre Ranke-Gesellschaft, in: HPB IX, 1961, 1f.

Zeller, Bernhard (Hrsg.), Klassiker in finsteren Zeiten 1933-1945. Eine Ausstellung des Deutschen Literaturarchivs im Schiller-Nationalmuseum Marbach am Neckar, 2 Bände, Stuttgart 1983.

Zipperer, Falk W., Das Haberfeldtreiben. Seine Geschichte und seine Deutung, Weimar 1938.

Index

Aufgeführt sind Personen, Institutionen, Organisationen sowie *Zeitschriften, Zeitungen, Publikationsreihen* und Verlage. Informationen aus Literatur- und Quellenangaben in Fußnoten wurden nicht in den Index aufgenommen.

Der Herausgeber

Joachim Lerchenmueller, Jahrgang 1967, studierte Geschichte, Germanistik und Middle Eastern Studies in Tübingen und Kairo und promovierte 1995 am Trinity College, Dublin, mit einer Studie zur Geschichte der Keltologie (Keltischer Sprengstoff, Tübingen 1997). Außerdem veröffentlichte er u.a. Monographien zur Geschichte der Germanistik (Im Vorfeld des Massenmords, Tübingen 1997) und zur Zeitgeschichte (Maskenwechsel, Tübingen 1999). Seit 1998 ist er Dozent für German Studies an der Universität Limerick.